每日销售 xiaoshou ketang
课堂丛书

每天一堂
销售口才课

王宏 等／编著

机械工业出版社
CHINA MACHINE PRESS

本书将销售过程中可能遇到的各种沟通问题、难题以及需要用的各种口才技巧，用每天一堂课的形式串联起来，供读者学习与参考。

全书共分为两部分，第一部分是销售口才的基本修炼，包括好口才对销售的重要性、与客户交谈的说话原则、应避免的语言误区及提升口才的自我修炼；第二部分是销售口才的实战训练，内容涵盖拓展客户、开场白、应对拒绝、真诚赞美、探知需求、产品推介、销售谈判、销售跟进、异议化解、讨价还价、促成签约、售后服务、回收货款、电话沟通以及与不同类型客户如何沟通、各类产品如何吆喝等的口才技巧。20堂课、365个技巧，全程模拟了销售各个环节的沟通情景，为训练销售口才提供了生动的实景案例，是一本提升销售口才的枕边书。

本书适合销售一线人员尤其是销售新人使用，既可作为销售培训教材，也可作为企业销售管理人员指导下属的参考工具书。

图书在版编目（CIP）数据

每天一堂销售口才课／王宏等编著.—北京：机械工业出版社，2013.5（2020.1重印）
（每日销售课堂丛书）
ISBN 978-7-111-42553-3

Ⅰ.①每…　Ⅱ.①王…　Ⅲ.①销售—口才学　Ⅳ.①F713.3 ②H019

中国版本图书馆CIP数据核字（2013）第102203号

机械工业出版社（北京市百万庄大街22号　邮政编码100037）
策划编辑：曹雅君　　责任编辑：曹雅君　杨　勋
封面设计：柏拉图　　责任校对：刘　建　舒　莹
责任印制：李　昂
三河市宏达印刷有限公司印刷
2020年1月第1版·第11次印刷
180mm×250mm·25印张·543千字
标准书号：ISBN 978-7-111-42553-3
定价：49.80元

凡购本书，如有缺页、倒页、脱页，由本社发行部调换

电话服务　　网络服务
服务咨询热线：（010）88361066　　机 工 官 网：www.cmpbook.com
读者购书热线：（010）68326294　　机 工 官 博：weibo.com/cmp1952
（010）88379203　　教育服务网：www.cmpedu.com
封面无防伪标均为盗版　　金 书 网：www.golden-book.com

前言

如何才能成为一名优秀的销售员？怎样才能拥有傲人业绩？这恐怕是每一位新入行的销售人员要问的问题。喊破嗓子不如甩开膀子，踏踏实实去做、认认真真来学。

众所周知，销售是一项极富挑战性的工作，也是最有可能创造奇迹的事业。而要做好销售，也绝非易事。一单生意的谈成，需要销售人员用口才、使技巧、攻客心、展魅力。基于此，我们特组织编写了“每日销售课堂丛书”。本丛书共4本，分别是《每天一堂销售口才课》、《每天一堂签单技巧课》、《每天一堂销售攻心课》和《销售人员每天一堂气场修炼课》。

好业绩是“说”来的，本书就是解决销售过程中“如何说”的问题。全书将销售中需要用到的口才知识与技巧，以“每天一堂课”的形式，一一展示出来，有实战案例、有口才训练，内容全面、形式灵活，可以让读者在繁忙的工作之余轻松长知识、练口才。

本书共分为两部分，第一部分是销售口才的基本修炼，包括好口才对销售的重要性、与客户交谈的说话原则、应避免的语言误区及提升口才的自我修炼；第二部分是销售口才的实战训练，内容涵盖拓展客户、开场白、应对拒绝、真诚赞美、探知需求、产品推介、销售谈判、销售跟进、异议化解、讨价还价、促成签约、售后服务、回收货款、电话沟通以及与不同类型客户如何沟通、各类产品如何吆喝等的口才技巧。20堂课、365个技巧，全程模拟了销售各个环节的沟通情景，为训练销售口才提供了生动的实景案例，是一本提升销售口才的枕边书。

具体到每一天的小技巧，内容由“口才训练”与“一句话口才”构成，前者基本是由一个销售情境、实战案例引出销售人员应掌握的口才技巧，后者是这一技巧的精髓概括。

好口才是开启销售事业的敲门砖，是取得好业绩的重要保障。优秀的销售员都是会“说”的人。让本书帮你解决销售中棘手的沟通难题吧！让本书教你做到每一次交谈都向成功签单迈进吧！每天一小步，成功一大步。当你能够做到“善于掌控各种销售情景，精于和各类客户打交道”之后，你的好口才就具备了，你离成功的顶峰也就不远了。

本书适合销售一线人员尤其是销售新人使用，既可作为销售培训教材，也可作为企业销售管理人员指导下属的参考工具书。需要说明的是，本书所呈现的365个口才技巧，销售人员要深入领会、用心理解，并在实际工作中灵活运用、结合使用，不可生搬硬套。

参与本书编写的有：肖书民、王文静、刘宝华、姜波、江鸿皎、刘建芳、王刚、李静、易超、刘益星、柳波涛、王娟和肖瑶，在此向他们表示衷心的感谢。

作　者

2013 年 3 月

目录 Contents

第1课　销售就是沟通，好口才成就好业绩

第1天　口才好的销售员更容易受到欢迎

口才训练

优秀的销售人员往往都是会“说”的人，销售成功往往是销售人员与客户有效沟通的结果。这是因为口才好的销售员更容易受到客户的欢迎，也就更容易成功。

同样是卖茶叶蛋，店员问顾客“您要茶叶蛋吗?”和“茶叶蛋，您要一个还是两个?”两种问法，销售结果却大相径庭。

同样是让客户试衣服，“小姐，如果您看着喜欢就试试吧!”和“小姐，您眼光真不错，这款风衣是我们店里卖得最好的一款，款式和颜色都是今年特别流行的，而且质量没得说，穿久了也不会变形，我给您拿下来试试吧!”哪一种说法更受欢迎呢？显然，前者不可取，客户听了多半不会去试；而后者，几句话说得有理有据，既夸奖了客户，又将产品特点介绍清楚了，客户想拒绝试穿都没有理由。可见，好口才在销售中的重要性。

的确，在销售中，一句话就可能砸了生意，有意向的客户也可能转身离开；一句话也可能就说得客户心花怒放，立刻决定购买，而且成了回头客。这就是语言在销售中的魅力。所以，会说话的销售员更容易被客户接受，更容易受到客户的欢迎。

一句话口才

☆ 善于说话的销售员，不但能给客户留下好印象，还会广结人脉，处处受欢迎。

第2天　好口才是开启销售事业的敲门砖

口才训练

销售人员经常要与形形色色的客户打交道，随时要应对各种各样的突发事件。如果没有好口才，不懂得如何把话说好，那么闭门羹、客户的拒绝就将如影随形。

一位销售员推开了一家公司的门，他径直走到最近的一张办公桌前，低声问道：“小姐，请问你们经理在吗?”

“不清楚!”对方冷冷地答道。（找人问话很随意，一般员工怎么会清楚老板是否在公司）

“我是销售打印机的，请问你们公司哪个部门负责?”

“行政部!”

销售员抬起头，东张西望，终于看到该公司行政部的门牌。没说声谢谢就走了过去。推开行政部的门：“您好，我是卖打印机的，您这儿需要吗?”（没有寒暄、没弄清负责人是谁就直接推销）

“不需要，不需要!”对方不耐烦地回应道。

“我的打印机性能非常好，您看看吧!”（几乎是用乞求的语气）

“我们确实不需要，我这儿忙着呢，就这样吧。”对方头也没抬地打发他道。

这位销售员站在那里，无人理会，自感无趣，只好离开这家公司。

这家公司的确不需要打印机吗？不一定。但是，销售员的言行使其“的确不需要”；如果销售员不那么冒失或者他的话语能在第一时间吸引客户，结果可能就不同，至少不会像案例中那样灰溜溜地离开。可见，如何与客户说话非常关键。

好口才可以帮助你顺利开启销售之门，可以让你在初做销售时少受些挫折。如果你天生口才好，那么就为你做销售工作提供了先决条件；如果你口才一般，却又选择了做销售，那么请用心练好口才，学会如何与客户说话，为销售事业的成功铺好路。

一句话口才

☆ 好口才是开启销售事业的敲门砖，至少比口才不好的人多了一份成功的保证。

第3天　好口才是说服客户购买的关键因素

口才训练

从某种意义上说，销售的过程就是客户“被一步步说服”的过程。至于这个“说服购买”的过程长短和最终的结果，销售人员的口才则起到了关键作用。

销售中的经典案例——将梳子卖给和尚，三个人对其潜在客户（和尚）的说服语言不同，最终的销售结果也大相径庭。

甲接到任务后，跑了几家寺庙，见到和尚就把梳子拿出来推销：“师父，您看看这梳子，做工精细，质量又好，您买一把吧!”得到的答案总是“施主，我哪用得着梳子啊，快快离开吧!”一连几天都是如此。后来，一位小和尚实在禁不住他的苦苦哀求，说：“好吧，看在施主这么执著的份儿上，我就买一把，你赶紧离开吧!”最终就只卖出这1把梳子。

乙接到任务后来到一座古寺，因路上看到进香的善男信女们的头发都被风吹乱了，灵机一动，就找到住持说：“蓬头垢面对佛是不敬的，应在每座香案前放把木梳，供善男信女梳头。”结果，住持很高兴，当即答应购买10把梳子。

丙不但卖出1 000把梳子，还获得了长期订货，他是怎么跟方丈说的呢？原来，他来到一座香火旺盛的寺院，对住持方丈说：“凡来贵宝刹进香者，多为虔诚之人，宝刹应有所回赠，以鼓励多行善事、保佑平安。正好，我有一批梳子，若作为‘积善梳’送给香客，岂不很好！听闻您的书法不错，若您亲笔题写并刻在梳子上，那就更意义非凡了。”方丈听罢，喜出望外，立刻决定买下 1 000 把梳子。后因效果非常好，双方就签订了长期购货协议。

同样的产品，同样的目标客户，因为三位销售员的说服语言不同，就出现了1:10:1000的差别。可见，在说服客户购买的过程中，找准客户的需求点之后，销售人员口才水平的高低就是决定销售业绩多少的关键因素。

我们常说，销售要围绕客户的需求进行推销，然而如果没有好口才，不善于根据客户的心理来说话，那么即使了解了客户的需求也是枉然，因为话要怎样说、如何说出口、用什么措辞等都将影响说服客户购买的效果。

一句话口才

☆ 销售人员口才水平的高低直接左右着销售活动的发展方向以及销售结果的成败，好口才是说服客户购买的关键因素。

第 4 天　好口才是成功销售的重要保证

口才训练

成功销售离不开好口才，好口才是销售成功的保证。

“你好，我是明治保险公司的原一平。”

“我最讨厌保险！昨天你们公司的业务员才来过，被我赶了出去!”

“是吗，那您真厉害！不过，我总比昨天那位同事英俊潇洒吧?”

“什么，昨天那个业务员可比你好看多了。”

“哈哈……”

一句自嘲式的玩笑话，原一平轻松化解了客户的拒绝，二人哈哈大笑过后，客户怎能马上板起脸，让其离开呢？而有了进一步交谈的机会，成功签单还会远吗？

的确，好口才在销售中起着非常重要的作用。具体来说，有以下作用。

（1）好口才可以帮助你成功预约到客户。

（2）好口才可以帮助你化解被拒绝的尴尬，打开销售局面。

（3）好口才可以吸引客户的注意力，让其不自觉地聆听你介绍产品、产生购买欲望。

（4）好口才可以流利、自如地与客户进行交谈，消除其疑虑。

（5）好口才能够有效打破面谈僵局，摆脱销售困境。

（6）好口才可以让你掌握谈判的主动权，甚至变被动为主动。

（7）好口才可以帮助你说服客户，令其做出购买决定。

（8）好口才有助于赢得更多的客户……

总之，成功的销售来自一流的口才。作为销售人员，如果在销售过程中说话语无伦次、生硬刻板、词不达意，或者不会察言观色，话说不到客户的心坎上，那么你就很难打动客户，更别提销售成功了。

既然销售工作的各个环节都离不开口才的发挥，每一个有追求的销售人员都应练好这一基本功，因为它是走向成功的有力保障。

一句话口才

☆ 练好口才，你的销售之路会“天堑”变“通途”。

第5天　拥有好口才应先熟悉销售语言的特点

口才训练

什么样的话客户想听，什么样的话客户爱听呢？客户不同，当然答案也是不一样的。销售人员要熟悉销售语言的特点，应先做到不说客户反感的话。

所谓销售语言，就是销售人员与客户之间为传递信息、推销产品而进行的沟通语言，它具有以下六个特点。

（1）专业。销售人员应对自己所推销的产品了如指掌，熟悉其性能、如何操作、怎样保养、有哪些型号等产品知识。如果一问三不知，那么毫无疑问会影响客户的购买信心。

（2）真实。说假话是销售中的大忌，销售语言要具备真实性。一是产品介绍要实事求是，即使需要用夸张的语言表达对所售产品的感受，也一定要真实、客观，绝不能胡编乱造；二是真诚、热情待客，绝不能虚情假意、当面一套背后一套。

（3）礼貌。客户是我们的收入来源，礼貌待客理应是根本。这体现在话语上，当然是谦和、有礼、耐心应对，怀着尊重的态度与每一位客户交流，避免用吵架的语气和客户说话。

（4）建设性。当客户举棋不定时，你提出专业意见，会让客户尽快做出购买决定；而在销售谈判陷入僵局时，如果你能够果断地提出建设性意见，也会赢得对方的尊敬和信任。所以，始终站在客户的立场上想问题，让你的语言具有建设性，即使是你想销售产品，但你的话语要让客户听起来是为他着想、为他解决问题。

（5）艺术性。要想客户爱听，销售语言还应讲点艺术，拒绝要委婉、说服要有技巧，言语间多运用一些比喻、幽默、赞美等，让客户在不自觉中接受你、接受你的产品；否则只能是销售人员自讨没趣，不但得罪了客户，也丢了赚钱的机会。

（6）适应性。销售语言还要因人、因地、因时的不同而不同。同样一句话，面对的人不同，结果可能大相径庭；同样一句话，场合不同，效果可能大打折扣。所以，销售人员要注意语言表达的适应性，把握好客户心理，把话说对、说巧、说到客户的心里去。

一句话口才

☆ 掌握销售语言的特点，在每一句话上下工夫，起码要做到与客户谈话时不被其反感。

第 6 天　拥有销售好口才应具备的基本特征

口才训练

销售员拥有好口才，并不单指能说会道，见到什么人都能侃上一会儿，而是应具备以下六个特征，才算得上真正的销售口才达人。

（1）表述清晰。销售人员所说的话要能够准确表达自己的目的，让客户听了简单明了、意思明晰；不同意思的过渡与转折、语言的前后联系、因果关系等，都要考虑清楚后再组织语言说给客户听，让客户根据你的语言调整自己的思绪，理解你所要表达的重点。

（2）措辞得当。事前尽量多了解一些客户的情况，如民族、禁忌、习惯、爱好等，以保证与其沟通时，用词准确、措辞得当，充分尊重其人格和习惯；即使需要提出反对意见，也要婉转表达，比如“您说的有一定道理，不过……”。

（3）语速适中。销售人员与客户沟通的目的是让他们了解你的产品、对你的产品产生兴趣并最终做出购买决定，所以你的语速不可太慢或太快，而应根据需要适当调整，该停顿时就停一下，该快时就不要慢吞吞的。总之，快慢适中、抑扬顿挫，牵着客户的“思维”走。

（4）生动有趣。如果销售人员只是自顾自地滔滔不绝，而语言又寡淡无味，自然不会吸引客户的注意力。如果销售人员运用充满热情的语言、生动形象的比喻，不断变换表达方式，产品介绍的效果就不一样了。另外，幽默、赞美、讲故事等方式，也是销售人员与客户交谈过程中必不可少的“武器”。适当运用以上方式，不但能够赢得客户的心，还能促成交易的达成。

（5）控制情绪。在销售过程中，销售人员与客户产生分歧是避免不了的。俗话说“有理不在声高”，此时你要控制好自己的情绪，耐心细致地与客户分享自己的观点，有根有据地说明其中的原因，相信客户会理解的；如果客户确实不讲理，或者故意贬低、嘲讽你，则更要冷静应对，切不可与其争辩，甚至起冲突，这对达成交易无任何益处。

（6）劝购而不是说服。销售好口才不等于一定要说服客户，销售人员与客户沟通的目的在于把产品卖出去，而不是说赢客户。如果把客户逼得理屈词穷，那结果必然是招来客户讨厌。所以，销售人员的语言应春风化雨，不让客户感到有任何压力，用话语和行动逐步打动客户，一点点赢得客户的信任。

一句话口才

☆ 销售好口才不仅要能说，还得会说，以说得有道理、有意思、客户易于接受为标准。

第7天　好口才不是天生的，需要修炼

口才训练

好口才并不一定是天生的，而销售好口才就更需要去修炼了，尤其是刚入行的销售新人，应牢记以下六点，逐步训练自己的销售口才。

（1）售前学习。熟悉产品、熟悉行业、熟悉客户等这是拥有销售好口才的前提。"腹有诗书气自华"，售前多下工夫，好好学习，对相关的专业知识、专业技能了如指掌，在做销售时你就会由内而外地透出自信，说起话来自然也就清晰流畅，面对客户也就能应对自如了。

（2）放下恐惧。有些销售员平时口才挺好，可见了客户却像换了个人似的，脸红心跳，不知说什么好，或者语无伦次、声音细小等。其实，这都是恐惧在作祟。而恐惧的原因，其一是怕说错话而难为情，在客户面前丢面子。其二是看轻自己、看轻销售工作，生怕客户看低自己。其实，大可不必这样，客户也是人，他需要你的产品，销售人员应消除恐惧心理，勇敢地去和客户交流；同时，还应正视销售职业、正视自己，下决心做好销售工作。

（3）态度诚恳。做销售就是做人，客户认可你才会买你的东西。所以，如果你真心对待客户，每一句话都充满感情，那么即使你不十分健谈，也可以赢得客户的心。销售人员要记住：和客户说话时要态度诚恳、语气亲切，用心去交流。

（4）简明扼要。客户的时间宝贵，销售人员应尽量在最短的时间内、用最简洁的语言表达清楚自己的想法；同时，注意语言逻辑要清晰、语句简洁、意思准确，让客户一听就明白。比如运用并列句式，这款产品有三个特点，第一……第二……第三……

（5）培养兴趣。培养自己的某项兴趣爱好，说不定会遇到与你有共同爱好的客户，那么对方一定不会拒绝你。另外，如电视新闻、各类球赛、当前大事件、畅销小说、流行音乐等，销售人员也应多关注，以此增加与客户的谈资，提高你的口才水平。

（6）加强实践。对于刚刚入行的销售新人来说，要多打电话、多约客户见面，要敢于多和客户交谈。这样，就会在实践中积累起丰富的与客户沟通的经验，而且还可以增加销售成功的概率。一次签单的成功会极大地增强你的自信，这反过来又会提高你的口才水平。

一句话口才

☆ 提高销售口才，需要销售人员自己努力，多学习、多涉猎、多实践、多积累经

验、多修正不足。

第 8 天　练就好口才，开创销售一片天

口才训练

销售人员应像艺术家那样，将每一次与客户的洽谈当做对一件艺术品的创作，从语言到语调、从发音到语速等，各个环节都应下工夫，精益求精才能拥有销售好口才。销售人员在和客户交流时，还应注意以下六个技巧，练就好口才。

（1）语调，要明朗、低沉、愉快。如果你的语调偏高、声音偏细，应设法练习，让其变得低沉些、宽厚些，这样的声音才富有磁性、迷人。

（2）发音，要准确清晰。如果你发音不准、咬字不清，请大声地朗诵，或者跟着播音员说话，时间长了，就会改掉这一缺点。

（3）语速，要快慢得当。如果你说话速度过快，请试着刻意放慢语速；如果到客户那里召开销售会议或有参加谈判等场合，语速也要相应放慢；另外，说话的语句不要太长，也不要太短，懂得适当停顿，这样可以引发客户的好奇心，让其集中精力听你说下去。

（4）音量，要大小适中。太大的音量让人感觉聒噪、不舒服；而太小的音量不但客户会听不清楚，也会让人感觉你缺少自信。所以，销售人员要注意调控自己的音量。

（5）表情，要生动。表情要能配合你所说的话、所要表达的意思，千万不可始终一个表情，当然也不能太夸张，尤其是第一次面见客户时。另外，还应附带微笑，并适时发出愉快、爽朗的笑声，给客户带来好心情的同时也增加了客户对你的好感。

（6）态度，要真诚。从内心真正将客户当做亲人、朋友一样，你的每一句话都应是真实、真诚的表达。如果只把客户当客户，虚情假意地待之，那么即使你的“表演”再到位，也只能是徒劳无功。

一句话口才

☆ 和客户说话是销售人员每天的工作，掌握说话技巧，请从各个方面精雕细琢你的每一句话吧

第 9 天　销售好口才不光要会说，还要会听

口才训练

销售好口才，不光要会说，更要会听。有时候，洗耳恭听比滔滔不绝更有效。要认真听客户的每一句话，听出其话中心声、话外之音。

王华是一名房地产经纪人，销售业绩一直不错。他最近遇到一个难缠的客户，此

客户看上了一套150多万元的房子，经过好几次看房、跟业主多次协商后，客户才基本认同交易条件，今天准备过来签约。王华放下电话后心花怒放，心想“总算要修成正果了，哈哈”。

与客户见面寒暄后，王华跟客户又重申了签约程序及各项条款，客户表示无异议。待签订合同时，她要了杯咖啡，开始和王华闲聊起来：“想想就高兴，搬了新家，我女儿上学更近了；我老公喜欢运动，这个小区的健身器械足够他每天锻炼了……我自己又可以发挥我的设计才能，把家重新装饰一番了……”客户的喜悦之情溢于言表，而王华却有些不耐烦，开始时还附和几句，后来就不吭声了，心里直嘀咕：“怎么总是你家里这点事，哎，还好，马上就签约了，终于不用再听你唠叨了……”。

客户继续描绘着自己搬新家后的美好情景，但她发现王华虽然看着自己，可不耐烦却写在了脸上，对她的话也没有回应。“真行，这还没签单呢就这种态度，怎么能和这样的人做生意！”想到此，客户找了个借口就走了，马上要煮熟的鸭子就这样被王华给弄飞了……

的确，客户有时候也需要倾诉对象，也希望有人能够耐心倾听其内心感受并给以回应。如果销售人员能够扮演好倾听者的角色，不仅是对客户的尊重，更能成为客户真正的朋友。与客户的心渐渐贴近了，与之做生意就是水到渠成的事儿了。

倾听，不仅是一种沟通礼仪，更可以帮助销售人员了解客户、了解客户的需求。对客户了解越多，销售人员就越容易与客户进行有效沟通，说服客户购买也就变得简单容易了。所以，与客户面谈时，不管客户说什么，不管你喜不喜欢，都要耐心倾听客户的意见和想法，这是练成销售好口才的重要途径。

一句话口才

☆ 听和说同样重要。有效倾听，是练成销售好口才的重要途径。

第10天　让好口才引领你“步步为赢”

口才训练

销售酒店用品的贾霄旅行归来，在飞机上，他注意到邻座的女士正在翻阅一本酒店方面的杂志，于是他主动和对方打招呼：“您好啊，我还是第一次看到女士看这类杂志，我猜您是做酒店管理的，对吗？”女士微微一笑，没有回答。（遇到恰当时机主动搭讪）

贾霄心想：这是默认了吗？继续与之寒暄：“我叫贾霄，这是我的名片，做布草生意的！”（递送名片，自我介绍）女士接过名片，问道：“你们的产品都有哪些？什么品牌的？”就这样两个人聊了起来，不知不觉飞机就要着陆了，贾霄边解安全带边说：“哦，聊了这么半天，我还没问您怎么称呼呢！”

女士略带歉意地说："不好意思，我没有带名片！"

贾霄："没关系，如果您不介意，能给我留个电话吗？"（问清联系方式以便日后联系）

"好的"，女士接过贾霄递过来的空白名片，将自己的名字和电话留在了上面。贾霄接过后，轻声重复了一句："王芳，……对不对？"（重要信息一定要确认清楚）

二人走下飞机，互相道别。第二天上班后，贾霄第一时间给王芳打了电话。（第一时间打电话沟通，加深客户对自己的印象）

"王总，您好，我是贾霄！"

客户："贾霄，哦，想起来了，我们昨天见过面。"

贾霄："是啊，昨天时间紧，有些问题没跟您深入探讨，我打电话给您，就是想抽空去拜访您一下，顺便看看您的酒店，您看什么时候方便？"（为以后见面打下基础）

客户："好啊，好啊。您看什么时候方便就来个电话约一下时间。"

贾霄："好的，我再给您电话。"（给出悬念，并不急于见面与客户谈生意）

客户："那就这样，再见。"

一个星期后的周末，贾霄给王芳发了一条短信，告知近期有一个酒店用品展览会，建议王总去参加。一来一往的短信互动，自然进一步加深了客户对他的印象。（强化信任关系）

很快，端午节要到了，贾霄趁此给王芳打了电话，向她问候节日快乐。（进一步拉近关系）

贾霄："王总，您好！我是贾霄啊，您还记得我吗？"

客户："贾霄啊，想起来了，你最近还好吧？"

贾霄："谢谢您还记得我。一直说去您那儿看看，可一直忙。这不，端午节就要到了，先给您打个电话，祝您节日快乐！"（送上节日祝福，让客户心暖）

客户："谢谢！不过，我最近还真是想换换产品供应商，你什么时候方便，咱们聊聊！"

贾霄："好啊，那我明天上午还是下午过去，您方便吗？"（给方案，让客户自己做选择）

客户："那就明天上午 10 点吧！"

……

贾霄与王芳面谈的结果是：王芳成了贾霄的长期客户，从飞机上相识的两个陌生人成了彼此的好朋友、生意上的好伙伴。

贾霄之所以成功，他的口才以及沟通策略功不可没。销售口才可以让销售人员在工作中"步步为赢"，让交易成为水到渠成的事。销售人员，尤其是销售新人，请重视销售口才，从一点一滴做起，锻炼自己的销售口才，让其引领你步步登高。

一句话口才

☆ 重视锻炼自己的口才，让好口才助你"步步为赢"。

第2课　与客户交谈，应把握的说话原则

第11天　做销售需要主动去沟通

口才训练

吃晚饭时，妻子对丈夫说："上次给咱们介绍寿险的那个小张今天来咱家了，我又仔细跟她了解了一下他们公司的那个××险，确实还不错，保费低，保额大，保障范围也相对好一些，真想给咱们闺女买两份。"

"那你怎么没买呢？上次不是跟你说过吗，这事你做主就行！"

"哎，我也想在她这儿买了就得了，可是她在咱家跟我聊了一个多小时，就是没跟我提这茬儿啊！"妻子不无遗憾地说。

因为销售人员没有主动跟客户请求成交，本来可以成交的业务就这样泡汤了。做销售，最重要的就是销售人员主动与客户去沟通。一则是你卖产品给客户，总不能让客户追着你吧；二则只有主动和客户沟通，才能知道客户之所想、之所求，也才能推荐适合的产品给客户。

保险销售员梅子多次向一家公司的张总推荐自己公司的团险，对方也认同她的产品，可却总说"再考虑考虑"，弄得梅子一筹莫展。这一天，她又来到这家公司。

梅　子：张总，我按照您上次的要求，将这份团险合约进行了修改，您看一下，如果没有异议，咱们本周就把签约手续办了吧，您说呢？

客　户：好，我看看……嗯，合约内容差不多了，签约的事我考虑一下再说！

梅　子：不知张总您还顾虑什么呢？咱们都谈了这么长时间了，您能告诉我真正原因吗？

客　户：哎，这毕竟花的可都是我的钱啊，值不值得呢？

梅　子：原来您是顾虑这个呀！我理解您的想法，确实，贵公司花每一分钱都应该仔细掂量。可这保险，我觉得还是值得买的。一则体现您对员工的关怀，能让他们更加尽心为公司服务；二则签了约，贵公司就多了一份保障，一旦员工发生意外，都是保险公司理赔，贵公司会减少很多麻烦，您说是不是呢？况且，一年的保费对您这样的公司来说并不算多啊！

客　户：好吧，那现在就签吧！

销售员梅子主动请求成交、在客户犹豫时主动询问原因，进而想出对策说服客户购买，相比上一个销售员，足以见证"主动沟通"对于销售成功是多么重要。

一句话口才

☆ 积极主动与客户联系，主动和客户沟通，交谈时也要掌握主动权，这会让客户不自觉地跟着你走。

第12天　尊重客户是有效沟通的前提

口才训练

尊重别人是最起码的交往准则，销售人员与客户的交往，自然也应该建立在尊重的基础上；否则，销售人员将寸步难行。

当当当，一阵急促的敲门声打断了李总的电话，他让对方稍等，然后捂住话筒，抬头冲着房门喊："谁啊，这么大声敲门，进来吧！"

门开了，门口站着一位胡子拉碴、衬衫皱皱巴巴、脚穿运动鞋的年轻人。这人快步走到李总办公桌前，递过名片说："您就是李总吧，我是杨光，推销办公用品的，这是我的名片！"

"你还叫杨光啊……我们目前不需要，我这正忙着呢！"说完，李总要接着讲电话。

"我只占用您几分钟的时间，您看，这是我们公司代理的产品名录，都是质量过硬的名牌产品……"杨光站在那里，急切地推销着自己的产品。

"先生，您没看我这正接电话呢吗？赶紧走吧，回去换身衣服、弄利落了再来！"客户冷冷地说，然后低头继续讲他的电话。

本案例中，销售员之所以被下逐客令，在于他没有从心底尊重客户，具体表现为急促大声地敲门、形象衣着邋遢、不顾客户的感受、没有礼让客户先将自己未完的通话完成等。

尊重客户，才有机会与其进行有效沟通。那么，销售人员尊重客户，都应表现在哪里呢？

（1）以干净整洁的形象示人是一种尊重。

（2）敲门、自我介绍、递名片、落座等都要讲求礼仪，不可随意。

（3）守时、守约都是一种尊重的表现。

（4）讲真话，事先告知自己产品的小缺陷等，满足客户的知情权。

（5）说话、做事顾及客户的感受，不要自顾自地说、自顾自地做，因为客户不一定喜欢。

（6）意见相左时不与客户争论，给客户多留面子。

一句话口才

☆ 尊重对方，才会赢得对方的尊重，你的销售才有机会成功。

第13天　场合不同，话则不同

口才训练

同样一句话，在不同的场合说，效果会有很大差异，最终的结果也可能大相径庭。所以，在销售过程中，销售人员一定要注意说话场合，场合不同，则话有所不同，相机而动。

试想，如果你向客户推介产品时像作报告那样严肃、拿腔拿调，客户会不会认为你头脑有问题呢？如果你应邀参加客户公司的周年庆典，你拍着客户的肩膀说："就凭咱哥俩这情分，贵公司有活动我必来祝贺！"客户会非常高兴；而如果去参加客户的婚礼，您还说"就凭咱哥俩这情分，下次你再结婚我还来"就真的不成体统了。所以，"话随境迁"，销售人员说话一定要分清场合。

（1）分清场合，不说客户反感的话。比如，客户升迁、结婚、生子等要送上祝福和赞美而不是其忌讳的话；客户正生着气，你就别再催促他看你的产品了。

（2）语言繁简应因场合而异。正常情况下，销售人员说话要语句完整、逻辑清晰，不可只言片语，让客户感觉你在敷衍他；而在特定场合，则应删繁就简，以特殊结构的话语表情达意，不可总是长篇大论引人反感。

（3）普通话、方言可依具体场合变换。销售人员与客户交谈时应尽量用普通话，而如果遇到的客户是同乡，在适当的时候说出一两句方言，自然会拉近与客户间的距离。

总之，在什么场合说什么话。销售人员应巧妙运用场合、借用场合，说适宜的话，让你的语言与场合相得益彰，为你的销售成功增添砝码。

一句话口才

☆ 到什么山唱什么歌，不同的场合，销售人员应说不同的话，以适宜为最好。

第14天　客户不同，话要相异

口才训练

客户不同，其性格各异，爱听什么不爱听什么也都是不一样的。面对不同的客户，销售人员应用不同的沟通策略、应对技巧，才能使销售工作事半功倍。

（1）弄清个性再说话。一样米养百样人，不同个性的人，其说话方式不同。所以，销售人员在接触客户之前以及接触客户之时，应尽量去了解和揣摩客户，弄清对方的个性，然后调整自己的说话方式与之相对应。如果客户比较平和，销售人员就应把话说得委婉、含蓄些；如果客户是个急性子，销售人员就应把话说得简单、直接些。总之，销售人员的说话方式只有与客户的个性合拍才能赢得客户的心。

（2）了解情况再说话。说者无心，听者有意。销售人员与客户交谈，不是什么话都能说的，一定要事先通过各种途径，如网络、向客户的熟人探问、向客户身边的人打听等，了解客户的禁忌、喜好，尽量不说客户反感的话，避免不当言语给自己的销售工作带来麻烦。

（3）表达方式勤变换。如果销售人员的表达方式单一，也会影响与客户交谈的效果。销售人员应适当地根据交谈的场合、客户的心理变换等来变换自己的表达方式，在给客户新鲜感的同时也让客户觉得你是个有趣的人，这也就赢得了客户的好感。

（4）有自己的想法。不论与什么样的客户交流，销售人员在保持谦虚态度的同时，还要有自己的观点和想法，要有独立思考的能力，“应声虫”只会让客户看不起。

一句话口才

☆ 与客户交谈，见什么人说什么话才是硬道理。

第 15 天　沟通是双向的，留意客户的心声

口才训练

“如果你没能做成生意，十有八九是因为你说得太多。”的确，沟通是双向的。如果销售人员在与客户面谈的过程中只顾自己说，而没有留意客户的心声，不给客户说话的机会，那么你们之间的交易多半是不会成功的。

广告业务员张芳终于联系上了一个客户，约好下午去拜访。拜访回来，部门经理向其询问了与客户的洽谈情况，于是有了下面的对话。

经理：今天这个客户谈得怎么样？

张芳：挺好的，我把咱们所代理媒体的情况以及广告价格都跟李主任做了介绍，还留下了一份报价单和我们的广告样例。李主任说要仔细看看，然后给我回话。

经理：客户以前都在什么媒体做过宣传？平面广告多吗？

张芳：之前客户通过广告宣传的不多，具体情况我没问。

经理：据我所知，这家客户最近有新品上市，你没了解一下他们这次的宣传计划吗？

张芳：哦，这个……我没有注意。

经理：那李主任有没有透露看重咱们媒体什么？为什么让你去面谈？

张芳：经理，这些我都没有问啊，要不我再打个电话问一下吧？

经理：张芳，你说你这一趟，跑着玩呢？你自己清楚，争取到这次面谈机会多不容易，可你是怎么做的呢，客户的情况、需求你都没了解，估计从头到尾都是你在说

吧？你说，客户会打电话给你吗？

……

案例中的销售员在面谈结束后却对客户的想法、需求一无所知，她怎么能推荐给客户适合的广告产品呢？

沟通是双向的，而销售人员和客户之间更要注重这一点，这既是对客户的尊重，更是销售成功的需要。所以，要想面谈有一个完美结局，销售人员应做到以下四点。

（1）自己少说，让客户多说，通过提问等方式让客户尽量多地表达自己的真实想法。

（2）认真倾听，将重要信息记录下来、不明白的地方及时询问客户，让客户感觉到你对他以及这次交易的重视。

（3）客户说话时，你要尽量多作回应，比如用“嗯”、“您说得对”、“我明白了”等语言或者以点头、眼神示意等，让客户知道你在听、听懂了。

（4）自己进行销售陈述时，也应不时地以询问客户、邀请客户参与等方式与客户进行互动。

一句话口才

☆ 面谈时，销售人员应通过语言、动作、眼神等与客户形成互动，尽可能多地了解客户心之所想。

第16天　有礼有节，礼多人不怪

口才训练

任何时候，不论面对什么人，有礼有节总是应该的，何况是销售人员面对客户的时候。有礼貌，既是销售人员素质的体现，也是销售好口才的重要因素。

某公司准备给员工进行职业素质培训，前期预算20万元。公司培训负责人张主任已经选定了A、B两家公司，就等王总经理拍板了。这一天，A公司销售员李红应约前来与总经理面谈。胜败在此一举，李红很兴奋，心想：“我今天一定要好好表现，力争拿下这一单！”

一见面，李红深鞠一躬：“王总，您好！谢谢您给我这次和您面谈的机会！”然后双手递上名片。

“言重了，言重了，员工培训也是我们公司必须要做的事情！”王总笑着说。

“听您这话就知道您是一位有远见的企业家！的确，员工需要跟着企业发展的脚步一起成长，这样企业才会有更大的发展。您的员工好福气啊！”

“哈哈，过奖了！不过，你说得对。那咱们就先看看贵公司给我们设计的课程吧！”

“好的，您稍等！”李红遂打开包，迅速拿出电脑、开机、找培训策划案的PPT，每一个动作都是那样的熟练而迅速。接下来，李红给王总详细地介绍了自己公司的情况、专门为该公司设计的特色课程、培训时间安排、后续服务等。期间，王总的问题，她也一一应答如流。

在王总弄明白心中的众多疑问之后，笑着说："好，小李，今天咱们就先聊到这！这事我们再商量一下，过几天你跟张主任联系。"

"好的，王总，那您先忙着！"说完，李红与王总道别，离开了这家公司。而李红走后，王总立刻将李主任叫到办公室："培训的事就选 A 公司吧。有这样素质的销售员，这家公司的培训不会差。别约 B 公司的人了。具体价格你再跟 A 公司商量一下！"

李红的有礼有节加专业素养，让其顺利地获得了订单。事实上，礼多人不怪，销售中恰当的礼仪可为口才加分，为销售人员赢得好印象。

当然，这个有礼有节还需要"言行一致"，即要真诚。销售人员不可将"礼仪"作为道具，在客户面前伪装出一副尊重对方的模样，这样做只会遭到客户的唾弃。

一句话口才

☆ 礼多人不怪，适当的"礼仪"可以帮助你获得客户的认可。

第 17 天　给客户多留点面子

口才训练

"这款笔记本电脑多少钱？"客户问一旁的销售员。

"这一款啊，4 880 元！先生，您想买什么价位的电脑？"

"这款怎么比那一款价格高出这么多？"

"这您就不懂了，一分价钱一分货，这是今年的新款，一上市就获得了追捧！"

"是吗，它的配置如何呢？"

"CPU 是最新的酷睿 i3 处理器，2G 的内存，500G 的硬盘容量，您说这个价格值不值？"

"我怎么知道。i3 处理器，它的优势有哪些？"客户已经面带怒色。

"一看您就不关注这个吧！i3 处理器……您看，要是您不经常打游戏，用 i3 优势还是非常明显的。"

"好的，知道了！"说完，客户转身走了。

客户主动询问电脑价格，说明他对这款电脑感兴趣，可最终却转身离去，为什么呢？其实，客户是被销售员赶走的。"这您就不懂了"、"您说这个价格值不值"、"一看您就不关注这个吧"，三句话，让客户觉得自己没有得到应有的尊重，自己很没面子，自然是离开了事。

在销售的过程中，销售人员不要自以为是，说话、做事均应尊重客户，给客户多留点面子。让客户无地自容的结果就是你的东西卖不出去，因为同样的产品那么多，买谁的都一样，客户何苦让自己花钱还受气！

一句话口才

☆ 推销过程中应多给客户留面子，让客户无地自容的结果就是你的东西卖不出去。

第18天　站在客户的立场上说话

口才训练

作为销售人员，与客户沟通时，要尽量站在客户的立场上说话，拉近与客户间的距离。

“这件连衣裙就像专门给您定做的一样。您看看，既合身又搭您的气质，相得益彰，您爱人见了绝对会眼前一亮的……您再转个身，看看镜子里的效果，多漂亮啊，不买可惜了……”

“这衣服穿在您身上真漂亮，您还犹豫什么呢？”

同样是劝购，哪一句更给力呢？答案显而易见。前者，服装销售员从顾客的穿着效果联想到其爱人看见新衣时的情景——眼前一亮。“女为悦己者容”，自然会增加客户的购买兴趣。接下来，销售员再让顾客自己从镜中判断穿着效果。最后一句“不买太可惜了”，则更是从客户的立场出发，劝说客户购买。在整个劝购的过程中，这位顾客的“购买指数”肯定是不断上升的。而后者只是干巴巴的一句“这衣服穿在您身上真漂亮”，有敷衍之嫌，而“您还犹豫什么呢？”则完全是从销售员自己的角度出发劝购，难免会引起顾客反感。

销售人员只有从客户的角度出发，站在客户的立场上说话，客户才会心甘情愿地购买你的东西。那么，什么样的话才算是站在客户的立场上说的呢？

（1）站在对方的角度，销售人员说出的话应是客户的心里话，让客户觉得就是那么回事，正是其心中所想。

（2）不论你的产品或服务有多好，终归是要客户花钱购买的，因此销售人员应端正态度，多想想客户的感受，从客户的切身利益出发，说出的话要让客户有满足感，让其感觉到自己购买你的产品或服务是明智的、值得的。

（3）将心比心，销售人员说出的话要重视客户当时的心情、情绪，化解客户的坏情绪并表示理解，在言语上礼貌、谦让、不与其争执。

（4）用迎合客户的说话风格、观点等的沟通方式与客户交流，必然赢得客户的信任。

一句话口才

☆ 站在客户的立场上说话，让客户觉得你说的正是他所想的，自然增加其“购买指数”。

第 19 天　从客户的切身利益出发

口才训练

“您有了这辆车，每天上、下班就能缩短一个多小时，这样您就多出一个多小时陪孩子（获得的利益），回去给孩子做一顿可口的晚饭也是件美事啊。周末，您要带孩子去郊外兜风、享受野趣就更方便了。我相信，这对于您肯定是向往的；而对于孩子，能享受到更多的母爱，那么他就会更健康地成长！”（能获得的利益）

“张姐，您现在只需每天存 20 几元钱，这对您来说应该没啥感觉吧。可当您缴够 20 年，一共花 16 万元，最后会得到什么呢？20 万元的身故保险金，20 万元的满期保险金，再加上 12.5 万元的养老金，一共能拿到 52.5 万元啊，16 万元变成 50 多万元（利益），而且养老也有保障了（利益），这个账算起来还是合适的吧？”

“这个小区有老年俱乐部，不远处还有少年宫，您住这里，不论是对家里老人养老，还是对孩子成长，都是很有帮助的。平时您上班忙，顾不上老人和孩子，可如果住在这里就不用担心了。您说，这里是不是让您既舒心又放心的所在呢？”（能获得的利益）

销售人员与客户沟通交流，目的就是将自己的产品卖给客户。那么，你就应该像上述案例中的销售员那样，从客户的切身利益出发，字字句句说到客户的心里，让客户觉得在买你东西的同时也获得了多项好处或者多种利益，解决了其自身的困难和问题。这样，客户才会更加重视这件产品，慎重考虑这次交易，进而决定购买。

销售人员是带给客户利益的人，你要用语言、行为告诉客户并让其深信这一点，你们之间的交易才会变得顺畅起来。

一句话口才

☆ 话语间，要让客户感受到你是带给他利益的人，让其相信购买你的产品或服务能够获得利益，能够解决自身的困难。

第 20 天　把话说到客户的心坎儿上

口才训练

谁都知道，只有把话说到对方的心坎儿上，才能产生应有的效果，否则就是“话不投机”。那么，销售人员如何才能把话说到客户的心坎儿上，让客户不知不觉地把你当做“知己”，愿意敞开心扉和您畅谈呢？

（1）说符合客户兴趣的话。每一位客户的成长环境、职业、阅历等不同，其兴趣、爱好也不同，甚至随着身份地位的变化、年龄的增长而发生变化。所以，销售人员要通过事前做功课、交谈中留意、事后跟进等多种方式了解客户的兴趣，并从这些话题开始交谈，以打开客户的话匣子。

（2）说符合客户性格特点的话。客户不同，性格自然迥异，销售人员要说符合客户个性特点的话。比如，面对性格直率、急躁的客户，销售人员就要开门见山、直来直去；面对性格内向的客户，销售人员则应讲求分寸、有礼有节、耐心应对。

（3）说符合客户心理变化的话。销售人员与客户交谈时，应注意察言观色、揣摩客户的心理，了解客户在想什么、有什么心理变化，然后相应改变自己的说话方式、语言特点等，使之符合客户心理。

（4）说符合客户身份地位的话。销售人员的推销语言应因人的身份地位而异，比如同一产品，面对管理者，你就应着重强调产品能给客户带来的利益，是提高效率还是降低成本等方面；面对使用者，你就应将重点放在产品便捷、使用方便等方面；面对采购执行者，你则应将重点放在他的提案是否正确、产品是否能给该企业带来利益等方面。

另外，销售人员与客户交谈时，所选话题也应根据客户的不同身份、地位来确定。比如，面对一位农村老太太，你跟她说时事政治显然不合适，而问她“您的小孙子几岁了？”则马上就能激发起对方与你交谈的兴趣。只要客户开口说话，就预示着你的销售机会来了。

总之，要想把话说到客户的心坎儿上，销售人员就应多努力，做好前期调查、后期了解，同时交谈中还要留心观察，以便投其所好、避其所忌，说出客户想听的话。

一句话口才

☆ 销售人员要善于察言观色、摸底调查，让自己说出的话投客户所好、避客户所忌。

第21天　激发客户的谈话及对产品的兴趣

口才训练

在销售中，销售人员还要懂得激发客户说话，引起客户对产品的兴趣。一则，只要客户开口说话，你就有了向其推销产品的机会；二则，客户对产品产生了兴趣，也就有了购买的可能。所以，销售人员要善于运用沟通技巧，引起客户的兴趣。

“先生，这是我们品牌的最新机型，它用的是最先进的IPS硬屏LED和矩阵背光LED，而且内部装的是嵌入式ALL-HD数字芯。另外，它还装配了BRS后置反射式音响和DTS数字影院系统，保证看电视时的声音效果……”以夹杂一堆技术名词的产品介绍作为开场，只会让客户兴味索然。

“刚才您亲自看了教学场景，关于我们的英语课程，您有什么问题，请直接问我吧！”没有暖场，直接让客户提问的开场白过于突兀，会让客户不知所措，销售人员应该问一句“刚才您亲临教学现场，感觉如何？”

“您好，我是××保险公司的陈昊，您需要保险吗？”直接询问“需不需要”，对于保险产品来说太不合适，太过“诚实”，得到的答案肯定是“不需要”，其结果自然是被挂断电话或者拒之门外。

上述三个案例，自然都是不合格的开场白，也不能激发客户的谈话兴趣以及对产品的兴趣。那么，销售人员该如何说才能激起客户的兴趣呢？

（1）设计精彩的开场白，一开始就“吊足”客户的胃口，激发其谈话的兴趣，后文将详述。

（2）热情亲切的招呼，不一样的服务方式，吸引客户走进店内与你交谈。

（3）不拘一格的听觉、视觉刺激，吸引客户的注意，比如，与众不同的产品展示等。

（4）一开始就邀请客户参与到你的销售当中，比如向客户提问、请客户做些简单的事情，客户想不说话都难。

一句话口才

☆ 想方设法吸引客户的注意，激发其谈话兴趣和对产品的兴趣，为销售成功做好铺垫。

第22天　真诚的语言最能打动人

口才训练

“×先生，我非常喜欢您的节目。您录完节目就很晚了，到时候我来接您吧！”一句再普通不过的话语，却使知名主持人感觉到了最真挚的赞美，领略到了什么是真诚。

“房子是自己住，不像衣服可以天天换，自然是综合考虑各方面因素，以舒适、方便为主，当然还要量力而行，您说是不是这个理儿？”从客户的角度考虑，这位售楼员说的话让客户听着是那么的贴心。

没有人会真心喜欢虚情之语，更没有人愿意听假意之言，客户当然也是如此。因此，销售人员的话自然应是真诚的。一句有诚意的问候、一次真情的流露、一句发自内心的赞美，无疑能够打动客户，让其在感动之余对你信任有加。只有赢得了客户的心，交易才可能成功，而真诚的语言无疑是触动客户心弦的金钥匙。

那么，销售人员怎么说才算真诚、才能真正打动客户呢？

（1）以真情待人，说出的话才是真诚的。所以，销售人员首先应检视一下自己是不是一个真诚的人，你说话、做事是不是都发自内心，对待客户是不是也发自内心地

为他们着想？如果答案是否定的，销售人员就要好好思考一番，是否真正喜欢销售工作、是否摆正了自己和客户的位置、是否理解了销售的真谛。

（2）销售人员与客户说话时，要用真诚的眼神看着对方，让客户感受到你的真诚。什么样的眼神是真诚的，看一看孩子的眼神就知道了。

（3）销售人员还应注意身体语言的运用，以此告诉客户："我说的话是发自内心的！"

（4）赞美客户时不刻意为之，要以事实为根据适时提出，不无中生有或者曲意逢迎。同时，还要用真诚的声音和语气来诠释你的赞美。

（5）不是什么话都说就是真诚，也不是有所隐瞒就不真诚。要懂得把握能够与客户分享的内容，而有些语言内容是要有所保留的。

一句话口才

☆ 要想你的语言真诚感人，销售人员应从内心热爱客户，然后通过语言、眼神、肢体动作等来让客户感知你的真诚。

第23天　尽量多用积极的言辞

口才训练

"您的这种担心完全没有必要，我们虽然在营销咨询方面接的项目不多，但也积累了很多经验，客户反馈的效果还行，一定不会让您失望的。"

"我理解您的想法，虽然我们在人力资源管理咨询领域拥有了口碑，但其他专业领域我们同样有专业的团队，也有丰富的咨询经验，一定会帮助您实现培训目标的！"

两句话同样是针对客户质疑"营销咨询专业能力"而做出的解释，哪一个效果更好一些呢？显然是后者。意思差不多，只是换了一种更积极的表达方式，客户听后的感觉差异很大。

不同的措辞、不同的语序所传达出的是不同的信息。所以，销售人员在面对客户时一定要注意这一点，与客户说话、介绍产品时应尽量多地使用积极的、正面的措辞，比如节约成本、附加值高、安全、帮助、省钱、质量一流、专业服务、经济等，这会在一定程度上减少客户的疑虑，增加成单的概率。那么，什么样的言辞是积极的呢？销售人员可记住以下三点。

（1）多用正面的词汇，避免消极的措辞。比如"都卖完了"、"明天的团现在才订房实在困难啊"这样的话尽量不说，而换成"这款产品现在热卖，暂时没货了"、"我先给您问问宾馆还有没有房，然后咱们再说合作的事"，是不是连我们自己听起来都更顺耳呢？

（2）委婉地提出反对意见，直接否定对方要不得。比如"您有这样的担心我完全

理解，不过您放心，我们这款产品适合任何肤质，使用它都不会过敏，因它有收缩毛孔的功能，可能有的人起初用时会感觉痒，这也是正常的，一个星期左右就会消失的。”而直接跟客户说“怎么可能过敏呢？我们这款产品适合任何肤质！”客户不生气才怪呢！

（3）注意语序以及修饰语的运用。比如“贵公司培训的事是您负责吗？”和“您是培训部的负责人吗？”二者仅仅是语序上的不同，可听者肯定是听到第一种说法更舒服些。所以，销售人员在与客户沟通时，一定要注意这些细节，以让对方听着心里舒坦为准则。

一句话口才

☆ 选用什么样的词汇在一定程度上反映出你对客户及产品的态度，因此销售人员应多选用积极、正面的言辞，避免消极的措辞。

第 24 天　热情要表达得恰如其分

口才训练

以情感人才能赢得客户，所以销售人员的语言要富有感情色彩，与客户交流要热情、恳切。然而，热情不能过分，恰如其分、自然而然地表达最好。

冬日的午后，一位先生走近一家地产中介的门店，看到店外的房源信息牌，他停了下来。房产经纪人芳芳看到此景便走出店来。

芳　芳：先生，天气冷，您进来看吧，店内很暖和。（借助天气，自然地邀客户进店）

客　户：不用了，我只是随便看看。

芳　芳：先生，您要不急的话，就进来坐坐，正好也歇一歇，手上的袋子够沉的吧！咱们慢慢聊，牌子上的那几套房都有实景照片和资料。（说完拉开门，侧身示意客户进店）（遭遇拒绝，细心观察客户的需求后再次邀请，并用动作表达自己的热情）

客　户：好吧。（客户随着芳芳进店，芳芳忙接过客户手里的袋子，放在办公桌上）

芳　芳：先生，我看你挺面熟，您就住在附近吧？（套近乎，消除客户的陌生感）

客　户：是啊，我就住前面那个小区。

芳　芳：是您的房还在租住在这里？（探问客户需求）

客　户：要是自己的就好了。现在是租的，已经住三年了。因为离单位近，还算方便，可也不能总这样啊。再说，孩子都三岁多了，也得为他上学考虑，这不就来看房了……

案例中，因为房地产经纪人前期的热情、贴心招待，客户放松了心情，很自然地聊起了自己的住房现状，为经纪人接下来的房源推荐、成交等都开了个好头。

热情的销售人员能够带给客户一份愉快的心情，自然，客户也愿意与之谈生意。所以，销售人员的语言要做到恰如其分地热情，让客户有如见到故人一般，让客户在友好的氛围中度过一段美好的购物时光、享受交易的快乐。

一句话口才

☆ 与客户交流中，适度的热情是必需的，而过度的热情则会将客户吓跑。

第 25 天　要用客户听得懂的语言表述

口才训练

在介绍产品的过程中，为了凸显自己的专业水平或者迎合客户的某种心理，销售人员往往会使用一些专业术语，可是过于专业的语言会让客户听得云里雾里，最后只得悻悻而去。

“要说这款相机，您是选对了，它可是××原装进口，具有 F2.0 大光圈徕卡镜头，3.8 倍光学变焦，另外，它的 1/1.63 英寸大型高灵敏度 CCD 和强大的 FHD 图像处理器以及 AVCHD Lite 格式高清动态拍摄功能，都是同价位相机没法比的。还有，它的人脸识别和智能 ISO 控制……”导购站在那里滔滔不绝，而客户直皱眉头，打断了他的话。

“什么是 F2.0 大光圈徕卡镜头？CCD 是怎么回事？”是啊，非行家客户确实不明白这些专业名词。

“就是超广角的徕卡 VARIO-SUMMICRON 镜头，这种镜头可有限避免失真，从而能够拍摄到带有非凡分辨率及细腻性的逼真画面。”导购眉飞色舞地说着，丝毫没注意客户的表情。其实，听了导购的话，客户的眉头并没有松开。

“这个 CCD 呢，就是一种半导体器件，它上面有许多排列整齐的电容，能感应光线，并将影像转变成数字信号。CCD 上植入的微小光敏物质称为像素（Pixel）。一块 CCD 上包含的像素数越多，其提供的画面分辨率也就越高。”“行行行，别说了，我头都大了！”客户再次打断了导购的话，转身走了。

案例中的销售员一开始就使用了太多生涩的专业名词向客户展示的相机，企图以此吸引客户，没想到客户并不买账。因为客户被这些专业术语搞得晕头转向，没法判断产品是好是坏、是否适合自己，只能离开或者去咨询其他品牌的相机。

真正专业的销售人员，他们能够化专业为通俗、化繁杂为简单，自己说出的话能让对方听懂并理解。所以，在介绍产品、进行销售陈述时，销售人员千万要注意听众对象，要用对方听得懂的语言来表达，切不可像案例中的销售员那样。

一句话口才

☆ 专业的话简单说，用客户听得懂的语言表述才是真的专业。

第 26 天　以客户易于接受的方式表达

口才训练

众所周知，历史上的项羽是一位有勇无谋、性格残暴的人，经常在攻下一座城池后下令杀掉全城的人。

一次，他率兵攻下外黄城，居然下令将城里 15 岁以上的男子全部活埋。此令若执行下去，自然是生灵涂炭、百姓遭殃。这时，有一个自称是项羽儿子的少年前来拜见。项羽听报后，甚感奇怪，下令接见。

“你竟敢冒充我儿子？难道你不怕死吗？”项羽厉声喝道。

“大王是百姓的父母，小人自然是大王的儿子，父母又怎么会杀死自己的孩子呢！”少年非常平静。

“小小年纪，还挺会说话！你见我什么事啊？”项羽的气消了一半。

“外黄城百姓遭彭越攻袭而无奈投降，如今，大王赶走彭越，百姓感恩戴德。可有谣言说，大王要把 15 岁以上的男子全部活埋。为了笼络人心，我认为大王不应下这样的命令！”

“你要是能说出理由，我就不这样做。”项羽嗔怒道。

“小人觉得，今日百姓开城门热情迎接大王，可见大王深得民心。不过，若大王执意而为，那其他城池的百姓听说此事，就会拼死抵抗，于大王您的千秋大业不利。您说呢？”少年镇定而严肃地说。

项羽听后，思忖片刻，觉得这少年说得有道理，就撤销了命令并重赏了这个少年。

故事中，少年为什么能够成功说服项羽撤销命令呢？关键在于他得体的表达方式。“自称项羽的儿子”，引起好奇又迎合项羽做百姓父母的心理；项羽赶走彭越，百姓对项羽感恩戴德，这让项羽心里很受用；基于事实的弊端分析——影响大王的千秋大业，这当然是项羽不希望的结果。基于上述三点，少年成功了。

得体的表达方式同样能够让销售变得更加容易。那么，如何表达才得体、客户才易接受呢？

（1）适合客户的就得体。销售人员事先或者在沟通中要弄清客户的性格特征、爱好、说话方式等，以客户喜欢的方式与之交流，客户当然容易接受。

（2）善于赞美客户。人们通常愿意得到他人的赞美，在与客户沟通的过程中，销售人员不妨多夸夸客户，以拉近与客户的距离。

（3）找到客户的谈话兴趣。与客户交谈，销售人员不能以自己为中心、自说自话，而是应想办法找到客户的谈话兴趣，与客户聊他感兴趣的话题，这样至少谈话能够顺利进行下去，销售也就有了成功的机会。

一句话口才

☆ 想办法找到客户喜欢的说话方式、感兴趣的话题以及其性格特征，以客户容易接受的表达方式与客户沟通。

第27天　销售好口才不需要口头禅

口才训练

在某超市的日化用品专区，发生了下面的对话。

销售员：您好，您是想选洗发水吗?

客　户：嗯，夏天了，看我这头发，一天不洗就油乎乎的，有什么好的控油产品呢?

销售员：可不是，头发出油是够让人心烦的，可得选一款好的控油产品，您说是不是?

客　户：是啊。可我以前用过的控油洗发水效果都不是很理想。

销售员：品牌也是必须要考虑的因素，您说是不是?

客　户：这个重要吗?

销售员：当然更重要的是控油效果，您说是不是?

客　户：什么呀，是还是不是?（客户已经明显有些不耐烦了）

销售员：这是××公司最新推出的天然草本控油洗发水，它是专门为油性发质设计的。很多顾客用后都反映不错。大家都说“好”，这个产品就错不了，您说是不是?

客　户：你能不能别说“您说是不是”啊!

销售员：哈哈，大姐您真有意思，您买的是产品，可不是我说话，您说是不是?

客户摇摇头，苦笑着走了，本来很好的销售机会，就被销售人员的口头禅和不良态度给搅黄了。的确，话再好，说三遍也会让人生厌，销售员一口一个“您说是不是”，客户怎会感觉舒服呢?

日常生活中，常有人在说话时重复某个词、某个短语，比如“然后”、“你知道”、“这样”、“无语了”等，这既让人有啰嗦之感，也没什么意义。所以，作为销售人员，如果您有口头禅，无论它是什么，能不说就不说，否则会给你的销售工作带来困难。试想，如果你爱说“总而言之”，某天你和客户谈得很好，结束时你想了解一下客户的想法，忍不住说“总而言之，您说一句话，您到底买不买呢?”结果会怎样呢?显而易见，有些口头禅会影响客户的情绪，会在不经意间得罪客户，而结果自然就是销售失败。

真正好的语言是干净的、准确的，太多“口头禅”是对语言的污染，让人听了不舒服。所以，作为销售人员，如果口头禅已经成为你话语的一部分，请彻底改掉这个毛病，前期可能会有困难，但只要用心，总会成功的。

一句话口才

☆ 真正好的语言是干净的，销售好口才不需要口头禅。

第 28 天　说话要有针对性，别话不投机

口才训练

沟通的作用是有效地传递信息，销售人员与客户沟通，就是要将产品信息、销售政策、促销信息等有效地传递给客户，同时要兼顾客户的需求、感受、心理等，要说客户想听的话不要让客户感觉话不投机。

客　户：你说了这部车的这么多优点，那它有什么不足呢？

销售员：这款车呀，它最大的不足就是优点太多，哈哈。（客户想了解车的不足，可销售员却跟客户开了句玩笑，没有向客户说明）

客　户：可这款车和 A 品牌的××车，配置好像差不多，价格却差了将近 1 万元啊！（客户的潜台词还是想全面了解车的状况）

销售员：一分价钱一分货嘛，况且那款车我开过，虽然外形时尚前卫，可安全配置不高，车内空间也相对小，不适合您这样的商务人士。（贬低竞品、替客户做主，还是没有说出客户想知道的）

客　户：哦，这样啊！

销售员：俗话说："车如其人"，像您这样沉稳、睿智、霸气的老板级别的人，当然要选外观沉稳内敛、动力强健稳定的车型了，而这一款车就是最好的选择。

客　户：好，我再转转吧！

说完，客户走向其他品牌汽车展示区，汽车销售员却愣在那里，好一会儿才缓过神儿来。

销售中，话多话少不是最重要的，最重要的是话要有针对性，要针对客户的心理、实际需求来说，这样才投机，才能让交谈顺利进行。若要让客户觉得话不投机，那只能像案例中的客户一样一走了之，何谈销售成功呢。

所以，在面对客户时，销售人员不要只贪图自己痛快而无所顾忌地说话，更不能不顾客户的感受、兴趣、心理等而随意说话。

一句话口才

☆ 话不投机半句多，销售人员一定要说客户感兴趣的、想知道的话。

第29天　不人云亦云，有自己的独到观点

口才训练

销售过程就是销售人员与客户博弈的过程，如果你在交谈、谈判中没有主见，总是人云亦云，就谈不上博弈，对于销售结果而言就太糟糕了！

客　户：前几天我在网上看到贵公司的速冻食品查出××超标！

销售员：是啊，有一个批次是这样，不过原因已经查明，是工人操作不当导致的。

客　户：可这对贵公司品牌的影响不小呀！

销售员：是啊，网络这么发达，一会儿工夫全天下都知道了。

客　户：所以我们还得看看情况，商量一下是否让你们的产品进店。

销售员：这也是应该的。

客　户：万一出事，对我们超市的信誉也有影响，所以我们也得慎重啊！

销售员：是，是，您说得对，那我等您消息。

……

案例中的销售员，显然是一个没有主见、不自信的人。一个劲儿地“是、是、是”，即使在自己的产品出现信任危机的情况下也不辩白，那结果会是什么呢？自家产品的形象在客户心里变得更差，而且客户或许会这样想：“就这样的‘面瓜’还做业务？我能跟他合作吗？”这位销售员估计怎么也等不到客户的“消息”了。

说话有自己的主见，这也是销售人员拥有好口才的一个重要标准。在平时的工作、生活中，我们是不是也喜欢或者钦佩那些有主见、有个性特点的人呢？在销售中，客户当然也愿意与有主见、有独到观点的销售人员合作，因为他自己会从交易的过程中受益，甚至是感到精神上的愉悦。

所以，销售人员平时应善于观察和思考，遇事多想想、凡事多看看，多问自己一个为什么，这样你至少不会是一个人云亦云的销售员，你的口才也会有很大提高。

一句话口才

☆ 在客户面前人云亦云，客户享受不到博弈的乐趣，你的销售也不会成功。

第30天　宜曲不宜直，话太直接会伤人

口才训练

“您太胖了，这款衣服没有您能穿的号！”

“这怎么可能呢，您弄错了吧，我们的产品可是经过18道工序生产出来的！”

“您这是听谁说的，我就是这个公司的，我都没听说有这回事！”

“这可不是您这样的成功人士该有的想法啊！”

“这一定是您操作失误造成的，跟产品质量没关系，我们的产品不会有问题的”

如果客户听了上述这类语言会作何感想呢？不给你点“颜色”看看是不可能的。的确，销售人员如果说话太直接，伤害的不光是客户的心，还有自己的销售业绩。

在销售中，经常会出现令人尴尬、懊恼、气愤的事或者遇到非常较真、甚至带着火气的客户，如果销售人员都实话实说，非但不能解决问题，还会使问题复杂化，甚至造成难以预料的后果。所以，话太直接伤人伤己。销售人员不妨学学“迂回”的沟通方式，委婉含蓄、旁敲侧击地表达自己的观点，这样既能化解问题，又可保住对方的颜面。

可以说，委婉地反对对方的观点、拒绝对方的要求等“迂回”沟通方式是销售人员必修的口才提升课程，因为这是在人际交往和商业谈判中最有效、最具人情味的沟通方式。因此，销售人员不妨多用这种方式与客户沟通，尤其在下面的这些情况下。

（1）你的产品确实不适合客户而客户又喜欢时，你可以说“您选的××确实不错，看来您……（赞美语），不过……”。

（2）客户对你的产品、你的公司甚至是你产生误解时，你可以说“您说的情况或许发生过（曾发生在……），但是，请您相信，绝不会发生在我身上……”。

（3）你的产品、服务因某种原因给客户造成损失或者引起客户气恼时，你可以说“您先别着急，慢慢跟我说一下具体情况……”

（4）客户向你发牢骚或者对产品提出异议时，你可说“您有这样的想法我能理解，可是……”或者“如果是您，我也会有这样的看法，不过……”。

一句话口才

☆ 话太直接伤人伤己，销售人员遇事最好“迂回”沟通，委婉含蓄表达。

第31天　该说“不”时就不要说“是”

口才训练

客户是上帝，这没错儿，毕竟销售人员的业绩都来自于客户的订单。然而这并不意味着销售人员要处处顺从客户，对客户唯唯诺诺，该说“不”时就一定不要说“是”。

客　户：这个培训费这么高，可是我好不容易给你争取下来的，你看能不能……

销售员：哦，我明白您的意思。我们每个人买东西都希望产品最好、服务最佳、价格最低，是不是？

客　户：这个自然。

销售员：那您希望我提供的培训课程效果打折吗？还是希望我后期的服务打折呢？我想您肯定都不想牺牲，那就只剩下价格了。您也知道，给贵公司设计的这套培训课程是目前国内顶尖的，培训师都是业内知名专家，这期培训课程的各个单项费用您也清楚，培训师的讲课费这一项数目就不小！再说，您放心把贵公司这么大的一个培训项目交给一个没有原则和立场的销售员执行吗？若中间出现什么差错，损害的还不是您和您公司的利益。

客　户：哈哈，你说的是。

销售员：我做业务已经4年多了，从没有私下给过任何客户回扣、折扣，但是我提供的是优质的培训产品和服务，给很多企业带去了实实在在的效益。只有坚持原则和立场的人，才会对客户负责，才有勇气为客户争取更大的利益。

客　户：是啊。这个培训协议我们已经没有什么异议了，现在咱们就签字吧。

面对客户索要回扣的要求，案例中的销售员并没有因为害怕失去合约而答应，相反却晓以利害，断然拒绝，自然也让客户心里佩服和放心合作。

现实中确有不顾所在企业利益向销售员索要回扣、为了降低企业成本而执意压价等情况。在损害自己公司利益、违反自己为人处世原则立场以及自己能力所不及等情况下，销售人员一定要断然向客户说“不”。当然，语言上要讲求技巧、态度上要不卑不亢。

提醒一句，面对客户索要回扣的情况，销售人员应根据具体情况分别应对，比如交易的决策者和执行者、企业主或者公司雇员，其应对语言是有区别的；当然，有时候客户要回扣只是为了压低成交价格或者试探销售员的人品，所以销售人员一定要判断清楚客户心之所想再应对。

一句话口才

☆ 面对客户的无理要求，销售人员当然要说“不”，这是销售人员应把握的基本说话原则。否则，最终受害的还是销售人员自己以及所在公司的利益。

第32天　多说无益，话该少时不宜多

口才训练

某公司为庆祝成立十周年暨感谢各界的支持，特举行欢庆晚会，邀请相关部门领导以及平时有业务往来的公司相关人员参加，秦凯也在被邀之列，因为他是这家公司的铝材供应商。

晚会中，台上一位男士正引吭高歌。秦凯听着，轻笑了一声，并向坐在身旁的人打听：“这人是谁呀？”

“怎么了？”

“唱这么难听还上去现眼！”

“这是我们材料科新上任的李科长！”

“啊，是吗？不过他嗓音挺好的，就是这歌太不适合他了！”

“我们李科长可是个才子，这歌是他专门为公司的这次庆典创作的！”

“啊，那真是太有才了，刚才真是不好意思！”秦凯连忙道歉。

这次晚会没多久，秦凯就接到该公司减少订单的通知，秦凯追悔莫及。

有些话不是不能说，而是在没必要的情况下不要说。案例中的销售员秦凯就犯了这个毛病。在人家的一亩三分地上妄自评论，结果损失了自己的业绩。

中国人讲究“话到嘴边留一半”，这不是狡猾、不是虚伪，而是一种与人交往的说话技巧，因为“话多不如话少，话少不如话好”。销售人员更要学会“话该少时不宜多”，不该说的不说、该说的不要说太多，给对方留出说话的余地。

一句话口才

☆ 话该少时不宜多，不该说的、没必要说的尽量不说，该说的也尽量不要说太多。

第 33 天　不吝惜赞美之言

口才训练

每个人都希望被赞美、喜欢被称赞，客户也不例外，他们也喜欢“高帽子”、喜欢被捧着，这是人之常情。而销售人员应遵循的一个说话原则就是：适时地送上赞美。下面这一案例很好地诠释了赞美在销售中的作用。

有一位富豪，一直舍不得丢弃他那辆破旧的老爷车。这可引起了很多汽车销售员的注意。

A 销售员说：“我就是您这个牌子汽车的销售员，这款车目前已经更新到第八代了，您还开这辆车，实在和您的身份不符。”

富豪嘴一撇，不屑地说：“我倒觉得这辆车恰恰能代表我的身份！”

B 销售员说：“这车您开了好几十年了，从安全的角度考虑，您也该换一辆新的了。”

富豪却满不在乎地说：“这车我开了 35 年，一直保养得很好，从没发生过任何事故，换了车反倒会让我不放心。”

C 销售员来了之后，他围着汽车仔细端详了一阵，然后笑着对富豪说：“您这车虽然开了较长时间，但是保养得不错，再开个几年也没问题。这可是这个品牌的第一代车型啊，如今市面上已经买不到了，极具收藏价值。估计您舍不得丢掉，一时半会儿不会换车。这样吧，我给您一张名片，您什么时候想换车给我打电话，我随叫随到。”

结果，这位销售员第二天便接到了富豪订购一辆新车的电话。而富豪也将那辆“老爷车”当宝贝似的收藏了起来。

案例中，C销售员的“这车保养得不错”、“极具收藏价值”、“估计您舍不得丢掉”等话语说到了富豪的心坎儿上，又在无形中称赞了他，他怎能不心花怒放呢？于是，固执的富豪第二天便订购了新车。

可以说，赞美是销售沟通中的情感润滑剂，它可以帮助销售人员化险为夷、转败为胜。因此，销售人员可以在与客户沟通的过程中适时赞美客户，只要用词得当、发自内心，对方一定会非常高兴，至少能让销售面谈继续下去。

与客户初次见面，如果不知该说什么，销售人员可先对客户进行一些礼节性的赞美，这或许会收到意想不到的效果。

客户试用产品、试穿衣服时，销售人员也可将客户自身的优点与产品有机结合起来进行赞美，以赢得客户对产品的好感。

若销售结束时适时赞美客户的正确决策，那他或许就成了你的忠实客户。

事实证明，赞美对销售工作确实有帮助。所以，如果想提高业绩，销售人员一定要习惯说赞美性的语言，发自内心地去赞美客户。如此，你所收获的一定是销售的坦途。

一句话口才

☆ 与客户交谈时，适时地送上赞美，这会让你受用无穷，千万不要吝惜你的溢美之词。

第34天　销售语言也需要幽默风趣

口才训练

与客户交谈中适当地幽默一下，不但能消除陌生感，还能提升销售成功的概率。客户开怀一笑，你的机会也就来了。日本保险界的销售大师原一平就是“逗客户笑”的高手。

“你好，我是明治保险公司的原一平。”同时递上自己的名片。对方端详着名片，过了一会儿才抬起头慢条斯理地说：“几天前曾来过某保险公司的业务员，他还没讲完，我就打发他走了。我是不会投保的，你就别在我这儿浪费时间了，去找其他人吧。”

“真谢谢你的关心，您给我几分钟，我说完后，如果您不满意的话，我当场切腹！”原一平一脸正气地说，而对方听了，忍不住哈哈大笑起来，说：“你真的要切腹吗？”

“不错，就这样一刀刺下去……”原一平边回答边用手比划着。

“你等着瞧，我非要你切腹不可。”客户回应着。

“来啊，我也害怕切腹，看来我非要用心介绍不可啦。”讲到这里，原一平的表情突然由“正经”变为“鬼脸”。于是，准客户和原一平一起大笑起来。

销售语言需要幽默风趣，像销售大师原一平这样，用幽默的语言让沟通气氛活跃起来，客户的拒绝变成了开心一笑之后的默许推销，原一平赢得了一次当面推介保险的机会。

幽默的语言会让销售风生水起，如果销售员本身就具备幽默个性，那就将其发挥出来，让其成为你销售的一个优势；如果你天生就缺少幽默细胞，那么请试着去培养自己的幽默感，比如扩大知识面、不断充实自己，因为拥有了广博的知识才能谈资丰富、妙言成趣；再比如培养自己积极乐观的心态，宽以待人、淡然处世，这无形中会让你的生活多一份轻松与趣味，这样的心境下你的语言也会变得风趣幽默。

一句话口才

☆ 幽默风趣的语言会让销售风生水起，销售人员要注意培养自己的幽默感。

第 35 天　你的话让客户觉得你是自己人

口才训练

让客户觉得你是自己人，就是让客户觉得你和他是同类人、你是站在他的立场上的。这样，你所说的话、做的事他会更容易接受，既而你的销售工作也就变得容易了。

要想让客户感觉你是自己人，最直接的方式就是通过语言。那么，你的话该怎样说呢？下面是美国前总统林肯参加竞选、针对竞争对手攻击其贫寒出身而作的一个演讲，销售人员可从中体会要成为“自己人”该怎么对客户说。

“有人问我有多少财产。我告诉大家，我有一位妻子和一个儿子，都是无价之宝。此外，也租了一个办公室，室内有一张桌子、三把椅子，墙角还有一个大书架，架上的书值得每个人一读。我本人既高又瘦，脸很长，不会发福。我实在没有什么可依靠的，唯一可依靠的就是你们。”

最后一句“我实在没有什么可依靠的，唯一可依靠的就是你们”，成功地向选民们暗示“你们是我唯一的财富，我离不开你们”，听者自然觉得林肯热爱民众，是“自己人”，一下子拉近了双方的距离，赢得了人心。

而销售人员要想让客户对你的产品感兴趣、购买你的产品，只介绍产品、只给他提供建议是不够的，重要的是要让客户喜欢你、认为你是“自己人”。

（1）与客户交谈中，应强调你和对方一致的地方，使对方认为你是“自己人”，从而使你提出的建议易于被接受。比如“我也是打工的，多挣钱也不到我兜里，我没必要给您报谎价”、“我也是当妈妈的，咱们都希望自己的孩子优秀，所以从小我就特别关注孩子的教育”等。

（2）销售人员依靠客户的订单吃饭，同时为客户提供产品和服务，帮助客户解决问题，并不低客户一等，买卖双方是平等的。销售人员要正视自己的位置和职业角色，与客户成为朋友，这样才能取得客户的信任，成为客户的“自己人”。

（3）加强自己的修养，成为一个大度、开朗、正直、坦率、实在的人，以增强自己的人际影响力。那么，随之而来的就是交际圈子的扩大，成为这些圈子的“自己人”，难保他们不成为你的客户。

一句话口才

☆ 跟客户交流，话里话外让他觉得你是自己人，这样销售就容易成功。

第36天　要让客户清楚你的真实意图

口才训练

作为销售人员，如果你说的话客户听不懂或者不能理解你的真实意图，那么就太麻烦了。让对方听懂你在说什么，你的话才有意义，销售才可能有进展。

房产中介的经纪人张帆专门负责销售二手房。一天，一位客户路过门店，仔细看完“盘源架”上的房源，就走进屋，让张帆介绍介绍那套售价75万元的房子。

经纪人：您说的是哪一套？

客　户：就是那套标价75万元的，位于××小区的。

经纪人：（激动万分）先生真是好眼力。这个房就在对面的××小区，附近菜市场、超市、公交、地铁一应俱全，很方便的；小区绿化也做得不错，这个房在三层，80平方米。房主是个老太太，我们是上星期拿到的房。而且您家里肯定有孩子吧？这儿上学可方便了，出小区左拐走10分钟就是一所小学。这房子之前一直对外出租，目前老太太需要钱，况且房价也涨了，就打算卖掉。您看，您还想知道些什么？哦，忘了说了，这房子是精装修，您要是买了可直接入住，又省了一笔钱。

客　户：你都把我说“晕”了，你有这房子的钥匙吗，还是带我去看看房再说吧。

或许是意向客户主动上门使得房产经纪人张帆过于兴奋，以致介绍起房子来东一句西一句，客户听得“晕了”，幸亏客户比较中意这套房决定先去看房，否则可能就一走了之了。

说话的目的在于相互交流，如果对方听不懂，那就失去了交流的目的。如果销售人员的话不能向客户传递有效信息，那么劝你还是早做准备吧。

（1）自己对所销售的产品有一个清晰的认识，并有一套或几套逻辑清晰的介绍语言，让客户听了就能对产品有一个清晰、深刻的认识。

（2）说话前先有一个明确的思路，做到条分缕析、简单扼要，别张口就说、想到哪说到哪，这肯定会让听者一头雾水；与客户面谈的内容事前罗列清楚，一项一项地进行。

（3）虽说有时话语要委婉，但也不要过于含蓄，该简要说的就别长篇大论，该直接说的就别转弯抹角，以免客户会错意。

（4）说话吐字清楚、用词准确，尽量说普通话，以免因有歧义而引起客户的误会。

（5）在介绍产品时别自顾自话，要与客户有眼神、语言等的互动，比如说完一个特点用眼神或语言询问客户有什么疑问没有、听懂了没有等。

总之，客户的时间是有限的，而你争取到与客户面谈的机会也不容易。因此，销售人员就要从说话开始，珍惜与客户的面谈时间，让客户能够清楚你说的每一句话的意思以及你的真实意图。

一句话口才

☆ 说出的话至少要让客户清楚你的真实意图，千万别让客户猜来猜去或者会错意。

第 37 天　多向客户表达同理心

口才训练

客户和我们一样，也需要温暖、需要认同，尤其是在他们情绪不佳的时候。因此，销售人员还要讲求这样一个技巧："多向客户表达同理心"，让客户感觉到你和他有同样的感受，这样既可拉近彼此的距离又能促进沟通效果。

客　　户：在吗，掌柜的？

网店客服：你好，亲！客服××为您服务。请问我可以帮您什么？

客　　户：我在你们店里买了两件衣服，订单号是××××××，可快递来了，里面只有一件啊。这是怎么回事？我明明买了两件衣服。

网店客服：亲，您别着急。我理解您的心情，遇到这种事我也会很郁闷。请稍等，我给您查一下！

客　　户：能不急吗！本来是母亲节准备送给妈妈和婆婆的，这下送不了了！

网店客服：亲，发生这样的事，实在抱歉。您稍等，我马上帮您查一下，然后咱们一起想办法，好吗？

客　　户：好的。那就抓紧吧！

案例中，网店客服人员的一句"亲，别着急。我理解您的心情，遇到这种事我也会很郁闷"，这种"感同身受"的语言让客户懊恼的心绪获得了些许安慰，而"亲，发生这样的事，实在抱歉"，则充分显示了网店客服员站在客户的角度想问题、办事情的真诚态度。接下来的问题解决就变得相对容易了。

销售人员在与客户交谈或者在交易的整个过程中，难免会发生客户不满意、抱怨、甚至情绪激动的情况。此时，销售人员就可先向客户表达同理心，比如用"我理解您，换作我也一样会生气"、"我理解您的心情，您先消消气"等类似的语句先舒缓一下客户的情绪，调整一下当时的交谈气氛，然后再问清其具体情况、解决实际问题。

同理心，其精髓在于“站在对方的角度理解问题，将心比心，从而理解对方那样说、那样做的原因，以减少误会和冲突”。这当然也应成为销售人员赢得客户的心的口才技巧之一。

一句话口才

☆ 先向客户表达同理心，安抚一下客户的情绪，然后再解决问题，这是销售人员练好口才的必要技巧。

第38天　弓不要拉得太满，话不要说得太绝

口才训练

很多销售人员为了成交不择手段，对客户说的话太绝、做出的承诺不当，有时候反而弄巧成拙，失了信誉不说，销售之路也被自己给堵死了。

某品牌汽车4S店里，销售员王启正与客户张小姐进行购车的一些细节问题确认。车型看好后，张小姐担心车的质量及售后服务，所以很谨慎。揣摩出客户的心思，王启拍着胸脯说：“张姐，这车您看了三次，也试驾了，我知道您很喜欢。您放心，我保证您买了这车不会后悔，将来车要是有质量问题，您只要打个电话，我保证随叫随到。”

客户听了这番话，笑着说：“小王啊，我相信你，这车我买了，签合同吧！”

“您就把心放到肚子里吧！”王启说完，拿出合同。就在张小姐低头阅读合同之际，一辆簇新的车停在了店门口，一位中年男士下了车，径直走到王启身边，气愤地嚷道：“又在这殷勤呢！我这提车还不到一个星期，你就不理不睬了。承诺赠送给我的车窗贴膜、坐椅套，当时没货你是怎么说的？你说过两天亲自给我送去，可都一个星期了，连你的人影都没见着，今天我打了几个电话呀？而你却让我亲自来取，你承诺的优质服务就这水平啊！”

王启一听这话，脸红一阵白一阵，不知说什么好。而此时的张小姐也放下了手里的合同，很不信任地看了王启一眼，缓缓地说：“小王，我今天没带钱，以后再说吧……”

不管什么原因，王启的承诺没有兑现的事实，让自己在准客户张小姐面前拍着胸脯说过的“将来车要是有质量问题，您只要打个电话，我保证随叫随到”成了一句“戏言”。张小姐无论如何心里都会打鼓了，因为车的价格不是小数目、车的安全更不可儿戏！

弓弦拉得太满容易崩断，话说得太绝容易招致是非。所以，什么都不是绝对的，销售人员与客户说的话一定要给自己留有余地，尤其是关乎安全、质量、售后等方面

的内容，因为其中有很多自己难以控制的因素。比如：“一天之内，维修人员肯定上门。”可是正赶上业务多，维修人员忙不过来，不能及时上门怎么办？再比如：“这机器质量没任何问题，您就放心地用吧！”产品质量也不是绝对没有问题，万一出了问题客户找上门怎么办？因此，销售人员说话太绝就是自绝后路。

说出去的话如同泼出去的水，是收不回来的。销售人员说话要给自己留余地，别太绝。

一句话口才

☆ 销售人员说话不能说得太绝，要给自己留有余地，以便有转圜之机。

第 39 天　实事求是，有短不遮着

口才训练

世上没有符合所有人需求的产品，也没有十全十美的企业。作为销售人员，不能为了销售成功就将企业、产品等说得完美无瑕。有“短”不能遮着，销售卖的是产品，更是诚信。

“这件衣服手感好差，穿着不舒服！”顾客试完衣服，边说感受边将衣服放在架子上。

“您说得不错，这套西装是纯羊毛粗纺面料，手感确实比精纺的稍差，但它呢面丰满、质地厚实。您看，多挺括，弹性也好，非常适合这个季节穿着。另外，它在价格上也比精纺的那一套便宜不少。都怪我刚才没跟您说清楚，因为我认为您比较看重西服的款式和颜色，而这一款非常符合您的要求，所以我想您不会太在意衣料的手感，况且这不是贴身穿的，也就没做介绍，不知道我的判断对不对呢？”导购员耐心地给顾客做了解释。

“哦，是这样！我明白了，我再试试看。”说着，顾客从导购员手里接过衣服再次到试衣间试衣。

案例中，面对顾客对衣服手感的质疑，导购员坦诚告知，并再次说明衣服面料的优点、重申了衣服满足顾客的要求，让顾客又走进了试衣间而不是扬长而去。虽然是被动地“揭短”，导购员的语言处理还是很到位的，效果也不错。

不论是主动还是被动，用恰当的语言适时地告诉客户自己产品的不足，或许会收到事半功倍的效果。当然，“揭短”应注意扬长避短。销售人员在展示产品时千万不要对产品的缺点做过多的解释，那样会越描越黑。最佳的处理办法是“摆事实、讲道理”，针对客户的需求来突出产品的优势、回避产品的缺点，或者尽量用优点来弥补缺憾，这样才不会引起客户误会。

一句话口才

☆ 实事求是，有短不遮着，才是一个有诚信的销售人员。

第40天　把握好时机，进退自如

口才训练

与客户交谈时，销售人员还应运用一个说话策略：“以退为进”。当然，还要把握好“进”与“退”的时机。

汽车销售员：曹先生，这车您亲自试驾过了，觉得怎么样？（进）

客　　户：嗯，不错。只是我喜欢黑色车身、浅色调的内饰！（购买信号）

汽车销售员：这个没问题，提车时一定会让您满意。

客　　户：那这款车你确定十天后可以提，不会让我等上好几个月吧？（购买信号）

汽车销售员：您放心，十天之后我给您打电话！

客　　户：还能不能再便宜些？

汽车销售员：我跟您说过，这款车目前在搞促销，已经比平时便宜8 000元了。跟您说实话，我们店里卖这款车还赔钱，得靠厂家的补贴呢！

客　　户：哎，可我实在是压力不小。

汽车销售员：要说再便宜，我实在无能为力。（退）况且，过几天活动结束，您就又得多花钱。（进）我建议您考虑分期付款，这样压力就小一点。（进）您再仔细想想，我出去打个电话！（退）

……

汽车销售员：怎么样，曹先生，您考虑好了吗？

客　　户：首付六成，剩下的钱两年还清，你帮我算算月供吧。

汽车销售员：我就欣赏您这样既讲求品位又懂得平衡的人。这款车总价是……

销售中，如果销售人员一味地说自己的产品好、不停地在客户身边唠叨，那么对方对你所说的话就会下意识地存有不信任的心理。因此，销售人员应在充分了解客户真实想法的基础上，采取“以退为进”的策略，把握好说话的分寸与进退的时机，胜利的天平就会倾斜过来。像案例中的销售员，在得到客户诸多的购买信号后，在语言和行为上都“以退为进”，最终成功拿下了这一单生意。

一句话口才

☆ 在充分了解客户真实想法的基础上，适时“以退为进”，更容易获得预想的效果。

第41天　反击“恶语”要讲求策略

口才训练

“你这人什么素质，刚才我让孩子来买两斤橘子，回去一称差了半斤，这也太不像话了吧！”一位女士领着个小男孩、拎着一袋橘子，气愤地大嚷。

“大姐，您先别生气，把橘子拿来我称一下！”销售员平静地说。

结果，橘子确实少了半斤。于是，销售员走到小孩身边，蹲下来对他说：“孩子，你是不是很喜欢吃橘子啊，刚才回家的路上是不是忍不住吃了两个？”

“叔叔，是的，我吃了，不过只吃了一个，路上遇到我的好朋友××，就给了他一个，我们一起吃完我才回家！”孩子说出了实情。

“好，叔叔最喜欢诚实的孩子，给，再送你两个。不过，以后可要及时告诉妈妈呀！免得妈妈生气！”

“嗯，我知道了！谢谢叔叔！”而孩子的妈妈此时恨不能有个地缝儿钻进去，她为自己没有调查清楚情况就来指责别人的行为感到羞愧。此后，她家总在这个摊位买橘子。

面对客户的“恶语”，销售员没有跟着火冒三丈，而是冷静地弄清了事情的真相，避免了一场争吵，还赢得了一个长期客户。这就是运用策略的说话智慧！

销售中，难免遇到客户的“恶语”，比如“你这什么产品，简直是垃圾”、“你们的客服人员有没有素质啊”、“你这销售员也太不讲信用了”等。类似种涉及产品质量、企业信誉、人品等的“恶语”，销售人员一定要反击，进而扭转客户已经形成的坏印象，并将负面影响降到最小。那么，反击策略有哪些呢？

（1）化解客户的不良情绪，并保证自己不被这种情绪感染，避免正面争吵与冲突。

（2）凡事有因才有果，先问明或弄清客户这样说的原因，再确认是哪方的责任。

（3）如果是客户的责任就巧妙化解，还以颜色，当然要给客户留足面子；如果是己方的责任就坦诚以告，承认错误并尽量想办法弥补客户。

（4）言语上要委婉，不气不恼；就事论事，用事实扭转客户对己方的不良印象。

一句话口才

☆“恶语”需要反击，但要注意处理策略与说话技巧，将负面影响降到最小。

第42天　再熟也是客户，要注意“小节”

口才训练

销售人员与客户成为朋友，进行朋友式的交往是值得提倡的。但是，客户终归是客户，还是要区别对待，即使与客户再熟也要注意一些“小节”。

销售员小方与一位客户合作了两年有余，渐渐成了无话不谈的朋友，见面时也是称兄道弟，无话不谈。可好景不长，有一天，小方又去拜访这位客户。他与客户正聊着，客户的女秘书进来送文件后离开。小方盯着女秘书看了好一会儿，对客户挤挤眼，说道："老兄，你眼光不错嘛！"

客户脸上闪过一丝不悦："什么错不错的！"

"揣着明白装糊涂！我说你的小秘形象不错，是不是你小子没安好心啊！"小方一点都没有觉察到客户的不悦，继续他的无聊话题。

"这话打住啊！我可没你想得那么龌龊！"客户已经不高兴了。

"都是男人，你就别装了！要不你做个媒，介绍给我怎么样？"小方讪讪地说。

"我还有个会，马上要开始了，改天再聊吧！"客户看看时间，下了逐客令。

"好，那我改天再来，不过，咱可是哥们儿，你可别忘了我刚才托付你的事儿啊！"

后来，他再约拜访，客户总是找借口推脱，不是说在开会就是说在外地出差。一个多月后，小方了解到该客户转而和另一家公司签约合作了。此时，小方才如梦方醒，追悔莫及！

案例中，小方说话不注重小节，对客户说了不该说的话，触碰到客户的忍耐极限，结果付出了失掉客户的沉重代价。

我们将"发乎情止乎礼"用在对客交流、交往中就是：再熟也是客户，销售人员说话要注意"小节"。能跟朋友说的话不一定能跟客户说。与客户拉近关系是必要的，但关系近了不代表在客户面前就能随意说话，还是要注意说话内容是否适合、是否合乎礼仪的。否则，最终受损失的还是销售员自己。

一句话口才

☆ 再熟也是客户，说话还是要"拘"着点，别因为一些"小节"丢了订单、失了客户。

第43天　谈论客户感兴趣的话题

口才训练

如果客户觉得跟你交谈像是遇到了知音，那么你的推销还会费劲吗？

李勇是某建材公司的销售经理，多年的经营，加之其产品质量过硬，拥有了一大批客户，也积累了丰富的销售经验。可是，最近他却遇到了麻烦：半年多以来，李勇拜访了某房地产公司总经理十余次，可每次都是无功而返。怎么办？放弃是不可能的，因为该公司已竞标成功某地产项目，对于建材的采购可不是一笔小数目啊！

一天，李勇又去拜访这位总经理。一进门，他就看见经理办公桌上的一本《三国演义》，一问才知道这位总经理最近迷上了"三国"。他心中窃喜，庆幸自己也是"三国”的忠实拥趸，庆幸终于有了合作的突破口。结果，这次见面，双方并没有谈建材合作的事情，全程都是“三国”，两个人越谈越投机，越谈越兴奋，甚至有点相见恨晚的感觉。

俗话说：“酒逢知己千杯少，话不投机半句多。”相同的兴趣让这一次面谈非常成功，客户从此改变了对张勇的态度。随着见面次数的增多，两人的关系也日益密切，这位总经理几乎把张勇当成了知己。当然，双方也成为业务上的合作伙伴。

日常生活中，人们都喜欢与自己谈得来的人相处。同理，销售人员如果能与客户谈论一些其感兴趣的话题，就可激起客户的说话兴趣，进而激发其对你、对你所售产品的兴趣，从此客户或许会将你看作知音，那么你的推销工作也就会因此而水到渠成了。

销售人员如何才能获取客户的兴趣信息呢？有以下四个途径。

（1）通过客户的朋友、新闻媒体报道、客户所在单位同事等了解其兴趣。

（2）在与客户的交谈中捕捉客户的兴趣所在。

（3）注意观察客户办公室的摆设、家庭陈设及风格等，了解判断其兴趣爱好。

（4）通过语言启发诱导客户参与某些活动、运动，培养其成为自己的“同好”。

当然，只了解客户的兴趣还不够，销售人员还应在与其交谈、交往的过程中尽量满足其所好。比如谈论相关话题、邀请客户一起进行其喜欢的活动等。

一句话口才

☆ 与客户谈他感兴趣的话题，让他感觉自己遇到了知音，销售成功也就不是问题了。

第44天　记住客户的名字很重要

口才训练

笔者三岁的女儿面对园长“你是……”的询问时，直接问园长：“您不认识我呀？”弄得人家哭笑不得。一个三岁小儿尚且希望别人认识她、记得她，何况是大人呢？因此，记住客户的姓名、再次见面时唤出对方的名字是销售人员获取客户好感的最简单的说话方法。

“请给我接刘恒刘经理的电话。”前台听到你直呼其经理的名字，给你转接电话的概率就会提高50%，因为他会以为你们很相熟。

“王姐，您今天得空，快进来看看，我们刚上的新货，看有没有适合您的！”“王姐”听到导购员这么叫自己，心里肯定美滋滋的。

“哦，听出来了，您是张××，××公司的张经理，有什么需要我帮忙的您尽管说？”电话那端的客户即使心中有怨气也会消减一些！

每个人都希望被重视、被关心。如果对方能记住自己的姓名，则说明自己在对方心中具有一定的位置，那么自己就会在不知不觉中对对方产生好感。真的就是这样神奇，所以不论是新客户还是老客户、不论是难以说服的客户还是很容易相处的客户，销售人员不妨利用称呼对方的姓名来进一步拉近彼此的距离。

那么，销售人员如何才能够记住那么多客户的名字呢？你需要使用下面三个方法。

（1）仔细听。当有机会认识新客户时，销售人员一定要仔细倾听对方的名字，如果没听清或不确定要马上再问一次，切不可主观臆断，明明人家姓“柳”你记成姓“刘”，这会影响沟通，惹怒对方。

（2）用心记。知道对方的名字还要牢牢记住。当然，客户如果多了也不能完全信任记忆，销售人员应尽量向对方索要名片，并及时将其特征、嗜好等写在名片背面，帮助记忆，以备不时之需。

（3）特征记忆法。每个人都有自己的特点，销售人员可用特征记忆法来记住客户的名字。比如外貌特征、姓名特征、职务特征、购买行为特点、与之接触过程中的特殊事件等，都可作为记住客户名字的工具，有了这些特征与客户一一对应，自然就记住了客户的名字，再次见面时也就能很自然地称呼对方的姓名了。

一句话口才

☆ 记住并称呼客户的姓名，是拉近双方距离的最简单的说话方法。

第45天　记得为下一次沟通打下基础

口才训练

你有百个理由接触客户，客户却有千个借口拒绝你。不论是上门推销还是电话推销，都会耗费你的时间和精力。所以，有心的销售员不会白白浪费一次机会，他们会在交谈结束时巧妙地为下一次推销做好铺垫。

销售员：您好，韩总，我是××网络信息公司的，上次我们在××信息博览会上见过。

客　户：哦，是吗？你有什么事？

销售员：是这样。我们是一家专业的网络推广公司，曾经为××、×××等知名企业服务过，且都收到了不错的效果。不知道您对网络推广有哪些方面的需要？

客　户：哦，我们目前暂不需要网络推广，等需要的时候我再联系你吧。

销售员：哦，好的。不过看您什么时候方便，我将我们的产品资料给您送过去，也方便您需要的时候选择！（以送产品资料为由为下次拜访铺路，绝不轻易放弃）

客　户：这就不必了吧！

销售员：很有必要。您知道，互联网已经成为企业推广自己的一个重要途径，而贵公司是新能源领域的新兴企业，一定期望获得大众的关注和认可，而我们就能为您的企业提供一个广阔的宣传平台，让更多的人了解你们的企业和产品。您下午方便吗？我去拜访您，给您详细介绍一下我们的产品。（说明拜访理由）

客　户：你先别过来，我下午有个会。

销售员：那您什么时候方便呢？（再次问询时间）

客　户：暂时还说不好，你明天上午再给我打电话约一下时间吧！

销售员：好的，那我明天上午9点半给您打电话可以吗？

客　户：可以。

销售员：好的，韩总，那我们明天再聊。（约好了下次通话的时间）

仅仅通过一次拜访、一次通话就成单的概率非常小，销售人员一定要记得为下次通话、下次上门拜访留条后路，只要有一线希望就不要轻易放弃。就像案例中的销售员，屡遭客户拒绝，最终还是与客户约好了下次通话的时间，这就为自己赢得了销售机会。

为下次接触做好铺垫的常用话语有：

“您什么时候方便我再打电话给您（您什么时候方便我将我们的资料给您送过去）？”

“听您一席话真是让我受益良多，我一定会再来拜访您的！您先忙着。”

“我经常听到这样的答复。下次我带实物过来您亲自看看，你不买也没关系……”

“您先忙着，我下午2点再打电话过来吧！”

一句话口才

☆ 销售人员应在巧妙应对客户拒绝的同时想办法为下次登门造访、通电话做好铺垫工作。

第46天　达到双赢才是销售沟通的最佳境界

口才训练

如果销售人员能够采取适当的说话策略，与客户面谈达到双赢局面，那么也就实现了销售谈判的最佳境界。因为双赢就是在保证自己利益的同时也让对方乐从的艺术，客户乐意按照你说的做，你说销售成功还会成问题吗！

客　户：（气冲冲地）姜经理，你这报价怎么比别的社高出这么多啊？

姜经理：你好，赵总，他们给你报的多少？

客　户：180元/人！

姜经理：那您问没问，除了正常行程之外还包含什么？他们是如何操作的？

客　户：这个我倒没问！

姜经理：我给您的已经是成本价了。咱们算算，一晚住宿，一早两正餐，还有故宫、颐和园、长城等景点的门票，这些实实在在发生的费用就不止180元了。您说我给你报的180元/人高吗？

客　户：仔细算算的确不高。

姜经理：咱们都是接团做团的，哪个旅行社也不会赔钱接团，您说是不是？

客　户：这是自然！

姜经理：所以，像有些社给您的报价，的确很低，可谁会赔本赚吆喝呢？我也熟悉他们的操作方式，想来您也有所耳闻。强制加景点和强行进购物店，对客人是一种伤害，更是对贵社信誉的伤害，以后谁还会在您这儿报名参团呢？“羊毛出在羊身上”，低于成本的价格肯定还得从客人身上补回来，您说是不是这个理儿？

客　户：没错儿。

姜经理：咱们提供了优质服务，赚取客人的钱是天经地义的。您总不能让我掏钱请客人玩吧？哈哈，你要是信不过就再咨询，了解一下他们接团操作的细节。

客　户：我也不问了，我相信你，不过，你可得给我将客人安排好了啊！

姜经理：这个您放心，咱们也不是第一次合作了，哪一次我这边掉链子了啊！

案例中，整个说服过程，姜经理一边利用客户希望建立信誉以期长期发展的心理，展开以情动人的攻势，一面又不失时机地说明低价的弊端以及竞争对手可能的操作细节，以理服人，让客户自己斟酌其中利弊。客户当然不傻，自然会做出有利于自己的选择。最终结果，双方顺利合作，达到双赢的局面。

销售人员与客户之间存在永远的利益，而在合作谈判的过程中，双方都在争取己方的利益最大化。“不是鱼死就是网破”是一种结局，获得“双赢”也是一种结局，孰优孰劣一目了然。作为销售人员，看准对方的利益点，采取适当的说话策略，获得“双赢”的结局不是不可能，牵着客户的鼻子走也不是不可能。

一句话口才

☆ 在保证自己利益的同时，牵着客户的鼻子走，并且客户也愿意跟从，这就是销售人员与客户谈判要达到的最高境界——双赢。

第3课　和客户对话应避免的语言误区

第47天　说话吞吐、不利落

口才训练

有些销售员，尤其是销售新人，在与客户面谈时总是吞吞吐吐、说话不利索，这势必会影响面谈结果。

销售员：刘经理，您好！您看那批货的事，我什么时候去跟您确认一下？

客　户：哦，你是小张吧，咱们上次谈的是多少钱一吨？

销售员：价格？哦，咱们不是说好了，一吨……1.2万元（话语吞吐、声音紧张）

客　户：怎么一提价格你就像变了个人似的？这里边是不是有什么猫腻儿？

销售员：没有没有。只是……只是上次我没跟您说清楚，如果按照这个价格，需要您自己承担……承担运费。

客　户：这不是猫腻儿是什么，上次为什么不说清楚。说话支支吾吾的，能急死人！

销售员：对不起啊，刘经理！我刚来不久，对销售政策还没完全掌握……

客　户：那你弄清楚再来吧！（客户挂断了电话）

案例中，说话支吾、吞吐的销售员被客户无情地挂断了电话，错不在客户，销售员应该自我反省。为什么事先不弄清企业的销售政策，为什么跟客户说话大喘气等。销售人员在与客户交谈时表现出吞吞吐吐、支支吾吾等情况，究其原因，不外乎有以下四个。

（1）对产品相关知识、企业知识等了解不透彻，怕说错话而支吾。

（2）怕与陌生人交往、交谈的恐惧心理作祟。

（3）不能正视销售工作，自我贬低，怕被人看不起。

（4）谈判障碍的一种表现，尤其是在报价、确认细节等环节，因怕引起客户异议、害怕失败等造成语言吞吐。

不管是何原因，说话吞吐、不利索都是销售人员应避免的。因为这会给客户不自信、话语内容有水分等感觉，自然影响客户对你、对产品的印象，进而影响其购买兴趣。

一句话口才

☆ 正视销售工作、熟悉产品等专业知识、克服交往与谈判障碍、树立自信，这是避免说话吞吐、不利索的四个重要途径。

第 48 天　语言啰嗦、反反复复

口才训练

生活中，大部分人都不太喜欢说话啰嗦的人，有时候就连妈妈对我们关心的唠叨也会不耐烦。所以在面对客户时，销售人员说话同样不能啰嗦。

“李姐，告诉你个好消息，我们公司新推出了一款理财产品，购买保险就相当于存钱，还有红利，而且还增加一份保障！”保险推销员丽芳一见到客户李姐就打开了话匣子。

“上次我买的那份保险不也一样吗！”李姐不太感兴趣。

“不一样。您上次买的是女性重大疾病险和意外险，和这款产品不一样！”丽芳笑着说。

“有一个保障就行了！再说，我们都是工薪族，每月收入有限！”李姐淡淡地说。

“您这样想我很理解，不过这款产品真的和您上次买的有很大差别，它具有理财功能，您既可养老用，还可将它作为小孩的教育基金，等您家妞妞上大学时候用！”丽芳忙不迭地介绍着，还拿出相关资料给李姐看。

“教育基金？你说说这是怎么回事。”李姐有些心动。

“其实就相当于您从现在开始每年存钱，15 年后取出，而那时不正是你家妞妞上大学的时间吗？到时候连本带利一起，孩子的教育费用不就有着落了！”丽芳兴奋地介绍着。

“听起来还不错啊！”

“那当然，这款产品就是专门为您这样的工薪家庭设计的。既解决了孩子的上学问题，还可作为养老金使用，和您上次买的不是一回事。钱在银行存着也是存着，不如用其理财。我觉得这款产品不错，我也购买了一份，未雨绸缪嘛！”丽芳再次说明她所售产品的好处。

“是呀，确实不错。丽芳啊，我还有急事，咱们改天聊！”李姐找了个借口离开了。

丽芳反复唠叨新产品的好处，致使客户因不耐烦而找借口离开，失去了继续推销的机会。现实中，像丽芳这样的销售员很多，他们面对客户时，总是揪住产品的某项特性大说特说、反复强调，即使客户已经兴味索然，依然喋喋不休，致使销售失败。

说话啰嗦，不仅对销售无益，更会影响到销售人员的方方面面。如果你认为这是个小毛病，那就更是错上加错了。所以，请销售人员对照以下五个说话啰嗦的人所具备的典型特征，有则改之，无则加勉。

（1）表达自己的意见滔滔不绝、喋喋不休，不顾听者的感受。

（2）与人交谈时总是注意力不集中，一再要求别人重复说过的话，或自己不记得已经说过了，一再重复。

（3）常打断他人的谈话或抢接别人的话头，希望整个谈话以我为重点。

（4）说话不合逻辑，总是轻易地变换话题，让人难以领会其中意图。

（5）不适当地强调某些与主题风马牛不相及的事，东拉西扯。

一句话口才

☆ 说话啰嗦会引起听者的反感，销售人员请自查，看自己是否有此毛病。有则改之，无则加勉。

第49天　言辞苍白，沟通方式单一

口才训练

销售人员的语言、沟通方式应该能够引起客户的注意，哪怕是卖场中走过来看一看、电话中愿意听。当然，如果能够激发客户的购买兴趣就更好了。

在某家电卖场的电视专区，导购员小刘看到一位客户径直走进了自己的销售区，在某品牌的一款大LED电视前停下了脚步，认真打量起来。看到此，小刘笑着走过去。

销售员：先生，您准备买LED电视。

客　户：是准备换大一点的电视。

销售员：那您可是找对地方了。您现在看的这款LED电视，它有嵌入式ALL-HD数字芯，用的是目前业内最先进的IPS硬屏LED和矩阵背光LED。另外，它装配了BRS后置反射式音响和DTS数字影院系统，声音效果也是最好的。

客　户：9 800元，这可是太贵了，值那么多钱吗？

销售员：看来您对电视技术还不是很了解，这款电视采用的可是ALL-HD数字芯和IPS硬屏LED呀。

客　户：唔……（客户又看了两眼，转身走开了）

导购员小刘对客户不可谓不主动、讲起产品特点来不可谓不专业，然而客户却兴味索然地离开了。小刘的问题就在于他的开场无趣，介绍产品又报出一堆客户不了解的技术名词，这自然不能在第一时间吸引客户的兴趣。

现实中，有很多销售员都是这样，对产品知识了如指掌，跟客户介绍起来如数家珍，然而就是提不起客户的兴趣，这或许就是由“言辞苍白、话语不精彩、沟通方式单一”造成的。要改善这种状况，销售人员应该试着按照下面的方式改变一下自己，让你的语言“动听起来”。

（1）说简单话。话要简短，要能让人听懂。比如在介绍产品特性时，销售人员应将一些专业术语、名词等用通俗的语言描述出来。

(2) 多说日常语，如俗语、成语、时下流行的新词、网络语等，这会让人感到亲切。

(3) 恰当使用修辞，比如用比喻将抽象的概念具体化、形象化，或者引用一些典故、名言等加强语言的精彩度。

(4) 适当运用幽默，给人以心情放松、愉悦之感。

(5) 变换沟通方式，比如穿插现场展示、引导客户参与体验等。

(6) 形成自己的个性语言，让人一听就耳目一新，甘心被吸引。

一句话口才

☆ 简单、易懂、有趣、生动、有个性等应成为销售人员所追求的说话目标。

第50天　说模棱两可的话

口才训练

人们在消费、交易的时候，本来就害怕上当受骗，本能地就会想“买的没有卖的精”。如果销售人员说的话模棱两可，则无疑会加深客户的戒备心理，影响交易达成。

客　户：哦，以前听说过你们的报纸，现在每期发行量大约是多少？

销售员：（想了想后说）差不多10万份吧。

客　户：有这么多吗？那你们的读者群都是什么人？

销售员：嗯……以女性为主吧，这个我还真没了解过。（略作迟疑后说）

客　户：哦，那你们的广告客户反应如何？

销售员：应该还不错，很多都是我们的长期客户。

客　户：长期客户都有哪些？

销售员：有××公司、××公司、××公司，嗯，还有，还有……我也记不太清了，反正挺多的。

客　户：哦，这样啊。好，你还是将资料留下吧，我们再看看，如果需要我就跟你联系。

销售员：行，我等您电话。

这位广告销售员还以为胜券在握，乐颠颠地回去等电话了。结果，半个月后，她在找客户资料时，发现这位客户在另两个同类媒体中均投放了半版面的硬广告。

案例中，通过客户的问题，我们可以判断其对销售员所代理的媒体很感兴趣，而销售员回答问题的“差不多10万份吧”、“以女性为主吧”、“反正挺多的”等语言，在我们看来都心生疑惑，何况是还得花钱的客户！

模棱两可的话是指不确切、不准确、态度不明确的话，这在销售中是万万要不得的。你的话说得模棱两可，客户的心也就跟着悬起来，那他怎会放心地与你达成交易呢！要想将产品卖出去，销售人员应说确切、准确、最好有数字等为佐证的话，说话时语气还要坚定、自信，态度要明朗，这样才能消除客户的戒心，与你达成合作也才踏实。

一句话口才

☆ 要想让客户放心购买，销售人员就要说准确、确切、最好有数字等为佐证的话。

第 51 天　专业语言没表现出专业

口才训练

销售员：这套设备采用了最新的离子交换技术，并在很多技术参数上达到了国际最高水平，能够很好地解决贵公司的废水回收难题。

客　户：哪些技术参数比较高？

销售员：这个，哈哈，挺多的，请您看一下这套设备机型的参数数据表。

客　户：哦（将表单放置一边），日处理污水量大约是多少？

销售员：每日 10 000 吨污水的处理任务是没问题的。

客　户：那需要几台机组呢？

销售员：一台足以解决问题。

客　户：哦，我知道了，你把资料留下，我们再看看，然后和你联系。

销售员：可以。那我等您的消息。

上述销售场景中，销售员对自己的产品比较熟悉，给客户介绍得也算全面，然而却没有激发出客户的购买欲望，问题出在哪里呢？语言表达欠专业，主要表现在以下三个方面。

（1）直接给客户看机型的技术参数表不妥，应先列举出一两个主要技术参数然后再让客户自己看。（更能表现出销售员对产品的了解程度）

（2）日处理污水量的问题，销售员回答时除了应说出设备本身的日处理能力外，最好结合客户方的需求来说，比如"我了解到贵公司日产生污水 6 000 吨，而我给您推荐的设备日处理 10 000 吨污水，它不但能满足贵公司目前的需求，也能适应贵公司长远发展的需要。"（事先了解客户会让客户感觉到销售员对自己的重视）

（3）关于几台机组的问题，如果销售员能这样回答更好："一台机组足以解决问题。据我所知，市场上其他型号的产品要达到这个日处理能力得需要两台机组。相比来说，哪个更划算，您心中肯定有数了吧？"（表现出销售员对同类市场行情的了解）

销售人员的专业能力不光表现在对产品的熟悉程度上，还表现在对客户、市场、竞争对手等的了解上。另外，销售人员还要结合客户的需求，将这些了解通过语言传达给客户，让客户获得全面的信息，这样才能激发客户的兴趣，才能使客户以此做出正确的判断和选择。

一句话口才

☆ 客户喜欢与专业人士合作，所以销售人员的语言也要专业一些。

第52天　自轻自贱，话语没有力量

口才训练

场景一：

销售员：霍总，我是××公司的保险顾问李琳，这是我今天的第30个电话了，前边29个电话都无情地被拒绝了，还请您发发慈悲，不要再拒绝我了好吗？

客　户：你这么说也没用啊，我们公司又不需要买保险，我个人也有保险。

销售员：哦，那好吧，打扰了！

场景二：

销售员：打扰您一下，请问贵公司需要给员工购买团体险吗？

客　户：不需要，不需要，赶紧走吧，我这忙着呢！

销售员：我只需要5分钟，请您给我一个机会，好吗？

客　户：烦不烦，我们不需要！

销售员：（深呼吸，让自己镇定下来）我知道，您是这个公司的经理，我想问您个问题。

客　户：（抬起头，很诧异，表情上无可奈何的样子）你问吧！

销售员：如果贵公司的销售员像我一样，遇到您这样的客户，您希望他转身离开吗？

客　户：这……我当然不希望。

销售员：那好，我请求您给我5分钟时间，谢谢！

客　户：你这人真执著！好，你说吧。

……

两相对比，谁会获得销售机会呢？答案显而易见。客户不会因为你的乞怜而给你机会，甚至会因此而看不起你。

销售人员与客户是平等的，销售人员带给客户的是满足其需求的产品或优质的服务，他们是能够为客户解决实际问题、带来实际利益的人。所以，销售人员没有任何理由在客户面前低三下四、自轻自贱。

如果自己看不起自己、看不起销售工作，那么谁还会看得起你呢？指望别人因怜悯而买你的东西只能是天方夜谭。因此，销售人员要正视自己的工作，勇敢、自信地去向客户推销、去与客户交流，那么换来的将是一份尊重、一个机会和一次次的销售成功。

一句话口才

☆ 自己都看不起自己，谁还会看得起你呢？正视销售工作，勇敢、自信地去和客户交流吧，双方是平等的。

第53天　说话时小动作过多

口才训练

曹宇是一家建材公司的销售员，这一天，他应约去拜访某装修公司的张总经理。他到时，张总正在接电话，于是秘书让曹宇先坐在沙发上等一会儿。曹宇跷起二郎腿、仰靠在沙发里。几分钟后，他有些不耐烦，起身在客户的办公室里来回走动，张总看他晃来晃去，面露不悦。

张总挂断电话，与曹宇相对而坐，聊了起来。这回曹宇可算有了用武之地，说起话来眉飞色舞，手还不时地敲打桌面。碍于情面，客户对此也不好说什么。然而，曹宇说到兴奋处，一扬手，将客户面前的茶杯碰翻了，茶水洒了一桌子。客户急忙拿起桌上的文件，气急败坏地说："怎么搞的，这是我上午刚签的合同，非常重要，哎，你看，湿成这样！"此时的曹宇慌得不知所措。结果，张总很快结束了这次会面。这之后，他再也没给曹宇面谈的机会。自然，曹宇也没有得到该公司的任何订单。

在整个与客户的接触过程中，曹宇没有注意基本的礼仪，小动作不断，还惹下"水浇文件"事件，惹恼客户，最终失掉了这个客户，前期的工作都白费了。

因为紧张或者个人的不良习惯，有些销售人员在客户面前频现小动作，如挖鼻孔、掏耳朵、敲桌子、抖腿、跷二郎腿、玩弄物品等。这些小动作看似平常，实则非常不雅，会引起客户的厌烦，影响客户对销售人员的好印象。因此，销售人员一定要及早发现自身的不良习惯，及时纠正自己说话时的小动作，让自己看起来更有素养。具体做法有以下三种。

(1) 请同事、朋友、家人监督自己，指出自己说话时的不良习惯并加以改正。

(2) 与客户面谈时，克服紧张情绪，将注意力集中在客户身上，专注于与客户的谈话内容。

(3) 留心观察客户的表情与情绪，如果其面露不悦，可自行检视是否有不雅动作或者不妥言语，及时纠正。

一句话口才

☆ 销售人员应及早发现、及时纠正自己说话时的小动作，不要让这些小细节毁了你的销售业务。

第54天　敲开客户的门就直奔主题

口才训练

场景一：

“请问您这需要打印机吗?”

“不需要、不需要!”说完，客户头也不抬地继续工作。

场景二：

“您好，我是××广告部的，请问贵公司最近有广告计划吗?”

“没有!”

“什么时候会计划进行广告宣传呢?”

“今年没有计划了，明年再说吧!”

场景三：

“我是明治保险公司的原一平，今天刚到贵地，有件事想请教你这位远近闻名的老板。”

“什么？远近闻名的老板?”

“是啊，根据我的调查，大家都说这个问题最好请教你。”

“哦！大家都在说我啊！真不敢当，到底什么问题呢!”

“实不相瞒，是……”

“站着谈不方便，请进来吧!”

前两个场景中的销售员都吃了闭门羹，而场景三中的原一平则轻而易举地过了第一关，同时还赢得了准客户的信任和好感。可见，销售中的前奏也是很重要的。

一般情况下，人们对销售员都有排斥心理，尤其是上门推销。所以，销售员别一敲开客户的门就直奔主题，最好先进行短暂的寒暄，如问候对方，聊聊天气、新闻及路上所见，赞美客户的办公环境或服饰等，待拉近了与客户的心理距离后再自然地转入主题。

节目演出前，一般会有“暖场”节目，起到吸引观众、肃静现场的作用。销售人员见到陌生客户，也最好有个“暖场”环节为正式的面谈做铺垫，以消除客户的陌生感及其对销售的排斥，这有利于交易的达成。当然，这个“暖场”环节不宜过长，尤其是遇到力量型客户的时候。

一句话口才

☆ 敲开客户的门，应先进行短暂的寒暄以“暖场”，消除客户的陌生感及其对销售的排斥。

第55天　交谈中随意打断客户的话

口才训练

刘青松是一家信息服务公司的销售新人，自觉能言善辩，总想在众多新人中拔得头筹。这一天，他联系到某物流公司张总经理，并按照约定来到其办公室。简单的自我介绍和寒暄以后，话题自然转到了他推销的信息服务器的维护上。

“张总，我知道贵公司设有专门的部门维护信息服务器。而据我计算，如果您改用我们的维护服务，将能节省至少1/4的费用，您说是这样吗？”

“你说得不错，我们自己维护费用确实很高。我之前了解过贵公司，你们的服务不错，但是毕竟对我们的系统……”

“对不起，我能打断一下吗？没有任何一家公司能够囊括所有的工作，维护和修理信息服务器也是这样，不是吗？”刘青松说道。

“对，对，不过我想你理解错了，我的意思是……”

“您的意思我非常明白，请恕我直言，即使贵公司信息工程部的员工都是IT精英，但他们缺乏专业的设备和系统的解决方案，所以根本不可能提供专业的信息服务支持，是吗？”

“你还是没有弄明白我的意思，我们公司负责维护信息服务器的员工都是……”

“张总，我能插句话吗？您是说贵公司员工比我们专业的工程师还厉害？……”

“停一下”，张总提高了嗓门，“我想我不需要你们的服务了，你可以走了。我还要告诉你一点，别人讲话的时候千万不要打断，让他们把话说完，这是作为销售人员最基本的素质。”

谈话中随意打断客户的话语、随意揣测客户的心思，结果销售员刘青松被逐出门。其实，销售人员在与客户面谈时，认真听比说更重要。销售人员应集中精力倾听客户说什么，而不是自己说多少。插话、频繁打断客户讲话，既是对客户的不尊重，也会影响你做出正确的判断和回应。可以说，这是销售面谈的大忌，它可能直接导致销售的失败。

“上天赐予我们两只耳朵、一张嘴，就是要我们多听少说。”所以，作为销售人员，请管好自己的嘴巴，不要随意打断客户的话，也别乱插话。

一句话口才

☆ 随意打断客户的讲话是销售面谈的大忌，一定要避免。

第56天　不顾客户感受，自说自话

口才训练

杨蕊是办公用品销售员。一天，她去拜访公司的一位老客户，准备向其推荐公司新代理的某品牌打印机。一进客户办公室，她就指着客户的那台旧打印机说：“您还在用这台喷墨打印机啊？都快成古董啦！”

“是嘛，可我用着还挺好的。”客户很不以为然。

“也是，您毕竟不关注这方面的信息。这种打印机早就被淘汰了，打印质量不稳定，速度也慢。看来您真是 out 了！”杨蕊不屑地拍了几下打印机，认真地说。

“哦，那现在都用什么打印机呢？”客户面无表情地问。

“现在人家都用激光打印机了，打印质量高不说，还能节省办公耗费！您这部打印机该进垃圾桶喽！”说罢，杨蕊还用手做个扔垃圾的动作，丝毫没有感觉到客户的不快。

“你可别忘了，你说的这个‘垃圾’也是你们公司代理的产品啊！”客户愤愤地回敬道。

案例中，客户显然是生气了，原因当然是杨蕊的口无遮拦。销售人员不顾客户的感受与颜面，自说自话，被客户扫地出门也在情理之中。

说话得分清对象，还得顾及对方的感受，这是一个销售员说话时最起码的修养。然而，有些销售人员却总是忽略这一点，在与客户面谈时，经常对客户及其物品、合作对象等品头论足，甚至进行负面评价；喜欢打听客户的隐私；抱怨客户的言行等。这些言行都是不可取的，销售人员应尽量避免。

同时，销售人员在交谈中还要注意观察客户的表情及情绪变化。如果客户由喜转忧、面有愠色，那么销售人员就要及时转移话头、调整语言与行为，让客户感觉到你的关心与贴心。

一句话口才

☆ 作为销售人员，在销售中不能自说自话，一定要顾及客户的感受，不说引起客户不悦的话。

第 57 天　和客户争论，总想说赢对方

口才训练

销售中，有些销售员认为：只有说赢客户才能拿到订单，其实这是个误区。卖出产品、实现合作才算成功，而说赢客户其实意味着你真就输了。

销售员：李主任，您好，我是××公司的医药代表，我叫张静。

客　户：××公司？以前怎么没听说过呀。

销售员：我们公司您都没听说过？××药业您听说过吧，我们可是它的下属子公司！

客　户：我真是孤陋寡闻了。

销售员：李主任，今天我来是向您推荐我们生产的新药——××颗粒。

客　户：哦，我们医院现在同类药品不少，不会再进新药了。

销售员：您可不能这么说。相比同类药品，我们这药的疗效很好，目前很多三甲医院都争相用我们的这个药呢。

客　户：哦，是嘛，我们是二级医院，跟三甲医院可没法比，进不起你们的新产品！

销售员：李主任，您生气啦？我可不是有意贬低您这二级医院。您考虑一下我的药呗！

客　户：现在不是进新药的时候，再说，进新药也不是我这个主任说了算，得通过医院的药事委员会。我还有事，你改天再来吧！

面谈中，张静在言语上处处占上风，以致惹恼了客户。其实她的本意只是想维护自己的产品和公司，但她的话在客户听来却不那么顺耳，甚至有些刺耳。

试想，如果销售面谈变成了火药味十足的口舌交锋，结果是什么呢？肯定不利于销售人员。所以，作为销售人员，尤其是销售新人，别因为自己年轻气盛就口无遮拦，总想说赢客户、总想在交谈中占上风。特别是在客户提出不同意见或表示拒绝时，更不能与之争论，也不能气急败坏、口不择言、恶语相向。

“争论占便宜越多，销售吃亏越大。”销售人员不妨多忍让，尊重客户的意见和想法，而不是与其争辩。因为即使你争得上风，也不会占到便宜。

一句话口才

☆ 说赢客户并不代表你就成功了，卖出去产品才是真的成功。销售人应适可而止，别总想说赢对方。

第58天　不注意揣摩客户的心思

口才训练

销售人员说得再好，如果没有说到客户的心里也是枉然。一个不懂得在谈话时揣摩客户心思的销售人员很难把话说到客户的心坎儿里，也难以赢得客户的心。

“先生，您买ipad准备自己用还是送人？”导购员问正在研究ipad的顾客。

“哦，我儿子今天刚收到大学录取通知书，买个ipad送给他！”顾客的喜悦之情溢于言表。

“这样啊，您还挺新潮，不过现在的年轻人都想有个ipad，买这个送给他，他一定特别高兴，哈哈，您看，这机子……”导购员开始介绍产品功能。

“照你这么说，这ipad不能替代电脑啊？你知道吗，我儿子考上的可是理工大学，咱们在装备上不能落后，是不是？”顾客又提到了他的儿子。

“对，这是介于手机与笔记本电脑之间的一款产品，不过平时如果只是上上网、收发电子邮件、看电子书等，已经足够了，而且携带方便。”

“我儿子早就念叨想要一部ipad，这回如愿考上了大学，我还是满足他这个心愿吧！”顾客自言自语地说。

“那我给您开票了！”导购员想赶紧结束这笔交易。

可顾客听到这话，皱皱眉，说：“还是算了！”说完就离开了，剩下导购员一个人呆呆地站在那里，不知哪里出了问题。

在一次员工分享会上，这位导购员将这次销售经历讲给同事们，让大家帮自己分析一下失败的原因。经过讨论，大家一致的意见是：他没有关注顾客的心理，只是一味地推荐自己的产品。他对顾客儿子考上大学的事情置若罔闻，结果拱手将顾客推给了别人。

在实际的销售谈话中，销售人员应懂得去揣摩客户的心思，注意客户的心理和情绪上的变化，体会客户当时的心境，进而用语言和行动与之互动、分享。不论客户是喜是忧，最好能在第一时间发现并回应，这样才能与客户产生心灵共鸣、赢得客户的心。否则，就会像案例中的销售员那样，因此而失掉成单机会。

只有学会揣摩客户的心思，销售人员才能将话说到客户的心坎儿里。切记：面谈中不能因急于交易而忽略观察客户的心理变化。要专心倾听客户的每一句话，体察其心理变化并给以回应。

一句话口才

☆ 面谈时要注意揣测客户的心思、观察客户的心理变化，才能想客户之所想，说客户之想说，进而促成交易。

第59天　不当赞美引起客户的不快

口才训练

赞美可以说是销售人员与客户沟通的润滑剂，也是双方关系发展的催化剂。一句适宜、得体的赞美不仅让客户心花怒放，还能赢得客户的好感。然而，有些销售人员却陷入这样的误区：客户喜欢被“抬着”，多多赞美客户没坏处。殊不知，如果赞美过了头反而会惹恼客户。

袁杰因为口齿伶俐、嘴巴“甜”而被某公司选中，成了该公司的一名销售新人。这一天，她奉命去拜访公司的一位老客户。刚进客户办公室的门，她就说：“噢，孙总，您这办公室可真够气派的，快赶上星级酒店了！”

孙总心想：这也太夸张了吧，一间普通装修的办公室，怎么能跟星级酒店比，嘴上应付道：“哪里哪里，只是进行了简单的装修，没那么寒碜罢了！”

“您还打高尔夫，这可是富人才能玩得起的项目啊！不过一看您的肚子，就知道您是财大气粗的主儿。”看到客户办公桌后面的高尔夫球杆，袁杰继续“夸”。

“让你见笑了，见笑了！”孙总讪讪地说。

在接下来的业务交流中，袁杰不时地送上赞美，一会儿称赞客户了不起，一会儿夸他能力强，一会儿说他有魄力，弄得客户只想马上结束这次会面。

事后，袁杰的部门经理接到了孙总秘书打来的电话，强烈要求换一位销售员与之联系，否则就终止双方的合作关系。

只有建立在真实基础上的、发自内心的真诚赞美才具威力，而溢美之词的滥用只会令人生厌。凡事都有个度，超过了这个度，再动听的赞语也会变成刺耳的音符，让人避之不及。

作为销售人员，应适度赞美客户，具体要把握以下三个原则。

（1）进行实事求是的真诚赞美，不蓄意夸大。每次赞美客户后请自问：“这样赞美是不是过头了？”

（2）掌握好赞美的节奏，不要过于频繁，也别重复，不要让客户觉得你在刻意讨好他。每次赞美客户后请自问：“之前赞美过这个点吗？”“又一次夸了客户，是不是有点多了？”

（3）留心观察客户对赞美的反应，如果客户听了你的赞美之言面露喜悦，说明你的赞美起了作用；如果客户反应冷淡，或表现出不耐烦的样子，则请你立刻转移话题。

一句话口才

☆ 适度赞美客户要讲求三“不”：不无中生有、不蓄意夸大、不过于频繁。这样才能发挥赞美的巨大威力，否则只能适得其反。

第60天 与客户过于客气，客套话过多

口才训练

什么事情都过犹不及，客套话也是如此。销售员每天接触的大多是陌生人，说点客套话是必需的，目的是赢得好感、顺畅沟通。但是，如果客套话过多，则像是在双方之间建起了一堵墙，对销售有害无益。

“请问有人在家吗？”保险销售员吉祥敲着客户家的门，这是他第一次上门拜访客户。

“你找谁啊？”一位中年女士开了门。

“我是××保险的吉祥，很高兴认识您！”吉祥回答道。

“哦，认识你我也很高兴，但是你有什么事儿吗？”

“今天冒昧上门打扰，实在是不好意思。这大周末的，占用您的休息时间，我感到非常惭愧！请您原谅我的贸然来访！”吉祥彬彬有礼地说。

“那倒没关系。请问您有何贵干？”女士已经有些不耐烦了。

“您真是一个好人，谢谢您能听我说话！我就是想占用您一点时间，跟您聊聊……”

“够了！”说完，女士“砰”的一声关上了门。吉祥在门外听到里面的如下对话：

“亲爱的，谁呀？”

“一个神经病！”

吉祥误认为“客套话只有好处没有坏处”，结果说了太多的客气话，吃了闭门羹不说，还被客户当成了“神经病”。其实，不论是销售场合还是生活中，客套话都不宜过多，多了反而会拉大双方的距离，会让人觉得你虚伪、矫情、不真诚。

客套话如同一柄双刃剑，说好了能够让人感到你的礼貌与敬意，说多了会让听者感到痛苦，因此不能多说，应适可而止。

一句话口才

☆ 客套话说多了会阻碍销售人员与客户间的坦诚交流，所以不能说得过多，应适可而止。

第61天 总是高谈阔论，不谦虚

口才训练

“满招损，谦受益”。销售人员如果不懂得这个道理，就可能会自大自满，在客户面前高谈阔论，结果自然是失去客户对他的好感。

销售员：齐总，听说您非常喜欢唱歌？

客　户：哈哈，是啊，没事的时候喜欢吼两嗓子，减减压。

销售员：那咱们可是有缘人啊，我最喜欢唱歌，在大学的时候还拿过校园歌手大赛的第一名呢。现在在单位，我同事没一个敢在我面前唱歌，因为他们自惭形秽。

客　户：那你挺厉害呀，有机会咱们去吼吼！（脸色略显不快）

销售员：行啊，到时候肯定不会输给你！一进歌厅，没几个能唱得过我，我同事都叫我“麦霸！”（眉飞色舞地）

客　户：咱们还是聊正题吧，你的产品资料在哪里？（不耐烦地）

销售员：您看，这是我们的产品宣传资料，这是样品。我们的产品从设计研发到生产再到出厂，每一环节都由一流的团队在做，质量、性能都没得说！别说是国内同类产品，就是国外的产品与我们的相比也逊色不少！

客　户：（非常不满）这么牛的产品，我得好好研究研究。待会儿我还有个重要会议，咱们改天再联系吧！

销售员：好的，改天咱们去××唱歌PK一下啊！

案例中，销售员要么夸耀自己的歌唱水平，要么吹嘘自己的产品，这种自吹自擂让客户非常反感，最终下了“逐客令”。

对于销售人员来说，自信是必备的，但自信不能过头，否则就变成了自满，直接后果就是在说话时喜欢吹嘘、浮夸，在客户面前也“刹不住闸”，盲目夸大、炫耀自己、自己的产品以及所在公司，引起客户的厌烦，丢失销售机会。

要想赢得客户的信任与好感，销售人员必须低调做人、谦虚做事、管住自己的嘴巴。在客户面前时刻保持低姿态，多赞美客户的长处，多尊重客户的感受。切忌高谈阔论、自吹自擂，因为客户不会买你的账。

一句话口才

☆ 放低姿态、管住嘴巴，戒掉浮夸、炫耀、自吹自擂的不良说话习惯。

第 62 天　对自己的产品夸大其词

口才训练

实事求是、以诚待客是销售人员应遵循的最起码的职业道德。然而，有些销售人员为了将产品卖出去，在向客户介绍产品时喜欢夸大其词，其实这是在“自绝后路”。

“大妈，您放心，用了这保健品，保证一个星期后，您的降糖药、降压药都不用吃了！”

“这冰箱质量没得说，保证您用个 10 年、20 年的！”

“这款美白产品的效果非常好，您用 10 天之后，保证跟换了个人似的，就是去海边游泳也不用担心白不回来！”

“我们的研发团队是一流的，这产品从功能、样式、颜色、可操作性方面都为客户想到了，市场上的同类产品绝对没法比！”

“我们这可是高端时尚杂志，全国发行，很多化妆品牌、服装品牌都争着在上面做广告，您还担心什么？一期广告下来，保证您的订单跟雪片似的飞来！”

上述列举的这些说法都有点夸大其词，销售人员不能跟客户这样推介产品，因为产品好不好，客户一用便知。如果他用后的效果和你说得相去甚远，那么以后客户还会相信你吗？你忽悠客户一次，第二次你还能得逞吗？大家都听过“狼来了”的故事，如果销售人员在推介产品时夸大事实，也会导致同样的后果。

夸大其词是产品推介的一个误区。因为销售人员说的话是真是假，客户很快就能弄清楚。为了达成交易，销售人员任意夸大产品的功效与价值，其实这相当于在说谎，也为自己埋下了“雷”。一旦客户找上门或产生纠纷，后果就不堪设想，你自己的销售之路也就断了。

尊重事实，在实事求是的基础上把产品介绍好；从客观的角度分析客户的实际需求并为其推介适合的产品，这才是一个优秀的销售人员该说的、该做的。只有这样，才能让客户心服口服地接受你的产品。

一句话口才

☆ 任何夸大其词的语言都有欺骗客户之嫌，都是销售的天敌，销售人员应注意。

第63天 面谈中不能与客户形成互动

口才训练

许多销售人员都有这样一个误区：要想成功签约，必须得让客户充分了解产品。所以面谈时他们总是自己唱独角戏，既不给客户表达的机会也不让客户参与或体验，客户说话时也不给以回应。直到面谈结束，甚至直到客户跟别人签了单，还不知自己为什么失败了。

前文提到过，沟通是双向的。在面谈中，如果销售人员不能与客户形成互动，销售业绩注定不会提高。

场景一：

客　户：这两款沙发材质差不多，价格怎么相差2 000多元？

销售员：一分价钱一分货，材质、外观、设计、舒适度都不同！

客　户：哦！（然后一脸茫然地走开了）

场景二：

客　户：这两款沙发看着差不多，价格怎么相差4 000多元？

销售员：看着是差不多，其实有很大差别。虽说都是布艺沙发，先生您看，这款的布料是斜纹纯棉的，既厚实又耐用；再看做工，尤其是接口处，这款简直达到了细致入微的程度；当然，最重要的是舒适度，您坐上去比较一下就知道了。这一款是根据人体力学原理设计的，垫层是用“海绵+羽绒”的新方式，在沙发的框架底部铺垫着多层回弹力不同的海绵以保证坐垫在使用过程中受力均匀，而加入的羽绒成分避免了纯海绵坐垫偏软的弊端，且能保证沙发在承重的同时最大限度地满足人体舒适的需求！

客　户：嗯，确实不错，真是一分价钱一分货啊！

场景二中的销售员，通过让客户自己看、摸、坐，再辅以其专业的产品介绍，客户心中的疑问顿消，而且自己得出“确实不错”、“一分价钱一分货”的结论，说明其对这款沙发已经产生了浓厚的兴趣。而场景一中，销售员的两句话让客户带着茫然离开了。两相对比，我们就可以看出让客户参与进来、双方交谈中形成互动有多重要了。

人们更相信自己亲自看过、亲自用过的东西，而且更乐于接受；人们对自己亲身参与过的事情也总是津津乐道、兴味不减。所以，销售人员应抓住人们的这一心理，面谈时与客户积极互动。让客户参与到销售中来并从中感受到乐趣，那么你的产品也就容易出手了。

一句话口才

☆ 让客户参与进来，让其感受到购买的乐趣，你就成功了。

第 64 天　一味退让，对客户唯唯诺诺

口才训练

客　户：价格还能便宜吗？

销售员：您要是订，我还能给您再优惠 50 元。

客　户：这么少？你再多便宜些我就先上一期广告试试。

销售员：嗯，最多只能再优惠 30 元，真的不能再优惠了。

客　户：你跟你们经理申请一下，看看能不能 700 元做一期。

销售员：这个价钱实在太低了，我们成本价都不止这些！

客　户：你就问问吧，再说我们是新客户，如果效果好我们会长期跟你们合作的！

销售员：那好吧，我给您问问。

经　理：不行，我们不能无原则地降价，这对其他客户不公平。新客户最低 750 元/期！

销售员：张总，我问过我们经理了，最低 750 元/期！

客　户：就差 50 元，对你们来说不算什么，你想想办法吧！

销售员：（无奈地）那好吧，咱们签合同吧。（心里准备自己帮客户垫付这 50 元）

客　户：先等等，你得答应我，给我们的广告放个好位置啊！

销售员：好，我尽量吧！

几天后，报纸上市，客户看到自己的广告，立即打电话给销售员："喂，怎么搞的，不是让你给我们放个好位置吗？怎么那么靠边啊！"

销售员：您的价格那么低，放在这个位置已经不错了，这还是我从同事那争取过来的！

客　户：一点都不显眼，能有效果吗？你让我还怎么相信你！

销售员：这……我已经尽力了！（无力地辩解道）

……

为了成单，这位销售员对客户提出的要求一味地退让，弄得自己焦头烂额，最终赔了"50 元"，又折了客户。事实上，销售人员越是退让，越会让客户觉得其中有"猫腻儿"，心里越是生疑。

销售不是求人购买，销售是在与客户共同创造价值。客户购买你的产品必然会从中受益，若不购买则失去一个获益的机会，这是双赢的事情。因此，销售人员完全没必要对客户唯唯诺诺、对客户提出的要求满口答应，否则就会像案例中的销售

员那样。

相信自己的产品会给客户带来利益，同时还要让客户感觉到这种利益的存在。这就需要销售人员自己克服心理障碍，别总觉得客户购买了产品你就欠他个人情、收了客户的钱你就于心不忍。谈判时坚持原则、守住底线，该退让的退让、不该退让的就要坚持到底。一味退让、对客户唯唯诺诺，反而会将销售状况弄得一团糟。

一句话口才

☆ 相信自己和自己的产品会给客户带来利益，这样与客户面谈时就能坚持原则、守住底线、应对自如了。

第65天　遇挫时选择退缩，不积极争取

口才训练

市场就像一块蛋糕，总共就那么大，你退让别人就进攻，你成交了别人就少了份额。所以，销售员不能一遇到拒绝就退出，而是应巧妙应对客户的拒绝并为下次接触埋下伏笔，积极争取必定会对成功销售有所帮助。

客　户：对不起啊，小方，我开了一上午的会，确实没时间接待你，要不你把产品资料留下，等我有时间好好看看再说。

销售员：赵总，我看出来了，您是真忙。行，我今天先把资料和样品留下。不过，我们的产品功能多，最好能进行现场演示，您了解得才更全面，我们还可根据您的要求对产品做相应的调整，所以我还是想亲自过来为您演示一下，不知道明天和后天，您哪天更方便？

客　户：这个不好说，我要有空就联系你吧。

（两天后，小方主动给赵总打电话）

销售员：赵总，您好。我是小方，上次给您留下的卫浴产品资料，不知您看了没有？

客　户：哎呀，工作太忙了，还没来得及看。

销售员：没有关系，您工作那么忙，再说资料很抽象，还不如现场演示样品更直接。对了，这款产品最近卖得非常火，在××建材城，一天就售出100多台呢。您看明天您有时间吗，我想过去亲自给您演示一下样品。

客　户：那好吧，你明天下午3点半到，不过也就30分钟的时间啊。

销售员：没问题，足够了，谢谢赵总，我明天下午3点半准时到。

面对客户的拒绝，小方没有直接放弃，而是将产品资料及样品留给客户，并提出抽空进行产品演示的请求，这就为再次面谈做了铺垫。两天之后，小方主动出击，最终赢得了为客户展示产品的机会。

如今，市场竞争激烈，每天都有销售人员上门拜访或打来推销电话，当然客户的选择余地就大。谁主动谁就能赢得先机，谁懈怠谁就没有“蛋糕”吃。所以遇到客户的拒绝，销售人员一定不能选择退缩，而是应像案例中的小方那样，努力做到以下两点。

（1）语言上主动，主动提出上门拜访、请求现场展示、主动约下次见面等，总之要想办法为自己创造继续与客户交往的机会。

（2）行动上抢先，主动出击，及时跟踪、跟进客户。如通过电话、短信、网聊、邮件等方式追踪客户，及时了解客户的情况，不致被竞争对手抢了先。

一句话口才

☆ 销售中遇挫、遭拒绝都是常有的事，积极想办法、主动争取机会才是可取之举。

第66天　随意承诺易失信于客户

口才训练

旅游旺季，某公司准备组织员工去××市游玩，相关细节已经商量妥了，到了签约阶段。

客　户：我们报的可是“纯玩”团，你们可不能安排购物之类的事啊！

销售员：赵经理，这个您放心，我们是最讲信誉的社。

客　户：哦，之前忘了跟你说住宿的问题了，你给我们安排的是什么标准的宾馆啊？

销售员：准三宾馆，都是双人标准间住宿。

客　户：宾馆位置不偏吧？有些女同事想晚上出去逛逛，最好离闹市近些。

销售员：这个没问题，您就放心吧。

客　户：你可得给我们安排好了呀，要不我没法跟领导和同事们交代。况且，这次如果玩得好，下次我们还找你给安排。

销售员：赵经理，您就把心踏实地放进肚里吧，不会出岔子的。您看，咱们什么时候把合同签一下？

客　户：那就今天吧。你过来一下吧！

结果，因为是旅游旺季，××市的宾馆非常紧张。该旅行社给赵经理的团安排的虽是准三宾馆，但是宾馆的位置很偏，晚上黑灯瞎火的，根本无法外出；另外，房间也不全是双人标间，而是有一部分三人间。旅行中，赵经理就打电话到该社经理处进行投诉；旅行结束，赵经理又在电话中把该销售员一顿批！

“挨批”是小事，关键是这位赵经理再也不会与该销售员合作了，对这家旅行社的印象也打了折扣。销售中，“言必信，行必果”是必需的，销售人员要言行一致才能赢得客户。

在销售活动中，客户难免会提出这样那样的要求，而销售人员在做出承诺时必须审慎，说出承诺前要先问问自己：“我能做到吗?”不可图一时之快，对客户的要求满口应承，对自己不一定能做到的事情也许下诺言。如果你兑现不了，将可能永远失去这位客户。

“轻诺者，必轻信。”销售人员应时刻注意自己的言行，即使是有把握、能做到的事，在客户面前也要讲求承诺方式，给自己留下回旋的余地。比如销售人员可以这样说：“如果没有意外，一周内肯定交货。”“现在是旅游旺季，我不敢保证都是双人标间，但我会尽量满足您的要求。”“除非有特殊情况，两天内我一定给您答复。”

不过度承诺、信守承诺才是一个优秀的销售人员应具备的品质。

一句话口才

☆“轻诺者，必轻信。”在向客户承诺之前，请先问一下自己：“我能做到吗?”

第67天　不知底细，谈论客户忌讳的事情

口才训练

跟客户说话，销售人员要说有事实依据的话，不能在不了解情况时随意揣测事实，这样只会让你说错话，影响销售进程。

“怎么了，一脸的官司，跟嫂子吵架了?”销售员见到老客户一脸的不高兴，如是说。

“没有!”客户懒懒地说。

“那你愁眉苦脸的！我跟你说，这女人就不能太惯着!”销售员自顾自地说。

“不都跟你说了，不是家里的事!”客户提高了嗓音，很烦的样子。

“哦，那挨领导批了……走，咱们喝茶去!”

“喝什么茶，这是上班时间。你到底有事没事啊!”客户近乎是吼出来的。

“也没什么事，今天到这边办事，顺便来看看你！那我就不打扰你了!”说完，销售员灰溜溜地离开了客户的办公室。

本来，顺路拜访客户可以增进双方的感情。但是，案例中的销售员却因为随意揣测客户不高兴的原因而让客户“烦上加烦”，最后只能灰溜溜地离开。其实，见到客户不高兴，销售员如果说：“怎么了，老兄，怎么一脸的官司?”然后静听客户吐露心声，结果就会是另一番景象。

现实中，类似这样的例子很多。有些销售人员在没有了解、确认客户的个性特征、兴趣爱好、家庭情况、职位、姓名等的情况下，说话随心所欲，任意揣测事实，结果在客户面前说错话、与客户谈论其忌讳的事情等，最终受到影响的当然是自己的形象

及销售成果。

因此，销售人员在给客户打电话或拜访之前，尽量想办法了解一下有关客户的信息，比如其职位、个性、兴趣等。一来便于进行充分的面谈准备；二来不致因说话不周而惹恼客户；三来有助于打开谈话局面，拉近双方的距离。

一句话口才

☆ 跟客户说有事实依据的话，而不是随意揣测事实说错话。

第68天　面谈中不注意情绪控制

口才训练

或许是阅历浅、或许是性格所致、或许是其他原因，现实中有些销售人员的情绪控制能力很差，喜怒哀乐全挂在脸上。比如听到客户有购买意向就喜不自禁，客户拒绝就眉头紧皱，还没正式签约就兴奋不已等。结果因此而失去客户，让即将成功的交易化为泡影。

张俪是某公司销售新手，工作时有些情绪化，喜怒哀乐全挂在脸上，甚至对客户也是如此，因此业绩一直没什么起色。这天，她打了一上午的电话，还好接近中午时约到了客户。她带上资料，拿起包就冲出了办公室。

“崔总，谢谢您抽出宝贵时间接见我，谢谢！”张俪激动地说着，还握着客户的手不放。

接下来，张俪向客户介绍了自己的产品并进行了演示，客户不住地点头。

“张俪啊，你这款产品还真不错，如果价格合理的话，我们准备购买300套先试销！”

“300套！这可是我上半年的业绩总和了，我今天可是遇到贵人了！哈哈！”张俪眉飞色舞地说道，此时的她喜不自胜，简直有些失态。

听张俪这么一说，客户心里打起了鼓，“半年才出300套，这东西到底咋样啊？”于是淡淡地说：“你先别激动！如果销得好，我们以后会继续进货！不过在价格上能不能打八折？”

张俪听到客户开出价后差点没笑出来，赶紧说：“八折，没问题！咱们现在就签合同吧！”

客户见张俪喜上眉梢，而且这么爽快就答应了，心想：这价格是不是还能再低？于是，他悠悠地说：“小张啊，合同不忙着签，我还得跟领导汇报一下，改天我给你打电话……”

销售员张俪的这种表现，是不是你也有过？情绪是人的内在心境的外在表现。面谈时销售人员如果情绪不稳、情绪失控，不但有损专业形象，还容易透漏出对销售不利的信息。如果遇到善于察言观色的客户，就会从中洞悉你的真实想法、摸清你的交易底线，那么你就只能乖乖地被客户牵着鼻子走了。

因此，无论是与客户面谈、签约还是日常的电话拜访，销售人员都必须管理好自己的情绪，保持冷静的头脑和积极的心态，避免情绪的起伏变化。这样才不致影响销售口才的发挥，也不致因情绪控制不佳而与可能的订单失之交臂。

一句话口才

☆ 管理好自己的情绪，不被情绪所左右，这有助于销售口才的发挥，有助于交易洽谈的顺利进行。

第69天　无视沟通对象，话语千篇一律

口才训练

千条舌头有千种口味，千个人就有千种个性。销售人员面对不同的客户，话语不可千篇一律，说话方式、内容应有所不同。

长期的销售工作让销售员郭江形成了自己的业务模式：见到客户三分笑、笑话段子不可少、称兄道弟哥俩好、不怕客户难搞定。不料，这一天，他却遇到了麻烦。

"嗨，郭总，您好呀！"一进客户的办公室，郭江就笑着说，同时伸出了手。

"你好！"客户板着脸，只是礼节性地与郭江握了握手，并用眼神示意他坐下。

看到客户并不热情，郭江想活跃一下气氛，套套近乎，就说："郭总，我叫郭江，跟你一个姓，几百年前，说不定咱们还是一家子呢！"

"啊！说说你的产品吧！"客户冷冷地说。

"郭大哥，我看您不超过50岁，我这样称呼您，您不介意吧！"郭江想通过称呼缓和一下客户的表情。

"我都快60岁了，你说合适吗？"客户脸色一沉，不再说话，气氛愈加沉闷、尴尬。

"恕我眼拙，不过您保养得太好了，看上去真年轻！"郭江讪讪地说。

"赶紧说正事儿吧，我不是让你来夸我的！"客户依然板着脸。

……

不同的沟通对象，不能用一种说话模式，也不能说同样的话。像案例中的郭江，初次面谈就与客户称兄道弟攀关系，还以玩笑、段子来活跃气氛，结果弄巧成拙。他这种方式在某些客户那里确实适用，但是有些客户就不买账。

客户的性格千差万别，同样一句话在不同的客户听来感受是不一样的。因此，销售人员一定要重视沟通对象的不同，进而以不同的言语应对。除此之外，销售人员还应注意：面对不同职位的客户，语言也应有所不同。比如面对前台和负责人，说话内

容、语气等都应有异；面对购买的决策者、使用者以及采购的执行者等不同角色时，话语的侧重点自然应有所差别。

要想成为优秀的销售员，不能总用同一种方法、同一套说辞去介绍产品，也不能用同样的话、同一种方式去接近客户。销售人员的语言一定要富有创意，要根据自己的条件和客观情况、具体客户的不同而采用不同的推销语言与方式。

一句话口才

☆ 没有放之四海而皆准的销售模式，也没有人人都能接受的语言模式。见不同的客户要说不同的话，不可千篇一律。

第 70 天　过度推销，急于求成

口才训练

遇到客户，如果销售人员铁定心思要把产品卖出去，以致死缠烂打、言语相“逼”，那结果可能是得不偿失。

某电器城内，罗嘉正在某品牌手机柜台前挑选款式。忽然，有人从背后拍了自己一下，接着传来一个非常热情的声音：“嗨，美女，您看看这款手机，现在正搞促销，非常超值!”罗嘉这才明白过来，原来是 C 品牌的导购员主动上来推销自己的促销机型。

“您到这边来!”说着，该导购员拉着罗嘉的手就往自己的销售柜台走，边走边说：“我给您推荐的这款手机，屏幕足有 3.8 英寸，待机时间达到两周，内置 3G 视频摄像头和 800 万像素拍照功能。您说，有了它是不是很方便？您看，这是样机!”导购员一边滔滔不绝地介绍，一边将样机取出递给罗嘉。

“那得多少钱呀?”

“现在促销，只要××××元，它就是您的了!”导购员拉着罗嘉的手来回晃动，做央求状。

“我还是再看看，考虑一下吧!”罗嘉连忙把手缩回来，并将样机递还给导购员。

“这么难得的机会，您还考虑什么!”说着，导购员再次将样机放到罗嘉的手里，还用双手攥紧了罗嘉的手。

“你放开我的手!”罗嘉大叫着，使劲挣脱后快步走出了卖场。

案例中，导购员不顾罗嘉的感受，又是拍肩、又是拉手，几次三番要求购买。结果，过度推销吓跑了顾客罗嘉。销售人员成交心切是可以理解的，但是不能“咬定青山不放松”，“客户来了我就得把东西卖给他”的想法是销售中的绝对误区。

现实中，有些销售人员一门心思想把产品卖出去。于是，在产品推介时喋喋不休，非要客户购买；客户买了产品，销售人员又黏住客户，要求其加大购买量或者强力推荐其他产品。这种不顾客户感受的过度推销会吓跑客户，即使成交也只能是一次性买卖，不会有长久合作。

总之，一味要求客户购买、多购买的推销语言与方式是万万要不得的。

一句话口才

☆ 过度推销会吓跑客户，急于求成会引起客户的疑虑。所以，销售人员在销售面谈中不能一味地要求客户购买。

第71天　说话没重点，东拉西扯总跑题

口才训练

在销售面谈中，客户会因为自身需求而向销售人员询问自己关心的产品信息，比如产品性能、安全与否、如何操作、质保年限、售后服务等，而这些内容也就构成了销售人员的说话重点。面对客户的问题，如果销售人员充耳不闻、答非所问，那就偏离了销售的主题。

吴先生平时工作忙，妻子也因为单位搬迁，离家很远。所以，即将上小学的孩子的接送就成了夫妻俩头痛的问题。几番考虑之后，吴先生来到家政公司。

吴先生：咱们这儿的保姆或者钟点工都是哪里人？

接待员：哪儿的都有，安徽的、河南的、四川的、山东的等。

吴先生：哪里的口碑好一点？

接待员：都不错，我们这家政中介开了几年了，很多都是老客户。

吴先生：钟点工怎么收费？

接待员：15元/小时。

吴先生：那你能给我介绍一个好点的钟点工吗，就是每天帮我接接孩子。

接待员：都挺好的，您选哪一个都行。

吴先生：哦！我再考虑考虑吧。

客户找钟点工为自己接孩子，最关心的当然是钟点工的人品、责任心，最担心的当然是自己的孩子出现意外。而家政的接待员却没有意识到这一点，没有将钟点工的情况进行详细介绍或者重点介绍其中的一两位，泛泛之谈，客户自然是不放心，只能另寻他途。

与客户沟通，销售人员应该清楚哪些话该说、哪些话不该说，掌握好交谈的重点与主题。不着边际的东拉西扯，只能让客户觉得你不靠谱、不专业；泛泛而谈则不具体，缺乏说服力，客户的疑虑就解不开。在这种情况下，客户自然难以做出购买决定！

在与客户洽谈时，销售人员一定要留意客户的言语、表情等并从中判断出他所希望知道的重点，而这也正是销售人员应该重点介绍、详细解释的内容。对客户特别关

心的问题给以及时、准确的回答，这是销售成功的一大法宝。

一句话口才

☆ 从客户的言语、表情、动作中判断出他希望了解的重点，并有针对性地进行答复，切忌泛泛之谈、答非所问。

第 72 天　接近客户过于程式化和职业化

口才训练

在现实的销售活动中，有些销售人员会有这样的想法：客户是客户，销售员是销售员，在客户面前，销售人员就该有个销售员的样儿。因此，他们在与客户面谈、接触的过程中，总是故作职业、专业，说话、做事总是一副中规中矩的腔调，让人感觉不舒服。

销售员：王女士，您看看，这是我们最新的产品列表。

客　户：哦，那我看看。现在蛋白质粉的价格是多少了？

销售员：刚调的价，王女士，400 克装的 328 元，750 克装的 498 元。

客　户：涨了这么多！我记得上次我买 400 克装的才花 276 元。

销售员：嗯，这次上调了近 20%。不过，王女士，您用过您知道它的好处，我们是纯天然植物萃取……再说，现在运输、人工成本都在增长。

客　户：好，我知道。还能有优惠吗？

销售员：没有，王女士。我们的产品都是统一价格销售，这是品质和信誉的保证。

客　户：你把这个产品表单给我留下吧，有需要我再跟你联系。

销售员：好的，王女士。

销售人员一口一个“王女士”，任何一个正常人听了都会觉得别扭。况且，知道客户姓“王”，叫声“王姐”多显亲切啊！像这位销售员一样不知变通、不能自然说话、做事，就属“过于程式化、职业化”。

程式化是指销售人员做事呆板僵化、说话不能因人而异；职业化是指销售员总是一种职业腔调，再比如总是称呼客户为“先生、女士”而不知道亲切地称呼他们“程姐、王总、张老师”等，再比如对客户提出的异议总是拿出公司规定施压等，这两种表现都会让客户不舒服、不自然，这当然对销售结果也没有任何好处。

那么，怎样才能让客户舒服呢？面对客户时，销售人员要展现一个自然的你，而不是端着职业架子的推销员；展现一个灵活的你，而不是一个呆板的老学究。说话、做事不刻板，自然而然的灵活态度才能显现你的好口才，也才能赢得客户的信任。

一句话口才

说话、做事不刻板，自然而然的灵活态度才能显现销售人员的好口才。

第4课　自己多用心，练就销售好口才

第73天　爱上销售工作，用热情感染客户

口才训练

既然选择了销售工作，就要爱上它，这样你才能有100%的激情投入到工作之中，那么自然而然，你的这份热情也会通过你的语言、行为传递给客户、感染客户。

大导演张艺谋如今家喻户晓，可谁又知道他曾走过怎样的艰辛路程呢？

艰难岁月中，酷爱摄影的他为了拥有一部在当时可谓“天价”的海鸥牌照相机而偷偷地去卖过血，也正是这部相机，帮助他赢得了全国摄影大赛一等奖；27岁时，心存梦想的他报考了北京电影学院，然而考生入学的最高年龄是22岁的限制使他失去了被录取的资格。情急之下，他给当时的文化部部长写了一封情真意切的信，最终得以试读生的身份入了学。自此，他勤勉学业，成绩年年拔尖儿。直至今日，他依然保持着“拼命三郎”的干劲，依然在全身心地追逐着自己的梦想。他在答记者问时曾说：“我不能说我是中国最成功的导演，但我可以说我是中国最勤奋的导演。”

如果没有对摄影的热爱，张艺谋不可能去卖血以换得相机；如果没有对电影的痴迷，他也不可能在被学校拒之门外后想方设法赢取学习机会，更不可能取得今天的成就。用100%的激情投入到自己热爱的事业中并始终保持100%的热度，这样的人，怎么可能不成功呢？

销售人员，你的梦想是什么呢？是让家人有更好的生活还是成为千万富翁？是增长见识、积累人脉为将来创业做准备还是进行原始积累？不管怎样，销售就是这样一份伟大而富有意义的工作，它可助你成长、帮你实现梦想。当然，前提是你将热情投入其中。

确立梦想、找准方向，然后投身销售工作并爱上它，这样你就不会畏惧拒绝，而是勇于突破重重困难获取订单；爱上销售，你才能让辛苦而枯燥的销售工作变得有趣并乐在其中；热爱销售，你才能将这份热情自然而然地传染给每一个客户，也才能获得他们的支持与订单。

一句话口才

☆ 发自内心地热爱销售工作，并把这种爱自然而然地外化到语言和行动中，受到感染的客户必然会支持你。

第 74 天　自信写在脸上，并将其传递给客户

口才训练

安利的一位推销员在销售产品时曾说：“我有人人都需要的美妙的产品……如果你能像我这样坚定地肯定自己所做的事业，你就具备了成功所必备的自信。”的确，自信对每一位销售人员来说都是非常重要的。相信自己，才能赢得客户的信任；相信自己，才能在困难面前勇敢应对、成功解决。自信是从事销售工作的基础，更是提高销量的好方法。

所有成功的销售人员的一个共同特点就是自信，自信是销售人员必备的气质与态度。销售人员要想在销售的道路上披荆斩棘，具体要怎么做呢？

（1）销售人员要“相信自己是最棒的”。因为一个连自己都不相信的人怎么能让别人信任呢？销售是一项极富挑战性的工作，销售人员要接触各类客户、面对各种拒绝与困难。只有相信自己一定能做得到，才能在遭遇挫折时始终坚持不懈、毫不气馁；只有相信自己，才能跨过一道道坎儿，拿到一个个订单。

（2）销售人员的自信还要表现在做自己产品的粉丝。亲自操作、使用自己的产品，从中发现其独特的优势，坚信它可以给客户带来利益。那么与客户洽谈时，你就会底气十足，你的言谈举止间自然就会表现出充分的自信并赢得客户的信任。有了信任，客户购买你的产品也就不远了。如果连你自己都瞧不起自己的公司、产品，又怎么可能让客户掏出钱来购买呢？

（3）销售人员还要将自信写在脸上，告诉自己，“我的销售中没有‘不’”，并将这种自信传递给客户，客户自然受你的感染，对你充满信任。

如果想让客户对你有信心、对你的产品有信心，那么就请你做一个自信的销售员，将自信写在脸上，并将其传递给客户！“我一定行，我是最棒的！”这应该成为销售人员时常拿来鼓励自己的一句话！在平时工作中遇到挫折时，也要有意识地提醒自己保持信心。

一句话口才

☆ 只要相信自己、相信自己的产品，你就会在言谈举止中自然而然地表现出充分的自信，进而赢得客户的信任，而这正是销售成功的基础。

第 75 天　克服恐惧，不怵与客户说话

口才训练

在陌生客户面前有些紧张是正常的，这或许还能对销售人员有帮助，比如集中注意力。如果紧张过度、临阵胆怯，就会导致说不出话或者语无伦次，更谈不上口才的

发挥了。

销售员（小声地）：您好，我是××保险的秦芳。

客　户（温和地）：什么？你是哪个保险公司的？

销售员（声音稍提高）：您好，我是××保险公司的，我叫秦芳，请您了解一下我们最新的寿险产品，可以吗？

客　户（温和地）：我正忙，而且也没这个需要。

销售员（听到拒绝，声音又变小了）：哦，那好，打扰您了，我将资料给您留下，您需要的时候再跟我联系吧。

说完，秦芳将资料放在桌上，然后低着头匆匆走出了客户的办公室。客户看着她的背影，自语道：我又不是老虎，走这么快！声音还这么小，保险能卖得出去吗！

案例中的情况屡见不鲜，尤其是对刚入行的销售新人来说更是常见。什么原因呢？是“害怕失败的恐惧心理”在作祟。害怕客户拒绝、害怕被赶出门外、害怕被客户伤了自尊……不管事先怎么给自己加油，在电话接通或见到客户的一刹那，就像泄了气的皮球，整个人紧张得连话也说不出来，或者是声音小得听不见、动作拘谨得不知所措等。

拜访客户、给客户打电话，最坏的结果无非就是被拒绝而回到原点，销售人员并不损失什么，有什么可怕的呢？客户虽陌生，可他也是和我们一样的人，又有什么可怵的呢？究其根源，销售人员对客户的恐惧还是对失败的恐惧。

“没有拒绝，就不存在销售；没有失败，就谈不上成功。”拒绝与失败是销售中再寻常不过的事了。要想做好销售，要想在客户面前镇定自若、口齿伶俐，销售人员就要先调整好对待拒绝和失败的态度，然后就是一次次的去实践，经过磨砺也会克服这种畏惧心理。当然，如果你天生就害怕在陌生人面前说话，那么克服的最有效办法就是当众演讲。你可以利用一切机会在众人面前说话，比如在公司例会上、在产品展销会上、在社区摆台时等。当你在众人面前说话表现得从容自如的时候，胆怯也就离你远去了。总之，坦然面对客户、乐观对待挫折，在客户面前，你就能才思敏捷，好口才也能发挥出来了。

一句话口才

☆ 正确看待销售中的拒绝与失败，克服恐惧，你的好口才也就能在客户面前发挥出来了。

第76天　微笑是最美的语言

口才训练

富兰克林·贝特格，美国成功的保险推销人士。他在做销售的过程中发现，一个面带微笑的人永远受欢迎。从此，在进入客户的办公室之前，他总是停下来调整一下思绪，放松一下心情，露出真诚的微笑，之后再敲门走进去。他相信，就是这个简单的技巧帮助他获得了更多的推销机会、更多的保险订单，也使他获得了成功。

的确，微笑是最美的语言。一个微笑能够让人如沐春风，一个微笑能够浇灭怒火，一个微笑能够温暖冰冷的心。日本的“推销之神”原一平也曾总结过笑容的四大好处。

（1）笑容能够除去两人间厚厚的墙壁，使双方打开心扉。

（2）笑容是传达爱意的捷径，而婴儿般的笑容最迷人。

（3）笑容具有传染性，美丽的笑容会使人心里感到温暖。

（4）笑容会消除自卑感，且能补己不足。

在销售中，微笑更是与客户交流、交往的利器。亲切的微笑会让客户有宾至如归的感觉，真诚的微笑能够让客户温暖如春，这些对客户来说甚至比商品本身更具吸引力。因而，作为销售人员，请不要吝啬你的笑容，它会为你的口才加分、为你的形象添彩。

如果想让客户愉快地接受你和你的产品，请在见到客户之前调整好情绪，告诉自己“我就要见到客户了，为什么不高兴呢”；在与客户面谈的过程中也要始终保持心情愉快、面带微笑，不论期间发生什么情况都不能皱眉头、闹情绪。

如果你想拥有婴儿般迷人的微笑，那么请你平时注意多练习，比如空余时间对镜微笑，问一问自己：“如果我是客户，我会一见面就喜欢上镜子里的这个人，并向他买东西吗?”直到答案是“是”的时候，你的微笑就可以帮助你在销售过程中“披荆斩棘”了。而你接下来要做的，就是去拜访更多的客户，让你的笑容为你赢得更多客户的心。

一句话口才

☆ 请不要吝啬你的微笑，因为它能给你的口才加分，为你带来好运。

第 77 天　练习语速，把握好说话的节奏

口才训练

在跟客户交谈的时候，销售人员要把握好说话的节奏，语速要适中。最佳效果就是把每一个字都说清楚，给人以“自然、流利”的感觉。具体表现如以下三方面。

（1）语速适中，不快不慢。语速太快会导致对方的思维跟不上，客户还没听明白你的话却已经说完了；语速太慢，遇到急性子的客户，他肯定接受不了。

（2）适当停顿。销售人员要善于运用停顿，比如要转入下一话题、要展开新的思路、要重复某句话等都可适当停顿一下，这样既可有效地吸引客户的注意力，还给了客户思考空间及询问机会。

（3）恰当配合客户。一般来说，两个语速、语调相差太远的人在一起说话会产生很多不适或尴尬。所以，销售人员在和客户交流时，说话的语速、语调应尽量与客户相配合，协调一致。这样容易让客户产生亲切感，避免一些沟通困难。

事实上，说话的节奏对声音感染力的增强有很大帮助，也是口才好的一个特征。而在日常生活中，很少有人注意说话的节奏，都是按照自己的习惯说话。其实，富有节奏感的话语能够避免交谈时的单调乏味，还可促进销售人员与客户间的交流效果。因此，销售人员应按照上面三个标准来要求自己，并按照下面的方式练习自己的语速，让你的话具有节奏感，并且流利顺畅。

首先，事先准备、熟悉谈话的内容，记住谈话的主题，避免磕绊。

其次，记住要讲话内容的先后顺序，思路清晰才能把握说话的节奏。

再次，与客户交流时，应注意客户的反应以及自己对客户话语的反应、应对速度。

第四，注意要发音准确、吐字清晰。

第五，适当停顿不代表磕绊。该停顿时要停顿，有助于说话的效果。

一句话口才

☆ 语速不快不慢、恰当停顿，让你的话语富有节奏与感染力，这是好口才的一个特征。

第 78 天　注意与人谈话时的语气

口才训练

简单来说，语气是指说话的口气，是说话时流露出来的感情色彩，也表明说话人对交谈内容所持的态度。说话语气的好坏直接关系到交谈结果的成败。

波兰明星摩契斯卡夫人有一次在美国演出，台下有位观众请求她用波兰语作一段台词表演。摩契斯卡夫人欣然应允，站定后开始用流利的波兰语念出台词。

台下的观众虽不解其意，但都觉得她念的台词非常流畅，听起来非常愉快。摩契斯卡夫人继续往下念，语调渐渐转为悲伤，最后在慷慨激昂、悲怆万分的情景下戛然而止。此时，台下鸦雀无声，人们完全沉浸在她营造的悲伤气氛中。

突然，台下传来一个男人的爆笑声（他是摩契斯卡夫人的丈夫），因为他的夫人刚刚用波兰语背诵的是九九乘法表。

由此可见，说话的语气具有多么不可思议的魔力啊。即使听者不明其意，其情绪也能够被控制，跟着说话者一起或欢喜、或悲伤、或感动。

现实生活中，有的人说话很容易被人接受，而有的人说话却总是引人反感。究其原因，说话时的语气起了很大作用。一句同样的话，用不同的语气来表达，意思就会有所不同，效果也就产生差别，甚至会出现相反的效果。

有些销售人员或许会认为，跟客户把话说清楚、把想表达的东西说出来就行了。其实不然。如果你用命令的口气跟客户说话，哪怕是稍微带点命令的成分，你看看客户是什么反应？如果你说话很强势，话语中总是告诉客户该选择什么、应该做什么，客户不跟你大发雷霆才怪呢！因为他会认为你藐视他、看不起他，那他心里能是滋味儿吗？

因而，销售人员应从心里重视说话时的语气，平时说话时注意自己的语气是否得当，尤其是不能以命令的语气跟客户交谈，否则你将会在无形中失去客户。现代汉语中，语气有四种，分别是陈述、疑问、祈使和感叹。销售人员要在不同的语境下、不同的交谈内容中，熟练运用这四种语气，为你的好口才锦上添花。

一句话口才

☆ 命令的语气是销售人员说话的大忌。

第 79 天 控制说话语调，用声音吸引客户

口才训练

语调是由说话时的语音高低轻重配置而形成的腔调，它是语气的表达手段，在一个人说话时给人的印象中占 38%，可见其重要性。在日常生活中我们也有这种感觉，如果听到一个人说话的语调自始至终都是平的，就会觉得很枯燥，也提不起听的兴趣。所以，说话时注意控制自己的语调，让声音听起来优美、抑扬顿挫，才能吸引别人的注意力。

作为销售人员，尤其是电话销售人员，说话的语调就更重要了。如果你的声音不具感染力，就不能吸引客户，也就难以让其静下心来听你说话。所以，销售人员在进行口才训练时要同时练习语调，好口才加上适当的语调，你的话语才会更动听。

（1）带着感情说话。销售人员与客户交谈时，应充满感情，充满对产品的信任、对客户的热爱，这样你的话才能收到良好的效果。

（2）保持语调与所谈内容的配合。恰当的语调能够及时、准确地向客户传递你所掌握的信息，表明你对某一话题的态度，客户也容易接受你的建议和观点。所以，不论在什么情况下、在谈论什么话题，销售人员都应保持说话的语调与所谈论内容的相互配合。

（3）爱上销售工作。这样你就会对这份工作有浓厚的兴趣，自然也会将热情投入其中。那么，你说话的声音就能产生极具说服力的抑扬顿挫的声调。

（4）根据客户的语调调整。在推销过程中，销售人员的语调还应根据客户的语调变化不断地进行适当的调整。销售人员只有用富有节奏、富于变化的表达，才能提高客户的兴趣与参与意识。

（5）电话中注意音量。在电话沟通中，销售人员的音量应比正常说话稍高一些，让对方能够听清楚。但也不可太大，否则就是对客户的一种骚扰。要把握最适合的音量，你可以提前与同事合作，打电话给同事测试自己的音量。

总之，说话的语调最能反映一个人说话时的内心世界。抑扬顿挫反映出你有激情，总是平铺直叙可能让人觉得你保守、乏味无趣。所以，销售人员在与客户说话时，一

定要注意控制自己的语调，让你的声音悦耳动听，让客户感觉你有活力、有热情、值得信赖与亲近。

一句话口才

☆ 销售人员在口才训练时，还要同时练习语调发音。好口才加上好的语调，你的说话才会更动听。

第80天　借助肢体语言表情达意

口才训练

一个人说话时给人的印象，肢体动作占55%。这或许就是为什么有些人形象不差、语言也流利，可就是在人们心中没有好印象的原因之一。他可能在人际交往中忽略了自己的肢体语言。的确，姿势、表情和动作可以透露一个人真实的个性与想法，因而我们不能不分场合、不合时宜地乱用肢体语言。

对于销售人员来说，平时的工作主要是以沟通为桥梁，更要重视肢体语言，更要善于借助肢体语言来表情达意。如果你希望给客户一个好印象，那么就要在手势、眼神、站姿以及坐姿等方面下工夫，纠正那些不雅的、负面的肢体语言，具体如表4-1所示。

表4-1　销售人员应遵循的正确的肢体语言

名称	正确的肢体语言	错误的肢体语言
手势	（1）在指点物品时，若所指物品较大，应用全手掌指出；若所指物品较小，只用食指去指就行了，同时要注意掌心朝上 （2）在给客户带路时，销售人员应对客户说“请往这边走”，同时全掌伸出，手指指示走路方向，手掌朝向对方 （3）做手势时要配合肢体其他动作，单是打手势会让客户感觉不适	介绍产品时，用手背对着客户来指引其观看产品说明书，这会让客户觉得你不够坦白，因此要纠正
眼神	（1）在与客户沟通时，销售人员的目光应注视客户眉宇之间的三角区域。此外，客户鼻子、嘴巴和下巴等也可作为重点关注区域 （2）销售人员自己讲话或聆听客户讲话时，应不时地注意一下对方的眼睛 （3）在客户提出特别请求或面谈即将结束时，销售人员可以把视线集中在客户的眼睛部位，这样会使客户产生亲切感	注视客户某一部位的时间过长，会给对方造成一种压迫感；如果目光游离，又会让对方觉得冷漠
站姿	（1）正确的站姿是做好行礼、打招呼等后续动作的基础 （2）销售人员站立时应一脚稍微在前、另一脚靠后并将重点放在后脚 （3）销售人员在与客户沟通时，尽可能地站在客户的左边而不是正对面，否则会给客户压迫感	站着时不断地摇晃肩膀或不断地倒换双脚，这会让客户认为你不耐烦，想尽快结束谈话
坐姿	（1）就坐时最好坐满整个椅面，但背部不可靠着椅背 （2）坐着时，身体基本保持正直，可微前倾，双手端正地放在两腿上 （3）女士应双腿并拢，男士的两膝盖间应保持在一个拳头左右的距离	坐在椅子上时，两腿向前伸得长长的，或跷起二郎腿晃来晃去，这会令客户反感，也不礼貌

肢体语言是好口才的一个辅助，用好了能够帮助你赢得好印象，提高销售的成功率；用得不好则会影响你的销售进程。所以，销售人员应纠正自己的不良习惯，对照表 4-1 学习正确的肢体语言，让其帮助你表情达意。

一句话口才

☆ 肢体语言是好口才的一个辅助，销售人员应重视并正确使用肢体语言来为自己赢得好印象。

第 81 天　留心观察，揣测其心理变化

口才训练

销售人员既要借助自己的肢体语言表情达意，同时还应学会察言观色，善于观察客户的肢体语言，揣测客户的心理变化，这样才能将话说到客户的心坎儿上。

一般来说，销售人员可通过客户的面部表情、语调的快慢与轻重、手势等行为举止去领悟客户的心境，进而及时调整自己的说话方式、内容、时长等，以保证不浪费面谈时间。

（1）判断客户语言的真实性。销售人员要想准确把握客户的心理状态，首先要学会判断客户语言的真实性。要知道，客户说话往往会言不由衷。比如销售人员进行产品展示说明之后，客户说："产品还可以，不过目前我们还没有购买计划。""有免费赠送的简易版本吗？这对我们就已经足够用了。"等类似的语言，表示客户不想购买。此时，销售人员就应调整说话内容，想办法引导客户或者发现客户的真实需求。相反，如果客户对产品的质量、价格等提出反对意见，那么该客户可能真的感兴趣，你就要抓住时机，促动客户购买。

（2）通过语速、语气的变化揣测客户的心理变化。客户的心理变化，有时候会通过说话的语气、语速等的变化展现出来（见表 4-2）。销售人员如果能及时发现客户的这种变化并及时调整自己的说话策略，则有利于销售的成功。

（3）了解客户的举止行为变化所展示的心理变化。客户心理的变化也会通过其动作行为传达，比如客户由原来的静听状态转为动态，像动手操作产品、仔细触摸产品等；比如客户集中的精神放松下来，还伴着身体后倾等舒展动作；再比如客户再次拿起产品翻看、要求看看合同内容等，都表明其对产品兴趣大增或者已经决定购买，销售人员应抓住时机，适时提出成交请求。

（4）细心体会客户的表情变化。客户的心理变化也会反映在脸上，比如紧锁的双眉分开、神色变得活跃、表情变得开朗等，都说明客户对销售人员所推介的产品有了兴趣。销售人员应细心体会客户的表情变化，以调整自己的说话技巧、销售策略等。

表 4-2　客户的语气、语速变化所反映的心理变化

变化	心理状态
声音变大，语速加快	面谈时，如果客户突然间提高说话的声音，语速也明显加快，表明他可能想控制谈话局面，在声势上镇住对方、说服对方答应自己的要求。此时，销售人员应以柔克刚，在声音之外战胜他，比如让客户详细讲出自己的观点，然后再对其进行委婉、合理的解释
变得轻声细语	如果客户突然变得轻声细语，通常有两种可能：客户想成交或者想中断谈话。此时，销售人员一定要根据具体的情况判断出客户的真正心理。如果是前者，则赶快提出成交请求；如果是后者，则应马上结束谈话，礼貌告辞或约定下次沟通的时间、地点等
语速放慢；反应迟钝	语速变慢表明客户想要销售人员重视自己所讲的话，所以此时销售人员应增强倾听的认真程度，让客户感觉到被尊重；如果是客户不光是语速放慢，而且反应迟钝，还伴着打呵欠、揉眼睛等动作，销售人员就应知趣地终止交谈，因为客户的确是乏了
语速变得急切	如果客户的语速变得像放连珠炮，很急促，或像背诵台词一样说话，表明他想中断合作、终止谈话。此时，销售人员应以诚恳的方式努力突破双方间的障碍，切不可也随着变得激动和焦躁，这会让障碍升级

一句话口才

☆ 在与客户斗智斗勇的过程中，销售人员应留心客户的肢体语言，判断其心理变化，以改变、提高语言的应对能力，这是销售好口才的一个重要方面。

第 82 天　学做一个贴心的倾听者

口才训练

一天，汽车销售员李妍看到一位打扮入时的中年女士走进店来，迎面走了过去。

“您好，有什么需要帮忙的？”李妍微笑着打招呼。

“看看车！”女士冷冷地说。

“哦，那您想看什么价位的车呢？”李妍一边问一边引领女士往汽车展区走。

“至少 20 万元的，要不钱都让我家那口子在外面花天酒地了！”女士愤愤地说。

“一看您就是有福之人，有个能赚钱的老公在外面打拼！”李妍温和地说。

“哎，别提他了。钱倒是挣来了，可是总在外面应酬，经常不能回家陪我和女儿，感觉自己就跟单亲妈妈似的！”说着，女士的眼圈红了，继续抱怨她的丈夫。这是客户的家事，李妍不便多说什么，只是耐心地听着。直到女士将心中的怨气发泄完，脸色有所缓和了，李妍适时地送上安慰，并领着女士去看车。经过李妍的耐心讲解，女士选中了一辆 26 万元的车并当场掏出银行卡，说：“就买这辆了，刷卡吧！”

居然成功签单了，顺利得让李妍自己都觉得意外。事后，她总结这次的成功经验，其中一条是：耐心倾听客户的倾诉。

客户与我们一样，也有喜悦想与人分享，也有烦恼需要倾诉。有时候，他们希望有个贴心的听众听听自己的心声，跟自己说说心里话。而销售人员就要扮演好倾听者的角色，就如案例中的销售员李妍那样。

倾听是对客户最好的尊重，也是销售人员需要具备的一种修养，更是提高销售成功率的方法保证。因此，销售人员要学会倾听，要在行为上专注、在心态上表达同理心。

（1）倾听时要专注。销售人员要全神贯注地倾听客户的讲话，并使用语言和肢体语言与其进行积极、适当的交流。比如与对方保持眼神接触、用语言或肢体语言进行反馈等。

（2）表达同理心。客户说话时，销售人员还要从对方的角度设身处地地想，并给予相应的反馈。比如听时面带微笑、表达同理心、及时反馈自己对听来信息的总结等。

一句话口才

☆ 学做一个贴心的倾听者，不光能获得更多的信息，还能赢得客户的心。

第 83 天　心态平和，不被情绪所左右

口才训练

在售楼大厅，售楼员阿雅陪客户看房回来，边走边聊，并在接待客户的桌前坐了下来。

“张姐，刚才看的这套房，您觉得怎么样，户型还满意吗？”

“只能说还行，算不上满意！”客户认真地说。

“那您哪里不满意呢？”阿雅讪讪地问。

“朝向不是很合意，还有周边的环境！我还想再去看看别的楼盘的情况！”

“不会吧！朝向和周边环境之前我都跟您介绍了呀，您觉得不错才去看的，现在又说不合意。”阿雅很不高兴地说。

“是啊，我当然要去看看，不能光凭你说啊！”客户起身要走。

“我给您介绍了半天，又陪您看房，您怎么说走就走呢？您这不是耍我吗？”不该说的话，阿雅脱口而出。

“你怎么说话呢？什么叫耍你啊！给我介绍房子、陪我看房都是你工作分内的事。我买与不买，是我自己的事，要花那么多钱，我当然得慎重选择，买适合我的！”说完，客户起身离开，留下阿雅呆站在那里，不知如何是好。

销售人员的工作是为客户介绍好产品、提供优质的服务，让客户购买到满意的产品。交易没达成，销售人员首先要从自己身上找原因，而不是去指责客户。案例中的阿雅就犯了这个错误，导致客户拂袖而去。

销售是一个各取所需、互利共赢的商务合作过程。尽管销售人员做了大量的工作，但客户如果对你的产品不满意他还是不会购买。因此，销售人员应放平心态，交易的成功与失败都是正常的。客户不买，自己不恼；客户购买，自己不喜。只有不被自己的情绪所左右，才不至于在客户面前失态、言语失常，也就不会像案例中的阿雅那样永远失去这个客户了。

在没有正式签订成交合同的情况下，一切都存在变数。一个专业的销售人员，应该在客户面前保持理智、情绪稳定。只有这样，在任何情况下才能游刃有余。

一句话口才

☆ 在任何情况下都要保持镇定、理智、情绪稳定，这样才不会因言语失当而得罪客户。

第 84 天　熟悉所推销的产品才能介绍好

口才训练

有了金刚钻才敢揽瓷器活儿。如果销售人员对自己所销售的产品或服务不甚了解，客户一问三不知，那么即使客户对你的产品感兴趣也会产生怀疑，不买你的产品。相反，如果你对自己的产品或服务烂熟于胸，那么在介绍时就会底气十足、有条不紊，还能给客户以客观、中肯的建议，这就会促使客户做出购买决定。

学习、掌握有关产品知识是销售人员上岗之前的必修课，也是日后销售口才提升的最基本保证。那么，销售人员要掌握哪些知识才能将产品介绍好呢？具体如图 4-1 所示。

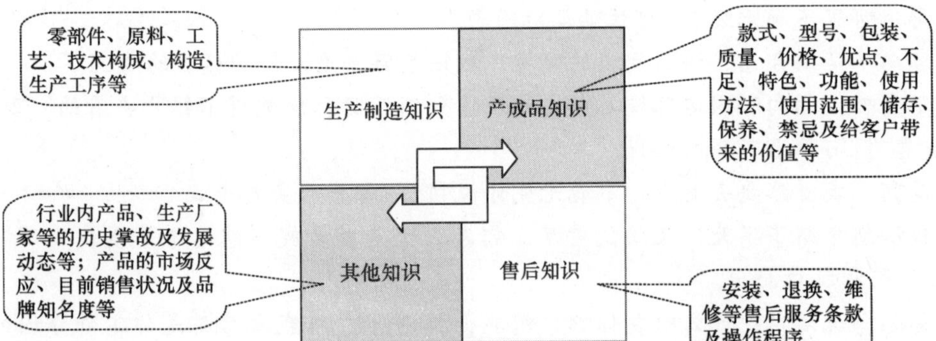

图 4-1　销售人员应掌握的产品知识图

业精于勤荒于嬉。只有努力学习产品知识，拥有过硬的专业知识，才能介绍好你的产品，为你的销售增加砝码。销售人员在学习上述知识的时候，不仅要着眼于本公司，还要放眼整个行业及相关行业。只有全面了解市场上的相关产品知识并将这些知识融会贯通，才能成为专家级的销售员，也才能在销售事业上取得突破。

一句话口才

☆ 过硬的知识是精彩推介产品的前提。全面掌握产品知识，有助于提高销售陈述水平。

第 85 天　摸清客户的底细对交谈很重要

口才训练

很多时候，销售失败并不在于自己的产品或服务不好，而在于对客户不了解。比如，不知道客户企业的关键负责人而总被前台秘书拦截预约电话，获得客户的采购信息不及时导致被竞争对手抢了先，不了解客户的喜好而说错话引起客户不快等。类似的情况很多，而这些小细节都可能导致销售的失败。

世界上最伟大的销售员——乔·吉拉德曾说：“如果你想卖东西给某人，你就应该尽自己的力量去收集他的与你生意相关的情报；无论你推销的是什么东西，如果你每天肯花一点时间来了解自己的顾客，做好准备，你就不愁没有自己的顾客。”

的确，知己知彼才能百战不殆。客户是销售人员工作的核心对象，自然要掌握其信息，这样工作起来才不会盲目、说起话来才不会被动。一个称职的销售员应养成随时随地收集客户信息的习惯，在看报、看电视、与人交谈、参加会议等时候，都要有意识地记录对自己有用的客户信息资料，以备不时之需。那么，客户资料主要包括哪些呢？具体如图 4-2 所示。

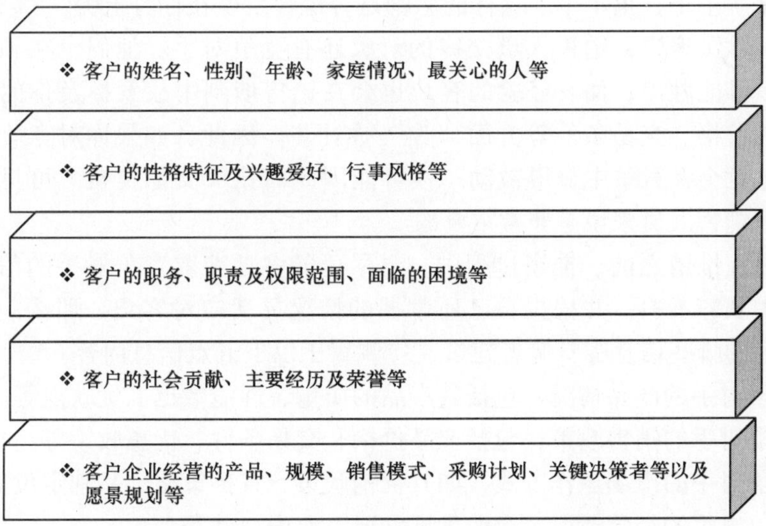

图 4-2　销售人员需要了解的客户信息内容

销售如同打仗，销售人员不能打无准备之仗。所以在销售之前，销售人员应尽量摸清客户的底细。手里的客户信息越详尽，你在与客户面谈时就越能占据主动，你的销售工作也就越容易开展。

一句话口才

☆ 熟悉客户如手心手背，那么与客户面谈时就会处于主动，销售工作将事半功倍。

第 86 天　掌握竞争对手的情况不被动

口才训练

“喂，张姐，您上次说的广告计划考虑得怎么样了？”广告销售员钱唐说。

“是小钱啊，我们的广告已经选择××网站和××报纸了，明天就上线和见报了。”客户的这句话犹如晴天霹雳，钱唐懵了。因为他已经维护这个客户很长时间了，并已经向经理保证过：他一定会签来这家企业的广告合同。

“啊，您上次不是说广告计划下来就先通知我吗？您跟谁合作的？”钱唐真是不甘心。

“是啊，我是这么打算的，况且你的广告策划案也不错。谁知，××广告公司的××上周五亲自参加了我们的广告计划会，老板亲自指示让他全权代理我们的广告！”客户说。

……

因为自己没有掌握竞争对手的情况、自认稳操胜券就没有过多地接触客户，结果被竞争对手钻了空子、抢了单。这样的悲剧是否也曾发生在你身上呢？

销售中，除了客户，销售人员交锋的对象还有竞争对手。他们也在和你的客户进行联系，就看谁能胜出；而有经验的客户也会在销售谈判中故意提及你的竞争对手的情况，企图在价格、交易条件等方面“诈”你让步。因此，如果你对竞争对手的情况一无所知，你就会在竞争中显得被动，很可能因此而错失交易良机。可见，掌握竞争对手的情况对销售人员来说是非常重要的。

销售人员在推销之前、推销过程中，要尽可能多地获取竞争对手的信息，这才能在销售谈判中从容不迫，并根据自己所掌握的情况灵活应对客户。那么，销售人员应掌握竞争对手的哪些信息呢？笔者建议，应侧重于以下五点信息内容。

（1）竞争对手的产品情况，包括其产品的质量、性能数据、优缺点等。

（2）竞争对手的销售政策，包括产品价格、交易条件、优惠政策等。

（3）竞争对手的市场运作方式，如其营销政策、宣传策略、品牌定位等。

（4）竞争对手的经营情况、企业发展状况、业内口碑等。

（5）竞争对手的销售员队伍情况、销售水平等。

一句话口才

☆ 了解竞争对手的情况越多，你在与客户沟通时就越从容，胜出的概率也就越大。

第 87 天　学会适当地表现自己

口才训练

适当地表现自己，是指销售人员在销售活动中随时随地表现自己的能力、言语中适当抬高自己，这会引起客户的注意，也有益于你的销售工作。试想，一个不引人注意的销售员，怎么会在激烈的竞争中脱颖而出呢！那么，每天面对那么多不同类型的客户，如何让他记住你呢？

客户做 PPT 文件遇到困难，正好你在场，而你做 PPT 的水平不低，那就主动请缨帮客户解决一下难题。

请客户参加本企业的产品推广会，抓住适当的时机当众演讲、展示产品等，你的突出表现一定会让客户刮目相看。

“我是××公司的，找你们刘总谈一下合作的事！”“谈合作的事”就自抬了身价，前台秘书就可能放行。

在社区设展台，从展台经过的每一个人，你都热情地打招呼，大爷大妈地叫着、阿姨大姐地喊着，让人以为你跟大家都是熟人，心想“这小伙子不错啊”。

如今是个个性张扬的时代，不需要自我封闭、过度谦虚，你不展示自己就会被别人抢了先。即使你是一个有能力的人，如果不会表现、不会用这些能力去应对各种困难，也等于没有能力。所以，有能力还要会展示能力，这才能真正散发你的个人魅力，赢得别人的尊重与信任。

作为销售人员，要想让你想认识的人也认识你，就必须学会适时表现自己。因为一个善于自我表现的人，一定是一位肯定自我并充满自信神采的人，他不会担心别人的眼光，只会一心一意地为了说服他人而展现自己，并以此作为与别人沟通的最佳途径。

销售人员如果确有能力，就不必过于谦虚客气，不妨适时地在语言上、行动上进行自我推销，适度抬高自己，这样你会从中受益的。当然，在表现自己的同时也不要太夸张，不要让人觉得你不可一世，这种过度表现会引起别人的反感甚至是厌恶，这就适得其反了。

一句话口才

☆ 销售人员只有适当展示自己，用能力说话，才能真正赢得客户的尊重与信任，这也是与人沟通的最佳途径。

第88天　良好的形象有助于语言的发挥

口才训练

穿着休闲装、运动鞋的我们进入高级场所时是不是心里发虚、感觉低人一等呢？会不会觉得自己连说话都没有底气呢？同理，销售员如果衣衫不整地去拜访位于高档写字楼、星级酒店的客户时，说话时是不是没有自信，感觉与环境格格不入呢？

两位销售员同时站在客户面前，一个衣冠整洁、一位衣衫不整，客户会对谁有好感呢？答案显而易见。况且，在这种情况下，衣衫不整的销售员自己就会自惭形秽，在气势、气场上败下阵来，说话也不会发挥出其应有的水平。

良好的形象可以增加自信，让人由内而外地透着精气神儿，自然，说起话来也会底气十足、铿锵有力；良好的形象更能获得客户的好感与信任，至少他会觉得你是一位积极、认真的人。因此，在销售活动中、日常生活中，销售人员要重视个人形象的打造，不要因为形象而影响口才的发挥、影响你的销售工作。

那么，什么是良好的形象呢？它基本上是由以下四个方面组成的。

（1）仪容，干净、整洁，不化浓妆、不过度修饰，无体味，无鼻屎、眼屎，头发不乱。

（2）仪表，雅而不俗，着装得体、符合气质风度，不穿奇装异服，首饰、挂饰等不繁杂。

（3）仪态，文明有礼，不粗俗，举手投足间透着文雅、从容，不毛手毛脚、不大声喧哗。

（4）语言，有条理、内容丰富、语速适中并富于变化、满含热情与自信、态度谦恭。

良好的形象既是对他人的尊重，也是对自己的宣传。打造好个人形象这个品牌，会让你在销售谈判中具备职业风范，也是赢得客户信任的关键。试想，一位头发凌乱、穿着不雅的人站在你面前时你自己的亲身感受吧！

一句话口才

☆ 打造自己良好的形象，有助于口才的发挥。

第89天　广泛涉猎，积累与客户的谈资

口才训练

与人说话要有谈资，跟客户交流更要有话题，否则两个人大眼瞪小眼，场面的尴尬自不必说，对销售没有任何益处。所以，销售人员除了积累专业知识外，平时还应广泛涉猎、积累谈资，做个产品专家，还要是个闲谈达人。

说话的素材是否丰富，关键在于积累。如果平时涉猎的范围多、生活内容丰富，那么你自然就见多识广，与人交流时可说的东西就会多起来。销售人员去拜访客户，总不能一开始就谈你的产品吧，一般都是从聊天开始的。双方聊得话题越多，对彼此的了解就会越多，那么产生好感的概率就越大，对销售也越有益。因此，销售人员平时要注意多涉猎、多积累谈话素材。

（1）多看看各种报纸、杂志、网络新闻。比如轰动一时的新闻、当天的天气、医药健康知识、育儿知识等，都可作为双方的谈资。如果在某方面为客户提供了有价值的建议，客户自然会对你好感倍增。

（2）养成读书的习惯，坚持每天读读书，时间长了自会显出你的不同来，开卷有益嘛！

（3）经常关心国家、社会、亲友、同事等。不要对什么都漠不关心，不要让它们成为过眼烟云。对于所见所闻还应思考一下，尽量地去了解其意义，帮助自己成长。

（4）注意一些体育比赛的内容和项目，或者有趣的热播电视剧等。很多人喜欢聊这些。

（5）培养自己的兴趣、爱好并精于此。比如打篮球、踢足球、钓鱼、网络游戏、插花等。如果遇上有相同爱好的客户，就能派上用场了。

（6）事先了解一下客户感兴趣的事情。见面前多准备一些相关资料作为谈资，如果自己在此方面有独到的见解，会让客户有相见恨晚之感，并愿意与你深入交往。

（7）发生在自己身上的趣事、无伤大雅的笑话等。比如买东西上当、语言上的误会、坐错车等，都可与客户分享。拿自己开涮，既能博人一笑，还会让对方感觉你为人随和、容易相处，从而愿意主动与你交流。

总之，销售人员不要浪费自己的闲暇时光，多看、多学、多思考，养成随时随地收集各类信息并使之成为话题的习惯。

一句话口才

☆ 与客户可聊的话题越多，你就越有机会了解对方更多，销售的成功率也就越高。

第 90 天　注意培养一两种兴趣爱好

口才训练

物以类聚，人以群分。人们往往喜欢和与自己的性格、经历、观点、兴趣爱好等相近的人交往，因为彼此间有共同的话题，沟通起来也比较畅快。这一点用在销售中同样有效。如果销售人员有意识地培养一两种兴趣爱好，如旅游、垂钓、踢球等，遇到与自己有相同爱好的客户，就会有共同的话题可说。而有了这个共同点，双方的距离就会拉近，也有利于销售工作的推进。

销售员：您好，张总！我是××公司的骆斌，很荣幸能和您见面。

客　户：您好，请坐吧。

销售员：张总，您今天好休闲，这是准备去运动啊，打篮球吗？（张总穿的是运动装，办公桌角下方有一个篮球）

客　户：没错儿，我们公司有两支篮球队呢，今天有一场比赛！

销售员：您真厉害，公司治理得这么好，员工的业余生活也搞得有声有色！

客　户：我就是喜欢这个，大学的时候还是校队的主力呢！再说，现在生活节奏快、压力大，多运动对身体有好处！

销售员：您说得没错儿。我也非常喜欢篮球，正好我们公司也有一支球队，闲暇时经常聚到一起打。要是咱们早认识就好了，可以比试比试。

客　户：现在也不晚呀！就这么定了，改天咱们较量较量。

销售员：太好了。对了，我都把正事忘了，今天我来拜访您是想让您看看我们公司最新推出的……

案例中，销售员从客户的衣着及办公桌角下方的篮球发现了双方的共同点，从这一点出发展开话题，双方聊得很投机，很快就熟识起来；然后再转入产品销售，效果非常好。

所以，销售人员应在闲暇时培养自己的兴趣爱好，使之成为自己的“一技之长”，最好还能有自己的独到见解。这样在遇到有相同爱好的客户时就能派上用场，比如聊聊感受、切磋一下技艺等，比只谈业务的效果要好得多。当然，更重要的是，你要通过观察、询问、查阅资料、收集信息等方式了解客户的喜好，找到与客户之间的共同点。这样你的这个“一技之长”才能派上用场，才能融入客户的“群”。

常用话术示例如下：

“谢总，听说您是从部队转业后创建的这家装修公司，真了不起！我之前也当过三年的兵，我要向您多学习。”

“曹经理，听说您很喜欢打高尔夫球，真希望有机会可以与您一起去球场打打球。”

一句话口才

☆ 与客户成为“同好”，彼此间就有了共同的话题，就能聊得投机，进而拉近双方的距离。

第91天　语言富于变化，总给客户新鲜感

口才训练

如果你的语言总是寡淡无味、你的说话方式总是循规蹈矩，那么多半不会引起客户的兴趣，说不定你连推销的机会都没有。

销售新人刘丽每次去拜访陌生客户时，敲开门总是问：“您好，我是××公司的刘丽，请问您需要广告吗？”打电话也是“喂，您好，我是××公司的，请给我转一下你

们广告宣传负责人！”结果获得的答复总是“不需要！”、“负责人不在”等。

一个月过去了，她的业务没有任何进展，甚至连一个有意向的客户都没有。部门经理了解到她的情况后，跟了她两天，然后双方有了下面的谈话。

经理：刘丽，你有没有想过你的业务为什么没有进展？

刘丽：我想过，可是不得要领，因为客户都没给我机会销售，所以没法总结啊！

经理：我跟了你两天，你的问题就在于说话不懂得变化，一开口就被客户拒绝了。比如你敲开客户的门后，总是那句话，你不觉得枯燥吗？事实证明效果也不好吧！接触客户、与客户交流要讲求技巧和艺术性，最好还应切合客户的具体情况展开。

刘丽：那该怎样做呢？

经理：陌生拜访不能盲目，事先了解一下客户的情况很重要。如果你推开客户的门，直接说：“我找你们张总，请问他在吗？”再配合你的亲切自然的语气，前台不会拒绝你的；打电话也是如此，一个开场不行就换一个，别总是一个套路。比如电话接通，你说“喂，你好，请总经理听电话。”语气坚定而不失威严，让接电话的人感觉你是总经理的老熟人、好朋友，她会马上给你转电话的。说话别那么刻板，也别一个模式，不断变化才能吸引客户……

这次谈话以后，刘丽有意识地在语言上下工夫。结果，工作有了明显的进展，不但获得销售机会的概率大了，而且还签来了她的第一单业务。

入行之初，很多销售员都和案例中的刘丽一样，机械地介绍自己、机械地介绍产品……结果却总是令人一筹莫展。其实，人们都有求奇、求新心理，如果你的说话方式、语气、内容等有异于别人，那么你在给客户带来新鲜感的同时也被客户记住了，你的优势也就有了。

如今的市场环境竞争异常激烈，谁有新意，谁与众不同，谁就能吸引眼球、赢得客户。如果你总是说同样的话、说平淡无奇的话，无疑你胜出的概率就会变小。那么，从说话开始，迎合客户的喜好，试着在语气、语调、内容、表达方式等方面不断调整、变化，给客户以新鲜感，你的销售成功率就会提高。

一句话口才

☆ 在语气、语调、内容、表达方式等方面不断调整、变化，总给客户以新鲜感。

第92天　要想达成所愿，可采用迂回战术

口才训练

迂回战术是指自己在处于劣势时，避开对手的锋芒，通过其他方式由小到大、循序渐进地达到目标。销售人员也可借鉴此战术，比如遇到棘手的客户，说话、做事先从小处着眼，先找一个客户易于接受的要求去争取，然后再慢慢渗透，直到实现自己

的目标。

“张总，您今天方便吗，我把我们的产品资料给您带过去！”方登这已经是第三次预约客户了。

“改天吧，我今天太忙了！”客户一如既往地拒绝了方登。

“百忙之中打扰您真过意不去。我知道您很忙，可我只需三分钟就够了！我听说您每天下午4：30要喝下午茶，如果您不介意，我想是不是可以在今天下午的这个时候去拜访您！”

“那好吧，只三分钟啊！你到我们公司的茶歇间等我！”客户欣然应允。

就这样，方登的三分钟（而且是在客户的下午茶时间）小请求被接受了。她带着样品和产品宣传资料如约前往。结果，双方谈得很投机，客户的整个下午茶时间都被方登占用了，方登也将自己的产品进行了详细阐述，客户让她三天后再到公司给相关人员进行产品演示。一个小的要求的实现让销售员向成功销售迈进了一大步。

如果销售人员站在门外推销多半会失败，而一旦获得进入客户办公室或家中面谈的机会，成功的概率就会提高。所以，销售人员要想让客户购买你的产品，可先提出一个客户易于接受的小请求。就像案例中的销售员方登那样，一个小的要求的实现就是成功的起点。

通常情况下，人们对别人提出的简单要求不好意思拒绝，害怕别人指责他不通人情；而接受了这个简单的要求后，再有更高的要求时，人们一般也会接受，因为他更不好意思再拒绝了。将其用于销售中，就是本小节所讲的“迂回战术”。销售人员要善于运用这一战术，在约见客户时、在遇到销售难题时、在价格谈判深入僵局时，都可回避正面冲突，采取迂回前进策略，以小搏大，成功就会向你招手。

一句话口才

☆ 从小处着眼，提出一个个小的请求，循序渐进也能达成所愿。

第93天　提前准备谈话内容会让你更从容

口才训练

如果销售人员在给客户打电话、登门拜访之前能够准备一下电话沟通的内容、拜访面谈的主题，那么真正交谈的时候就会更从容，就可以娓娓道来。

以下是一位保险销售员在去拜访客户之前所作的会谈摘要。

（一）面谈目的

1. 让客户认识我、接受我。

2. 了解客户的真正需求。

3. 宣讲保险理念，让客户对保险有一个正确、客观的认识。

（二）面谈切入点

送资料给客户了解。

（三）面谈内容

1．介绍我和我的公司，介绍我公司险种的特色，特别介绍比较适合客户的 ×× 险种。

2．了解更多客户信息，为客户“量身定做”个人保险计划作准备。

销售人员在拜访客户前，也应像案例中的销售员那样，根据拜访的事由及设定的拜访目标，事先拟定谈话内容，想好客户可能会问的问题、应如何回答等，这样就能有备无患。在客户面前从容不迫、自信满满，说起话来也会思路清晰、侃侃而谈。当然，如果销售人员就客户可能会问到的问题事先进行回答演练，或者提前模拟面谈场景，那么效果会更好。

一句话口才

☆ 凡事有备无患，事先准备好面谈内容并记于脑中，与客户说话就会更从容。

第 94 天　提高个人修养有助于提高说话水平

口才训练

要想提高说话水平，在任何客户面前都能如鱼得水并取得销售事业的成功，销售人员还需提高个人修养。原因很简单：你做的是销售工作。

（1）销售是一项艰苦而复杂的、集脑力与体力劳动于一身的工作，它需要极强的事业心。

（2）销售是与人打交道的工作，销售人员每天都与形形色色的人在沟通、交往，这需要极强的应变力。

（3）拒绝与失败是销售中的家常便饭，这就需要销售人员有极强的忍耐力、热情和自信。

（4）由于销售工作的特殊性，销售人员常会面临巨大的诱惑，这就需要销售人员自重、自律。

要想具备上述各项能力，能在客户面前侃侃而谈、游刃有余，销售人员就要注意自身的品性修养。要提高个人的素质修养，销售人员就应利用好自己的业余时间。

首先，销售人员应适当进行一些健身活动，只有提高身体素质才能胜任销售工作中的辛苦奔波；而强壮的体魄也会给人积极向上、阳光的健康形象，容易赢得客户的好感。

其次，销售人员应不断涉猎新知识、接收新观念或者培养一两个兴趣爱好，以丰富谈资，提高应变能力，应付不断发展变化的市场形势与不同类型的客户。

再次，腹有诗书气自华，心装知识走天下。销售人员每晚抽出至少两小时用来阅读并进行思考，别总是抱着游戏、电影、肥皂剧等奋斗到深夜。

第四，销售人员应有意识地培养自己的性格，改正弱点，让自己成为一个受欢迎的人，至少要让客户觉得你是一个可信赖、可亲近的人，与你合作感到轻松、愉快。

第五，销售人员要特别注意远离酗酒、吸毒和赌博等恶习，这些恶习会葬送你的前程，甚至是幸福。

一句话口才

☆ 修身养性会让你由内而外散发出迷人气质，当然，好口才也是其中之一。

第 95 天　录下谈话过程并找出不足，逐步提高销售口才

口才训练

有些销售人员，尤其是销售新手，自己业绩不佳却总抱怨客户不好、自己运气差等，其实抱怨的结果仍然是没有业绩，倒不如想办法提高自己的销售口才、谈判技巧以及专业水平，这才是解决问题的根本。

知不足才知自己该提高的地方。销售人员可购买一台录音笔或者 MP3、MP4 等带有录音功能的电子产品，电话联系客户、与客户面谈、向客户介绍产品时，可事先打开录音功能，录下与客户交谈的全过程。晚上回到家，一个人静静地坐在桌边仔细听一听，看看自己在与客户沟通时还存在哪些问题：是说话不流利还是不自信、是总抢话还是说得太少、语音语调有什么问题、客户的哪类问题答得不好、产品知识还有哪些欠缺等。

找到了自己的不足之处，销售人员就要在下一次与客户交谈时注意改正。如果是专业知识方面的不足导致产品介绍不精彩等，则需要下工夫学习提高。经过一段时间的锻炼，再听录音时，前后对比，你必然会发现自己的进步，不信就试试看！

做个有心人，销售口才的提高并不是难事！

一句话口才

☆ 从与客户的对话录音中找不足，以自己为鉴，很快你就会发现自己口才水平的提高。

第5课　拓展客户，这样说话丰富客户资源

第96天　告诉身边的人你在推销什么

口才训练

只有客户认可你、信任你，才会从你那里买东西，否则，交易是很难达成的。因此，初做销售的人。你可以从身边的亲朋好友开始，大胆地告诉他们你是做什么的、你所售产品的特点是什么、能给他们带来什么好处等。或许，你的第一单生意就产生于此。

销售员李铭：张大妈，您好，逛街去了啊？

邻居张大妈：嗯，我去超市买点东西。孩子，你这是去哪儿了？

销售员李铭：我去给5号楼的李叔叔送保单，他在我这儿买保险了。

邻居张大妈：什么保险啊，他不是有养老保险吗？

销售员李铭：这个和养老保险不一样。我在××公司做寿险销售，我们新推出一份养老保障计划，非常适合你们这个年龄段的人，您只要每天存10元钱，我们就能保证您有一个非常温馨、安逸的晚年生活。（引导想象，激发兴趣）

邻居张大妈：哦，是吗？有这么好吗？

销售员李铭：您是看着我长大的，我还能跟您说瞎话。要不，我给您详细讲讲！

邻居张大妈：好吧，咱们进屋说吧。

就这样，张大妈成了李铭的第二个客户。与自己熟悉的人谈生意，双方知根知底，彼此熟悉，也便于沟通，有什么不好呢？那么，销售人员应采用什么样的语言、话术才能让身边的熟人乐意了解你的产品、愿意与你合作呢？

（1）先熟络情感再推销，利用好双方原有的感情关系，打好“感情牌”。

（2）设身处地从身边人的实际出发，推荐适合的产品，而不是强行推销，为关系“买单”。

（3）自信地说出自己的职业、业务范围、所推销的产品，用热情感染他们。

（4）好东西要与人分享，将你能给身边人带来的利益和价值告诉他们。

常见话术示例如下：

“××（姐、哥、同学、朋友），我现在是××的销售员，如果您有××方面的问题随时找我啊，不买没关系，咱们是熟人，我非常愿意给您帮忙。”

“老兄，我现在做××业务，你们单位要是有这方面的业务，可别忘了兄弟我啊！”

一句话口才

☆ 做了销售、卖什么产品，可以先坦诚地告诉你身边的亲朋好友，说不定他们就是你的第一批客户。

第97天　陌生拜访，说对话是“必修课”

口才训练

销售人员要想拥有源源不断的客户、要想成长为销售精英，陌生拜访是必经之路。在实战中，销售人员学会和陌生客户说话是走近客户的“必修课”。

李楠是某专业培训公司的销售员，为了开发更多的新客户，他决定去“扫楼”。这一天，他来到某写字楼，从水牌上记下了几家潜在客户企业后开始了陌生拜访之旅。他先走进一家食品生产企业，跟前台说有项目想和该公司老总谈谈，前台通报后将她领到了李总的办公室。

李　总：您是哪个公司的，我们有什么可以合作的项目？

李　楠：您就是李总吧，我也姓李，叫李楠，是××培训公司的。

李　总：嗯？不是跟你说过嘛，不要放推销的进来！（脸一沉，下了逐客令）

（李楠被前台请了出去，他没有离开，而是站在原地镇定了几分钟，然后，他又推开这家公司的门，径直走进李总的办公室）

李　总：（诧异、惊奇地）怎么是你？又回来干什么？

李　楠：李总，您先别生气，我回来只是想请教您一个问题。

李　总：什么问题？

李　楠：您喜欢被拒绝一次就放弃的销售员吗？如果您的销售代表去拜访客户，遇到我刚才的情况就选择了放弃，您还会雇佣他吗？（充满自信地）

李　总：哈哈，我当然不会！你这小伙子！

李　楠：所以嘛，我又回来了！（轻松自然，略带胜利的口气）

李　总：（会意地笑了）小兄弟，你还真特别，来，跟我说说，你们公司是做什么的。

面对客户的扫地出门，李楠并没有放弃，他鼓足勇气，再次走进客户的办公室，引导客户换位思考，基本俘获了客户的心。在陌生拜访实战中，客户拒绝的情况很多，拒绝的方式甚至很无礼。那么，作为销售人员，尤其是销售新人，具体该如何应对呢？

（1）正视陌生拜访，以良好的心态对待客户的拒绝，不可一遇坎坷就打退堂鼓。

（2）不被客户的情绪所感染，及时调整心绪，别让坏情绪影响你的思路。

（3）快速想对策，以合时宜的语言巧妙化解客户的敌意与排斥。

（4）如果被其客户拒绝多次，而此客户又非常重要，则一定要坚持下去，而且最好想出一些独具匠心的方式赢得该客户的信任。

一句话口才

☆ 千锤百炼才成钢。在陌生拜访中，销售人员应想办法跨过前台秘书这一关卡，还要想着怎样应对客户的拒绝。

第 98 天　搭讪，销售的世界里不应有陌生人

口才训练

所谓搭讪，就是主动和陌生人交流。入了销售这行，搭讪就应成为销售人员开发客户必不可少的途径。因为不经意的一次搭讪，说不定陌生人就会变成你的实实在在的客户。

探亲的火车上，对面坐着的人或许正需要你的网店中卖的茶叶与大枣。

旅途中遇到的朋友，其所在公司说不定需要你公司提供的咨询服务。

出差回来的飞机上，邻座乘客或许是房地产开发公司的老总，其最新楼盘说不定正需要你公司提供的暖通设备。

与孩子同班的小朋友家里，说不定正要为自己新买的爱车上保险。

……

总之，陌生人随时都可能碰到，客户无处不在。销售人员要做的就是主动与他们搭讪，从陌生变成熟悉，由不了解到了解，逐步将其发展成为自己的客户。

当然，搭讪也是有讲究的。销售人员想搭讪成功，一定要做到以下三点。

（1）自然。找准机会，自然地接触、聊天，这是最重要的一个原则。比如飞机上看到邻座女士在看管理书籍，就可借此搭讪：“您好啊，我还是第一次在飞机上见到女士看经营管理方面的书，您是做企业的还是企业高管？”这样，不管对方的真实身份如何，都不会讨厌你的赞赏。搭讪最忌讳死乞白赖，销售人员千万别去骚扰陌生人。

（2）主动。这一点就不用多说了，销售人员要想找到客户，必须主动去搭讪。

（3）创造机会。遇到陌生人，如果没有适合的搭讪机会，销售人员还可以创造机会。比如将东西不小心掉在对方脚下、将自制宣传资料递到对方手上、帮助需要的人等。

常见话术示例如下：

“你家孩子在哪个班？……我儿子回家说起过他，哟，就是这个小家伙啊！”（遇到孩子的同校同学妈妈）

“你们这是去旅游还是出差？”（火车上与对铺旅客搭讪）

“您需要帮助吗？或者我来帮您吧！”（遇到需要帮助的陌生人伸出援手也是一种

搭讪）

一句话口才

☆ 巧妇难为无米之炊，有了客户才能开展销售活动。抓住机会，主动去搭讪你遇到的陌生人，客户或许就是他们。

第99天　销售即生活，随时随地寻找准客户

口才训练

既然选择了做销售工作，销售人员就要有意识地多去寻找准客户。不仅仅是在工作时间，生活中同样有机会发现潜在的目标客户。日本保险界的销售大师原一平在这方面可是专家。

一天，原一平到商场买东西。正在他仔细看商品的时候，听到旁边有人问售货员："这个多少钱？"

"7万日元。"售货员礼貌地答。

"好，你给我包起来，我要了。"

大多数人买东西时总会有个预算，然后货比三家，寻找在自己预算范围内的物美价廉的物品，而这位先生眼也不眨一下就买了下来。这触动了原一平的敏感神经，他决定追踪这位爽快的"不差钱先生"。而这位有钱先生继续在商场里闲逛了一会儿，他看了看手表后，打算离开。原一平看到那是一只名贵的手表。

"追上去！"原一平对自己说。然后他就看到那位先生穿过马路走进一栋办公大楼，而大楼的管理员殷勤地向他鞠躬。

"果然是个大人物！"原一平心中暗想。眼看有钱先生走进了电梯，原一平问管理员："你好，请问刚刚走进电梯的那位先生是……"

"你是什么人？"

"哦，是这样，刚才在商场我掉了东西，他好心地捡起给我，却不肯告诉我大名，我想写封信向他表示感谢，所以跟着他到这里，冒昧向您请教。"

"哦，这样啊，他是某某公司的总经理。"

"谢谢你！"原一平又增加了一位有实力的准客户。

客户无处不在，只要用心，瞅准机会，销售员就可以找到自己的准客户。将销售融入自己的生活中，细心观察，生活中也可以扩大自己的客户基础。

一句话口才

☆ 细心观察，生活中随处都有潜在客户，销售人员应养成随时随地发现准客户的习惯。

第100天　电话拜访，获取客户的捷径

口才训练

通过电话找客户是销售人员开发客户的捷径。可电话中怎么说才不会被拒绝呢，如何才能让对方对你的业务产生兴趣呢？我们先看看销售大师乔·吉拉德是怎么说的。

“喂，你是克瓦尔斯基太太吧！我是梅诺丽丝雪佛兰汽车公司的乔·吉拉德，你订购的车子已经到了，所以通知你一声。”乔·吉拉德在电话中说。（为了切入谈话他这样说）

“你打错了吧？我们并没有购买汽车啊！”对方有些疑惑地说。

“真的吗？”

“当然，因为我并没有听我先生提起过。”

“请稍等。你那里是克拉连连斯·克瓦尔斯基先生家吗？”（乔·吉拉德故意报了一个错误的名字以使谈话继续）

“不，我先生的名字叫史蒂芬。”乔·吉拉德的电话簿上也是“史蒂芬”。

“真对不起，打扰了。”但乔·吉拉德没有挂断电话，因为他的工作尚未完成，他没有等对方反应就接着说，“克瓦尔斯基太太，你家不想买新车吗？”

“这个嘛，得问我先生的意见！”（乔·吉拉德知道了谁是决策者）

“是吗？那什么时候打电话给您的先生比较方便呢？”

“他一般六点到家。”

“我知道了，到时候我再打电话过来，希望不会打扰你们吃晚饭。”

“我们通常在六点半左右吃晚饭。”听到对方如此回答后，乔·吉拉德才满意地挂断电话。

到了晚上六点，乔·吉拉德及时将电话打了过去，“喂！你是史蒂芬·克瓦尔斯基先生吗？我是梅诺丽丝雪佛兰汽车公司的乔·吉拉德，今天下午我打电话给你的太太时，她要我这个时候再打电话给你，我想请问你是否有意购买雪佛兰新车？”（交代下午与其太太的谈话情况，避免被拒，增加亲切感）

“不，目前尚无此打算。”

“那什么时候你才会想购买新车呢？”

“大概半年后就必须换新车了。”

“我知道了，届时我再跟你联络。我很冒昧地请问，你现在开的是什么牌子的汽车呢？”

……

乔·吉拉德向这位潜在客户道谢并挂断电话，然后将其名字、住址、电话号码及通过谈话了解的有关信息资料全部记载于卡片上，并在日记簿上写下下次打电话给他

的时间。

两次通话，乔·吉拉德获得了一位潜在客户的重要信息，为接下来的销售工作打开了局面。那么，通过电话进行客户开发，销售人员该怎么说呢？

（1）赢得好感。给一个陌生人打电话，还想让其成为你的客户，销售人员就应注意打电话的技巧以及说话的语气、态度等（后文详述），只有赢得其好感才有将谈话继续的可能。

（2）获取信息。别幻想第一次通话就能拿下订单，销售人员接通电话后最重要的任务是探询客户的有关需求、现状等方面的信息，而且越多越好，以便于以后继续联系和推销产品。

（3）为下次通话奠定基础。结束通话前，销售人员一定要找个理由跟客户约好下次通话的时间，这样下次再电话拜访就顺理成章了，以减少客户对电话推销的反感。

一句话口才

☆ 电话开发客户的关键是赢得谈话机会和获得客户信息。

第 101 天　请人介绍，重视第三方的力量

口才训练

销售人员与客户在初次接触时难免生疏，而且销售人员被拒绝的概率也大。如果中间有个“牵线搭桥”的人，就方便多了。

“张总，我听说××电子公司的孙总是您的老同学，您能把我介绍给他认识一下吗？”

“你小子又打什么鬼主意？”张总笑着说。

“哈哈，在您老人家这我可不敢有鬼主意。我就是想让您介绍我们认识，我不就又多了一个客户嘛，哈哈！”销售员程峰说。

“哦，可以，正好我约他这周末聚一下，到时候你跟我一起去，大家认识一下！”

就这样，程峰跟着张总参加了他们的聚会，并且不仅认识了孙总，还有张总的另一位朋友，接下来如何接近客户、如何销售就看程峰自己了。当然，有了张总这座“桥梁”，程峰与之接触起来就容易多了。

“不看僧面看佛面”，有了“第三方”的引荐，客户不好拒绝，也会放下戒备心理，这就方便了双方的顺畅沟通以及信任关系的建立。所以，销售人员想获得新客户、想提高销售成功率，请第三方介绍很有必要。

这个“第三方”可以是客户熟悉和认可的某个人，也可以是某个“对客户有一定影响力”的第三方公司或机构。另外，销售人员还可以借助公司、机构的声望、权威让潜在客户信任你，在自我介绍中突出“自己从哪里来”，如世界五百强企业、国内外

知名学府的教育背景等，都会增加客户对销售人员的信任与好感。

一句话口才

☆ 请“第三方”推荐，你会大大缩短接近客户的“路程”，大大提高销售的成功率。

第 102 天　转介绍，老客户带来了新客户

口才训练

老客户也可算为“第三方”，请他们转介绍，销售人员的客户就会像滚雪球一样，越来越多。当然，这里还要有个前提：销售人员获得客户的认可与信任，他愿意支持你。

柴田和子是日本人寿保险界的明星，客户介绍业绩高达 1547 亿日元。日本房屋销售冠军原正文氏，70% 的业绩来自客户的再购买及介绍。而平常我们也有这样的经历：自己买到了好东西，告诉朋友也去买；哪家美容机构的服务好，也想着拉朋友去体验；用某个品牌的电子产品不错，也将其介绍给朋友等。作为销售人员，请利用好人们“与人分享”的心理，用心服务好客户，让其情不自禁地给你做“免费推销员”，给你介绍客户。

除了服务好客户、让客户主动给你介绍客户以外，销售人员还要敢于主动向老客户提出请求。那么，销售人员该如何消除客户的顾虑、如何提出请求呢？

（1）先了解一下客户对自己的态度，以判断是否到了提出请求的火候。比如销售人员可以问客户：“×先生，咱们合作这么长时间了，您对我的服务还满意吗？有没有需要改进的？”

（2）引导客户为自己介绍客户。此时销售人员尽量不要直接提出“您给我介绍几位客户吧！”而应启发式地引导客户，比如“您朋友中有没有刚刚买了汽车的？”“×女士，您上次提到的那位怀孕的朋友，已经生了吧？”

（3）表明立场，消除老客户的顾虑。比如“咱们相处这么久了，我这人您也了解，您放心，我绝对不会给您惹麻烦的！”“您就放宽心吧，我绝不会随便打扰你的朋友的！”“我们的产品您也清楚，确实是好，如果您的朋友也用着好，您不是帮了他的忙了？”

（4）获得客户同意后，进一步挖掘新客户信息，以便销售。比如“请问如何联络您这位朋友比较方便呢？”“您方便告诉我他的一些情况吗，以方便我为其量身定做产品方案。”

（5）请求客户进行书面推荐、电话推荐或亲自引荐，这样更有助于签单成功。

（6）真诚致谢并随时反馈自己与新客户接触的进展情况。

常见话术示例如下：

“程姐，您前两天说有位亲戚正考虑给孩子买份保险，选到中意的了吗？”

“李哥，您能购买保险说明您了解保险所蕴涵的价值。您的朋友肯定和您一样观念先进，能够认识到保险的价值。如果您有朋友可介绍给我，我一定会像对您一样，尽心为他们服务。”

一句话口才

☆ 要想让老客户转介绍，销售人员应先消除老客户的疑虑。

第103天　选准“大人物”，建立影响力中心

口才训练

任何客户的身后都有一个圈子，销售人员经营好一位客户，由点到面，就可以获得一个圈子、一片市场。从这个角度看，每一位客户都可视为“影响力中心”。当然，如果这个客户是位重量级的“大人物”，无疑你遇到了“贵人”，他将对你的销售业绩产生巨大影响。一般情况下，“大人物”客户包括以下四类：①知名人士，如商界名流、演艺明星、体育明星、社会活动家等；②专业人士，如医生、律师、会计师、工程师、教授等；③政府人士，如公务员、事业单位领导等；④媒体人士，如报纸杂志、广播电视、互联网等媒体的主管、资深人士等。

“大人物”好找，可销售人员如何与之接近，该与他们谈些什么才能吸引他们的注意、获得他们的青睐，这才是最关键的。其实，越是成功的、社会地位高的客户，对销售人员的素质要求就越高。除了专业能力，销售人员还应在接近方式、谈话内容、说话技巧等方面下工夫，投其所好是与其面谈、交往的重要原则。那么具体该怎样做呢？

人人都喜欢能给自己带来快乐、启迪与财富的人，“大人物”也不例外。销售人员要做的就是学会在沟通中创造这三种产品之外的价值，让客户对你产生好感，那么成功签单或者为你介绍其身后的“圈子”就是水到渠成的事了。

（1）言谈中多一些幽默、轻松、热情，让客户觉得跟你交谈心情舒畅。

（2）如果对客户所在领域或其感兴趣的东西有自己的独到见解、对自己所在行业领域洞若观火，那么销售人员与客户交流时，双方自然能相互切磋、互相启迪，相谈甚欢的结果必然是相见恨晚，惺惺相惜的结果自然是他帮助你、支持你。

（3）卖东西给客户，你的言语中要让客户觉得你能给他带来利益、创造财富。

（4）在客户开发阶段，销售人员要想吸引客户注意，可从其专业领域进行请教、从其成功经历中开启谈话、从其企业发展及行业发展方面提出问题等。

在拓展客户阶段，销售员接近“大人物”时可用如下话术：

“您觉得贵公司与行业内的其他公司相比，最大的区别在哪里呢？”（可以探询到客户的公司文化、管理模式、实力规模等）

“您总是能在第一时间抓住机遇，让公司获得更大发展。您觉得这个行业面临的最大变革应该是什么呢？”（可以探询到客户企业的发展布局以及长、短期发展规划）

一句话口才

☆ 每个客户都可视为“影响力中心”，关键看销售人员怎么去挖掘。

第 104 天 广发名片，你的业绩可能就来源于此

口才训练

在一次校友会上，李磊结识了众多校友。饭桌上，大家边聊边互送名片，气氛相当热烈。节目表演环节，李磊自告奋勇上台表演节目，同时说了下面的话：

“亲爱的学长、学姐、学弟、学妹们，大家好！我是 2002 级 × × 班的李磊，目前就职于 × × 咨询公司，主要从事人力资源管理、生产现场管理等的培训课程销售。哈哈，感谢众位给我这个机会上台，下面我给大家演唱一首歌曲《朋友》！”

一曲唱罢，李磊获得了热烈的掌声。他鞠躬致谢后说：“我们从四面八方走进同一所学校上学已是缘分，如今我们又在同一座城市工作更是难得。以后，大家有什么需要小弟我帮忙的尽管找我，只要我能做到就决不推辞！再次谢谢大家！”

走下台之后，李磊在席间敬酒之际，将自己的名片送给每一位校友。两个月后，李磊就接到一个做人力资源管理的学长的电话，邀请他到公司谈谈员工培训的事。

推销的要点不是产品，而是你自己。把自己成功推销给客户，你的产品自然就有了买家。所以，请不要再躲避，随时随地拿出你的名片，让它成为你的“代言人”，你的业绩就来源于此！

世界上最伟大的推销员乔·吉拉德有一个习惯：只要碰到一个人，他马上会把名片递过去，不管是在街上还是在商店里。他认为他周围到处都遍布着做生意的机会，这也成就了他的非凡业绩。如今，销售人员虽不必像乔·吉拉德那样疯狂地遍撒名片，但一定要善于利用名片，善于抓住机会，尽量让更多的人认识自己、了解自己是做什么的。当然，名片只是敲门砖，并不代表你给了客户名片或者交换了名片，客户就已经熟悉你了。要想成功接近客户，还需要下更大的工夫！

常见话术示例如下：

“您好，我是 × × 公司的，主要做床上用品的销售，需要订货请联系我，这是我的名片！”

“小姐，这是我的名片，请帮我转交给你们张总，谢谢！”（拜访的客户不在时可将名片留下，向客户表明自己来过或在上面留言，向客户致谢以及预约下次拜访的时间）

一句话口才

☆“这是我的名片，有需要的时候找我啊！”请用名片让客户认识你！

第105天　挖掘信息，比客户更了解客户

口才训练

销售人员在拓展客户阶段，要想成功开发客户，就要事先收集有关客户的信息。如果你比客户还了解客户，那么客户自然就会主动给你销售机会。

卢斌主要负责培训课程的销售。某公司可谓是大客户，而卢斌与其人力资源总监齐总怎么也接近不了，对方一直很冷淡。还好，他与齐总的秘书小刘关系处得不错。一天，卢斌在几家网站上都看到了该公司的招聘广告，预感到机会来了，他赶紧拨通了小刘的电话。

“刘哥，最近挺忙的吧？我看咱们公司正大量招人呢！”卢斌说。

“哎，可不是嘛，老板要求今年招聘大批应届毕业生，为明年的业务扩张积累人才！最近我总加班，眼睛都红了！”小刘抱怨着。

“现在正是招聘毕业生的最佳时间，你们得忙一阵子了，可要注意身体啊！不过，招这么多没经验的毕业生，一时半会儿也没法上岗啊！”卢斌一边安慰，一边按照自己的思路提问。

“老板早想到这点了，这不，将这150位新员工的培训工作也交给了人力资源部，齐总下令让我协助培训科一起拿出培训方案！”小刘又给了卢斌一个信息。

“这可不是容易的事啊。我看这批主要是销售和管理岗位，学历要求也不同，本科、硕士、博士都有，培训起来有一定难度！难怪你总加班！”

“就是这样啊，真让我头疼！噢，你不是在培训公司做吗？你有没有好的点子啊？”听到这里，卢斌心花怒放，“好啊。你要信得过我，就给我说说具体情况或者发些资料过来，没准儿我能帮你的忙！前段时间我的客户C公司也是一次性招了100多人，新员工的培训就是我们做的，他们人力资源部反馈来的情况是这100多人都表现得不错。”

“那太好了！前几天我还跟齐总提议要不要请个专业的培训公司来做这次的新员工培训呢！如果你能给我个不错的方案，我就再去争取或者带你一起去跟齐总聊聊！”

“还是刘哥想着我，那就太感谢了！一会儿你把资料发给我，我一定不会让你失望的！”

摸清客户的底细会让销售面谈朝着好的方向发展。案例中的卢斌时刻关注着客户的信息，还不忘培养自己的“内线”。他对客户公司培训需求的把握甚至比总监秘书还清晰，加之其之前的实战经验，这个订单已经有了六成的希望。

当销售员熟悉客户就像熟悉自己的左手右手一样时，销售面谈就会变得简单而轻松，否则很难能找到有效的话题，整个交流过程也会变得枯燥乏味。那么，销售人员怎样才能挖掘到更多有价值的客户资料、做到比客户还了解客户呢？

（1）主动寻找，比如通过新闻报道、参加展会、浏览客户企业网站等掌握客户信息。

（2）侧面打听，比如培养客户内部的“帮手”，从客户身边人那里获得有关信息。

（3）道听途说，比如从竞争对手的销售员、老客户、亲友那里获取客户资料。

常见话术示例如下：

“×先生/女士，A 公司加大了原材料的采购量，不知道贵公司会不会有新的采购计划？”

“×先生，我看到您公司在 A 网站发布了招聘信息，你们这次主要招聘销售岗位是吗？大约需要多少人呢？”

一句话口才

☆ 如果销售人员能够深入挖掘客户信息，比客户还了解客户，就很容易让销售面谈变得轻松，也很容易打动客户。

第 106 天　互通有无，及时获取采购信息

口才训练

在竞争激烈的今天，谁先掌握了客户的采购信息谁就获得了销售先机。所以，销售人员除了要开拓多个信息来源渠道，还要编织自己的“线人”网络，互通有无能在第一时间准确掌握客户的采购信息。

方　登：权哥，我是方登。昨天我签了个新单子，这家客户装修完成后还要更换一些办公家具，老总姓罗。你的机会来了。这家公司有实力，抓紧啊！

小　权：小方啊，真是太谢谢了！

方　登：谢什么啊，上个月你不也给我介绍了一单嘛，咱们是互相帮扶、共同进步！

小　权：说得对。小方啊，你感觉他们是只更换一部分家具还是都换新的啊？

方　登：应该是更换一部分，昨天罗总说要将会议室和几个经理办公室的都置办成新的。

小　权：你也是销售高手了，你估摸着他们什么时候能定下来这事？

方　登：应该很快的。我昨天和罗总签合同时，看到他桌上已经摆了两家办公用品公司的产品名册了。我留意了一下，是 A 和 C 公司，所以你得抓紧时间了。

小　权：你真是我的好兄弟！那罗总这个人怎么样？有没有什么“软肋”？

方　登：罗总为人很和善，但做起事来雷厉风行。他爱好也不多，就喜欢喝酒。他的电话号码你记一下……

电话中，办公家具销售员小权从装修业务员方登处了解了客户的诸多情况，如采购数量、采购时间、竞争对手、企业实力、客户性情等关系销售成败的信息。可见，如果有个“线人”为自己提供信息是很重要的。

在实际的销售活动中，销售员经常在拜访客户时能结识一些其他行业的销售员。如果能够与之建立良好的关系，那么你就有了获取客户的另一途径，就像案例中的小权与方登。双方互通信息、互相关照，又因为都是销售员，关注点相同，获取的信息也就更全面、更直观。

另外，有了“线人”后，销售人员还应注意感情投资、建立信任。比如介绍自己的客户给他、送小礼物、随时联络问候等，以便于沟通的顺畅和合作的长久。

一句话口才

☆ 建立有效的“线人”网络，互通有无，你会准确掌握客户的很多关键性信息。

第 107 天　见微知著，把脉客户的钱袋子

口才训练

客户的钱袋子直接关系着客户能否购买你的产品。所以在接触客户初期，销售人员就应通过倾听、提问等方式了解客户的购买实力，以便于推荐适合的产品，增加成交的概率。

客户是否有购买实力并不好判断，直接询问不礼貌，会让客户感到尴尬和被轻视。那该如何掌握呢？这就需要销售人员心细如发、巧妙应对。

（1）听出客户的消费能力。有时候，客户的一句话就可能暴露其消费能力。比如“我儿子给我买过很多保健品，有的还是专门从国外带回来的。”从中可判断老太太的儿子有购买力，且非常孝顺；再比如“我老公是做传媒的，想买一部车专门用来拜访、接送客户！”从中可知其老公收入可观，要买高档车等。“听话听声，锣鼓听音。”销售人员要善于通过客户的语言来判断其消费能力。

（2）看出客户的购买水平。客户的购买力水平直接决定着其消费水平及生活品质，因此，销售人员还可从客户的吃、穿、住、用、行、游、娱等方面入手来判断其购买实力。如果你的产品是面向中高收入群体的，就多留意一些高档的消费场所或活动，如星级酒店、高级餐厅、高级娱乐场所、机场、别墅区、企业家论坛、EMBA 学习班等，从中找到潜在客户。

（3）问出客户的购买水平。如果上述两种方式都无法判断客户的购买力水平时，销售员还可通过侧面询问，如从产品的产地、品牌、规格、性能等方面出发，试探客

户，进而获取有效信息。比如“×先生/女士，这个产品我们这有三个品牌，分别是A、B、C，您想看哪一个品牌的呢?”再比如“×先生/女士，我们的样板间有简约型、豪华型和经济型，您想看哪一类型的样板间呢?”

常见话术示例如下：

“×先生/女士，您更偏向国产的还是进口的?”

“×先生/女士，您想看什么价位的车呢？哦，您别误会，我看您一直在打电话，想必很忙，所以直接问您的心理预期，以便于节省您的时间，直接给您介绍适合的车型。”

一句话口才

☆ 通过听、看、问等来了解客户的购买水平，以便于直接为其推荐适合的产品，说出客户想听的话。

第108天　独辟蹊径，找准决策的拍板人

口才训练

找到购买决策的关键人物，会让销售人员少走弯路、避免不必要的精力浪费。可是，很多客户的关键负责人要么难找、要么难以接近。销售人员应怎样获取关键人物的信息并取得与之对话的机会呢?

（1）试错法。

销售员：请问是李总吗?

客户方：不是，你找哪位李总?

销售员：采购部的李总，难道是前台转错了?

客户方：这里是财务部，采购部的分机号是612。

销售员：612，好，谢谢，我直接打给他吧!

如果你知道客户关键人物的姓氏及公司总机，就可用此方法，让前台帮你将电话转到财务、人事、行政、市场等不敏感部门，一般都能从他们那里获取要找的负责人的分机号。另外，企业的销售部人员通常都较活跃、健谈，销售人员也可打电话给他们来获取有效信息。

（2）假借身份法。

我有笔生意想与你们老总谈谈，他的分机号是多少?（假借对方的客户）

我是××网站的，有个问题还需与你们老板沟通，请告诉我他的分机号?（假借合作伙伴）

你们张总的手机号码是多少呀？我不小心把他的号码给删了！（假借朋友）

每家公司都有业务往来关系户，每个老板都有自己的三亲六故。假借客户、朋友、

亲人的名义，前台和秘书人员一般不会挡驾。用此法，销售人员要注意三点，以免让接听电话的人起疑心甚至被拆穿：①合理设计理由；②说话时语气要肯定；③事先想好可能被问到的问题并设计好应对话术与策略。

(3) 借助前台的帮助。

小姐，您好！我是××公司销售员，您能告诉我贵公司负责广告的领导的电话吗？(被拒绝后) ×小姐，您不愿意告诉我，我理解，这是你的职责所在嘛！如果我的广告策划案能够将贵公司目前的广告成本砍掉25%，我想你不会不愿意向领导推荐的，是吗？

面对前台秘书的阻挡，销售人员也可实话实说，以诚相待。或许他们会愿意为你服务。

总之，只有想不到，没有做不到。销售人员要想直接找到那个拍板的人，就要学会独辟蹊径，想方设法地达到自己的目标。

常见话术示例如下：

“请问李峰在吗？我是他一个朋友，是他让我这个时候给他打电话的！”(假借朋友)

“小姐，您的声音真好听，这口音很像是杭州人啊？我对乡音再熟悉不过了。”(赞美与攀故，赢得前台的帮助)

一句话口才

☆ 要找到关键负责人，除了独辟蹊径，更重要的还要看销售人员说话时的表现。

第109天　爱屋及乌，别忽视客户身边的人

口才训练

客户的身边有家人、朋友、同事，而这些身边人有时候也会影响他的决策。比如一个人看中了某件商品，同行者一般都会提出自己的意见，这个意见对最后的购买决策有很大的影响。

场景一：两位年轻的女孩儿走进服装店。

销售员：欢迎光临，两位美女。看你们俩有说有笑的，一起出来购物很开心吧！想看点什么呢？(服装销售员礼貌地与顾客及其同行者打招呼，对方听了眉开眼笑，说明这个开场寒暄很有效，拉近了双方间的距离)

场景二：

房产销售员：大姐，您好，这是您家孩子呀？(半蹲，与客户的孩子保持平视) 小朋友，你几岁了？上学了吗？

客　　户：孩子六岁了，马上就上小学了。

房产销售员：一看这孩子就聪明，以后上学成绩肯定错不了……您想看什么户型呢？

孩子是父母眼中的宝贝儿，房产销售员顾及客户身边的孩子，称赞他的结果是客户十分高兴，接下来的交谈也会变得顺畅。

场景三：

客　户：我还是觉得你们的复印机太贵了！再便宜点我就订两台。

销售员：张总，一分价钱一分货啊，您看看这打印效果！（展示几张打印的图形和表单）要不，您问问您的秘书，机器好不好用，她最有发言权了。

结果，秘书跟他的领导说："用过很多的复印机，他们的是操作最简单、复印效果最好的。"客户一听，立即签订了购买合同。其实，销售员在与客户的前期交往中也与其秘书建立了友谊，何况他的复印机质量也确实不错。

很多时候，客户出去购物都会有家人、朋友相伴。同一件商品，如果同伴都感觉好就有助于客户决策购买；如果有同伴提出反对意见，则很容易让客户质疑自己的判断力而放弃购买。所以，销售人员面对客户及其同伴时，不要顾此失彼，应给予同样的重视，以免因他们的不满而导致销售失败。

企业客户也是一样，关键负责人拍板之前，也会征询相关人员的意见，比如要购买物品的使用者、采购计划的提议者等。因此，销售人员在跟进客户的过程中，也要与采购的相关人士建立联系，赢得好感，关键时刻，他们会帮你的，就像场景三中的情形一样。

常见话术示例如下：

"大妈，您就别犹豫了，难得女儿的这份孝心！"

"既然是老总拍板确定，王经理，就麻烦您给总部领导汇报一下，毕竟这批产品能帮助贵公司节约成本、创造更多的经济利益，我相信您的领导也会满意您的工作。"

一句话口才

☆ 爱屋及乌，与客户身边的人建立关系，赢得好感，因为他们的一句话就可能导致你销售失败。

第110天　选准时机，预约拜访更易成功

口才训练

销售人员不要指望一通电话就能把产品销售出去，打电话的目的应定为"争取与客户面谈的机会"，这就需要先做到成功预约客户。那么，销售人员要怎样说才能更容易预约成功呢？

（1）选对时间。拜访客户的时间应以双方都合适的时间为准则。当客户的时间与

销售人员的时间发生冲突时，要尽量迁就与尊重客户的时间；如果销售人员与其他客户已有约定，就应如实地跟客户讲清楚，并改约到其他时间。

另外，销售人员应事先了解客户的作息时间以及上下班活动规律，避免在客户最忙的时候约见。如节假日刚结束，上班第一天，像星期一、长假后的第一天等，这一天往往有很多事务需要处理，无暇顾及与销售员面谈；工作日的上午 10 点之前往往是每天工作最忙的时候；也不要约在客户即将午餐的时间。

（2）选准时机。

“王先生吗？您好！我叫张芳，是××公司的业务员。我知道您是一位成功人士，我想去拜访您，向您介绍我们的……”接通电话后，销售员急着约客户面谈。

“对不起，张小姐，您过誉了，我现在很忙，对这件事不感兴趣！”说完，客户挂断了电话。张芳失去了与客户面谈的机会。

要想预约成功，销售人员说出预约目的的时机也很重要。电话接通，不要着急预约，也不要盲目预约，而是要选准时机。

首先，客户对你的产品产生兴趣时提出见面。比如客户让销售人员发资料、问价格及产品细节等情况下，销售员就可说：“电话中一两句话也说不清楚，我还是过去亲自给您演示一下我们的产品更直观，您也能更全面地了解我们的产品，您看明天上午您方便吗？”

其次，在有第三方引荐的情况下直接提出见面。比如：“张总您好，我是××公司的彭帅，A 公司的李总让我跟您联系，我打算明天下午去拜访您，您看这个时间可以吗？”

再次，提前做过铺垫，比如给客户发过邮件、寄过资料的情况下可以提出见面请求。比如：“张总，您好！我是××公司的彭帅，昨天给您发过一封标题为‘××邀请函’的邮件，您看到了吗？”如果客户的回答时肯定的，销售员就可说：“您今天下午或明天上午，哪个时间更方便，我去拜访您？”

最后，如果客户确实忙或者借故推托预约时，销售人员不要强行预约，而是为下一次的电话预约做好准备。比如：“打扰您了，对不起！您看我什么时候再给您打电话呢？”或者“您出差回来，也就是一个星期后的这个时候我再给您打电话，您看可以吗？”

一句话口才

☆ 选对时间打电话、选准时机提请求，这是预约拜访成功的两大要素。

第 111 天　拜访预约，可以这样与客户确定细节

口才训练

要想成功预约到客户并取得拜访成功，销售人员除了选对时机外，还应在电话中跟客户确定好细节，如见面的具体时间、地点、拜访事项等。确定清楚拜访细节可以

避免出错，同时还关系着客户对销售人员印象的好坏。那么，销售人员如何跟客户确定拜访细节呢？

（1）没听清的内容马上让客户重复一遍。电话沟通会受到信号、声音及口音等的影响而使通话质量欠佳，自然就会出现销售人员听不清对方话语的情况。别犹豫，如果没听清对方说什么，马上要求客户重复一遍。比如："张总，烦请您再说一遍，咱们在哪见面？"

（2）给客户一个选择题。不论是见面时间还是地点，都应以尊重客户为前提，让客户来安排。如果客户说很忙，暂时确定不了或对面谈的事模棱两可，那么销售人员就要主动些，给客户一个选择题。比如："您现在很忙，那下周二或者周三下午，您看哪天更合适呢？""您下周都排满了，那您看今天下午或者周五下午，怎么样？"这样，客户只能选择其一，销售人员也达到了目的。

（3）重要信息记录下来。好记性不如烂笔头。在给客户打预约电话之前，销售人员应准备好纸笔，以便将双方交谈的重要信息记录下来，如对方的姓名、公司名称、职务、联系方式、见面的各个细节等。

（4）最后复述一下主要内容。如果将拜访的细节记错，那你的麻烦就大了。如找错了地方、弄错了时间，不但影响你在客户心中的形象，也会白白浪费自己的时间和精力。所以，预约完毕，严谨起见，请销售人员再复述一下重点内容，得到客户的确认后再挂断电话。

常见话术示例如下：

"信号不好，我没听清，请您稍大点声，好吗？"

"您看，周四下午和周五上午，哪个时间您更方便呢？"

"好嘞，我周五下午3点准时到您办公室！"

一句话口才

☆ 细节决定成败。要想拜访成功，预约时应注意确定细节。

第6课　初次联系，开场白激发客户的兴趣

第112天　闪亮登场，用开场白抓住客户

口才训练

有人说，与客户见面后，销售人员讲的第一句话就已经决定了销售的结果。这话不是危言耸听，初次接触客户，闪亮登场的第一句话的确很重要。

销售员：您好，卢经理！

客　户：你好，你是？

销售员：我是××公司的销售员李明，昨天在电话中与您预约过，这是我的名片。(眼睛正视卢经理，语速适中、不卑不亢，双手递送名片)

客　户：(接过名片) 哦，是××公司的，你们公司我有印象，是专业的人力资源培训机构，没错吧。请坐！(示意李明坐在其办公桌对面的椅子上)

销售员：谢谢您对我们公司的肯定，我们会继续努力的。

客　户：你今天来见我，主要是什么事呢？

销售员：我知道贵公司正在招聘一批一线的销售人员，我今天特意带来了我们公司最新研发的系列销售新人培训课程，一来看看您有没有兴趣使用，二来也想听听您这位人力资源专家的意见。

客　户：好，你的课程资料在哪里？

初次拜访客户，销售员李明能影响客户的原因有三：①提前预约、按时赴约；②注重声音、形象、动作等细节，将沉稳、干练的职业形象展现在了客户面前；③关注客户的发展动态及需求，让客户感觉到他的用心，增强了客户的好感。

有了好的开场白就相当于有了一个好的开始。所以，销售人员要用心，根据事先掌握的客户资料及预约情况，针对客户类型、会见场合、拜访时间等的不同，提前设计好开场白，并在着装、举止等方面做好“包装”，力求在闪亮登场的那一刻就吸引住客户的注意力。

一句话口才

☆ 在语言、声音、表情、仪态等方面进行全面“包装”，一登场就给客户留下好印象。

第113天 寒暄式开场，用温情打动客户

口才训练

寒暄是销售人员拜访客户必不可少的开场部分。合宜的寒暄，不仅能迅速消除双方的陌生感，还能赢得客户的好感。如果你认为寒暄只是打个招呼而已，那就大错特错了。

在商务会谈中，寒暄可不是一件简单的事。寒暄语的得体与否直接影响客户的心理，从而影响面谈的结果。笔者认为，寒暄式开场，销售人员可主打“温情牌”，用温情去打动客户并为面谈做好铺垫。

（1）**问候式寒暄**。这是传统的寒暄方式，以问候语开始与客户的交谈。比如“您好，张总！”“早上好，李经理！”“最近你们的招聘工作开展的顺利吗？”等，亲切自然，让客户感受到你的关心。

（2）**借景式寒暄**。与客户见面，销售人员也可以和客户聊聊天气、办公环境、风土人情、新闻大事以及客户正做的事情等。比如“张总，今天天气可真不错啊！”“李总，今天我给您带来一个天大的好消息，您先看看这则新闻……”等。采用这种寒暄方式，能够让双方都放松下来，自然而然地进入交流状态。

（3）**攀认式寒暄**。抓住双方的共同点，并以此为契机进行开场，就是攀认式寒暄。销售人员可以“同乡”、“校友”等作为攀认的对象，以达到与客户顺利接近的目的。比如“听口音您是闽南人吧，我是福建泉州人，咱们还是老乡吧！”“听说您是××大学毕业的，今天我可是遇到亲人了，我是××大学2000届的！”寒暄中的共同点让双方很快建立认同感，戒备和陌生也就荡然无存了。

综上所述，销售人员要灵活运用上述寒暄方式，在充分考虑会谈对象、场合及时机等的前提下，选择其中最恰当、最容易赢得客户好感的方式。简单来说，就是要把握好以下三个原则：寒暄要自然切题、能与客户产生共鸣、带着热情而诚恳的态度表达。

一句话口才

☆ 寒暄要因面谈对象、时机、场合的不同而采取不同的方式，最重要的一点是要以客户最容易接受的方式表达。

第114天 借助第三方，轻松进入销售主题

口才训练

虽然有第三方介绍可以轻松进入销售主题，但是销售人员在接触、接近客户的过程中丝毫不得马虎，开场白也同样需要重视。

场景一：

电话销售员：您好，王总，我是××公司的李琳，您认识刘铮吧，是他让我跟您联系的。

客　　户：哪个刘铮，我不认识。

电话销售员：就是××公司的业务员刘铮啊。

客　　户：哦，他呀，一面之缘而已。我正忙，以后再说吧！

说完，客户挂断了电话。

场景二：

电话销售员：您好，王总，我是××公司的李琳，是××公司的业务员刘铮介绍我跟您认识的，他常跟我说起您，说您干练精明，最重要的是有人格魅力。

客　　户：是吗，他真是这么夸我的？我们仅是一面之缘啊！

电话销售员：这还有假！您给他留下了深刻印象。我们是朋友，他总说您公司做那么大，还那么年轻，而且家庭幸福……您已经成为他的偶像了。

客　　户：过奖了，过奖了！

电话销售员：王总，您在××行业也算是领军人物了，我很想向您请教一些问题，您看您明天上午方便吗？

客　　户：好啊，那你明天上午10点来我办公室吧。

同样的人物与情节，因为开场语言不同，结果就天壤之别。所以，借助第三方，虽说有这个“桥梁”牵线，双方很容易接近，开场也可直入主题。但是，如何说还是就采取一定的技巧。

（1）引入第三方，这个第三方一定是客户熟悉的或敬仰的或亲密的人，如果双方不是很熟，像案例中的情景，那么销售员就应对“第三方”进行详细介绍，同时运用赞美、请教等语言技巧消除客户的反感，激发客户对你的好感。

（2）以熟人为引子，销售人员一定要诚实，确保是经过第三方的介绍或推荐才来接触客户的。如果被揭穿是故意假借他人名号，那么销售人员失去的将是一片市场。

（3）借助第三方，开场虽具有天然优势，但销售人员自己也不能松懈，同样要重视自己的仪表、仪态、言语、表情等，不要过于随便而引起客户的不满，让介绍人难堪。

常见话术示例如下：

“刘姐，您好。我是××公司的美容顾问李好，我从您的同事赵敏那里知道了您的电话，想和您聊聊。她跟您说过吧，她一直在用我们的产品，效果非常明显。”

“王总，您好！我是××公司的王佳，您的朋友刘先生让我跟您联系，说您近期想添置几台电脑……”

一句话口才

☆ 虽说熟人好办事，但是销售人员也不能松懈，还是要重视每一环节，包括开场的直入主题。

第 115 天　利字当头，瞬间“秒杀”客户

口才训练

利字当头，就是销售人员将产品利益作为敲门砖，通过简要说明产品的利益而引起客户的注意和兴趣，从而转入面谈的开场方法。

“本厂最新设计研发的签字笔芯啊，比其他同类产品寿命长一倍，价格还便宜。”话一出口，立刻有顾客走过来。

“肖总经理，你想让公司的运营成本每年减少 10 万元吗?”这位经理马上表示出兴趣。

“王总，您好，感谢您抽出时间来和我见面啊！不过，我今天可是来给您送生意的!”听了销售员的话，客户立刻会想：“销售员都是卖东西的，还有送生意的呢？我得好好听听!”于是他自然就会将注意力转移到销售员接下来的话语中。

以上三个开场白，销售人员都是利字当头，开门见山地跟客户谈利益、谈费用、谈金钱，客户的兴趣一下子就被激发出来，说明这样的开场白很有效。

客户考虑是否购买的潜在想法是这一购买行为能否获得利益，他们看到销售人员首先会想“这个销售员能给我带来什么”。所以，销售人员就可迎合人们的这种求利心理，用利益作为开场白，在第一时间引起客户极大的兴趣。

需要说明的是，销售人员以利益作为开场白时要注意以下五个要点。

（1）使用利益作为开场白时，语言必须简洁、直中要害。

（2）产品利益必须符合实际，不可浮夸。

（3）产品利益要可以证明，能够取信于客户。

（4）引用实例更具说服力。比如“王总，您知道 × × 公司吧，他们自从与我们合作后，已经从一家小作坊变成了东北市场上重要的服装供应商了。”

（5）适当使用设问、反问的句式将客户最关心的利益引出来，效果会更好。比如“大姐，难道您不想一直保持青春吗?”

常见话术示例如下：

“您好，请问您是叶总吗？我是 × × 公司的销售员李明，我有一个生意介绍给您，每年可以降低您 10% 的人工成本，不知道您有兴趣吗?”

“梁厂长，有一套设备可以提高您 20% 的产量，您想不想了解一下?”

一句话口才

☆ 用利益作为开场白的主题，可以瞬间吸引客户的眼球。

第116天 巧用好奇心激发客户的兴趣

口才训练

好奇之心人皆有之，这是人的本能。销售人员在与客户初次联系的时候，如果能够激发出客户的好奇心，那么客户就会在好奇心的驱使下被你一步步引导到销售中来。

销售员：您好，您相信有锤子砸不碎的安全玻璃吗？

客　户：不相信，这可能吗？（眼神中充满惊奇，摇着头说）

销售员：没有什么不可能。

说完，销售员从包中拿出一把铁锤和一块15厘米见方的安全玻璃。玻璃在桌子上放好后，他当着客户的面，用锤子往桌上一敲，结果，玻璃安全无恙，客户却被吓了一跳。

客　户：天哪，太不可思议了，还有这样的玻璃！

销售员：您准备订多少货？

客　户：好，先订1吨，卖卖试试。

案例中，从开场白到缔结成交的整个过程，所花费时间不到1分钟。这就是利用好奇心进行销售的魅力所在。那么，什么样的话才能让客户在很短的时间内产生好奇心呢？

（1）利用从众心理引起客户的好奇。比如“张姐，您知道现在的时尚女性都在用什么护肤品吗？”“李总，说实在的，我真怕您跟其他人一样，看到我的产品就把我赶走！”

（2）利用人们求奇的心理、对新事物总是想先睹为快的心理吸引客户。比如“李总，您看，我给您带来了什么好东西？”

（3）用刺激性的问题吸引客户进一步交流。比如“您猜猜看，这个世界上什么最勤劳？”

（4）利用信息的不对称性吸引客户注意。比如“您认为贵公司的成本还能再降1/5吗？”

总之，利用客户的好奇心，首先要吸引客户的注意，吊足了客户的胃口之后，销售人员要及时地将其引导到销售面谈的正题上来。另外，销售人员也应事先了解一些客户的情况，如客户的经历、背景、兴趣爱好等，再结合自己所销售产品的特点进行开场方式的设计，力求达到出奇制胜的效果。千万不要弄巧成拙，出现“自以为奇，客户却不以为然”的场面。

常见话术示例如下：

“您好，肖总！您看这是什么？……贵公司上半年流失客户的备忘录，足有 100 位之多啊！”

“曹总，我刚才走进来时发现了一个很大的问题，不知道您有没有注意到……”

一句话口才

☆ 出其不意、出奇制胜，利用好奇吸引客户可以收到好的效果。同时，销售人员的语言、语气等不能太平淡，多使用反问、疑问、排比等修辞手法会增加感染力。

第 117 天　拉家常也是不错的开场白

口才训练

与客户初次联系或第一次见面，如果发现客户并不太忙，那么销售人员不妨找个恰当的话题，尝试和客户拉会儿家常，然后再转到销售上来。

拉家常，在适当的情况下也是不错的开场白。在客户繁忙的工作之余，说点家长里短，既能放松其身心，让交谈气氛轻松活跃起来，还能打开客户的话匣子，销售人员能从中获得更多的信息。那么，该跟客户说些什么、具体怎么说呢？

（1）谈天气。这是最保险的话题，通常情况下都不会引起客户反感。比如“这天阴的，一连好几天，人都快发霉了！”“好热的天啊，今年夏天格外热，您觉得呢？”

（2）谈生活计划。比如“国庆长假要到了，您准备去哪儿玩啊？”“春节马上到了，您回老家吗？”

（3）谈新闻、社会热点事件等。比如“您看昨天的新闻了吗，房价真的要降了！”“昨晚的 NBA 年终总决赛您看了吗？”

（4）聊孩子或家庭。比如“这是您女儿吧，可真漂亮啊！”“瞧您这一家三口，真幸福啊！”

（5）见机行事，以客户的活动为话题。比如客户一会儿工夫接了三个电话，销售人员就可借题发挥“您真是辛苦啊，电话一个接一个，能者多劳啊！”“您也喜欢插花啊？”

总之，以拉家常的方式开场，只要用心，销售人员很容易就能找到话题。但要想达到推进销售的目的，销售人员还应注意以下两点：①所选话题尽量积极向上且与所售产品存在某种联系，易于销售面谈的开启；②及时巧妙地将谈话转移到销售中来，别因拉家常而忘了正事。

常见话术示例如下：

“王科长，一进您的办公室，我就看见您的高尔夫球杆了，想必您是高尔夫高手了！”

“这次车展，李总您去了吗？”

一句话口才

☆ 客户也是平凡人，跟他聊聊家长里短也能为销售成功铺路。

第118天　好问题打开客户的话匣子

口才训练

经验表明，与客户见面之初，如果销售人员以产品作为开场话题，容易引起客户的反感而匆匆结束交流；如果销售人员以问题开场，问一两个客户感兴趣的问题而引发客户的谈兴大增，那么你的开场就成功了。

什么样的问题才能引起客户的兴趣、打开客户的话匣子呢？如果一见面销售人员就问“您近来工作好吗？”“您觉得我们的新产品怎么样？”等空泛而乏味的问题，得到的回应往往是客户的敷衍。如果你再不能及时找到新话题，就会出现冷场局面，情势会变得更糟。

好问题既能够让客户畅所欲言，又能够帮助销售人员挖掘到珍贵的客户信息。销售人员就要事前做好准备，并掌握提问的技巧。

（1）观点式提问，即根据自己所掌握的情况，主动向客户表达一种观点、发起一个问题。比如“最近电玩行业火得很那，您公司的业务也非常火爆，是吗？”

（2）反馈式提问，即以问题的方式重复客户的观点。比如“我昨天看××杂志上的一篇对您的采访文章，您提到企业管理的关键是人，是吗？”这样的问话足以引起客户的交谈兴趣。

（3）指向性问题，即就自己了解的某个情况进行询问，了解具体情况或引导客户进一步表明观点。比如“我听说林先生非常喜欢赛车，看来果然如此，您墙上的比赛照片是什么时候拍的？”“我听说您非常重视企业文化建设，不知道今天见面叶总能否具体讲一下？”

（4）问题式提问，即以客户当前存在的问题作为开场问题，引导客户说出真正所需。比如“贵公司的人员流动是不是很大？”“张总，您认为影响贵厂产品质量的主要因素是什么？”

一个好问题可以引来客户的注意和兴趣，让整个洽谈气氛活跃起来。当然，销售人员所提的问题，一定要是客户最关心的问题。另外，提问必须明确具体、表述清楚，不可言语模糊、令人费解。否则，很难引起客户的交谈兴趣。

常见话术示例如下：

“展销会上，有一款贵公司的新产品很受欢迎，请问现在还有货吗？”

“哦，就是说过几天您的小孩就一岁生日了，您准备送什么礼物给他呢？”

一句话口才

☆ 提出的问题要重点突出，扣人心弦，能立即抓住客户的心。

第119天　真诚的赞美，客户无法拒绝你

口才训练

在见面开场中，真诚的赞美往往让客户无法拒绝你。

房产经纪人小崔约客户张女士面谈，地点选在了一间咖啡厅。见面后，小崔发现张女士身穿灰色套装，一脸严肃，唯一的亮点就是她胸前的那枚胸针，非常别致。坐定后，小崔脱口而出："哦，张姐，您这枚胸针好精致，在哪儿买的，一定价值不菲吧？"张女士低头看着她的胸针并伸出手摸了摸，炫耀似的说："还好，不算贵，不过可是费了我一个晚上才淘到的。"其欢喜之情溢于言表。

自然，接下来的会谈很顺利，气氛也很融洽。最终，张女士与小崔签订了租房委托协议。

房产经纪人小崔的经验告诉我们：销售人员真诚的赞美有利于赢得客户的好感，能拉近彼此的距离，更能为销售活动的开展营造和谐愉快的氛围。

以赞美语开场，是利用客户的自尊和希望他人认可的心理来引起客户的兴趣，进而转入面谈的方法。当然，赞美一定要出自真心，而且要讲究技巧。

（1）初次会面，销售员只能根据自己之前掌握的客户信息及现场所见，选择适当的目标来赞美客户以及与之相关的事物，如果是个人客户，可从衣着、饰品、风度、气质、用品等方面给予赞美；而对于企业客户，除了上述赞美目标之外，企业名称、产品质量、品牌等都可成为赞美对象。比如"您好，张总，呵呵，您的办公室装修得可太气派了！"

如果客户是位知名人士，如知名教授、作家、律师、企业家等，那么开场时，销售人员不妨以崇敬的口吻赞美客户。比如"您可是业内的专家啊，能和您交流我真是三生有幸！"等。

（2）赞美式开场，销售人员一定要有诚意、分清对象并把握好分寸。如果遇到严肃型的客户，赞语应自然朴实，点到为止；如果遇到年老的客户，应多用间接、委婉的赞语。

（3）开场的赞美语不可盲目。本来初次见面，客户就会对销售人员有所防备，如果销售人员的赞美刻意夸大、虚情假意，甚至不明就里，就只会引起客户的厌恶而更加戒备。所以，销售人员不要刻意、盲目地赞美。

常见话术示例如下：

"久仰您的大名，今日终于得见！"

"这么整洁的家，一看您就是个持家高手！"

一句话口才

☆ 不要刻意、盲目地去赞美。关注客户，尤其是客户的那些细节变化，并及时赞

美它们，你就离成功不远了。

第120天　随机幽默，将谈话带入愉悦的氛围

口才训练

幽默和赞美如出一辙，也能用于面谈的开场，并能够调动沟通气氛、化解尴尬、拉近双方的距离。谈笑间，客户是不会拒绝你的。

保险销售员李峰假期去郊外游玩，住在一家名为“泰远”的宾馆。可是，天公不作美，刚办理完入住手续，外面就下起雨。“哎，今天算是泡汤了！”李峰沮丧地想。

百无聊赖的他在宾馆里到处转，不经意间走到了总经理办公室的门前。刚要离开，他灵机一动：“跟总经理聊聊保险吧，不能白来一趟！”想到这儿，他敲开了门。

“您好，‘泰远’总经理，我是李峰，××保险公司的，也是您的‘泰远’房客！”

“哈哈，欢迎！”一句话给总经理逗乐了，进而问道：“你有什么事吗？”

“向您推荐我们最新推出的个人健康保障险，这险种非常适合您这样的成功人士！”

“你看我不健康吗？还是算了，以后再说吧！”总经理拒绝了。

“哎，咱这‘泰远’宾馆‘太远’，要是‘太近’的话，多来几趟也行，可是我不能天天旅游啊……”李峰悠悠地说。

“哈哈，算你厉害，行，给我讲讲吧！”总经理笑着接受了李峰的请求。

幽默就是这样一剂良药，它可以化拒绝为允诺、化尴尬为通达。适当幽默，不但可以活跃气氛，还可以打开客户的心门。在开场中运用幽默，销售人员还应注意以下事项。

（1）在自我介绍时使用幽默，会给客户留下深刻印象。比如“您好，我是郭冰冰，和大名鼎鼎的范冰冰只差一个字哦！”

（2）自嘲也是一种幽默，适当地拿自己开涮经常会出奇制胜，赢得客户的好感。比如“您让我站在这里等了这么久，你看，我至少瘦了5斤！”“我总比昨天来的业务员帅多了吧！”

（3）使用幽默应讲分寸、合时宜，不要随便拿别人开玩笑，也不要肆无忌惮地乱开玩笑。

常见话术示例如下：

“肖经理，为了能及时赴约，我可是一路小跑赶来的。现在有些口渴，讨杯水喝可以吗？”

“您先别急着赶我走，如果我说完您听着不满意，那我就倒立着离开！”

一句话口才

☆ 销售面谈，可以用轻松的方式开启；客户的心门，可以用幽默的方式打开。

第 121 天　请教开场，在客户面前做虚心的学生

口才训练

请教，可以说是一种“潜伏”的赞美，因为不论你向客户请教何种问题，都给客户带来了一个展示自己的机会，而你在聆听客户的过程中不知不觉地也赞美了客户。所以，销售人员以请教开场，在让客户获得“为人师”的快感的同时，你也成功开启了销售之旅。

销售员：先生，您好！我是××公司的业务员彭帅。

客　户：什么事儿啊，我可从来不直接和业务员打交道。

销售员：哈哈，今天我来可不是向您推销东西的，是来向您讨教的。

客　户：向我讨教？

销售员：是啊！您是这个小城最会做生意的，我就是想向您请教如何才能将东西卖出去？

客　户：实在不敢当，只是小有心得而已……（客户兴致勃勃地讲起了他的经营之道）

销售员：听您这么一讲，我茅塞顿开，比我参加培训班还有效，太感谢您了！

客　户：不用谢。你是什么公司的来着？

销售员：××公司的，主要生产××白酒！

客　户：哦，我想起来了，头两天还在电视上看过你们的广告。今天既然你来了，那我就进点货，销销试试吧！

销售员彭帅通过向客户请教“如何卖东西”，打开了客户的话匣子，也打开了自己产品的销路。每个人都有被尊重的需要。销售人员一开始以适当的问题向客户请教，正好满足了客户被尊重、被重视的心理，那么接触成功的概率就变大了。尤其是面对那些有个性、有学识、有身份地位的专家型客户这一招特别好用。

请教也是一种赞美，自然不会引起客户的排斥。所以，销售人员可根据客户的精通之事，有意找一些自己不懂或假装不懂的问题向客户请教作为开场，把客户当老师，做个虚心的学生。你会发现，客户在解答你的问题时，总是眉飞色舞、神采飞扬。

常见话术示例如下：

“莫总，计算机方面您可是专家。这是我公司研制的新型计算机，请您指导？”

“张先生，我这新进一辆二手车，您也算是行家了，过来帮我估个价吧？”

一句话口才

☆ 以请教一些客户擅长解答的问题作为开场白，是开启销售之旅的最好的“甜言蜜语”。

第122天　提及客户当前最关心的问题

口才训练

销售人员与客户见面，开场方式没有固定模式，前文所提到的各类开场应根据客户的特点、具体场景等情况结合使用、灵活运用。但是在话语内容上，销售人员如果提及客户当前最关心的问题，无疑最能吸引客户的注意力。

销售员：贾经理，您好。我是××公司的销售员刘敏，B公司的张总让我跟您联系。

客　户：哦，他跟我说了，请坐吧。

销售员：贾经理，我听张总说，您最近正为员工培训的事情发愁呢，是什么情况啊？

客　户：说起来话长！我们从一家小企业发展到如今的规模，遇到了瓶颈，主要是人……

销售员：原来是这样啊。贾经理，您别着急。大体的情况我了解了，回去我给您做个培训方案，您看看对您有没有帮助。去年我有一个客户，跟贵公司的情况差不多，经过我们有针对性的培训课程后，有了很大的改观，今年的产值比去年翻一番。

案例中，销售员从客户当前头痛的问题入手，以一个倾听者、问题解决者的姿态面对客户。而客户正为这事头疼，帮忙的人来了，自然就敞开了心扉，也为后面的交易做了铺垫。

企业老总关心的是企业的整体发展、生产部经理关心的是如何节约成本提高产量；中年女人关心的是孩子和家庭、年轻女人关心的青春美丽；买衣服关心的是穿在身上合不合身适不适合自己、买家电产品关心的是节能环保与安全等。总之，职位不同、性别不同、年龄不同、购买产品不同等，其所关心的重点就有差别。销售人员要做的就是事先尽量多地了解客户的情况信息，掌握客户的关注点，见面提及其当前最关心的问题，对客户来说无疑最具吸引力。双方有了话题交流，你的销售工作也就正式开始了。

常见话术示例如下：

“刘总，您想不想让您目前的生产成本节约20%呢？”

“大姐，您是不是觉得这颜色不适合您啊？”

一句话口才

☆ 当你以关心者、倾听者、问题解决者的姿态面对客户，提及他当前最关心的问题时，客户自然就会敞开心扉了。

第 123 天　直接坦诚来意或许更容易被认可

口才训练

与客户初次见面，稍事问候，然后销售人员直接坦诚来意，或许更容易被客户认可。因为这样会给人一种踏实、务实的感觉，尤其是对那些工作繁忙或者性格直爽的客户而言。

销售员：曹总，您好。我是××服装公司的销售员刘敏，想向您推荐一下我们的工装。

客　户：进来坐吧！……将你们的产品图册给我看看！

听了客户的话，刘敏的心一怔："谁说这位老总难以接近啊，我这不是挺顺利的吗！"她一边想着一边麻利地从包中拿出她的工装款式图册，双手递到客户手中。而客户的嘴也没闲着，嘟囔着："终于来个干脆的！"

销售员：曹总，您说什么？

客　户：别提了。最近我们公司的确打算定做一批工装，就约了几家公司的业务员。结果，他们来了说东说西就不说正事，我把他们都轰走了。谁有时间跟他们闲扯！

销售员：可以理解，您这样的成功人士都很忙，时间就是金钱，不能浪费！

案例中销售员的这种开门见山式的开场为自己赢得了机会。其实，见面后直截了当地向客户说明自己的来意，是对客户工作时间的珍惜，体现的是销售人员的职业素养。有时候，过多的语言铺垫反而会使人生厌，影响沟通效果。

与客户的初次接触，尤其是销售新人，最害怕的可能就是与客户见面的第一句话了。其实，你不妨忘掉所有的沟通技巧，采用最简单、最直接的方式，真诚地道一声"您好"，然后简明地介绍自己的姓名、公司、来意，或许也能收到意想不到的效果。

当然，销售人员使用这种开场方式也要注意以下三点。

（1）最好事先掌握客户的性格特点、工作时间等，对那些直爽、不喜欢拐弯抹角、务实、惜时的客户以及工作繁忙的客户，此方式是最佳选择，也是对客户最好的尊重。

（2）虽说是直接坦诚来意，但销售人员还是要事先充分准备，所说话语既要让客户明白你的来意，又不能显得唐突、没诚意。

（3）因为是会面之初的开场之言，目的是吸引客户的注意。所以，即使时间再有限，销售人员也不要急于鼓动客户购买产品，更不要出现"买"字，如"你就买了吧"。

常见话术示例如下：

"早上好，请问是陈主任吗？我是 B 医疗器械公司的骆静，今天给您去电的目的是……”

“您好，×总，我是××公司的客户经理××，感谢您能给我这个面谈机会。今天来是特意向您推荐我们的××（产品名）的，您看……”

一句话口才

☆ 简明地介绍自己的姓名、公司、来意，这种最直接、最简单的开场也会给客户留下不一样的印象。

第124天　直呼客户的“姓名+职位”效果会更好

口才训练

前文曾提到过，记住客户的名字很重要。而在第一次电话联系、初次拜访中，如果销售员能够直呼出客户的“姓名+职位”，那么效果会怎么样呢?

场景一：

销售员：您好，请问您是采购部的庄重庄主任吗?

客　户：是啊，你有什么事?（有些吃惊，也很纳闷）

销售员：我可找到您了。我是××肉鸡公司的，很想与咱这合作，就是一直没联系到您!

客　户：哦，进来坐吧!

场景二：

销售员：您好，请给我转牛经理!

前　台：请问你找哪个牛经理，我们这有两个牛经理呢?

销售员：我找牛大成，负责市场的牛经理!

客　户：好，请稍等。

名字的魅力就是这样奇妙！两个场景中，销售人员都在开场就提到要找的人的姓名与职位，没费任何周折就达到了自己的目的。可见，事先了解客户的姓名、职位等信息有多重要，它们能在一开场就帮你顺利过关。

做个有心的销售人员，在去见客户之前就打听好对方的名字、职务等，最好再通过网络、新闻报道、朋友等途径收集更多资料，它们会成为你的助手。如果你将报纸报道、网上相关文章下载一份，一并带去见客户，客户会因为你的用心而增加对你的感激与信任，从而对你产生好感，而这份好感正是销售成功所不可缺少的。

常见话术示例如下：

“您好，我找市场部经理王薇，请问她在吗?”

“您好，我是××网站的张芳，请帮我转到人力资源部经理××，我有问题要请教他。”

一句话口才

☆ 开场语言中，直呼客户的姓名与职位，在提高开场效果的同时还可以让你少费周折达到目的。

第125天 创意开场，让客户永远记住你

口才训练

万事开头难，其实也并不难，还有很多开场方式可以用，就看销售人员是否用心去想、去做，或者根据客户的具体特点去设计。一个有创意的开场白，会给客户留下深刻的印象。

（1）以赠送礼品开场。俗话说，有“礼”走遍天下，销售人员可事先准备一些与自己所售产品有关联的小礼品用于开场，如纪念品、小饰品、笔等。礼物走在先，顺便提起你想进行的交易，被拒绝的概率就会降低。

（2）以市场调查的方式开场。比如“您好，请问您是王女士吗?”（获肯定回答后）“我们是××公司，打扰您了，我想占用您3分钟的时间做一个调查，可以吗?”

（3）讲故事开场。事先准备一个有吸引力的、与自己所推销的产品有某种关联的故事或笑话作为开场，也可收到不错的效果。当然，这个故事的选择非常重要，一定要与你的推销工作有关联，或者能够直接引导客户去考虑是否购买你的产品。

（4）以与众不同的产品展示开场。销售人员还可根据自己产品的某一特点，设计一个标新立异的展示方式作为开场，吸睛效果一定不会差。比如当众将一瓶香水摔在地上满屋飘香、让客户自己拿锤子砸安全玻璃等。

（5）以具有震撼力的话语开场，吸引客户有兴趣继续听下去。比如“我给您送来一部机器，让您一年内多赚500万元!”“您知道您一生中吃多少顿饭吗?”

总之，开场的方式有很多，关键看能否吸引客户、能否有益于你的销售。与客户见面的前2分钟、电话销售的前30秒，这开场白怎么说、说什么很关键，这是销售人员给客户的第一印象的再次定格。想要一鸣惊人，想要给客户留下深刻的印象，那就要多了解客户、多了解自己的产品，做好充分的准备，用心去设计一个有创意的开场白。

一句话口才

做好充分的准备，用心去设计一个有创意的开场白，这样给客户留下深刻的印象。

第7课　客户拒绝，会说话更容易赢得机会

第126天　从容应对前台秘书的盘问

口才训练

企业中的前台或秘书人员的职责之一就是“过滤电话”，以免上司被打扰。所以，接到电话他们难免会盘问一番，并想办法将推销电话拒之门外，而销售人员要找到企业的关键负责人就不得不面对他们。那么，销售人员该如何应对前台秘书的盘问呢？

销 售 员：“我是王伟，请问你们赵总在吗？”（直呼客户的姓氏，表明双方很熟）

前台小姐：“我们赵总认识您吗？”（出于职业的本能，前台小姐一般都会这样问）

销 售 员：“请告诉他，我是××重工的王伟。他在吗？”（避开问题，换个问题追问）

前台小姐：“他在，请问您找他有什么事？”

销 售 员：“当然有事，而且只能和你们赵总谈，你把电话转过去吧！”（坚定的语气给人以紧迫感，让前台觉得这个电话需要马上转接）

前台小姐：“请稍等。”

客　　户：“您好，哪位？”

销 售 员：“赵总，您好，我是××单位的王伟。上次听××工程公司的李总说您这里需要10台挖掘机，我想带一些资料去拜访您，您下周二有空还是下周三有空呢？”

客　　户：“嗯，我想一想……那下周二上午9点，你过来吧！”（因为客户确实有需要）

就这样，销售员王伟巧妙地攻克了前台小姐的盘问，顺利地获得了拜访赵总的机会。其成功的原因在于：应对前台小姐的盘问时从容不迫、对答如流，让其听了没有任何怀疑地转接了电话。现实中，销售人员面对他们的盘问该如何做到从容应对、达成所愿呢？

（1）事先收集客户信息，越多越全越好，这样在面对盘问时就可说出有关对方公司的一些情况，减轻他们的戒备。像“请问你们赵总在吗”比“请问你们总经理在吗”更具说服力。

（2）避开“带刺”的问题。面对盘问，销售员要进行分辨，有些问题则不必回答。比如案例中的王伟并没有回答“我们赵总认识您吗？”的问题，而是追问“请问他在吗？”

（3）语气坚定、不容置疑，前台秘书会被你的这种气势“吓”到，只好为你转接

电话。千万不可说话吞吐、支吾，否则就是被挂断电话的后果。

常见话术示例如下：

“我是××，请问你们×（负责人姓氏）总在吗？”

“请告诉他，我是××单位的××。”

“我当然有事，但只能和×（负责人姓氏）总亲自谈，你把电话转过去吧。”

一句话口才

☆ 要想从容应对前台秘书的盘问，销售人员首先要做好客户信息的收集工作，然后还要明白自己该说什么、用什么语气说以及怎么说。

第 127 天　抬高姿态，有效突破前台的防线

口才训练

要想与企业的相关负责人说上话、见上面，销售人员又不知道其具体的联系方式，与前台或秘书人员接触就无法避免。如何突破他们的防线，达到自己的目的呢？在适当的时机抬高姿态是个好办法。

前　台：“您好，这里是××集团，请问有什么事情可以帮您？”

销售员：“你好，我是张强，请问刘总在吗？”

前　台：“他现在很忙，没时间接电话。”

销售员：“我找刘总有点儿急事，麻烦帮我转接一下。”

前　台：“他现在没时间接电话。”

销售员：“我昨天已经和他约好今天这个时候我们通电话的，麻烦您通知他一下，好吗？”

前　台：“要不你先跟我说说，待会儿我再传达给他。”

销售员：“跟您说当然可以，但您能做主吗？您能代表刘总吗？要不您把姓名告诉我，如果刘总再打电话过来，我就跟他说我已经向您汇报过了。”

前　台：“那好吧！我帮你转……”

在前台秘书的潜意识里，推销电话就该被“过滤掉”。所以，接到销售人员的电话，他们总喜欢刨根问底，甚至搬出很多理由阻拦销售人员。对于这样的“拦路虎”，销售人员的一贯礼貌一般无法达到目标，这时就可抬高姿态，给对方造成一定的压力，让他们感觉到这个电话很重要，不转接电话自己难以承担可能给企业造成的损失。比如本案例，其成功就在于以下两点。

（1）抓住了“害怕承担更大责任”这一人性的弱点，将“不放行”可能造成的后果推到前台身上，迫使其转接了电话。

（2）毋庸置疑的口气让前台觉得销售员的话是真的，自己没有理由不给转接这个

电话。

不过，这种抬高姿态“威胁”对方来“闯关”的方式，如果使用不当会彻底失去与潜在客户沟通的机会。因此，销售人员必须谨慎使用，把握好自己的语气、对方的反应等，以适度为原则，切不可弄巧成拙。

常见话术示例如下：

“您知不知道，您的这种态度会让贵公司损失很多客户。好吧，既然您不愿转电话，我也不勉强，不过，等会儿你们老总打电话过来时，我将把您的情况如实反映一下。”

“如果你们老总打电话给我，我就跟他说我已经向您汇报过了。”

一句话口才

☆ 适时抬高姿态，强调“责任”，再进行适当“威胁”，往往可以闯关成功。

第128天　假借身份，成功迈过秘书关

口才训练

秘书、助理对于老板来说，是比较熟悉情况的心腹，什么电话该转、什么电话不该转，他们心里最清楚。销售人员不用点技巧的话很难从他们那里蒙混过关。假借身份、迂回过关就是不错的应对技巧之一。

（1）假借生意伙伴。

销售员：你好，请给我转牛总好吗？

秘　书：您是哪位？

销售员：您就跟他说，“××公司李总问他，为什么答应发给我们的货，拖了这么久还没到！不行的话，我们就考虑和其他公司合作了！”

秘　书：好，我马上转过去，你们细谈。

销售人员以生意合作伙伴的身份“闯关”，往往不需要与秘书进行太多的交谈就可达到目的。另外，假借客户的客户也能达到同样的效果，比如“我这有个赚钱机会，你们老板肯定感兴趣，请给我转孙总经理！”

（2）假借亲朋好友。

销售员：牛牛在吗？

秘　书：牛牛？哪个牛牛？

销售员：哦，就是你们总经理牛志国啊！我有事找他，昨天不小心把他的联系方式给删了。请给我转过去吧！（称呼对方小名表明双方很亲密，或者是很熟悉的关系）

秘　书：好的，您稍等。

假借客户的亲密朋友或亲戚，销售人员要注意：讲话的语调要自然、随意，要让接电话者真的感觉到你跟他的上司之间有私交、你找他有私事，切不可露马脚。

（3）假借银行、政府部门等机构

销售员：你好，我是××银行信贷科老刘，请转你们总经理，他托我办的事有眉目了。

销售员：我是××单位，请给我转一下你们李总。是这样，我们今天晚上在某某会所有个聚会，本来说好了一起去的，他的名片我一时想不起放在哪里啦！

需要说明的是：销售人员在假借身份“通关”的时候，说话的语气一定要自信、轻松、自然，如果你的声音哆哆嗦嗦、语无伦次一定会让对方产生怀疑，那么计划就失败了；事先想好对方可能会问到的问题并多准备几种应答方案，以免被对方戳穿而永远失去这个客户。

常见话术示例如下：

“请问赵总的电话是多少？我们昨天刚在一起喝了酒，今天我没带他的名片。”（假借朋友）

“我马上要上飞机，你赶快转一下你们×总，还有一件事得确认一下。”（假借合作伙伴）

一句话口才

☆ 如果你不想一开口就被秘书拒绝，就开动脑筋，想一下什么身份的人不会被秘书拒绝，想象一下你就是他们，然后马上行动。

第 129 天　绕道而行，轻松敲开客户的门

口才训练

如果销售人员被前台、秘书拒绝多次，甚至对方已经记住你的声音了，怎么办？绕道而行，将电话打给客户公司其他部门，这也是应对拒绝的一个好办法。

一位销售人员拨打了客户公司的总机。

销售员：你好，我有一些业务要咨询，麻烦你帮我转一下销售部。

前　台：请稍等！

销售部：你好，××公司销售部。

销售员：你好，是黄总吗？

销售部：不是，你打错了！

销售员：哎呀，不好意思，怎么打到你们这来了！我想找一下你们黄总，请问他的分机是多少？

销售部：618。

销售员：噢，对，是618，非常感谢！

销售部：不用客气。

客户公司的某些部门，如技术部、财务部等，对外联系较少，不像前台那样敏感，销售人员绕道这里，往往很容易成功。此外，像销售部、人事部这些对外有一定联系的部门也容易找到突破口，如案例中的情况，再比如销售人员可以应聘者的身份先让前台将电话转到人事部，然后再从人事部获取相关信息，找到自己要找的人。

绕道其他部门，销售人员除了要掌握客户公司总机等基本信息之外，还一定要善于应变。具体做法包括以下三种。

（1）语气一定要自然、坚定，语言也要顺畅，杜绝一丝一毫的紧张。

（2）接错电话的理由要充分，可以是总机转错了、自己忘记了、自己拨错了等。

（3）别忘了利用这次“错误”顺便了解其他信息，比如销售人员打电话给财务部：“您好！我是××电脑公司的××，听说你们的电脑经常出问题，我们想去看看可不可以帮到您。电脑经常出现什么问题呢？”在与财务部的人交谈结束后，情况也了解得差不多了，然后再问：“这件事我想与你们的相关部门谈谈，您建议我与谁谈会比较好呢？”此时，大部分人都会坦诚相告的。

一句话口才

☆ 绕道与外界较少联系的其他职能部门或者以联系业务的名义，将销售部作为突破口，销售人员也能取得闯关的成功，说不定还会有意外收获。

第130天　适当沉默，用气势过难关

口才训练

在销售过程中，有很多人会遇到这样的问题：你越是有礼貌、越是主动去交流，得到的回应越是冷淡。究其原因，一是对方的逆反心理在作怪，二是销售人员说的、做的都不是客户喜欢的。其实，有时候“无声胜有声，”适当保持沉默也能助你一臂之力。

前　台：你好！这里是××公司，请问有什么可以帮到您？

销售员：你们老总在吧？（语气坚定地）

前　台：我们老总这会儿正忙，你有什么事可以先给我讲，我稍后转告他。

销售员：这事你能做主？你给我转过去。

前　台：您是哪位？老总现在真的很忙，恐怕不行。

销售员：（沉默一会儿后）你是新来的吧？赶紧把电话转给张总！（语气加重）

前　台：那请您稍等，我马上转接过去。

适度的沉默，不仅能够迫使对方让步，还能最大限度地掩饰自己的底牌，营造出一种让人畏惧的气场。就像案例中的销售员，他的沉默避免了前台的继续追问，再以

强烈的语气反问前台，让前台的心里小小畏惧了一下：“一定是有身份的人，不能得罪！”于是，销售员顺利地过了这一关。

沉默就是力量。在销售过程的某些时候，销售人员完全可以适当保持沉默，用沉默所营造的气势震慑住对方，进而让销售局面发生逆转。当然，什么时候该沉默、什么时候该发声，销售员还需经过一定的历练，才能做到心中有数、临阵不慌。

一句话口才

☆ 任凭你口吐莲花，对方还是无动于衷，不要再坚持说服他（她）了，适度沉默，用气势震住对方，说不定难题就迎刃而解了。

第 131 天　以情感人，变阻碍为销售的桥梁

口才训练

销售人员如果将客户企业的前台、秘书仅仅当作销售道路上的“拦路虎”那就错了。其实，他们完全可以成为你的助手，成为你的销售桥梁。

前　台：您好，××公司，请问有什么事吗？

销售员：您好，麻烦您给转采购部的张总，谢谢！

前　台：请问您怎么称呼？

销售员：我是××公司市场部的彭帅，你贵姓？

前　台：我姓彭！张总不在！

销售员：你也姓彭呀，可碰着一家人了！你的声音真好听，都说声如其人，看来你是位大美女无疑了！（攀认缘故、真心赞美，赢得了客户的好感）

前　台：哈哈！你有什么事？（语气缓和下来）

销售员：彭小姐，我知道这是你的职责，也理解你的心情。不过，你完全不用担心，我要和你们张总谈的业务，只会给你们公司带来好处，而且我保证他不会批评你。（表达同理心＋真诚解释）

前　台：可是我们张总现在确实不在。他出差了，你周五的这个时候再打过来吧，到时候我给你转电话。（前台答应帮忙）

销售员：好的，太谢谢了，大美女！

前　台：再见！

案例中，面对前台的拦挡，销售员彭帅温柔以对，成功地获取了前台“帮忙转接电话”的承诺，其成功经验有以下两点。

（1）攀认缘故关系。销售员利用“同姓彭”攀认“一家人”，拉近了双方的距离。所以，销售人员在与前台、秘书人员通话时，可通过询问、倾听、先致电其他部门等方式掌握前台人员的姓名、籍贯等信息，然后攀认缘故关系，如同乡、同姓等，从而

消除陌生感，并让对话进行下去。

（2）真诚地赞美赢好感。一句“你的声音真好听，都说声如其人，看来你是位大美女无疑了！”让前台的心里乐开了花，自然也就心情愉快、放松警惕。有了良好的沟通氛围，就为获得其帮助奠定了基础。当然，销售人员的赞美语言要适当，要发自内心，尤其是第一次接触的前台或秘书人员。

除了上述两点，销售人员要想让前台、秘书乐于为你服务，还有以下两个办法。

首先，恳请前台、秘书人员帮助自己。人们往往乐于帮助别人，从中还可体现自己的重要性。所以，销售人员不妨直截了当地请求前台、秘书人员帮忙，只要你态度够诚恳，他们通常都会同意的。

其次，持之以恒打动前台的心。凡事只要坚持不懈，最后总能取得成功。销售人员可以多打几次电话，用诚意打动前台、秘书人员，让他们被你的执著、坚忍所折服。这样，拒绝就会变成乐于为你服务。

总之，“挡驾”是前台、秘书的职责之一，可“挡驾”也间接地帮助你扫清了竞争对手。所以，销售人员不要怨恨他们，而应用你的真诚、执著、智慧去俘获他们的心，他们自然愿意帮助你。

常见话术示例如下：

“你好，我是××公司的方勇，有件事需要得到您的帮助，我先谢谢您！”（进而提出请求）

“您好，您还是给我接过去吧，要不我还得再打一次，多浪费你的时间啊。再说，我给你们老总带来的可是商业机会，他肯定会感兴趣的！”（多次打电话仍遭拒绝后可这样说）

一句话口才

☆ 以情感人，温柔地应对前台、秘书的“挡驾”，征服了他们的心，他们自然会主动帮助你。

第132天　不给客户说“不需要”的机会

口才训练

电话一接通，销售人员刚介绍自己或提及产品，客户就说“不需要”、“没计划”等，然后就挂断了电话，留下销售人员在电话的这一端伤心。那么，销售人员如何才能“封住”客户的嘴，不让他说“不需要”，“没计划”呢？

（1）聊天式开场，不直接进入主题。各种因素导致大多数客户对主动上门的推销心存戒备，也就容易排斥、拒绝。销售人员可先从开场白上下工夫，如以聊天的方式开场，或赞美、或拉家常、或请教，打开客户的话匣子，客户的陌生感就减弱了，双方距离拉近后再切入销售主题，客户就不会轻易说“不需要”了，说不定他自己还会主动聊起你的产品呢。（具体如何操作详见第6课）

（2）先试用，不提卖。如果可以，销售人员可带些试用品、样品等并让客户试用，绝不当场提让客户购买的事。而客户真的试用了，如果他觉得好，自然会主动找你商谈购买事宜。

销售员：请问您会购买高档护肤品吗？

客　户：不经常买，偶尔会买。

销售员：我这有一套新上市的××品牌护肤品，给您完全免费使用，可以吗？

客　户：可以呀！

销售员：美女，如果您用着好，请您将其介绍给您周围的女性朋友，可以吗？

客　户：当然可以！

销售员：如果她们喜欢的话，您能帮助我把公司的电话告诉她们吗？

客　户：可以啊！

半个月后，销售员估计试用装快用完了，就打电话给这位客户，该客户果然购买了4套。很显然，另外几套是帮朋友订的。

（3）提问有技巧。电话接通后，销售人员不要一上来就问“请问您对保险有兴趣吗？”“您需要电脑吗？”“请问您公司现在有旅游计划吗？”等这类可以直接回答“是”或“否”的判断题，也会减少客户说“不”的概率。如上述对话，销售人员一连串的问题都是引导客户说“是”而没有机会说“不”。另外，如果让客户回答选择“A”还是“B”的选择题，那么情况也会不一样。比如，“您要加一个鸡蛋还是两个鸡蛋”比如，“您加不加鸡蛋？”更容易让客户选择“加一个”。

常见话术示例如下：

“您家这小狗毛色真好，洁白无比，您一定每天都给它洗澡吧？”（营造亲和轻松的环境）

“先生（女士），你喜欢玫瑰香味的还是薄荷香味的呢？”

一句话口才

☆“买卖不成话不到，话语一到卖三俏。”不给客户说“不需要”的机会，你的交易机会才能增加。

第133天　开诚布公，简明扼要说明来意

口才训练

千方百计闯过前台、秘书这一关之后，销售人员仍将面临被拒绝。因为真正的客户一听是推销电话，本能的反应就是拒绝。他们常会问“你有什么事啊？”“你怎么知

道我的电话?”等。面对这样的问话，销售人员怎样应对才不至于被对方挂电话或请出门外呢?

销售员：您好，张总。我是××俱乐部的客服员彭帅。

客　户：你好！你有什么事吗?

销售员：我昨天给您发过一封邮件，是想邀请您参加××慈善晚宴，就在本周六的晚上8点，地点是A酒店。

客　户：我想你可能是打错电话了，我没有收到过你的邮件，也没参加过你那个俱乐部。

销售员：您不是A公司的张斌先生吗?您的电话是××××××对吗?

客　户：这倒是没错，可你是怎么知道我的姓名和电话号码的呢?

销售员：打扰您，实在抱歉！您还记得上个月在国展举办的珠宝展吗?我们在展会上见过面，还交换了名片。

客　户：时间太长了，没什么印象了。你刚才说这周末举办什么晚宴?

销售员：是××慈善晚宴，主要是为××募集善款。这个活动是由我们俱乐部组织的，邀请的都是企业老总、社会知名人士，到时候肯定是星光熠熠，也是宣传企业的一个机会。我很希望能邀请您参加这个酒会，张总。

客　户：请你把详细资料再给我发一次，就发到名片上的地址。

销售员：好的。请您稍后查阅邮件。我明天上午再跟您联系，好吗?

客　户：好的，那就这样吧！

案例中，客户由排斥到态度缓和再到感兴趣，全部归功于销售员的应对得当：坦诚相告，一项项地解开客户的疑虑，避免客户的反感。其实，初次接触，客户出于安全考虑，往往不愿意与销售人员有过多的交流。销售人员要做的就是：开诚布公，坦率说明来意，诚恳解释疑问。这不仅可以消除客户的陌生感，还能缩小双方的距离，为进一步的接触营造氛围。

常见话术示例如下：

客　户：你有什么事?（应对策略：直接介绍公司、自己及来访目的等，不欺骗客户）

销售员：徐总，我是××旅行社，专做企业年会、团队旅游。正好到年底了，贵公司是不是也有这方面的计划，我想跟您聊聊。

客　户：你怎么会有我的电话?（应对策略：诚恳解释信息来源，消除对方疑惑，确保对方信息的安全、不外泄，若是第三方介绍自然也应向客户交代明白）

销售员：是C公司的张总让我跟您联系，听他讲，您现在正想更换设备，我公司正好新研发一套污水处理设备，不知道能不能和您谈一谈?

客　户：你打错电话了吧?（应对策略：不要说“对不起”后马上挂电话，可再次核实信息或表明来意，试探其是否有需求；也可将错就错，直接问对方是否有兴趣）

销售员：是吗，不好意思打扰您了，不知道您对销售新人培训有兴趣吗？

一句话口才

☆ 坦诚的人，客户也会喜欢。简单、直接地说明来意也能有效地应对客户的拒绝。

第134天　主动出击，别等客户自己上门

口才训练

商场如同战场，销售人员面对着越来越强大的敌人、客户和竞争对手。如果自己不主动出击，而是等着客户上门，那么最终结果就是被对手踢出局。

客　户：你先将产品资料和报价单发到我邮箱，等我闲下来再好好研究。

销售员：好的，我稍后就发给您。不过，许经理，这一次介绍给您的是我们公司的新产品，有两个独特功能最好还是现场演示一下，您看，明天还是后天您方便？

客　户：这个不好说，我看完资料，有时间就给你打电话。

（两天后，销售员主动给客户打电话）

销售员：许经理，您好。我是彭帅，发给您的厨具资料邮件，不知道您看了没有？

客　户：哎呀，最近实在太忙了，还没仔细看你的资料呢。不过我已经让秘书保存了。

销售员：哦，没关系，您工作那么忙，能理解。再说资料很抽象，还不如现场演示直观，或许比您看资料还节省时间呢！明天您有时间吗，我想拜访您！

客　户：嗯……那你明天上午10点半来找我吧！

销售员：好的，我明天10点半准到。谢谢许经理，明天见！

案例中，客户要求将产品资料发过来，销售员满口答应并不失时机地提出见面进行产品演示的请求，为进一步接触做好铺垫。两天之后，销售员主动出击，询问客户是否阅读了产品资料，得到否定答案后，以产品展示更直观和节约客户时间为由，终于获得了面谈机会。

事实上，客户要求“留下资料”、“将产品资料发过来”、“稍后会主动联系”等，很多时候只不过是一种敷衍、一种拒绝方式。如果销售人员真的等客户主动打电话，无异于守株待兔，最终只会是一场空。与其被动等待，不如主动出击。具体来说，销售人员应做到以下两点。

（1）主动电话追踪。虽然将资料给了客户，但客户很可能不看或忘记看，更不大可能主动联系销售人员，何况每天都有很多销售人员打来电话或亲自拜访。因此，销售人员要适时、主动再次打电话跟踪、跟进。

（2）主动提出产品展示。通过一份资料，客户很难对产品产生兴趣。销售人员应主动要求进行产品演示、说明，既可达到面谈的目的，也能让客户更深入地了解产品，

销售成功率更高。

常见话术示例如下：

“梅经理，我们的产品最好进行现场演示才能直观感受其功能特别之处，所以我想亲自过去为您演示，不知道明天和后天，您哪天更方便？”

“好的，没问题，这些资料一定会对您有帮助的，我今天下午正好到您公司附近办事，可以把资料直接带到您办公室，您看几点方便？”

一句话口才

☆ 守株待兔的结果就是被饿死，主动出击的成单率远胜过被动等待。所以，销售人员一定要主动出击才会有更多机会。

第 135 天　客户没时间，辨清缘由再行动

口才训练

在接触客户的过程中，你有没有遇到过这样的情况：你发觉自己的产品对客户真的很有价值，你很激动，迫不及待地要将产品介绍给客户。可拨通了客户的电话之后，对方的一句“我没有时间”让你从头凉到脚。

其实，客户说没有时间，80% 可能都是在推脱。销售人员要想办法辨别出客户“没时间”的真正缘由，弄清楚对方的态度后再决定该如何行动。

销售员：孙总经理，您好！我是 × ×公司的销售员，是做企业培训的，您什么时候方便，我去拜访您？

孙　总：我没时间，以后再说吧！

销售员：那您看您什么时间方便呢？

孙　总：那就不好说了，我最近都很忙的！（从客户的反应来看，很明显他是在推脱）

销售员：我理解，我也老是时间不够用。洛克菲勒曾说过，每个月花一天时间好好盘算，要比整整 30 天都工作来得重要！我们只要花 15 分钟的时间，而这 15 分钟对您来说绝对会有价值！麻烦您定个时间！我下周一和周二都会在贵公司附近，所以可以在星期一上午或者星期二下午来拜访您一下！

案例中，客户以没时间拒绝，显然只是个托词，不一定真的没时间。销售人员的成功之处在于：向客户表达同理心，拉近彼此的距离；告诉客户会给他带来巨大价值以激发客户的兴趣；约定只占用客户 15 分钟，暗示客户即使很忙，总可以挤出 15 分钟；给了客户两个时间选择，让客户感觉方便、灵活。

当然，还有另一种情况，客户真的很忙，这时销售人员就要长话短说。

销售员：您好，我今天把方案带过来了，咱们一起探讨一下吧？

客　户：对不起，我们马上要开会，没时间。

销售员：您看这样行吗？我下午1点再过来，咱们再谈，好吗？

客　户：好的。不好意思，还得让你再跑一次！

所以，当客户以“没时间”、“我马上要开会”、“我现在真的很忙”等理由推脱时，销售人员首先要判断对方所言之真伪。如果客户是真忙，销售人员应向对方表达理解，并与客户约定下次见面或通话时间、地点；如果客户事实上并不忙，销售人员就要想办法为自己争取机会，就如案例中的销售员那样。

常见话术示例如下：

“看您工作这么繁忙，真不好意思打扰您。请您给我3分钟时间，时间一到，如果您不感兴趣，我马上就走。”

“管理这么大一个公司，忙是肯定的，所以我就先给您打个电话，跟您确认一下具体面谈的时间。请问您明天有空，还是后天有空？我去拜访您。”

一句话口才

☆ 销售人员在听到客户说“没时间”的时候，先辨别客户的真正缘由，再决定下一步应对策略。

第136天　客户没需求，我们给他创造需求

口才训练

电视剧《地下交通站》中有一个情节是这样的：美国飞行员罗伯特驾驶飞机出事，跳伞后降落至“鼎香楼饭馆”，从来没吃过驴肉的他尽管很饿却不愿吃酱驴肉。在众人的劝说下，他答应尝一尝，结果一尝就喜欢上了，之后每顿饭都要求吃酱驴肉。

同样的道理，很多时候客户说没有需求，只是他们对销售人员的产品或服务不了解，没有尝试过，自然会拒绝；还可能是已经习惯了用同类其他产品，不打算换新产品。此时，销售人员就要给客户以“启发”，引导他们发现自己的潜在需求或者为其创造新的需求。

小　赵：张先生，您好，我是××保险公司的，给您介绍一种保险，很适合您。

客　户：我不需要买保险，我已经有社会保险了。

从客户的答案中可以看出，张先生不了解社会保险和商业保险的区别，认为有了社会保险就不需要商业保险了。那么，销售员小赵接下来该怎样说呢？

小　赵：的确，现在基本上所有人都有社会保险，不过那只是一种保障，而我们的保险产品是“保障+收益”的，也可以说是另一种形式的储蓄，并且利息比银行高。况且，在人人都有社保的情况下，您有双重保障不是更好吗？

客　户：嗯……（开始犹豫）你进来坐吧，说一说你们的险种。

销售员小赵委婉地指出社会保险和商业保险的区别，并从购买与否这两方面出发，阐述了其中的优势与不足，让客户对商业保险有了想了解的兴趣。

客户说“不需要”时，未必是真的没需求；客户现在没有需求不代表以后也没有、也不代表其身边的人没有。因此，在这种情况下，销售人员应先了解客户目前的使用状况和需求，找准客户的兴趣点，帮助客户重新认识自己的潜在需求，同时也能让谈话继续下去。

（1）询问客户当前的使用状况，引导客户说出当前所使用产品的不足。比如“您目前用的是什么护肤品？”“您目前与哪家供应商合作？”

（2）询问客户的选择标准，比如“张总，贵公司在这个领域也算是首屈一指了，您选择供应商和产品时，最看重什么呢？”“您平时用的护肤品中，保湿和美白的，您常用哪一种？”

（3）了解客户与供应商的合作情况，比如“您觉得我们和您现在的供应商相比，哪些方面还需要改进呢？”

（4）用激将法“激”出客户的需求，比如“我相信像您这样的成功人士，对家人也是负责任的，一定会给他们更好的生活、更全的保障的！”

常见话术示例如下：

“李总，虽然您现在有固定的供应商，可法无定法，您还是可以了解一下其他厂家的产品情况，这样对您的选择不是更有利吗，您说呢？”

“既然您以后可能有需要，不如趁这个机会了解一下我的产品，以便为您将来的选择提供参考，您说好不好？”

一句话口才

☆ 客户说“不需要”，不等于真的没有需求。销售人员应引导客户发现现状的不足，激发其潜在需求，让面谈继续下去。

第137天　客户要拖延，请他给一个期限

口才训练

“你将资料放在这吧，我有时间看看，如果有需要我会给你打电话的！”

“今年的计划已经没有了，明年再说吧！”

在接触客户初期，销售人员常会得到客户这样向后拖延的委婉拒绝，如果你真等着客户主动联系你或按照客户说的时间再联系他，可能黄瓜菜都凉了，早被竞争对手占了先。此种情况下，销售人员要学会“给客户一个期限”的说话技巧，使自己变被动为主动。

（1）主动与客户约定下一次电话拜访时间。听到客户说“以后再联系吧”、“我看

看再说”等，销售人员不要马上挂电话，而应主动与客户约一下再次联系的时间，为后续的交流做好铺垫。

客　户：你把资料放下吧，我看看再跟你联系！

销售员：张总，您日理万机，还是我联系你吧！（赞美客户的同时给自己找了一个再次联系的理由）您看我三天后的这个时间给您打电话，可以吗？（约定时间）

客　户：好的。

（2）约客户在最近的时间点再次联系。

客　户：我明天出差，这周都没有时间，以后再说吧！

销售员：那您看今天下午3点我过去拜访您可以吗？我也只需要您3分钟的时间介绍一下我们的这个活动！（明天以后都没时间，那就约在今天）

客　户：那好吧，不过只有3分钟的时间啊！

（3）找个理由尽快与客户再次接触或见面。

客　户：我们今年都没有计划了，明年再说吧！

销售员：好，我理解。不过我想明天下午去拜访您，给您带些资料，您先了解一下，也好在您做明年计划时多一个选择、一多份参考，您说呢？

总之，若客户拖延，销售人员就给他设一个期限或者指定一个时间点，目的当然是化解客户的拒绝，成功获得再次接触的机会。千万不可听任客户的拖延之词，自己主动出击才是销售成功的王道。

常见话术示例如下：

“您平时那么忙，哪会记得这样的小事，还是我联系你吧！您看周四或周五，您哪天方便？”

“咱们做事赶早不赶晚，您看我明天下午就给您送样品，顺带给您现场演示一下，怎么样？”

一句话口才

☆ 客户拖延，销售人员给他一个期限，这不仅化解了客户的拒绝，也给自己创造了再次接触的机会。

第138天　要么给客户挣钱，要么帮客户多省钱

口才训练

有交易就离不开钱，买东西就要花钱，所以常会听到客户说“报价太高了”、“我可不用那么贵的东西”、“这可比某品牌的贵多了”等。如果销售人员的话语里能给客户“挣钱”或“省钱”，让客户知道交易让自己或“开源”或“节流”，那么被拒绝的

概率就会降低。

销售员：您好，我可以进来吗？

客　户：你是做什么的？

销售员：我是F公司的销售员彭帅，想给您介绍一套企业内部管理软件……

客　户：（挥挥手）不需要，没必要花那么多钱弄个软件来管人。就这百十号人，各部门都有主管，不会出乱子的。

销售员：（自信地微笑）听您这话我真是太高兴了！

客　户：你有什么可高兴的呀？

销售员：因为您还没使用办公软件来管理公司，我就有机会了呗。哈哈，其实，我今天带这个软件来就是来给您省钱的！

客　户：（面露惊奇）给我省钱？怎么个省法，你说说！

销售员：安装这个软件可以说是一劳永逸。通过它可以节约您的人工成本，剔除掉不必要的部门和人员，还能提高工作效率、沟通速度等，您说不是省钱是什么？

客　户：有道理，不过真有这么神吗？

销售员：当然了，我给您一边演示一边讲解，之后您就明白了！……

一句“我今天……是来给您省钱的。”立刻引起了客户的好奇与兴趣，销售员也顺利地进入到产品介绍与体验环节。其实，在销售中，客户提出价格、费用等问题是在所难免的，关键要看销售人员如何应对。

（1）找到客户的利益点，结合产品的特性，将话题转移到客户关注的利益点上，如价廉物美、服务优良等；也可让客户得到额外的利益，如提高生产效率、节约成本等。

（2）引入促销手段，比如打×折、折上折、买一送一等。

（3）将价格细分或整体成本细化，让客户觉得单位成本并不高，而自己获得的实惠却是实实在在的。

（4）让客户感觉你确实是给他解决了问题、化解了疑虑。

常见话术示例如下：

“保险的支出与您家人的健康比起来，显然是微不足道的，您说呢？”（结合客户的利益点）

“如果您现在下单，给您打7折，同时我们包邮！”（促销手段）

“一口锅240元，是比那口贵，可这是精铸硒铁锅，您能用个五六年，平摊到每一天，才不到1分钱啊！您说您是赚了还是赔了？”（成本细分法）

一句话口才

☆ 成为一名帮助客户赚钱或者能给客户省钱的销售员，能不受客户的欢迎吗？

第 139 天　嫌货才是买货人，重视有抱怨的客户

口才训练

“嫌货才是买货人”是一句台湾俚语，意思是说，嫌弃货品的人才是真正对你的产品感兴趣、有意愿购买的人。如果销售人员遇到对你的产品挑三拣四、指指点点的客户，请不要生气，而是要高兴才对，因为真正的客户来了。

“这草莓都快烂了，还要卖十块钱一斤啊?”顾客仔细看着手里的几个草莓。

“老哥，我这草莓算不错的了，不然您去别家比较比较。”水果摊主老林胸有成竹地说。

顾客又说：“八块一斤吧，不然我就不买了。”

老林微笑地回应道：“老哥，我卖您八块一斤，对刚才这位买草莓的大姐如何交代呢?”

“可是，你的草莓也不见得好。”

“这草莓就是个头小点儿，可甜了。如果再大点的话就要卖十二块钱一斤了！不信，您尝尝。您觉得好吃再买……没关系，您尝一个吧!”老林笑着解释道。

不论客人的态度如何，老林始终面带亲切的微笑。虽然这位顾客嫌这嫌那，可最后还是以十元一斤的价格买了两斤草莓。

有时候，客户之所以“嫌弃”你的产品，其实是在意它，说明他对你的产品产生了兴趣；或者是已经有了购买打算，却想在价格、交易条件等方面寻求优惠而提出异议，并不是真的嫌弃。相反，那些对你的产品只说“不错，不错”的客户往往只是走马观花的看客，他们对你的产品没有兴趣或者不需要，自然也不会把精力浪费在品评你的产品上。

销售人员要时时刻刻有这种心理准备：对客户的抱怨不轻视，更不能心存芥蒂。面对抱怨要冷静思考客户的真实意图，并诚恳地去化解其疑虑，不怕人嫌，不怕比较。

推销的过程就是不断解决客户提出异议的过程。嫌货才是买货人，销售人员应重视客户的抱怨而不要将其视做拒绝。每天我们都应积极乐观地问自己：“今天客户抱怨了没有?”

常见话术示例如下：

“您放心，这款产品比市场上的同类产品节能30%，安全性高出 1 000 倍，您完全不必有这个担心。”（对产品挑剔时）

“薄利多销是我们店的一贯宗旨，您是老顾客了也一定有所了解，我们的产品真的是最低价了!”（对价格挑剔时）

一句话口才

☆ 重视客户的抱怨，耐心诚恳地化解这些抱怨，因为他们才是真正的识货者、

购买者。

第140天　追根究底，弄清客户的疑虑是什么

口才训练

在销售过程中，有时候销售人员对产品介绍得已经很全面了，可就是不能让客户信任，客户迟迟不愿意下单，还说“再考虑考虑”、“我再去转转，没合适的再回来”。作为销售员，此时不能轻易放弃，而应该旁敲侧击，弄清楚客户真正担心的是什么。

销售员：刘总，您好！我是B公司的销售员彭帅，前几天和您见过面的！

刘　总：有印象！今天什么事啊？

彭　帅：就是上次跟您说过的人力资源管理论坛的事，离报名截止日期还有3天，我给您预留几个名额呢？

刘　总：这个会啊，先不着急定，我再考虑考虑。

彭　帅：刘总，是我上次介绍得不太清楚呢，还是您有其他安排？您还顾虑什么呢？

刘　总：哎，主要是现在这种会议太多，有协会组织的、有俱乐部组织的，还有像贵公司这样的单位组织的，真不知该选哪一个，都说自己的好！

彭　帅：原来您顾虑的是这个，我理解。我正想跟您说论坛的日程安排呢。鉴于您在业内的威望，我们还想邀请您主持一个分会场的讨论呢！您看您什么时候方便，我过去再跟您详谈！

刘　总：那明天下午三点吧。

听到客户说“再考虑考虑”时，彭帅没有止步，而是进一步追问客户的真实想法，并针对客户的疑虑提出面谈沟通的请求，为自己赢得了机会。

任何客户都不愿意花钱打水漂，掏钱买东西自然也要三思而后行。从这个角度出发，也就能够理解客户为什么要“考虑考虑”了。作为销售人员，要对客户的这种犹豫和谨慎表示理解，然后再想办法了解客户内心的真实想法，并为其解忧，以挽留住客户。要想多拿单，销售人员就一定要有追根究底的勇气和决心，一定要探个究竟。

常见话术示例如下：

“您的意思是说……这就是您还在考虑的原因，对吗？”

“先生，您说要再考虑考虑。我觉得肯定是我表现的不够好，您能告诉我具体原因吗，以便于我改进工作？”

“张总，原来您是担心设备的安全性及运输的问题啊，这个我完全理解。是这样的……”

一句话口才

☆ 寻根究底，将客户拒绝的原因弄清楚，然后再对症下药，给自己赢得销售机会。

第 141 天　为客户着想，重建客户对推销的好感

口才训练

或者是亲身所历、或者是道听途说、或者是看到一些报道、或者是对推销电话不胜其扰等，有些人对主动上门的推销存在误解或偏见，因而采取极端排斥的方式对待。有时候，销售人员的第一句话还没讲完就被客户喝止："没看到门上的提示吗？谢绝推销""你们啊，都是骗子""又是个做推销的，你们还有完没完"等。此种情况下，销售员该如何应对呢？

（1）幽默语言消怨愤。

客　户：哦，卖保险的呀，多数都是骗子，是我最讨厌的一类人。（态度恶劣）

销售员：大姐，您真是坦诚之人。幸好我不是骗子，要不也得被您放到讨厌的名单上。

客　户：谁知道呢，反正客户没买的时候你们笑脸相迎，理赔的时候又不见人！（态度缓和）

案例中，销售员的一句借题发挥的玩笑话，缓和了客户的态度，并说出了产生偏见的原因。所以，销售人员不妨用幽默来化解客户的怨愤，减轻客户的戒备心理。

（2）专业表现赢信心。

客　户：又是推销的，你是卖什么啊？（语气中带着轻蔑）

销售员：我是世界 500 强企业之一的 × × 公司的销售员。您说的没错，我确实是个推销员，但是我最重要的工作并不是销售产品，而是为您省钱，今天我给您打电话就是想向您推荐一套让您省钱的软件……

客　户：什么软件啊？……（口气缓和）

案例中，销售人员的态度不卑不亢，对推销人员进行重新定义，加之给客户带来利益，转变了客户的态度。所以，在与客户交流的过程中，销售人员要将自己专业的形象、专业的知识、负责的态度等展现给客户，让客户转变观念，增强购买信心。

（3）用心对客争信任。销售人员应理解客户，并通过陈述和提问去引导客户说出其中原因，然后针对具体情况去排解误解与偏见，发掘他们的问题与需求。用心对待客户，自然会获得他们的信任。

客　户：做销售的没有好东西，都是奸诈之人！

销售员：哈哈，我理解，在销售队伍里确实有这种人，但并不是所有人都这样，

您要是给我一个机会，我一定不会让您失望的。

客　户：我看呀，都差不多！难道就我倒霉，都让我碰上了！（看来客户有多次经历）

销售员：呵呵，李姐，这次您遇到我，就放心吧，只有高兴不会倒霉！我给您带来的是健康。您平时也关注自身健康，对吗？

客　户：是啊，工作压力那么大，天天紧绷着神经，真有些吃不消了！

销售员：咱们都是女性，我也有同感。身体是革命的本钱，像您这样的成功白领，身体更是第一位的！今天，我给你推荐一款专门保障白领女士健康的医疗保险。

客　户：都能保哪些疾病呢？

总之，遇到对推销有偏见的客户，主动放弃、快速闪人绝不是上策，针锋相对、与之争辩更是下策。销售人员应该知道，客户之所以有这样的言行，并不一定是针对销售人员个人。而你要做的就是从客户的角度出发，理解客户、问明原因，通过专业的表现来扭转客户的看法与态度，赢得客户的信任。当然，销售人员还可运用幽默、赞美等先化解客户的抱怨情绪，然后将注意力转移到产品上。

常见话术示例如下：

“您说的没错，我确实是个销售员，不过这只是我的职位名称而已，我真正的工作是给您带来健康的。”

“哈哈，看来您接待了不少销售员呀！您看我和他们一样吗？声音还算洪亮，说话不像苍蝇嗡嗡吧？”

一句话口才

☆ 销售人员的专业形象、专业知识、负责的态度，再配合以幽默风趣，是化解客户怨愤与误解的灵丹妙药，是重建好感与信任的阶梯。

第 142 天　顺藤摸瓜，找到决策的关键人

口才训练

“托了许多朋友，费了很多周折，才得到那位部门主管的电话，后来又好不容易才约见到他，又是请吃饭又是送礼物，而他的态度一直很模糊。为了做成这单生意，我已经将产品价格降到了最低，可到了最后他却告诉我，这么大的订单，必须由总经理直接决定……”

“我一直都卖力地和那位先生交谈，因为看他一直追问这件产品的各方面细节，表现得对产品十分有兴趣，可没想到，他的老婆只用一句话就让我一切的努力都白费了……”

以上是两位销售员的“不幸”经历。他们花了很大工夫与客户沟通，可因为另外一个人的决定，让他们的努力化为乌有！可这能怪谁呢！要怪只能怪他们自己，谁让

他们没有找对人！

在开发客户阶段，销售人员最好要找到关键决策人。如果当时没找到或没有判断清楚，也要在联络人身上下工夫，顺藤摸瓜，找到关键的拍板者，以免自己白费力气。

（1）当客户直接告诉你“这件事我不负责”时。有时，你找的人直接表明自己没有购买决策权，这可能有两种情况：决策者确实另有其人，这个人只负责接洽联络或是购买方案的提出者；他本人就有决策权，为了避免纠缠而撒谎。此时，销售人员就可以这样追问：

“没关系。不过咱们交往了这么久，我知道您也是率性之人，您能不能帮帮我，告诉我这事到底谁拍板？(或者：您能帮我引荐一下这件事的具体负责人吗?)”

“您刚刚说这批产品的采购由一个采购小组集体决议，我想您这么有能力，一定是这个小组的成员，您能否为我介绍一下其他几位呢?”

“您说由总公司拍板？那您能否帮我介绍一下总公司采购这一块的负责人呢?”

（2）当客户说“我知道了，等等再说吧。”时。有些客户并不明确表态，他们不会直接告诉销售人员自己到底是不是决策人，也不给予明确回答，总是说：“我们还需要认真研究一下，到时候有了结果再通知你……”“我还没想好要定多少！”等诸如此类的话。此种情况下，销售员就可这样应对：

“那以您掌握的情况来看，我们应该对这笔交易做怎样的准备呢?”

“我下次拜访时把合同拿过来，您先过目?”

“您还犹豫什么呢？不就是您一句话的事儿吗?”

面对态度模糊的客户，销售人员要耐心追问，从其话语中判断他们是否是真的决策人。如果不是，再按照“（1）”中的方式继续追问。

一句话口才

☆ 销售人员只有在接洽的人身上做文章，顺藤摸瓜，找出决策的关键人，才不会做无用功。

第 8 课　真诚地赞美，瞬间感动客户的诀窍

第 143 天　坦然欣赏客户，赞美对方的闪光点

口才训练

赞美对销售工作的重要性是毋庸置疑的，它是销售人员与客户之间关系的润滑剂，应该贯穿于销售过程的始终，适时出现在每一个恰当的环节。这就要求销售人员练就一双发现“美”的眼睛，将赞美变成一种习惯，由衷地去赞美客户。

（1）摒弃偏见，学会欣赏。现实中很多销售人员对“赞美”有一种偏见，认为赞美是虚伪、是阿谀奉承，因而不乐意去赞美客户；还有的根本看不到对方的优点，因而不知道赞美什么；更有甚者，本来发现了对方的优点，却不愿意坦然面对，更别提赞美了。

其实，赞美是一件于人于己都有利的事，尤其是在销售中。赞美客户，既能让对方欣喜，又能使客户对你产生好感；既是对客户的一种鼓励与认可，更是对自己的一种激励与鞭策，为什么不去做呢？销售人员应摒弃对赞美的偏见，用你的慧眼去发现、去欣赏客户的可赞之处！

（2）要有容人的雅量。其实，能够欣赏并由衷地赞美别人，也是一个人心胸豁达的表现，而有些人却见不得别人好。嫉妒是魔鬼。作为销售人员，一定要有容人的雅量，更要有接纳、欣赏别人的胸襟，这样才能以平和的心态接受别人的美并发自内心地去赞美。

（3）善于发现客户的“美”。要想赞美到位，销售人员还要善于发现客户的美，发现优点及异于他人之处。任何人都有优点与不足，客户也一样。销售人员不能求全责备，也不能吹毛求疵，而应该用一双善于发现的眼睛，及时看到客户身上的闪光点并发出赞叹，说不定，赞美的效果会立刻显现。比如客户态度冷漠，你看到他桌上的全家福，脱口而出“×总，这是一家子在三亚玩的时候照的吧，其乐融融的样子，看着真让人羡慕！”或许客户马上就来了兴致，跟你聊起了他一家人的那一次旅游。这样，双方的关系就拉近了，气氛也热烈了。

总之，赞美对销售工作确实有用，所以不管你喜不喜欢、习不习惯，试着先改变自己，坦然地接受客户、欣赏客户并赞美客户。只要赞美得当，就会收到良好的效果。

一句话口才

☆ 用心去看，你总会发现客户好的一面以及可赞的闪光点，并坦然欣赏并由衷地去赞美。

第 144 天 真心实意地赞美，而不是拍马屁

口才训练

赞美不是拍马屁，虽然二者有共同之处：为博得别人的好感而口头颂扬。然而，二者是有本质区别的：前者必须源于真诚，必须是真心实意的表达；后者则是以牺牲自己的人格与尊严，说些不符合现实的话语，可谓曲意逢迎、谄媚奉承。

场景一：

汽车展厅内，一位 20 多岁的小伙子走进来，直奔某款车。汽车销售员忙走过去，点头哈腰地说：“先生，您想看看这款车？”“是啊！”客户不冷不热。

“您真是好眼力，也有财力！这种豪华车，像我们这种白丁只有看的份儿啊！”销售员一连串的奉承话说出口。

“什么眼力、财力的，只要有梦想、肯拼搏，谁都能买到它。”客户一脸的严肃。

“是是是，一看您就是有为青年，挣大钱的主儿，也就这车才配得上你！”销售员三句话不离“赞美”。

“你是卖车的还是夸人的！”客户说完，转身离开。走了几步又转回身，冲着销售员喊道：“哥们，我也是个销售员，你今天给我上了一课，咱不带这么夸人的啊！”

场景二：

销售员：王总，您好，我是 × 公司的卢芳。很高兴认识您！

客　户：你好，你找我有什么事吗？

销售员：咱公司生产的家具远近闻名，听说质量非常好，我特地来您这儿看看。

客　户：过奖、过奖了！

销售员：王总，您真了不起呀，白手起家将公司发展到这样的规模，而且还成了全省十佳企业……（一边看家具，一边称赞王总）我觉得您公司还有很大的发展空间，不知您有没有考虑过将产品打到全国啊？

客　户：自然是想过，但还没考虑成熟，也没有找到合适的合作伙伴。

销售员：我想像王总这么有魄力的人，不可能只安于现状嘛！那您选择合作伙伴的标准是什么呢？

客　户：唔……（笑了笑）我的标准很简单，4 点……

在销售中，真诚地赞美客户会赢得他们的喜爱，而一味地溜须拍马则会让人厌烦。上述两个场景对比，哪个好、哪个不好一目了然。真心赞美与拍马屁不可同日而语。

销售人员要想运用好赞美，就要将赞美和拍马屁区别开来。赞美是发自内心地对对方的某种优点的肯定，而拍马屁则是虚伪地吹捧。拍马屁是不得人心的，拍不好还会为此付出代价。所以，作为销售人员，要不卑不亢、实事求是、真诚地去赞美客户，不要卑躬屈膝、丧失人格地去阿谀奉承。

一句话口才

☆ 真诚的赞美没有人会拒绝，而拍马屁式的赞扬则会让人反感。请不要让赞美变质。

第145天　赞美要言之有物，而不是泛泛而言

口才训练

虽然人人都渴望被关注、被赞美，然而，如果赞美不当，那么被赞美之人同样会失落，自然赞美也起不到其应有的作用。

“哦，你真帅啊！”（“帅”在哪里呢，听者听后肯定是先喜后失落）

“您这办公室可真漂亮！”（“漂亮”在何处？听者一定会有这样的疑问）

“您这高大魁梧的身材，配上这身西装，再加上这精干的发型，别提有多帅了！”（“帅”在整体，身材高大魁梧，西装和发型都和其身材相得益彰，听者听后心里肯定美滋滋的）

“您这办公室装修得简洁而有品位，从这就可以看出，您一定是一个做事干练的人！”（夸到了实处，起到了效果）

赞美是说给人听的，需要具体、明确、直击心灵，这才能起到赞美的真正作用。否则，赞美就是无的放矢，说不定还会引人不悦。我想，没有一个销售员希望自己的赞美毫无实效吧！那就多关注客户、多关注细节，选择具体的赞美点去表达自己的赞美之情。

（1）赞美客户的外在打扮（如穿着、饰品、眼镜、鞋子等）以及头发、体态、皮肤、眼睛、眉毛等，甚至是客户说过的话也可作为赞美的依据。

（2）赞美客户的内在特质，如性格、品质、才华、气质、价值观、学历、经验、修养、特长、做过的事情等。这是最保险的赞美点，因为人有美丑之分、能力有高低之别，而人的心灵与这些没有必然联系。

（3）赞美与客户相关的事物，如籍贯、工作单位、前途、朋友、熟人、用的物品、养的宠物、下属等。

总之，销售人员赞美客户，要让对方获得“自己非常美好”的感觉。一般来说，你的赞美越具体，说明你对客户的了解越深，客户越能真切感受到你的真诚；你的赞美越言之有物，越能博得客户的好感，双方间的心理距离也会越来越近。当然，如果你在赞美客户时能够举出实例，或者适当引用权威人士或机构的观点等，就会让赞美更加饱满、可信，客户也就更高兴。比如“您看，我可是贵公司品牌的忠实粉丝啊，一直用咱们公司的手机，这个已经是第三部了，质量确实好！”

常见话术示例如下：

“您这个手袋是限量版的吧，怎么从没见过，它非常显气质！”（外在饰物）

“听说您公司马上要大规模招聘，是吗？您这位伯乐又要开始挑选千里马喽！”（工作能力）

“您这么年轻就是科长，前途不可限量啊！”（与客户的关联事物）

一句话口才

☆ 赞美要具体，要言之有物，不可太宽泛，这样才能让客户感觉“自己非常美好”。

第 146 天　赞美要恰到好处，合乎客户的心

口才训练

赞美要合乎客户的心，合乎客观的情况，不是随便的美言相送，也不是赞美语的胡乱堆砌。赞美要恰到好处，要符合客户的心意，否则就可能变成“恶语”。

（1）赞美语言要适度。凡事过犹则不及，赞美客户也如此。过度的赞美只会让客户避之不及。比如在短时间内重复赞美客户的某一个方面；比如各种美丽辞藻的简单堆砌；再比如严重脱离现实的赞美，“最”、“第一”等挂在嘴边，言语肉麻。这样的赞美，结果只有一个：客户反感你、远离你。赞美要适度，否则对你的销售有百害而无一益。

（2）赞美要合乎客户。

太平天国起义时，曾国藩恰巧在家守丧，很多人想动员他办团练。曾国藩虽有“欲扶大厦之将倾”的大志，做事却谨小慎微，因怕坏了自身名节而迟迟不做决定。而见多识广的陈敷，通过阅读曾国藩的诗作等了解了其真实的内心，谨小慎微只是曾国藩的外表，其实他内心一直渴望建立奇功伟业。于是，陈敷在游说曾国藩时，对其大加称赞，说曾国藩既有文人雅士之风，又具威严武士之气。说得曾国藩双眼放亮、内心欢喜。最终，曾国藩把原本素不相识的陈敷引为知己，并戴孝出山，大办团练，给中国的近代史添上了浓重的一笔。

的确，一个合乎客户心意的赞美会让客户欢欣鼓舞；反之，则可能令其“怒发冲冠”。所以，销售员在赞美客户之前，应对客户有深度了解，尤其是要弄清楚客户不希望提及的事物，如忌讳、伤心事等。另外，尽量少赞美或不赞美对客户来说比较私密的东西。把赞美说到客户的心坎儿上，而不是触碰到客户的痛处。

（3）赞美语气要适度。赞美客户实际上是对客户表示欣赏、肯定和羡慕的过程，因此销售人员的语气应诚恳并让客户感知到这种诚恳。切不可用缺乏热情、漫不经心的语气去赞美客户，也不能用过于热情、让人一听就假惺惺的语气，这会让客户感觉到你只是虚情假意，赞还不如不赞。

（4）赞美要合乎时宜。要在对的时间说对的话，赞美也要合乎时宜，这样才能让

赞美取得最佳效果。在整个销售过程中，销售人员与客户的关系由远及近、由疏变亲。因此，销售人员在赞美客户时也应有所区别。比如，初次见面，赞美是破冰、预热的语言工具，不可太随意；而在销售的后期，双方熟络得跟朋友似的，自然赞美的对象就可多点开花、面面俱到。

总之，为了不枉费口舌，销售人员在赞美客户时一定要在语言、语气上迎合客户的心理、切中客户的期望。为此，销售人员应事先做好准备工作：①广泛收集有关客户经历、性格、爱好、禁忌等方面的信息；②在与客户会谈中注意察言观色，如果客户态度冷落，那么就应及时转换话题，以免说出“恶语”引起客户的反感。

一句话口才

☆ 赞美要跟着客户的心意走，合乎客户的心，但不是曲意逢迎。

第147天　随时随机可赞美，但贵在自然

口才训练

前文说过，赞美要贯穿于销售过程的始终。意思就是：销售人员应随时送上赞美，只要合乎时宜、自然真诚，就不多余。那么，何时才是最适合表达赞美的时机呢？

（1）客户有得意之事时要送上赞美。销售大师乔·吉拉德曾有这样一个教训：一位客户在即将签单时非常自豪地说起了他刚刚考入名校的儿子，而乔·吉拉德当时全部心思都在想着客户快签单了，只是心不在焉地敷衍了几句，结果这位客户转身离开了，销售失败。所以，当发现客户有引以为傲、非常在意的事情时，比如看到客户办公室或家中摆设的重要物品、听到客户兴奋地谈起某人某事，销售人员一定要适时地美言几句，让客户开心的同时也打开了话匣子。

（2）及时指出客户的变化也是一种赞美。客户和我们一样，也希望被关注、被重视。所以，销售人员在接触客户的过程中，要细心观察，发现客户的变化及时指出来，并用恰当的语言赞美一二，客户的心理就会获得极大满足，也会对你另眼相看，因为他知道你是在意他的。比如客户新换了办公室，销售人员就可说“张总，鸟枪换炮了啊，领导有方啊!”（适合男性销售员对男性客户）再比如客户换了新发型，销售人员就可以说“李姐，剪头发了，这个发型更显您精明、干练了!”

（3）根据客户的心境变化来表达。客户也有喜怒哀乐，因此销售人员应瞅准客户的心境，根据客户的情绪变化来表达你的赞美。当客户兴奋时，说些锦上添花的话，不说扫兴的话；当客户哀伤时，要先表达同理心，然后再赞美，切不可在伤口上撒盐。察言观色后再赞美才不会让赞美的效果打折。

（4）接过客户的话题，顺势赞美。

销售员：听口音，您不是本地人吧？

客　户：嗯，我老家在××！

销售员：在××啊，去年我们公司还组织去那旅游了三天，山清水秀、景美人美，当时我和同事都不想回来了！

赞美无处不在，顺着客户的话题来赞美也是不错的选择，既不显刻意讨好，又能让客户开心，还让赞美有的放矢。

另外，客套、含蓄是中国人的传统。当客户听到销售人员的夸赞后，大多都会客套一番，比如“过奖、过奖了”“你真会说话，我哪有那么好”等。此时，销售人员如果把这“谦虚”当真，那你前面的赞美就白费了。事实上，客户表面谦虚，内心或许期待销售人员再次赞美自己呢！因此，当客户谦虚时，销售人员要有下文，要戴“稳”你给客户的“高帽子”。

（5）赞许的目光也是赞美。有时候，赞许的目光胜过千言万语。销售人员在和客户交流、赞美客户的过程中，应与客户保持适当的目光接触，一来表明你重视他，二来显示你的真诚。如果你跟客户说一堆好听的话，可你的目光却游离不定、毫无诚意，那么这些被客户看在眼里，你的赞美还有效果吗？你的赞美只会被客户认为是虚伪的、你是在敷衍他！目光中多一点诚恳与赞赏，让客户对赞美深信不疑，销售人员的赞美才能达到最佳效果。

做个有心人，随时随地都能找到客户的可赞之处。让客户沉浸在赞美之中，这样你的销售也就变得容易多了。

常见话术示例如下：

“这是您和××大师的合影吧？您真是太了不起了，能和他合影的人可不简单呀！”

“看看您墙上的这些奖状和锦旗，就知道您是如何做企业的了！”

“您特别喜欢收藏胸针吧？每次见您，戴的都是不同款式，今天这一款真是点睛之笔！”

一句话口才

☆ 随时随地都能找到客户的可赞之处，只要你是有心人；一个眼神、一句美言，让客户感受到你真诚的赞美、由衷的肯定、诚挚的羡慕。

第 148 天　赞美要有新意，让客户心花怒放

口才训练

赞美客户，还应遵循一个原则：有新意。新意包含两方面内容：①语言别出心裁；②赞美的点与别人不同。前者要求对客户的一个显而易见的赞美点赞美时，用语要新颖，别用陈词滥调；后者要求不要老抓着客户的某个亮点翻来覆去地赞美，要善于发掘新的赞美点。

布朗先生在英国经营着一家丝绸店。为了能将昂贵的绸缎推销给那些贵妇，他经常去拜访这些贵妇人。这一天，布朗先生前去拜访高傲、美丽的伊丽莎白女伯爵（人们都这么说她）。不巧的是，女伯爵出去办事了。仆人说伯爵夫人很快就会回来，让布朗先生在大厅等候。

半个时辰过去了，女伯爵还没有回来，布朗先生有些耐不住，于是拿出随身携带的烟斗，填上烟，刚准备放到嘴边点火。这时，门开了，女伯爵走了进来。布朗先生一看，立时惊呆了：果然名不虚传，真是太漂亮了！心里这样想着，嘴上不由自主地说道："您的光彩点燃了我的烟斗，亲爱的伯爵夫人！"女伯爵露出了罕有的笑容："这是我听过的最动人的赞美！"

就这样，他们开始了愉快的谈话。最终，女伯爵也成了布朗先生的忠实客户。

女伯爵生活中绝少不了赞美，然而像"您的光彩点燃了我的烟斗"这样的赞美却不多听见，自然会心花怒放。布朗先生富于创造性地将点烟场景与女伯爵的美丽相结合，赞美产生了意想不到的效果。

客户每天都会接触很多人，少不了受到赞美。如果销售人员都用平常的、雷同的赞美之词去夸赞客户，效果自然不佳，因为客户对此或许已经麻木了。所以，销售人员在赞美客户之前，最好动动脑筋，别出心裁、独出新意的赞美才会真正激起客户的兴趣，客户也很难拒绝。让赞美有创意的四点建议如图 8-1 所示。

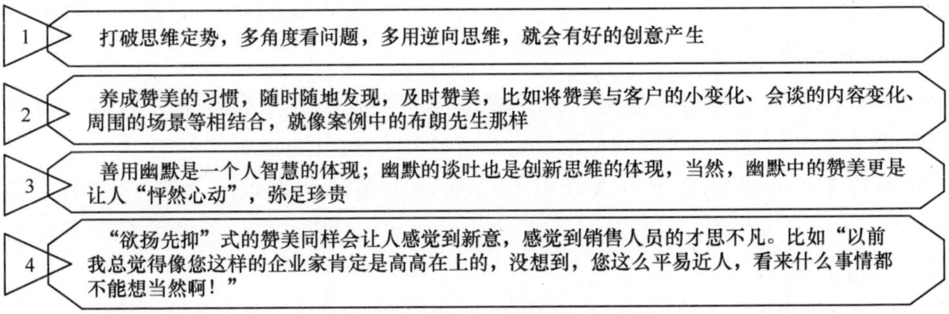

图 8-1 让赞美有创意的四点建议

富有创意的赞美会更让客户欢欣不已。销售人员应练就一双善于发现的眼睛，从客户工作、生活中的点点滴滴，甚至是从别人容易忽视的细节中去发现、提炼赞美点，并用有创意的语言表达出你的赞美之意。这样，客户就会对你的好感加深，说不定他还会主动抛出订单呢。

常见话术示例如下：

"我的一位女同事总说自己漂亮，下次我带她过来，见到您，她肯定不敢再说自己漂亮了！"

"我以前看过很多关于您的报道，一直以为能做出这样有影响力的企业，您至少也得五十岁，今日一见，太让我吃惊了，您还这么年轻！"

一句话口才

☆ 客户绝不喜欢屡屡"撞衫"的赞美，销售人员一定要创新地去赞美客户，让赞美不落俗套。

第 149 天　间接赞美，会有不一样的效果

口才训练

间接赞美包含两种情况：一种是在背后赞美，故意让被赞之人听到或让别人当"传声筒"将赞美反馈给他；另一种是转述别人的赞美之言。

直接赞美客户固然很好，而间接赞美或许效果更明显。基于双方的买卖关系，如果销售人员当面赞美客户，若说得不当，客户会觉得你在奉承他、讨好他，是逢场作戏。而在背后或借助第三方说相同的好话时，客户就会觉得真实可信，也就更容易接受和领情。因此，销售人员可充分利用这一点，巧用间接赞美来润滑与客户间的关系。

销售员彭帅与客户李总约好了，周六上门拜访。当彭帅如约走进客户的办公室时，发现客户正在紧张地忙碌着。

销售员：李总，早就听说您是"拼命三郎"，今天我算真正见识了。您公司在短短几年就甩开了同行，如今可算是蒸蒸日上，可您丝毫没有懈怠，还是一如既往地辛勤工作！（直接赞美）

客　户：（抬头看了彭帅一眼）哈哈，你真会说话！

销售员：我说的都是实话。那天您的秘书约我今天过来，我还不确信，特意又打电话问，结果她说您一直坚持周六上班。看来，成功真的不是偶然的！（间接赞美）

客　户：（停下工作）这是我长期养成的习惯，现在竞争这么激烈，不努力不行啊！再说，我们始终奉行"要么不做，要做就做到最好"！

销售员：结识您，真是我的幸运！前几天，我在最新一期的《××》杂志上看过对您的专访文章，连那个杂志的主编都对您佩服有加。（再次间接赞美）

客　户：呵呵，瞧你说的。对了，彭帅，你今天来有什么事呀？

销售员：我在几家网站上都看到了贵公司的招聘信息，又看了所聘岗位。我根据您这次大规模招聘的人员结构、学历要求等，给您做了个新员工培训方案，您看看……

案例中，销售员彭帅对客户李总直接赞美与间接赞美相结合，增强了赞美效果，轻易赢得了客户的好感。现实中，销售人员可多用间接赞美，这会让客户获得加倍的愉悦。因为你在转述他人对客户的评价时，客户听到的是双重赞美，自然会收到奇效。

值得注意的是，借用他人之言赞美客户时，销售人员不要盲目，要弄清楚双方间的关系。如果这个人是客户反感的人，那这个人说的话再好客户也未必领情，你说了还不如不说。说美言的人一定是客户认可的、尊敬的或亲密的人才行！

常见话术示例如下：

“早就听您的同学——××公司的李总说，您做事雷厉风行、干脆利落，今日真是领教了！”

“×厂长，都说您是伯乐，今天算是见识了，您的员工个个都是千里马呀，厉害！”

一句话口才

☆ 让你的赞美“拐个弯”，说的人自然、听的人高兴，销售人员为什么不说呢？

第150天　客户有别，赞美也要不同

口才训练

同样意思的赞美语，用在不同客户的身上不一定都合适。客户有别，赞美的方式、内容等应有所不同，这才能真正达到赞美的效果。

（1）男女有别，赞美也应有别。喜欢被赞美是人的天性，男女都一样喜欢听到赞语，只是他们喜欢听的内容不同。销售人员应注意：①赞美女性客户，可从其外表、内涵气质以及其才艺技能等方面入手，对于年长的女性，还可赞其对子女的教育、对家庭的付出等；②赞美男性客户，可将其人格魅力、独特本领、社会贡献、家庭亲友、辉煌事迹等作为切入点进行赞美。

（2）年龄不同，赞美也该不同。人在不同的年龄段，其身心特点及追求等都不相同，爱听的话也不相同。①面对青年客户，销售人员可赞其年轻、时尚、有活力、有能力、有个性、有前途等；②面对中年客户，销售人员可从其事业、家庭、经济实力、人脉关系以及举手投足的成熟、稳重等方面进行赞美；③面对老年客户，销售人员要赞其身体、年龄、阅历、爱好等，但要尽量避免涉及年龄。

（3）职位有异，赞美自然有别。①如果面对的是公司客户，销售人员不妨赞其发展历程、公司品牌、产品质量、服务态度等；②如果面对的是个人客户，销售人员可赞其仪表、谈吐、举止、才华、家庭情况等；③当面对老板的时候，销售人员要强调对方的经营管理能力，可借助他人之言、媒体报道等；④当面对办事人员的时候，销售人员要着重强调对方的办事能力，赞其发展、晋升潜力。

另外，不同性格特征的人，想听的赞美语也不尽相同。销售人员在赞美之前，还应准确把握客户的性格。这样才能真正掌握赞美他的法门，否则，你的赞美可能会自讨没趣。

总之，好钢用在刀刃上，好话说到客户的心坎儿上。尽管客户不同，赞美应有差别，但销售人员要记住一点：真诚、具体、符合场景、有个性等要点应贯穿于所有赞美之中。

常见话术示例如下：

“这是您的女儿，和您长得太像了，一双大眼睛是那么的有神！”（赞女性）

“你们张总常跟我说，你是他的助手中最能干的一个，办事最让他放心！”（赞办事员）

“真没想到，张总这么年轻，公司却做得这么大，与您合作一定会很有前景。”（赞老板）

“张大爷，看您满面红光，走路生风，身体比我们这些年轻人还要棒呢！”（赞老年客户）

一句话口才

☆ 客户不同，爱听的好话也不同，销售人员应有针对性地赞美客户，而不是一概而“赞”。

第 151 天　用赞美打破谈判中的僵局

口才训练

在销售面谈中，双方都想争取己方的利益最大化，起争执、有分歧是在所难免的。如果双方都不让步，谈判就会陷入僵局，这不但会伤害双方的感情，还会影响销售进程。所以，销售人员要想在最短的时间内打破僵局，就要善于运用赞美。

经过彭帅的努力，客户终于认可了他的培训方案，但在价格上，客户却提出了异议。

客　户：你的方案很好，可你的报价却大大超出了我们的预算，所以，能不能给我一点优惠，这合同我就签了！

销售员：李经理，您是了解我们的课程质量及服务水平的，我没法给您打折。

客　户：（生硬地）这样的话，我就得再接触一下其他公司，重新考虑一下合作对象。

销售员：（语气变软）哥呀，我真是服了您了，您真是谈判高手，我都招架不住了。这样吧，您出个价，我看能不能跟老板争取一下。

客　户：（面露笑意）你别介意，咱们都是给人打工的。这样，你再降 10 个点吧！

销售员：李经理，我没听错吧，原本那报价我们就不挣钱。要知道，我给您安排的都是知名讲师！我就是希望能和贵公司这样的知名企业实现合作才给您这么低的价格，现在您又要求降这么多，我真是不敢向老板开口！再说，贵公司一个普通项目都能赚个几百万，肯定不会和我们计较这万把块的培训费用吧！

客　户：（微笑）我们公司大，开销也大，哪都得省着。要不这样，5 个点总可以吧？

销售员：嗯，那我就只好试试了！您稍等！……

经过销售员的争取，最终双方顺利签约！

案例中，面对客户的强硬，销售员彭帅没有一味地强硬，而是在局面稍有点儿僵的情况下马上“示弱”，用赞美和温言软语化解了客户的强硬态度，双方都退让一步，最终签约成功。试想，如果销售人员坚持“硬碰硬”，那结果会是什么呢？受损的只能是销售人员！

出现谈判僵局，客户一般是不会主动让步的，所以销售人员就应识趣地放低姿态，主动去赞美客户，给客户一个台阶下。这样，现场气氛就会活络起来，客户一高兴，说不定自己还会主动做出让步呢！那么，化解谈判僵局，销售人员该赞美客户什么呢？具体如图 8-2 所示。

1 赞美客户的沟通能力：可对客户在面谈过程中所表现的口才、谈判技能、风度等进行赞美，以缓解紧张局面，如“今天跟您这么开诚布公地谈话，我真是受益匪浅啊”等

2 从谈判内容上找赞美点：可赞美客户对谈判各事项的掌控能力以及所体现的内在品质、能力等，如“我非常敬佩您这种一心为公、认真负责的做事态度”等

3 找个借口暂缓面谈：当销售人员和客户的局面闹得比较僵、一时难以达成一致意见时，销售人员不妨找个借口转移客户的关注点，将争议搁置、暂缓面谈，同时赞美客户

图 8-2　谈判僵局中赞美客户的三个切入点

常见话术示例如下：

“×大姐，您砍价真是太内行了，我都招架不住了！”

“看来，在产品方面您也是个大行家啊，我真是佩服得五体投地！”

“哈哈，×经理，咱们再这么争下去，这肚子该不乐意了，不如先去吃点东西，回来再说。说心里话，我真欣赏您这样的直性子，您这个朋友我交定了！”

一句话口才

☆ 谈判是为了达到双赢而不是把关系搞僵。当出现僵局时，销售人员一定要使用赞美，因为它是免费的、拥有巨大魔力的“调解员”。

第 152 天　运用赞美变被动为主动

口才训练

有些销售人员在客户面前总处于被动状态，谈判局面也完全被客户掌控，这可不是好现象。这样的局面如果不及时改变，则很难签约成功。即使达成交易，销售人员

也往往无法取得有利于己方的成交条件。

客　户：小王呀，最近你们社有没有新推出的旅游线路啊？（客户主动问）

销售员：有的，张总。我们这个月新推出多条欧洲、美洲旅游线路，还有两条非洲游的呢！……（被动答题）

客　户：等等，你刚刚提到的“北欧 4 国 8 日游”的报价是多少啊？（客户主动问）

销售员：每位 13 600 元。（被动答题）

客　户：这么高啊，我一个朋友上个月刚从欧洲回来，团费才 9 800 元，超出太多了吧？你就直接告诉我个底价吧！（客户主动问）

销售员：呵呵，您的朋友走的是什么行程啊？那个价格走北欧 4 国绝不可能！13 800元就是我们的最低价。张总，您领导的公司是咱们这儿的龙头，今年的效益又不错吧？我可是听很多人说过，咱们公司在员工福利这一块从不手软，是这样吧？（主动赞美客户，并引导新话题）

客　户：都是大家抬爱！这样，你把这个“北欧 4 国 8 日游”的具体行程给我介绍一下！

案例中，销售员通过赞美，扭转了被动答题的局面，并开启了新话题，赢得了销售的主动权。在实际的销售中，销售人员只有主导客户的思路，才能掌控面谈局面，销售也才能往有利于自己的方向发展。如果你只充当一个回答问题的角色，很难给客户一个职业、专业的印象，更谈不上用个人魅力征服客户了。因此，当发现自己在面谈中受制于客户时，销售人员不妨先送上赞美，然后再将客户引向对自己有利的话题。但是，此时要注意以下三点。

（1）主动权要通过赞美和引导“抢”回来，随意打断客户、与客户争辩等的明抢行为都是不智之举。

（2）销售人员通过赞美扭转被动局面，引导客户思路时，所开启的新话题必须建立在满足客户需求、有利于销售的基础上，否则有了主动权也对销售成功无益。

（3）被动就要挨打，只有销售人员，拥有主动权，才能更好地根据客户的需求推荐产品，才能展现自我形象，也才能销售成功。所以，赞美一定要及时！

常见话术示例如下：

“李总，我非常佩服您以公司利益为重、做事一丝不苟的态度，可是，‘一分钱，一分货’，我们的培训水平、课程质量，您是了解的，相信您会感兴趣，您看这个培训方案……”

一句话口才

☆ 及时送上赞美并引导有益于销售的新话题，只有让主动权掌握在自己手里，才能让销售朝着有利的方向发展。

第 153 天　用好赞美，让你在竞争中取胜

口才训练

销售中，竞争对手是一个难以回避的话题。客户为了争得更优的价格、更好的服务，也会抬出你的竞争对手。此时，你是大度地赞美还是故意贬损呢？

销售员：王经理，咱们公司员工培训的事情，不知您那边有什么进展？

客　户：哦，你问得真是时候，我们昨天刚开过会。是这样，本来想选择与你们合作，可昨天 B 公司的销售员参加了会议，不但给我们提出了几点中肯的建议，还重新设计了一个培训方案，我们也觉得不错，所以这事还得再考虑考虑！

销售员：（心想：原来是他们在捣鬼啊！）王经理，有句话我不知该不该讲？

客　户：你说吧，怎么了？

销售员：都是同行，B 公司的情况我一清二楚，您最好别跟他们合作。别看他们销售员说得天花乱坠，真正培训实施起来就不是那么回事了。（贬损对手）

客　户：你倒说说看，具体什么情况？

销售员：您想啊，他们才成立两年，能专业到哪去！资源少、讲师不入流、研发队伍实力差、没有后续的培训效果评估及服务。培训结束没有效果，您到时候找谁去！（凭空贬损对手）

客　户：哦，是这样吗？你说的和我调研的结果可不一样啊！而且，人家的销售员可在我面前说你们公司很专业，是一个值得尊重的培训机构。如果我们选择与你们合作，他也会真心赞同的。（竞争对手赞扬自己公司）

销售员：（无地自容地）这……

客　户：现在你说，哪家公司更让我信任呢？

为了一己之私，销售员在客户面前“无情”地贬损竞争对手，结果搬起石头砸自己的脚，让客户的天平偏向了竞争对手一边。归根结底，这位销售员输在了宽容、坦荡与诚实上面。

无论是生活还是工作中，我们每个人都会有竞争对手，如何待之？看到其长处并适当地表达赞美，这才是明智之人所为。而在销售中，销售人员的一言一行都代表着自己与企业的形象，更应谨慎、理智行事，通过恶意贬低竞争对手来凸显自己的做法是“自掘坟墓”。

不过，在客户面前，销售人员赞美竞争对手，还是要讲求一些技巧的（如图 8-3 所示），别让竞争对手超过自己，别把客户“夸”到竞争对手那里去！

总之，销售人员应本着客观的态度巧妙地评价竞争对手及其产品，适当地称赞其一两点可取之处，并将自己产品的优势也凸显出来，从而博得客户的信赖、赢得客户的信任。

1．客观地评价——赞美竞争对手时，销售人员一定要客观、真诚，不可信口开河，别给客户虚伪的感觉。因此，销售人员平时应多积累产品知识、收集竞争对手的情况，找到其产品或服务优于自己的地方，如研发水平、设计理念、产品功能、价格、售后服务等

2．有选择地赞美——夸赞竞争对手，最好赞其众所周知的优点或某些无关销售成败、客户不太看重的方面，如外观、制造流程等，对那些事关销售成败、自身产品无法匹敌的方面，销售人员最好选择沉默，或一带而过，否则，客户会将注意力转移到竞争产品的优势上，甚至直接选择竞争对手

3．不忘间接自我赞美——赞美竞争对手的公司、产品后，销售人员还需有技巧地间接自我赞美一下，如“与××公司不同的是，我们更专注于……”等来表明竞争对手的确不错，而己方的公司及产品也毫不逊色

图 8-3　销售人员在客户面前赞美竞争对手的三个要点

常见话术示例如下：

“的确，××公司的产品在外观、价格上比较占优势，不过，我们公司更注重于……”

“……而我们公司的优势在于……”

一句话口才

☆ 客观地评价、赞美竞争对手及其产品，在体现自己度量和胸襟的同时，也赢得了客户的心。

第 154 天　签单结束别忘记送上一句赞美

口才训练

客户签了单，如果销售人员不及时送上一句美言，那这个销售过程还不能算结束。销售人员千万别因兴奋而忘记这个善后工作，别看只是寥寥几句，它的分量可不一般啊！

客　户：彭帅啊，明天你过来吧，这一单给你了，别忘把合同带上！

销售员：好的，谢谢王哥！

下班前，彭帅将该带的文件都带齐，跟领导也打了招呼。第二天一早直奔客户公司。

销售员：王哥，合同我带来了，您再看看！如果没问题，在这儿签字就可以了！

客　户：（仔细阅读合同后长舒一口气）行，没问题，这个字我签了！

可是，让人意外的情况发生了，客户签完名字后，却一直手握合同文本，好像是不乐意又好像有点不放心似的将合同给彭帅。看到这里，彭帅心中有了主意。

销售员：（微笑着）王哥，连我们领导都说您有眼光，选产品比我们的工程师都专

业。相信咱们这次合作一定能达到双赢，我们的产品加上我们的服务，一定不会让您和您的领导失望，我们的产品一定能在贵公司发挥重要作用！

客　户：（脸上阴转晴）哈哈，我也是这样想的！合同给你，希望咱们合作愉快！

销售员：那是一定的！

一句赞美之言，客户像吃了“定心丸”，交易顺利达成。这就是签单结束送上赞美的作用。不一般吧？的确，客户在签约后的几分钟内心态是最不平稳、最复杂的。害怕自己上当、忧虑自己的决策是否明智、担心产品不好、害怕售后服务跟不上等。此时，如果销售人员能够及时送上鼓励性、肯定性的赞美，情况就不一样了。

客户“悬”着的心放下来，你才会真正安稳踏实。所以签单结束，销售人员不要因为兴奋而得意忘形，忘了赞美客户，结果让“煮熟的鸭子飞了”。一定要记得美言几句，这样客户才会安心！如果现场还有其他人，那更要说上几句好话，不光是给客户听，也让他身边的人不好意思泼冷水。如“谢谢你们的支持，×先生有你们这些朋友/同事是一种幸运，谢谢大家。”如此一来，客户身边的人也被你拉入自己的阵营，就不会给你制造麻烦了。

常见话术示例如下：

“×姐，您眼光真独到，这可是我们今年春季的最新款，您放心穿，大街上绝对不会有跟您穿一样的，有任何质量问题随时来找我啊！”

一句话口才

☆ 签单结束，说上一两句肯定客户决策的言语与承诺是坚定客户信心的灵丹妙药。

第 9 课　提问与倾听，探知需求的说话之道

第 155 天　会提问，巧提问，问出一片天

口才训练

想把产品卖出去，销售人员首先要了解客户的需求，而多问、多听是最好的探知需求的方式。如何有效提问，也是销售人员提升口才必须要训练的基本功。

会提问，销售人员首先要提出好问题。当然，好问题不是销售人员临时拼凑出来的，而是根据事先掌握的客户情况，经过精心的准备和设计得来的。那么，销售中的好问题有什么标准呢？

（1）问题要贴近客户的心理，让客户有兴趣作答。

（2）问题要围绕销售主题，表面上看似简单、普通、甚至离题的问题都应为销售服务。

（3）问题间有条理、连续性，一环扣一环，循序渐进地了解客户的各方面信息。

（4）问题要有助于表达对客户的关注，有助于促成交易的达成。

有了好问题，销售人员还要遵循如下提问原则，才能问出一片天。否则，得到的可能是虚假信息或者不能达到理想预期。

首先，把握好提问的时机。比如当销售人员想打破沉默开启话题时、接近客户时、引发好奇引起兴趣时、了解信息时、引导客户思路时、澄清疑问时等，都可通过提问实现。

其次，提问方式要得当。开放式、封闭式提问各有利弊，销售人员要灵活运用、结合使用。

再次，提问时要多问简单、容易回答的、客户没有抗拒的、引导性的、二选一的问题。

最后，提问时要注意语气。语调，不可有苛责或藐视客户的意味，也不要让客户感觉到你在审问他，这会引起客户的反感。

总之，在销售沟通的过程中，销售人员除了说和听，还应该适时、巧妙地进行提问，以进一步了解客户的真实想法、实际状况等。另外，还可以通过提问理清谈话思路、主动引导客户、掌握谈判的主动权等，对于建立专业形象也是有益处的。

一句话口才

☆ 说得好还要问得好。销售人员一定要善于有效提问，问出客户的真实想法，拿

到订单才能变为现实。

第156天　开放式提问，了解客户更多

口才训练

“您为什么选择这个牌子的护肤品呢?”

“您希望能得到什么样的服务呢?”

“在您看来，看来我们的产品还有哪些地方需要改进呢?”

类似上述问题，客户有足够的表达空间，需要客户做出解释而不能简单用“是”或“否”来回答的问题就是开放式提问，通常用“谁”、“为什么”、“什么时候”等来发问，其好处有以下三点。

(1) 这样的提问不唐突，会使客户觉得自己受到了尊敬、重视，从而拉近双方距离。

(2) 每一个问题都需要做出详细描述，销售人员可获得更多的客户信息，掌握其真正需求。

(3) 向客户多问一些“为什么”“怎么办”“您的看法如何”等开放式问题，客户就会说出自己的想法和观点，从而降低了销售人员被拒绝的概率。

销售员：欢迎光临，先生，您想看什么产品呢?(初见面，开放式提问)

客　户：想买台笔记本，看你这有没有合适的。

销售员：那您这边请！您想要一台什么样的笔记本呢?(了解信息，开放式提问)

客　户：嗯……最好薄一点、轻一点，方便我出差携带；配置嘛，倒是不需要太高，除了能处理文件，平时上上网、玩个小游戏什么的不要总“卡”就行；还有就是要有摄像头，USB也要多一点，用时方便。

销售员：好，我大概清楚了，价格上您有什么要求?还有品牌?(开放式提问)

客　户：价格嘛，最好别超过6 000元；至于品牌，最好还是选知名的牌子吧，这样售后服务有保证，网点也相对多些！

销售员：明白了，您看看这台××牌的笔记本……(结合客户的需求介绍产品)

上述案例，销售员通过三个问题了解了客户的真实需求，也就知道了该向其推荐什么产品、如何推介。由此可见，当销售人员需要打开话题、发掘信息、征求客户意见、启发客户表达想法时，就可以采用开放式提问。另外，我们也可总结出如下经验。

首先，初见面时，尽量不提能简单用“是”或“否”来回答的问题，以免被客户拒绝。

其次，如果需要掌握客户的更多信息，销售人员就要多问“为什么你会这么想”、“您的意见如何”、“你怎么认为呢”等。

再次，如果想转换话题，销售人员也可以问开放式问题，如“刚才您说产品的知名度非常重要，为什么呢?”

最后，注意三点：①所问问题要围绕销售主题，逐步深入；②把控双方的谈话进程，不要让客户把话题扯得太远；③不要随意插话，注意倾听和汇总信息。

一句话口才

☆ 销售人员要获取信息、征求客户意见、转换话题、挖掘需求等，就可以用开放式提问。

第 157 天　诱导式提问，牵着客户的鼻子走

口才训练

在销售过程中，如果想控制谈话局面，让客户跟着自己的思路走，销售人员就要用诱导式提问，即引导客户的回答符合自己的预期目的，争取让客户与自己的观点达成一致。

销售员：健康对我们每个人来说都很重要，您说对不对?

客　户：是的，身体健康是家庭幸福的源泉。

销售员：只有全家人都健康平安，生活才会更加幸福，您觉得呢?

客　户：那是自然。

销售员：如果有一个计划，既能保证家人的安全、幸福，又使您有一个合理的财务规划，我相信，您一定会感兴趣的?

客　户：哦，什么计划?

诱导式提问的特点在于将答案控制在较小的范围内，让对方只能在几个答案中选择。如上述案例中销售员提出的三个问题，基本上都是在引导着客户的思维，让其只能回答“是的”，一步步消除其疑虑，使销售面谈向成交迈进。

使用诱导式提问，销售人员要注意使用时机。

（1）想引导客户接受自己的观点、想法时。如“难道您不觉得这房子的布局很合理吗?”

（2）想获得直接信息，且判定客户乐于提供时。如“你很喜欢民族风的服饰，是吗?”

（3）想把客户的需求确定在某一点上时。如“相比价格，您更看重产品的质量，是这样吗?”

（4）需要引导客户确认、澄清某些观点、事实时。如“您希望这次培训费用不超过 10 万元，对吗?”“您是说，如果我们能免费送货，您就马上签单?”

需要注意的是：诱导式提问虽然有引导客户自己说服自己的作用，但因其明显暗

示了答案，客户只能回答“是”，因而容易引起其逆反心理。在与客户面谈的过程中，销售人员应随时留意客户的情绪变化，避免在对方有逆反倾向时提出诱导式问题。

一句话口才

☆ 根据具体的客户情况及面谈进程，销售人员可进行一系列诱导式提问，引导客户的思绪朝自己预期的方向走。

第158天　选择式提问，明确客户的需求倾向

口才训练

所谓选择式提问，是指提出“包含两个或两个以上选项，对方只需从中选出一个作为答案”的问题。比如“您是买两个还是先买一个?”“您是喜欢粉色的、红色的还是黑色的?”在销售面谈中运用选择式提问，最大的好处是能够明确客户的需求倾向，提高成交的概率。

小镇上，兄弟俩各自开了个早点摊，每天早上迎来送往，好不热闹。可是，每到结算，弟弟的营业额总是比哥哥的多出一百多元。哥哥对此很纳闷，于是决定去探个究竟。

来到弟弟的早点摊一看，饭食花色与自己的相差无几，再看迎客情况。客人来了，只见服务员微笑着迎上去，问：“先生，您吃点什么?”

“一碗粥，二两包子!”客人答道。

“好的!”服务员给客人盛上一碗粥，又问：“您加一个鸡蛋还是加两个鸡蛋?”

“加一个吧!”客人回答。

就这样，没有点鸡蛋的客人加了一个鸡蛋。而且哥哥发现，每一个客人来了，服务员都会这样问，结果客人有的加一个鸡蛋，有的加两个鸡蛋，很少有人说不加。再回到自己的店，他听到自己的服务员是这样问客人的：“加鸡蛋吗?”结果，说加的和说不加的各占50%。此时，哥哥恍然大悟，原来差在了这个问法上。

这一案例生动形象地展示了选择式提问的魅力。弟弟早点摊的“二选一”问法是在假定客人购买的前提下让其选择“一个还是两个”，答案非此即彼，无论客人选择哪一项，都会多卖出至少一个鸡蛋；而“加鸡蛋吗?”的问法，客人就只能回答“加”或“不加”。相比之下，鸡蛋销售的效果自然就会差些。

选择式提问可以在销售中给销售人员以很大帮助，其适用范围也比较广泛。

（1）在预约拜访客户时，可用此提问法确定面谈的时间与地点，且客户不容易做出否定回答。如“我想去拜访您，这周六、周日您哪天较方便呢?”“我是去您的办公室还是家里?”

（2）在介绍产品的过程中，销售人员要想进一步了解或确认客户的需求，也可用

此方式提问。如“您是喜欢艳点的还是保守点的颜色？”“手动挡和自动挡，您更喜欢哪一种呢？”

（3）成交阶段，销售人员可通过选择式提问明确客户需求，促成交易达成。如“这个优惠套餐，您是选择A还是B呢？”不管客户选择哪一项，对销售人员来说都是有利的。

一句话口才

☆ 给客户一个选择，既可明确客户的需求，还能提高成交的概率。

第159天　试探式提问，争取继续沟通的机会

口才训练

“×先生，您现在说话方便吗？”（获取说话机会）

“为了给您推荐更合适的产品，我能问您两个敏感问题吗？张总！”（获取提问机会）

“先生，对不起，打断您一下，可以吗？”（打断客户的讲话）

以上三个示例都是试探式提问，即指销售人员在向客户正式提某个问题、某个观点或介绍某件产品之前，先通过提问来试探客户的意思，以期获得与客户的交流机会或继续沟通的权利。这样的提问，既显得礼貌，又可以获得肯定回答，还为接下来的谈话做了铺垫。

一般情况下，试探式提问多用于争取继续沟通的机会，具体的使用时机有以下五种。

（1）打电话、面谈之初，为了获取谈话机会或者开启话题，销售人员就要试探性地询问客户是否有时间、是否方便与自己交谈。如“您可以给我几分钟时间，向您简单演示一下我的这款产品吗？”

（2）销售人员准备提出自己的不同见解或观点时，要试探性地征得客户的同意。如“对于……（讲清所针对的事件），我能谈谈我自己的观点吗？”

（3）因为成交的需要而必须要问客户一些敏感问题时，也可试探性地询问客户的意见。如“为了能更准确地了解您的需求，我想问两个关于您个人的问题，可以吗？”

（4）如果销售人员想插入自己的观点，必须要暂时打断客户的谈话时，出于礼貌，更要试探性地问一下客户。

（5）交谈中，如果想转换话题，也可用试探性的提问作为过渡。如“大姐，健康的话题咱先暂时搁在这，为了……（讲清楚提问的目的），我可以问您几个工作上的问题吗？”

不过，在使用试探性提问时，销售人员还应注意一下现场的沟通气氛，掌握好发问的时机，以免得到客户的否定回答，使原本“争取继续沟通的机会”的目的落空，

面谈陷入困境。

一句话口才

☆ 巧妙地试探，既能显示销售人员的素养，提升其在客户心中的专业形象，又能让双方的交流变得自然而然。所以，销售人员一定要经常使用这种提问方式。

第160天　反问客户，掌控谈话的主动权

口才训练

反问可以扭转谈话中的被动局面。在销售面谈中，如果客户不停地提问，而销售人员还没弄清楚其真正的发问动机，就不能总是简单地、被动地回答其问题，而是要反戈一击，用反问将客户的问题再抛回去，从而掌控谈话的主动权。

客　户：这相机的拍摄效果怎么样？

销售员：请问您有什么特别的要求吗？

客　户：没有，只要照片清晰、在夜景或光线不足的情况下能保证拍摄效果就行。

销售员：这没问题，800万像素，足够平时家用了……（产品特点）

客　户：哦，那这款相机有银色的吗？

销售员：您喜欢银色的？

客　户：是我哥哥喜欢银色的，这相机我是送给他的。

销售员：这样啊，好，那我就给您拿银色的。

客　户：你们的售后服务怎么样？

销售员：请问您有什么特殊需要吗？

客　户：没有，就是正常的维修服务，网点多吗？

销售员：哦，这个您尽管放心好了，我们承诺三年质保，一年保修。本市有多家服务点，非常方便。您送修后，最多一周就能解决问题。

客　户：这我就放心了！

案例中，销售员通过三次反问，了解了客户的实际情况，也掌握了谈话的主动权。如果只是直接回答客户的问题，应对语言就不会这么有针对性。所以，首先用反问弄清客户提问的真实意图然后再回答客户的问题非常必要，贸然回答很可能会让谈话陷入尴尬。

客　户：这款相机有银色的吗？

销售员：没有，其实这个黑色的更好……（大谈黑色相机的好）

客　户：我是要送给哥哥的，他喜欢银色。没有就算了！

像这样，销售人员直接回答客户，结果介绍语言与客户的需求相悖，尴尬的自然是销售人员，也对销售成功不利。

总之，适当的反问客户，不但能够了解客户的真实情况，还能有效控制谈话局面，不至于被客户牵着鼻子走。当然，销售人员也不要为了反问而反问，连续或太频繁的反问易引起客户的反感，让其产生被歧视、被审问的感觉，进而影响面谈的效果。

一句话口才

☆ 在弄不清客户提问的动机、需要引导客户思维、需要掌控谈话主动时，销售人员就可用反问来扭转面谈的被动局面。

第 161 天　通过提问探出客户的需求状况

口才训练

提问是探知客户需求的说话之道。那么，如何通过提问探出客户的需求状况呢？在此，介绍 SPIN 销售法。

“SPIN”是情景性（Situation）、探究性（Problem）、暗示性（Implication）、解决性（Need-Payoff）问题的四个英语单词的首位字母合成。SPIN 销售法就是指通过运用“实情探询、问题诊断、启发引导和需求认同”这四大类提问技巧来挖掘、明确和引导客户的需求，从而逐步推进销售进程，为交易成功创造基础的销售方法。

销售员：姐姐，您真厉害，刚三十出头就实现了“五子登科”，我真是太佩服您了！不过这个年纪，上有老下有小，您的压力也不小吧？（情景性问题）

客　户：你才值得羡慕呢，一个人多自由。我这孩子要教育，双方父母要赡养，累着呢！

销售员：除了您，有没有人能和您一起给家人全方位的呵护与保障呢？（探究性问题）

客　户：我老公呗。不过他也很忙，根本没有时间好好陪陪我和孩子、陪陪父母。我们两个都是独生子，照顾老人全靠我们了。

销售员：是啊，现在这种情况很多，“80 后”都面临着这个问题。您有没有想过，如果有一天，您无法再为家人提供这样的保障，又没有其他人可以替代您，该怎么办呢？您为孩子和老人设想过吗？（暗示性问题）

客　户：这个我还真没想过。总觉得还年轻，还可以应付。

销售员：如果有一个计划，能够帮您减轻负担，同时还可以为您和您的家人提供保障，我相信，您肯定愿意尝试吧？（解决性问题）

案例中，销售人员的提问就像医生问症的过程，分四个阶段，将客户所面临的问题、隐忧、“痛苦点”一一呈现出来，客户逐步认识了自己的需求，也引导着销售向前发展了一大步。这就是 SPIN 销售法的具体应用，其发问顺序如图 9-1 所示。

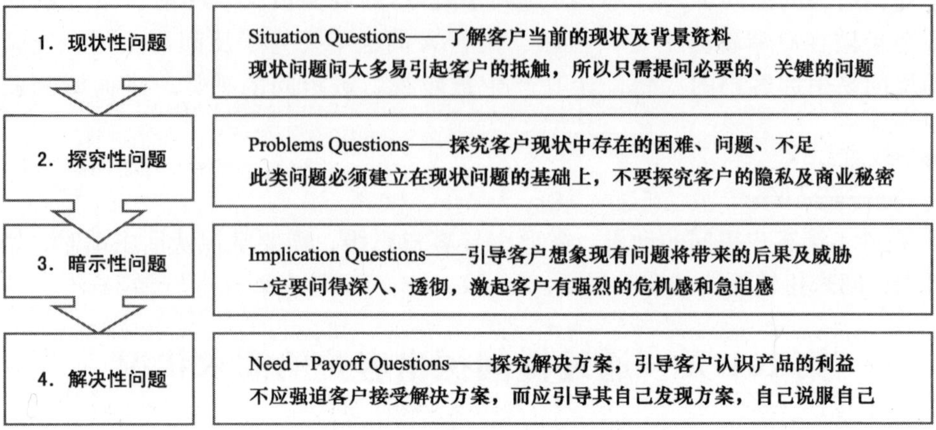

图 9-1　SPIN 提问法的提问顺序

并不是所有销售情况都要遵照上述发问顺序，销售人员应注意随机应变，灵活调整。比如，销售人员在提暗示性问题以探索客户的潜在需求的同时，可辅以情景性问题来帮助获取更多的客户背景资料。另外，销售人员要注意把握销售进程，各个阶段的转换要及时，过渡要贴切自然。

一句话口才

☆ SPIN 销售法的核心就是发掘出客户所面临的问题、隐忧、“痛苦点”，使客户的需求逐渐明确并对其感受越来越强烈，引导销售走向成功。

第 162 天　倾听是金，面谈时多一些倾听

口才训练

西方有句名言：“雄辩是银，倾听是金。”它告诉我们，平时与人交往时要“多听少说”。的确，倾听是与人沟通的最基本技巧，也是销售人员与客户交谈时必须要做到的。

（1）耐心地听别人说话是对别人的尊重，对方也会因为你的倾听而将你视为知心朋友。

（2）倾听可以充分获取信息，对方的喜怒哀乐都会通过其话语传达出来。在销售中，倾听是获取信息最直接、最有效的办法。

（3）倾听对方讲话的同时，可以腾出精力静心观察对方的肢体动作及表情，并以此判断其说话内容的真实性。

由此可见，在销售面谈中，有效倾听是非常重要的。它不仅关系到双方信任关系的建立，还担负着获取客户信息的重任，最终影响的是合作是否成功。客户的话语中蕴涵着丰富的信息，销售人员该怎样倾听才能达到最佳效果、获取更多信息呢？具体

如图 9-2 所示。

1. 集中精力专心倾听——在与客户面谈之前，销售人员应调整好状态，如身体状况、精神状况、心情情绪等都应是最佳状态；还应尽量选择在轻松、安静的环境中面谈，以排除外界干扰，也有助于集中精力；面谈时，销售人员应坐姿端正：身体稍微前倾，表情自然，随时与客户保持视线接触，不东张西望，这是对客户的尊重，更有助于专心倾听客户的话

2. 不乱插话，不随意打断对方——在客户说话时，销售人员可以适时地给以简单、诚恳的回应，以鼓励客户畅所欲言。切不可随意插话或接话，这不仅不礼貌，且极易引起客户的反感

3. 反驳客户观点要谨慎——当听到客户某些观点不正确、有偏颇时，如果销售人员想反驳，那就一定要谨慎出言，注意说话方式，注意礼节礼貌，用客户容易接受的方式表达

4. 及时总结归纳，要点要记录——要做到真正有效倾听，销售人员还应及时总结并归纳客户的观点及谈话要点，并做好记录，一则避免遗漏信息，二则表明你在认真倾听，三则可以确保自己准确理解了客户的意图。当然，还应注意：不能只顾埋头记录，这会令客户觉得枯燥乏味

5. 留心观察客户的表情及肢体动作——倾听时，要注意观察客户的表情及肢体动作，力争在情绪上与对方达到同步，同时注意细节变化以判断客户话语的真实性，从而把握面谈的主动权

图 9-2　有效倾听的五点要求

一句话口才

☆ 面谈时认真倾听，既是对客户的尊重，也是获取客户信息最直接、最有效的方式。

第 163 天　交谈中管好自己的嘴巴

口才训练

有一位年轻人，想拜一位销售大师为师学习销售技能。

见到大师后，他为了表现销售天赋，滔滔不绝地讲起了自己曾经的趣事、在学校的经历、参与的社会实践活动等。大师认真地听着，直到年轻人讲完。

“我可以收你为徒，不过，你需要交双倍的学费。”销售大师幽幽地说。

“为什么？”年轻人睁大了眼睛。

“因为我得先给你上另外一门课——怎么管住自己的嘴巴。”销售大师如是说。

古希腊先哲苏格拉底也说过：“上天赐予我们两只耳朵、一张嘴，就是要我们多听少说。”所以，销售人员在与客户面谈的过程中，要管好自己的嘴巴。那么，具体该怎么做呢？

（1）摒弃误解，由“说”改“听”。有些销售人员认为，只有“说赢”客户才能成功签单。其实不然，客户需要的是尊重、是愉快的购物体验。客户虽然在口头上输

了，他可能会因为你的“强词夺理”而放弃购买或转而与其他销售员合作，受损失的是谁呢？所以，从现在开始，应摒弃那些误解，认真去倾听客户。

（2）不乱插话。倾听时，一定不要随意插话，随意插话是销售面谈中的大忌。如果确实需要打断客户时，要先示意，等客户同意后再说话，这也是对客户的尊重。

（3）不随意揣测客户的想法，不带着偏见倾听。有些销售人员，尤其是销售新人，总是习惯站在自己的立场上考虑问题，随意揣测客户的想法、观点、感受等。结果，这种“揣测”与客户的真实意图出现了偏差，进而因为急于表达自己而打断客户的讲话，惹恼客户，得不偿失。所以，销售人员不妨多换位思考，站在客户的立场上想问题，不带任何偏见地、全身心地投入到与客户的谈话之中，这样才能保证倾听的效果。

（4）多训练，改掉坏习惯。如果平时就有喜欢显示自己、爱插话等坏习惯，销售人员不妨加强一下训练，比如有意识地不抢话头儿，而是去多听；将身边的每一个人视作自己的客户，与他们交谈时试着做一个耐心的听众；养成记录重点的习惯，这样就减少了插话的概率等。久而久之，坏习惯没了，倾听能力自然就提高了，还可以赢得好人缘。

总之，在与客户沟通时，销售人员要管住自己的嘴，少说多听才能赢得客户的好感。如果你总是自己滔滔不绝，那么订单就会离你越来越远。

一句话口才

☆ 面谈中要管住自己的嘴，少说多听才能赢得客户的好感，才能成功签订单。

第 164 天　倾听时多回应，以鼓励客户多说

口才训练

积极回应是有效倾听的一个重要因素，因为没有人喜欢自己说话时面前是一个没有反应的木偶。只听不回应，既是一种无礼行为，也是破坏交易达成的重要影响因素。其实，销售人员在倾听客户讲话的同时积极做出回应，可以有效地鼓励客户充分表达，进而获得更多信息，并赢得客户的好感。一举三得的好事，何乐而不为呢！

回应客户有两种方式：肢体回应和语言回应。在实际操作中，销售人员最好两种方式配合使用，以期达到较好的效果。

（1）肢体动作回应。当客户讲到要点或停顿的间隙，销售人员可用眼神、点头、微笑等方式适当给予回应，让客户感觉到你在听、听懂了以及对他的重视。

（2）语言回应。语言回应主要是指根据具体情况、客户讲话的内容等，销售人员用不同的语言形式给予回应，具体如图 9-3 所示。

综上所述，当客户说话时，销售人员应积极地给予适当回应，以鼓励客户继续说。但是，倾听时的回应也不可过于频繁，方式夸张也是不妥的，因为这会影响客户说话

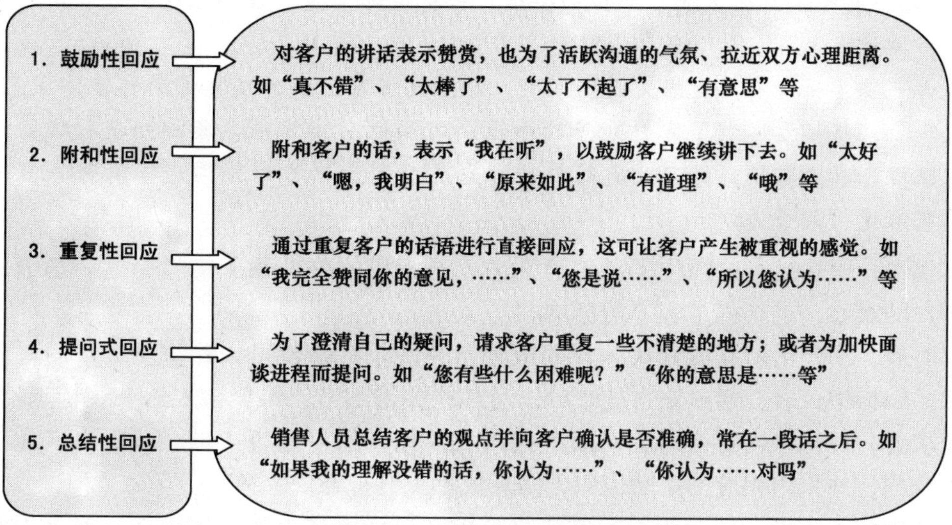

图 9-3　回应客户的语言分类图

的思路，进而丧失其说话的激情；当然，还要避免做出虚假的回应，比如客户的话还没讲完或其观点还没充分表达时，你就过早地表示“我知道了”“我明白了”，客户会因此而省略语言，进而影响你对他的真实情况的判断。

一句话口才

☆ 无论是肢体还是语言回应，都应适时、适度、适宜，这样才能达到“让客户多说”的目的。

第 165 天　说话听音，听出客户的话外之音

口才训练

“锣鼓听声，说话听音。”人们说“此话”可能蕴涵“彼意”，需要听者仔细联想、分析、揣摩才能了解其真正意图。同样，在销售面谈时，销售人员也要善于听出客户的“话外之音”。

彭帅是某建材公司的销售员，主要负责销售装修材料。最近，一个朋友给他介绍了一个大客户，据说该客户的办公大楼要内外装修，这可是不小的单子啊！

经过几次的接触，彭帅了解到对方确实有装修需求，对自己的产品也没提什么异议。可是，彭帅几次试探客户的合作意向都没有成功，客户总是不冷不热地回应。“怎么办？这么大的订单可不能丢了啊！”彭帅心里着急，于是，再次拜访了该客户。

双方见面后，客户依然显得没什么热情。彭帅赶忙上前与客户寒暄起来。

“今天天气可真不错，您下班去运动吗？”

“运动，我哪有那时间啊！还得回去帮儿子整理邮票呢，这小家伙最近喜欢上了集邮，可折腾死我了。”

说者无心，听者有意。当天回到家里，彭帅就将自己小时候集邮的邮票拿出几套，第二天晚上，将邮票送到了客户儿子的手上，还和他交流了很多集邮知识和经验。客户看在眼里，喜上眉梢，第二天就约彭帅到自己公司，双方详细沟通了有关事宜，并签下了装修建材购买协议。

案例中，销售员彭帅抓住了“客户无意中透露出的帮助儿子集邮”这一细节，赢得了客户的欢心，也获得了客户的订单。

有时候，一句话就有四两拨千斤的威力，一件小礼物就可以让举步维艰的局面云开雾散。销售中，客户通过语言的暗示以及某些关键细节，可能会表达一些特殊情况、真正需求等，而这些内容往往会对成交起很大作用。如果销售人员能够听出这话语背后的潜台词，并采用相应的策略应对，则对成单大有裨益。

在此提醒：销售人员倾听时，要注意分析客户话语之外的真实想法，要善于洞察客户的难言之隐；认真听，别将客户不经意间说出的内容当作垃圾信息过滤掉，说不定这些内容就是你达成交易的金钥匙。

一句话口才

☆ 听话听音，听出客户话语背后的潜台词，你才能真正把话说到客户心里，把事情做到位，也才能真正掌控销售局面。

第10课　销售陈述，精彩语言提升购买意愿

第166天　有的放矢，以对方的需求为切入点

口才训练

在向客户介绍产品的时候，销售人员应遵循的基本原则就是：以客户的需求为切入点，推介语言都围绕客户的需求展开。紧扣需求，做到有的放矢，才能取得良好的销售效果。

客户关心的永远是产品对自己的利益，而不是产品的优点和特色，满足自己的就是最好的。

面对一位美女顾客，导购员滔滔不绝地介绍了多款时尚女性的潮流产品后，美女来了一句“我是来给我男朋友买剃须刀的”。傻眼了吧！所以，见到客户，别急着推介产品，多问问客户“需要什么”、“给谁买”、“做什么用”，然后再有针对性地介绍，这才能将介绍语言说到客户的心里。当然，在一般情况下，客户不会一上来就跟你说清楚他的需求，而是需要销售人员不断地询问、引导（如何掌握客户的需求详见第9课）。

紧扣需求进行产品介绍，才能最大化地提升客户的购买意愿。所以，销售人员要先掌握客户的真实需求，然后以此为中心将产品的利益、好处、用途和价值等一一呈现给客户，以期在最短的时间内激起客户对产品的兴趣，并引发其强烈的购买欲望。

常见话术示例如下：

“这护肤品/汽车/手机……您是想买给谁用啊?”

“这衣服/电脑/玩具/……您是想自己用还是送人啊?”

“我们这个产品有好几款呢，针对不同的需要有不同的功能设计，你想要什么功能的呢?”

一句话口才

☆ 不要急于介绍产品，要先问清客户的需求，才能有的放矢，为客户推介适合的产品。

第167天　利字为先，销售产品不如销售利益

口才训练

一个流浪汉两天没吃饭了，饿极了，只想着如果有人此时能给他一个香甜的面包，那该多好啊。这个时候，一个好心人出现了，他递给这个流浪汉20块钱，流浪汉睁开

浑浊的双眼，嗫嚅地说“我很饿，我需要吃的”。好心人说：“这是20块钱，可以买到一个很大的面包。”流浪汉一听，高兴地站起来，接过钱就走了。

当一个人知道得到某种东西之后自己能获得利益、能满足自己的需求时，那他就会欣然接受。对于客户来讲，他们最关心的是产品或服务能给自己带来多大的利益。与其说销售产品，销售人员不如向客户销售利益更容易成功。

经纪人：张女士，您现在买房主要是为了孩子上学接送方便，是吗？

客　户：是啊，孩子明年就上小学了，准备让他在这附近的某某小学上！

经纪人：那可是重点学校啊！孩子从小就在这样的学校学习，起点就比别的孩子高啊！哈哈，正好，我们在××小区有套房，您不妨去看看。如果您住在这个小区，走路也就10分钟就到那所学校了，走路上学还能锻炼孩子的身体，一举两得！另外，这房子是东南朝向，阳光充足，通透性好，非常适合三口之家住。

客　户：好，那你带我去看看房。

在了解了客户的购房目的后，房产经纪人简单的几句话就将手中房源的位置、特点等一一呈现给了客户，也让客户明白了购买此房将获得的利益，引发了客户的看房兴趣。

“利”字为先，客户才能在第一时间了解产品能给自己带来的利益，也才能产生购买兴趣。所以，销售人员在推介产品时，首先应充分认识自己所推销的产品究竟有什么价值、能给客户带来什么利益。其次，还要善于将这个利益在最短的时间内传递给客户，吸引客户的注意。在此，销售人员可用“FAB利益推销法”，就是将产品介绍的重点由单纯的卖点转移到客户的利益上，以期贴合客户心理，快速打动客户。

FAB具体指：

F（Feature）产品特点，介绍产品的特性或卖点；A（Advantage）产品优点，介绍产品有什么用处；B（Benefit）产品利益，介绍产品能满足客户哪方面的需求，能为客户带来什么利益。

运用FAB法则，销售人员就可将产品的卖点着落在客户的需求上，重点阐述产品对客户到底存在着什么样的利益与价值，从而激发客户的购买兴趣。

常见话术示例如下：

“这件产品是……（特点或用处），您买了它意味着……（利益）”

“这件衣服是用纯麻纱制成的（特点），透气性非常好（优点），在炎热的夏天穿上它，会觉得格外清爽（利益）。”

一句话口才

☆ 客户最关心的是你的产品能给他带来什么利益，所以销售人员一定要在最短的时间内让客户感到“你是为他的利益而来，不是单纯地来推销什么产品的”。

第 168 天　炫好卖点，作秀也是有讲究的

口才训练

所谓“卖点”，是指产品最能打动客户的利益点，其实也就是一个让客户购买的最佳理由。比如卖菜的宣扬“无污染无公害”、卖奶粉的诉诸“天才儿童”、卖手表的讲“身份地位”等。只有向客户炫好卖点，才能吸引住客户的注意力，激起客户的购买欲望。

销售员：您好，小姐是要选件夏装吗？

顾　客：对啊，这不都夏天了吗，总觉得还缺件连衣裙！

销售员：哈哈，女人的衣橱里总是缺件衣服。您到这边来，这些都是今年的新款连衣裙，（特点：新款）您是喜欢学院风的，还是淑女、韩日风格的？

顾　客：稍微淑女一些的吧，我想换换我的穿衣风格！

销售员：您看这一款，典型的淑女风格，期间又加入民族风元素，非常适合您的温柔气质，而浅粉色也与您的肤色相称，您可试穿一下，看看我说得对不对，一定能给人一种自然清新、优雅宜人的感觉（卖点）。另外，您还能感受到面料的魅力！

顾　客：这是什么面料？

销售员：这裙子用的是进口的××面料，穿上它立刻就会感到凉爽、舒适，酷热天穿再合适不过了！我给您拿下来您试试……（卖点：面料让人感觉凉爽、舒适）

顾　客：好的，那我试试看！

在介绍产品时，销售人员只有给予客户充分的利益，才能俘获客户的心。否则，即使将产品说得天花乱坠，客户还是无动于衷。案例中的销售人员，在双方四个回合的问答中就将产品的卖点准确、全面地传达给了顾客，引发了客户强烈的兴趣。

那么，在实际的推销过程中，销售人员应如何“秀”好产品的卖点呢？

（1）了解客户的需求，根据客户的需求炫卖点才不至于白费工夫。况且，一件产品的卖点不止一个，不可能面面俱到说个遍，而是应重点讲述与客户的需求联系紧密的卖点。

（2）卖点介绍应把握层次性，即要做到主次分明，让客户一听即明；语言要通俗易懂，尽量不用专业术语。如果客户听不懂，就对产品不了解，那他怎么会购买呢？

（3）如果产品具有有别于其他同类产品的独特卖点，销售人员就要用“人无我有、人有我优”的独特利益诉求向客户推介，争取成交。同时，还应辅以资质证书、数据、客户反馈、现场展示等来进行说服支持，以增强此独特卖点的可信性。

常见话术示例如下：

“您看，这套设备最突出的是……（独有卖点的介绍）此外，还有以下几个主要优点：……（分条详列产品其他卖点）您看，这是……（资质证明等支持性物品和事例）”

一句话口才

☆ 抓住产品的一个方面，挖掘它的内涵，以其独具特色的优点征服客户。

第169天　创意展示，有时胜过千言万语

口才训练

在如今竞争激烈的市场环境中，谁的产品展示与众不同、谁的产品吸睛能力强，谁就有了销售成功的胜算。因此，销售人员要多动脑筋、多思考，设计一个独特的产品展示方案。

某电器城内，一个展台旁围了很多人，不时听见有人惊呼："哎呀，太厉害了！"这句话吸引了更多的人前去围观。原来展台上是吸尘器的销售展示：

在一个注满水的水槽内，放一个高达两米的透明水管，水管的另一端，有人拿着吸尘器对着，不时地把水槽内的水通过水管吸起1.5~1.8米高。这样的展示一下子就吸引了人们的注意力，很多顾客看到这种"强劲吸力"后被"迷倒"，纷纷当场掏钱购买。不一会儿，价值1 200元的吸尘器就卖出了20多台。

在实际的产品展示过程中，创意展示加上有创意的语言，那就更精彩了。

两块钱，又不多，到不了美国新加坡；两块钱，又不贵，卖贵了还包退；来回走就来回转，剪刀自然就磨快；往前推往后拉，等于把技术学到家；又方便又安全，一用就是三五年。不累胳膊不累腰，就当做了健美操；闲时买来急时用，平时想买碰不到，一犹豫呀一徘徊，用时想买买不来；一分钟就60秒，大刀小刀都磨好。要多快就有多快，这样的生活才自在。

市场中，卖磨刀器的销售员一边演示产品的使用方法，一边念叨着上面这段有趣的说辞，路过的大爷大妈愿意掏两块钱买下它，就冲这独具匠心的演示语言。

总之，创意展示就是无声的语言，不仅能让客户眼前一亮，还能增加客户对产品的了解，留下深刻的印象，甚至能刺激客户当场购买。产品展示，如何说、怎样做才算有创意呢？

（1）销售人员不妨先想想：客户喜欢什么方式的产品展示呢？客户最关心产品的哪方面功能呢，我应展示产品的哪一面呢？只有站在客户的角度设计展示方案及语言，才会有效果。

（2）有创意的、精彩的产品展示是精心设计出来的。销售人员可借鉴同事、同行的经验教训，结合客户的想法与心理，设计出独具特色的产品展示方式，独辟蹊径更能吸引眼球。

（3）产品演示时，销售人员应将那些紧扣客户需求的、主要的、区别于竞争产品的卖点展示出来，不要面面俱到，贪多必失。

（4）展示语言的设计要富于幽默、有节奏感、精辟，而且要结合展示动作。

（5）展示时，如果能邀请客户参与，让客户身临其境、亲自操作等，也会取得良好效果。

常用话术示例如下：

“×先生/女士，我需要您帮助我进行产品演示，您看可以吗?”

“先生们，女士们，喝我的请举手，不喝我的请倒立。”（某品牌饮料促销现场）

一句话口才

☆ 产品展示怎样才能抓住客户的好奇心呢？不走寻常路， 一个富于创意的产品展示有时会胜过千言万语。

第 170 天　巧用数据，增强介绍语言的说服力

口才训练

在销售陈述语言中，销售人员如果能够引用一些数字、数据，不仅能消除客户对产品质量、特性等方面的质疑，还能让客户觉得你客观、值得信赖。

推销厨具的销售员威廉来到一个小镇销售他的“锅”。销售现场，他一边展示锅的功能一边把烹饪好的食物发给围观的人品尝。突然，有一个人 40 多岁的妇人说：“没什么稀奇的，他的产品再好，我也不会买。”威廉看着她，从身上掏出一美元，撕碎扔掉，问：“你心疼吗?”

这位妇人见状，非常吃惊，但还是嘴硬地说：“我不心疼，又不是我的钱。”

威廉坚定地说：“其实，我撕的就是你的钱”。

围观的人都怔住了，而这位妇人更加奇怪：“怎么会是我的钱呢？开什么玩笑!”

威廉说：“如果我没猜错，您至少已经结婚20 年了，就按照20 年算，一年365 天，如果您用我的锅煮食物，每天就能节省 1 美元，365 天就是 365 美元，在过去的 20 年里，您至少浪费掉了 7 300 美元，难道您以后还要继续浪费吗?”

威廉利用数字，让抽象的利益变得具体、明确，妇人无言以对，直接掏钱购买，而其他围观的人也纷纷订购。一组数据帮助威廉推销成功。

人们都希望买到“物有所值”、“物超所值”的产品，因此总会在产品的质量、特性、售后服务等方面纠结，生怕自己上当受骗。销售人员如果在介绍产品的关键点上用数据说话，比如“据××机构调查显示，这款产品市场占有率已达到××%，他最大的特点在于经过××道工序和××道检验程序，这是我们近来获得的奖项和市场反馈信息（展示或口述证明资料）……”如此一说，客户就会疑虑尽消，也会提升购买信心。

用数字说话，会提升销售人员介绍语言的说服力。所以，销售人员应注意培养对

数字的敏感度，看到有关产品、有关销售工作、有关客户等方面的数据资料应随时记录，多积累并记于心，用时做到脱口而出。

常见话术示例如下：

“这是2006年的房子，位于××小区，2居，建筑面积85.87平方米，空间使用率在81%左右。社区的东西南北四个门都设有公交站点，出行很方便，20分钟左右就能直达市中心。这附近还有××大学及其附属中学，步行只需要10分钟的时间。”（用数字说明房型、交通情况）

“价格高只是您的感觉。其实，这件产品的寿命至少8年，算下来，每天才不到×毛钱，您说划算吗？”

一句话口才

☆ 精准的数据、数字比单纯的语言介绍更直观、更专业，也更有说服力。销售人员用一串确切的数字介绍产品，会比口干舌燥地说一大堆描述更管用。

第171天　销售工具，别忘了这些好帮手

口才训练

所谓销售工具，是指那些有助于销售、有助于产品介绍的资料、用具、模型等，如客户来信、图片、相册、产品宣传资料、说明书、POP、市场调查报告、专家证词、权威机构评价、生产许可证、获奖证书、质量鉴定书、报纸剪贴、产品视频等。这些工具可从本企业获得，销售人员还可根据所销售的产品及客户群的特点，自己动手设计和制作自己的销售工具。

场景一

珠宝店里，一位女士对一件翡翠吊坠很感兴趣。

销售员：您真有眼光，这可是我们店里成色最好的一件翡翠饰品。

客　户：这个价格还有优惠吗？

销售员：6 850元正是折后价，最近店里搞活动，所有商品一律8.8折。

客　户：哎呀，就这么一点折扣，这个价高了点。

销售员：要不怎么说“金银有价玉无价”呢！您看，这是中国商业联合会珠宝首饰质量监督检测中心出具的鉴定证书，我们假一赔十。再说，这绝对是正品，您看这成色，有很大的升值空间，现在玉器市场可是很火暴哦！

这位女士亲自查看了鉴定证书，最后欣然购买了这件翡翠吊坠。

场景二

“你说的挺好，可这器材到底怎么样，好不好用，我现在也不清楚啊。”客户打量着店里的一批新的健身器材。

销售员马上走过去："您看，这是我们的客户登记信息及跟踪回访记录，看到没有，产品的满意率是 99.2%，客户订货都在 10 台以上，这不，还有要求继续加货的。"……

两个案例中，销售人员都是运用手边的工具（产品质量鉴定书、客户回访信息记录）成功说服了客户。其实，销售工具不失为销售人员的好帮手，因其具有可视性和可信度，往往能够增强产品介绍的说服力度，帮助销售人员赢得客户的信任。所以，在销售陈述中，销售人员别忘记多使用销售工具，让你的语言更生动活泼、更具体形象，也更具吸引力和说服力。

常用话术示例如下：

"×先生/女士，您看，这产品是经过国家权威机构认证的……"

"×先生/女士，我刚才简单介绍了一下产品，可能给您的感觉比较抽象，我带了一套模型，我给您操作一下……"

一句话口才

☆ 销售工具是销售人员的左膀右臂，用好了它们，销售人员可轻松取得更好的成绩。

第 172 天　不仅是推销员，更是产品专家

口才训练

销售员不应仅仅将自己定位为推销员，更应是一位产品专家。在进行产品推介时，如果销售员只是反复强调"产品很好"、"我们服务很好"是不会将产品卖出去的。而当客户问起一些关于产品的专业知识时，销售人员答不出来或支支吾吾，客户也肯定不会购买的。

阿花自己开了一间花店，对店里每一种花品的特点她都了如指掌，很多爱花的人有事没事都喜欢来这里看看、聊聊，因此她的店里人气总是特别旺，生意也一直很兴隆。

客户：哎呀，这兰花开得可真漂亮！

阿花：是啊。这个是正宗的川兰，香浓味纯，姿态高雅，养兰人都爱它呢。

客户：这个花要什么样的生长环境呢？

阿花：兰花喜欢细润的环境，怕阳光直射。一般来说，适宜温度为 18～28℃，夏天不超过 35℃，很适于在室内养。

客户：这花这么多颜色啊，不过还是白色的最好看。

阿花：是的，白色更显高雅，跟您的气质也很配。

客户：那我就要这盆吧。

阿花：好的，您给它浇水的时候最好在晴天上午的 9～10 点，用小塑料杯沿着盆

边慢慢往下浸浇，做到浇透不浇漏。阴天、下雨天就不要浇水了。

客户：好的，谢谢你。

阿花：不客气，有什么问题随时过来问我！

人们在选择产品的时候，更倾向从专业人士手中购买。案例中的阿花，生意越做越好也就不奇怪了。越是大的订单，越是复杂的产品，客户就越倾向于专家型的销售人员。要想成为专家顾问型的销售员，除了具备前文所说的各方面知识外，还应做到以下四点。

（1）专业的形象能够赢得客户的信任，千万别把订单丢在衣着邋遢、头发凌乱上。

（2）介绍语言专业，具体表现在通俗易懂，即使是复杂的专业术语也能用简单明了的语言说清楚。

（3）成为客户的购买顾问，具体表现在能为客户提供专业的解决方案、能够从客户的需求出发为其推荐适合的产品、能够提出购买专业意见与建议。

（4）会熟练使用、操作产品，明晰其优点、缺点及操作程序等。

常见话术示例如下：

“×先生/女士，您不用犯愁，根据您刚才试穿的情况，我建议您……因为……”

“×先生/女士，您在使用时一定要注意……如果您能……效果会更显著。”

一句话口才

☆ 如同看专家门诊一样，大部分客户更愿意从专业、可靠的销售员那里购买东西。所以，销售人员应将自己修炼成专家级、顾问型的销售员。

第 173 天　借力样板，比自卖自夸更有说服力

口才训练

平常，我们看到朋友、同事买了什么好东西，自己也想拥有。同样，如果销售人员在推介产品时，列举一两个已经成交的客户，尤其是有些影响力的客户，讲讲他们的购买经历、说说他们对产品的评价等，那么新客户就可能减少疑虑，甚至直接购买。

销售员：赵总，您好，我是××培训公司的李东，您现在方便说话吧？

客　户：方便，方便。

销售员：赵总，咱们上次谈的培训课程方案，您还有其他意见吗？

客　户：你给我的课程方案是不错，可是，就是不知道员工培训能不能有效果？

销售员：原来您是担心培训效果啊！赵总，您肯定知道咱们这的 C 公司吧，去年他们与我们合作，给一线员工做了一次内训，效果非常好。这不，现在他们要求继续合作，再对中层管理者进行一次培训，昨天我刚跟他们把合同签完，下周末就开课了。您如果担心我们的培训效果，我可以约 C 公司的张总出来，大家一起聊聊，您也可以

对我们多一些了解，您看怎么样？

客　户：好的，就这么定了，正好我也想认识一下张总。不过，这事你尽快办，咱们也好开始合作，现在正好是淡季，我们的员工培训也得抓紧！

销售员：好嘞，您就放心吧！我约好了张总给您打电话。

客户担心员工培训的效果，如果销售员一味地强调“自己公司的培训实力”“培训效果多么好”，客户很难放心与之签约。而这位销售员举出了 C 公司的例子，还建议与该公司的张总见面交流，这一提议获得了客户的积极响应，其疑虑自然也就消除了。

让“样板客户”现身说法，这比销售人员单纯地描述自己的产品有多好、有多出色更能打消客户的顾虑，也是打动和影响客户购买的最有效方法。所以，在与新客户交谈时，借力与你合作过的老客户，让他们充当你产品的代言人，比“自卖自夸”更具说服力。还等什么，赶紧梳理一下自己的老客户吧，看看谁适合做这个免费代言人？

常用话术示例如下：

“×大爷/大妈，昨天，住在您楼下的×与我签了合同……”

“×先生/女士，您看这个，这是我做销售三年来所接触的客户对我及我们产品的评价，当然，里面也有一些批评和建议，您有没有兴趣看一看？”

一句话口才

☆ 销售人员应用心耕耘，让老客户成为你的“样板客户”，因为他们是最好的产品免费代言人。

第 174 天　知己知彼，不怕竞争对手的“威胁”

口才训练

销售员：贾总，咱们上次谈的那套空气自净器，不知道您考虑得怎么样了？

客　户：你们的价格太高了，同样的东西，××公司可比你们便宜多了。

销售员：哦，××公司啊，也是一家不错的企业。不过，我想问您购买空气自净器最看重什么呢？（尊重竞争对手，引导客户认识自己的需求）

客　户：当然是质量了，三天两头的坏掉，或净化空气的效果不好，那买了还不如不买！

销售员：您说得对，大家选购这类产品时都看重其质量和效果。除此之外，产品操作的便利性和服务也非常重要，您认为呢？（重建客户的决策标准）

客　户：对，我也很看重操作的便利性和服务。

销售员：其实买这种设备要用很多年，价格虽然高点，可分摊到每一年就没多少钱了。所以，价格因素就要往后排了。跟您说实话吧，如果我们也卖××公司那个价，公司就得倒闭。为了延长产品的使用寿命，我们用的都是不锈钢材料；而我给您推荐的这一款是可移动的，操作的便利性和人性化程度都比较高。另外，您是知道的，我们公司在社会上的口碑都是靠服务赢来的，在服务上的投入也比较大，所以产品的价格自然就要高一些。(停顿)

客　户：……（沉默）。

销售员：一分钱一分货，这款空气净化器操作简单、用着舒服、售后服务又好，您还能多用几年，您说划算不划算？(优点汇总，让客户自己做决定)

客　户：嗯，那我还是买你们的吧。

不论在哪个行业，竞争对手的威胁都是不可避免的。退缩吗？诋毁吗？不！订单都是“夺”来的，就看销售人员如何与客户过招，破解竞争对手的威胁，削弱其对客户的影响。就像案例中的销售员，通过问询引导客户重新认识自己的需求，重建客户的购买标准，最后通过介绍自己产品的突出特点而赢得了订单。

面谈时，如果客户抛出竞争对手的话题，销售人员一定要谨慎应对，做到以下三点。

(1) 积极应对不回避，谨慎评价不诋毁，否则影响的只是你在客户心中的形象。

(2) 不要主动提及竞争对手的话题，也不要在这个话题上过多纠缠，点到即止。

(3) 谁能抓住客户的需求，谁就能赢得客户。因此，销售人员应始终围绕客户的需求进行洽谈，强调自己产品对客户的独特利益与价值，淡化其不足。

常用话术示例如下：

“×先生/女士，您说的是今年新成立的A公司呀，他们的发展势头还不错哦。而且，他们的报价比我们低是有可能的。不过，您也是人力资源管理的专业人士，哪家更专业，我想您肯定能做出专业的评判来!”

“×先生/女士，您说得不错，我们和C公司算是这个行业的领头羊了。不过，双方还是有区别的，他们的业务以××为主，而我们主攻××。贵公司……所以选择我们更合适一些。”

一句话口才

☆ 订单都是“夺”来的。销售人员在尊重竞争对手的同时，围绕客户的需求，展示自己的优势才是聪明的竞争策略。

第175天　有缺陷又何妨，自暴其短显真诚

口才训练

有短不遮着，这也是销售人员在介绍产品时应注意的。因为客户拥有知情权，别让客户在成交后产生“被骗了”的感觉。

“先生，这个小区确实离市区远了一点，但孩子上学却很方便呢。您看，××国际

学校紧邻着小区东门，您孩子从家到学校，都不用过马路，步行只需要 10 分钟。”

“李总，我们公司的确是新公司，成立不到一年，但是公司的核心团队都是在培训领域具有丰富经验的专业人士，每个人都至少在这个圈中摸爬滚打了 10 年以上……”

“这款笔记本是酷睿 i3 处理器，2G 内存，500G 硬盘，NVIDIA Geforce 显卡。其最大的好处是硬盘容量大，下载个电影什么的很不错。但是，若您平时喜欢玩‘超大型游戏’就不太合适了，一是处理器稍显吃力，二是显卡配置中等，图显效果不理想。当然，一般常玩的大型游戏还是一点问题都没有的！”

上述三个示例，前两个是在客户提出不足后销售人员给予的回应：承认缺点，并引导客户的需求；第三个示例则是销售人员主动说出产品的不足，以便客户选择。世界上没有完美的产品，这一点客户的心里也明镜儿似的。所以，销售人员在说明产品的过程中，没必要对自己产品的不足遮遮掩掩。要知道，你的诚实可靠能够淡化产品瑕疵对客户的影响。

没有最好，只有最适合。客户总会选择适合自己的产品，而不是选择完美的产品。产品有缺陷又何妨，正视缺陷，直接告诉客户更能显示销售人员的真诚，反而能够打动对此要求不高的客户。当然，自暴其短还是要讲技巧的。

（1）销售人员要适时地给客户灌输“适合的就是最好的”的购买观念，让客户务实一点，即使产品有短处，但适合客户就好。

（2）坦陈产品的不足时，销售人员可用“先抑后扬”的方式，即先说明产品缺陷，然后转入介绍产品优点。这一“抑”一“扬”之间，既展示了销售人员的诚实品格，又凸显了产品优点，一举两得。比如“虽然这款产品在 × × 方面还有不足，但是它和同类产品相比还是有明显优势的。一、……（列举产品优点）”

（3）“暴短”宜少不宜多，巧妙地说出一两个缺陷即可，并应及时转移话题或将客户的注意力引导到其核心需求上。

（4）如果客户确实在意产品存在的不足，销售人员还可根据具体情况，适当向客户做出特别承诺，如保修、包换、上门安装等，并保证做到。比如“您说得是，这个系统升级确实比较麻烦，要不这样吧，每年由我们的技术人员上门帮您操作升级，您看如何？”

一句话口才

☆ 金无足赤，产品有瑕疵又如何，巧妙地告诉客户，赢得的是更大的信任。

第 176 天　引导体验，推介产品不演独角戏

口才训练

销售洽谈不能是销售人员一个人的“秀场”，销售人员不能自演独角戏。如果销售人员邀请客户参与其中，比如让其亲自操作产品、参与展示等，就能让其感受产品所

带来的切实利益，加深其对产品的认识，从而产生一种强烈的占有欲，提高成交的概率。

客　户：这两把椅子看起来差不多，一把980元，一把660元，怎么价格相差这么多？

销售员：咱先别看价格，您坐上去比较一下，看看有没有不同。

客　户：（分别在两把椅子上坐了片刻）怎么这把贵的坐着有点儿硬，这把便宜的坐上去反而更舒服呢？

销售员：（微笑着）这把980元的椅子下面的弹簧数量多，开始坐上去感觉是有点儿硬，但它完全是依照人体力学原理设计，不容易变形，能够校正人的坐姿，防止人们因久坐出现的脊椎侧弯和腰肩酸痛，即使人长时间坐在上面也不会感觉到疲倦和劳累。另外，您可以看一下它支撑靠背的支架，这是纯钢材质，其韧度和寿命都是普通支架的两倍，再重的身体也不会把它压断，所以非常安全。（停顿）那把660元的椅子也不错，不过在使用寿命和对人体的健康方面较这把还是有些差距。要不您再坐坐，感觉一下？

客户听了销售员的话，又反复试坐了两把椅子，最终决定买下那把980元的椅子。虽然多花了300多元，可为了自己的健康，他觉得完全值得，况且这椅子还能多用几年呢。

客户亲自感受产品，结合销售人员的产品结构及特点说明，自然分辨出了两把椅子的优劣以及自己该选哪一把。每一种产品都有自己的魅力和客户喜欢的“点”，让产品自己“说话”比销售人员夸夸其谈地推销更有效。

在销售面谈的过程中，客户的参与度越高就越能感受到产品给自己带来的变化以及由此产生的愉悦感，从而萌发购买欲望。因此，销售人员要抓住每一个机会，甚至创造机会让客户参与其中，而不是让他们只当旁观者或“听众”。

（1）产品演示时，不妨请客户参与，鼓励其去触摸、感觉和操作产品，让客户想象拥有并使用产品的情景，从而激发客户的购买欲望。

（2）如果你的产品是方便体验的，如按摩椅、衣服、手机等，那么销售员要尽量说服客户亲自操作或体验，以期给客户留下深刻的印象。

（3）语言互动。销售人员不能自说自话，要随时关注客户的反应，每介绍或展示完产品的一个特点，销售人员都可请客户发表意见，并根据其反馈情况调整自己的说话思路及语言。

常见话术示例如下：

“×先生/女士，您看，操作非常简单，您亲自试一试，好吗？”

“×先生/女士，您是专业人士，对我刚刚介绍的这款产品，您怎么评价呢？”

一句话口才

☆ 请尽量邀请客户参与到销售洽谈的过程中，而不能让客户只当“听众”。互动得好，拿单的概率就大。

第 177 天　出奇制胜，让沉默的客户吐心声

口才训练

销售中，这样的客户一定有：沉默不语、面无表情，不管销售人员说什么，总是表现得漫不经心、爱答不理。面对这样的“对手”，销售人员该如何与之过招，撬开其“金口”呢？

场景一：利益吸引法

销售员：先生，有没有您比较喜欢的车型呢？

客　户：（装作没听见，继续看其他车）

销售员：先生，现在我们有一款车正在搞“万元大礼赠送”的促销活动，您有没有兴趣？（抛出利益吸引客户）

客　户：是吗？哪一款车啊？（客户产生了兴趣，主动问询）

销售员：就是您身边的这款呀。先生，您选车最看重什么呢？（需求挖掘）

场景二：利用好奇心

销售员：刘总，不知道我刚介绍产品时讲得清不清楚，您觉得这仪器怎么样？

客　户：（面无表情）还行吧。

销售员：说实话，我刚才为您介绍产品时，有一个想法不断地冒出来。我觉得，这款产品可能不太适合您。

客　户：（来了兴致）哦？为什么呀？

销售员：因为刚才我介绍产品时，您一句话不说，所以我就想，您是不是觉得我推荐的这款产品您不适合，或者您不喜欢呢？

客　户：不是，哈哈，你刚才说……能再具体一些吗？

两个场景对话，销售员都成功地打开了客户的话匣子，一个用利益吸引，另一个则设置“陷阱”。其实，面对天生低调、不喜多言或者喜怒不形于色的客户，只要销售人员耐心应对，加上“出奇招数”，定能让其吐露心声。

（1）先自省，检验一下自己在介绍时是否有纰漏、是否照顾到了客户的情绪。排除内因之后再出招，想办法让客户加入到销售面谈中来。

（2）试探一下客户，询问客户是否想了解其他产品。这是判断其是否对这个产品感兴趣的方式，也能就此打开客户的话匣子。因为，如果客户确实不喜欢销售人员随推介的产品，他必然会同意这个提议；如果他对这个产品感兴趣，则会让销售人员继续介绍。

（3）用奇招打开客户的心扉，如案例中的方法，另外还有“自助式服务”、“兴趣话题法”。比如“很抱歉，打扰您了。我叫 × ×，这是我的名片，您有任何疑问就招呼

我一声，好吗？”（自助式）“这是您家孩子吧，真是遗传了爸爸妈妈的全部优点，既漂亮又聪明！”（转到客户感兴趣的话题上）

常用话术示例如下：

“瞧我，只顾着介绍产品了，还没问您喜不喜欢呢？×先生/女士，您刚才一直没怎么说话，是不是不太喜欢这款产品啊？要不，我再领您去看看其他的产品吧？”

“×先生/女士，其实，就在刚才我为您介绍产品时，突然发现了它的一个最大的缺陷！”

“×先生/女士，看您脸色不是很好，很疲惫的样子，您是不是最近工作太多，没休息好呀？要不，咱换个时间再聊吧？或者去楼下的咖啡厅坐一坐……”

一句话口才

☆ 不管客户有多低调、有多沉默寡言，他总会有一些兴趣点、好奇心。销售人员就是要抓住客户的这些地方，引出客户的交谈兴趣来。

第178天　适度表现，不在专业的客户面前“掉价”

口才训练

在现今竞争如此激烈、信息如此发达和容易获取的时代，客户了解产品的渠道越来越多，可选择范围越来越广，门外汉都很容易成为“内行”，更何况有些人本身就是专业人士呢，这就加大了销售人员产品推介的难度。那么面对比自己还专业、成熟的客户，销售人员该如何应对呢？

（1）做好心理准备。不管在什么行业，客户的专业化、成熟化都是一种趋势，销售人员必须有这个心理准备，不要因为敬畏专业客户而显得不自信，应学会与之打交道。况且，有的客户确实是专业人士，而有的则只是略懂一二。

（2）尊重客户，给予其充分的话语权，满足其表达的欲望。面对专业客户，销售人员最好“多听少说”，引导客户多表达，并借此掌握客户的真实情况。否则，侃侃而谈往往是“班门弄斧”，“掉价”的是你自己。比如“哦，原来您也是个行家呀，我还纳闷呢，怎么您提的问题这么专业呀？您能不能跟我详细说说，到底我们的产品哪些地方需要改进呢？”“×先生，原来您对相机也有研究呀，那您说说，我们的这几款产品的竞争力如何？”等。

（3）多利用销售工具，不说空话、套话。专业的客户，本身就对你的产品、你的行业有所了解，销售人员在介绍产品时就不要再说套话、空话，应尽可能地利用销售工具来说服客户。如果客户提出了你确实不了解的问题，你也不能不懂装懂，坦诚相告才是上策。比如“×先生/女士，您的这个问题实在太专业了，我不能糊弄您，您看这样好不好，我回去咨询一下我们的产品研发师，然后给您一个准确的答案！”“×先生/女士，您是我见过的最专业的客户了，跟您谈话太长见识了！要说我们产品的特殊性能，还真有，您看这份报告……”等。

（4）适度表现，让客户对你刮目相看。物以类聚，人以群分，专业的客户也喜欢专业的销售员。不管这个客户有多专业、多挑剔，销售人员都不能退缩，该表现时还是要表现，比如设计一个互动游戏、一个匠心独具的产品演示、一场别开生面的销售会议演讲等，向客户适度展现一个专业的你，就会赢得他们的认可与尊重，对销售成功自然是非常有益的。

总之，不管是遇到真行家，还是遇到“为了不在销售谈判中吃亏而表现得‘专业’”的“假”专家，销售人员都应让客户感觉到你的实力、你的专业与职业，这是赢得专业客户的秘密武器。

一句话口才

☆ 一般来说，专业的客户也喜欢专业的销售员。不管遇到多么专业的客户，销售人员都不能胆怯，向其适度、适当地展现你的专业实力，赢得他们的认可与尊重才是上策。

第 179 天　调动想象，杜绝不切实际的诱导

口才训练

大家都听说过望梅止渴的故事，它揭示了一个非常有趣而又常见的心理现象——联觉，即由一种感觉引起另一种感觉的心理活动。那么，引申到销售中，销售人员也可以利用人的这一心理特点来调动客户的想象，向客户销售一个梦想、一种理念、一种生活方式等，而不是单纯地销售一种产品。

销售员：张姐，看得出来，您非常在意员工培训的效果！

客　户：是啊，公司要拓展新市场，就指着这批新人呢，你说我能不在意吗？

销售员：张姐，您想想，经过三个月训练的新兵与入伍之初，肯定存在巨大差别。我见到贵公司这次招聘到的销售人员，素质都挺高的，经过系统的销售新人培训课程以后，将他们分到各个区域市场，开展工作肯定会顺利得多，我相信，贵公司的销售业绩也会更上层楼的，您说呢？（引导想象员工培训后的情景）

客　户：谁都希望如此啊！

销售员：您就放心吧。我的一个客户，去年下半年与我们合作，也是培训一线销售人员，前几天反馈说效果显著。今年上半年销售业绩相比去年同期增长了 30%。要是贵公司也能取得这样的业绩，功劳簿上不也有您的一份功劳吗？到时候，老板还不给你升职加薪！（引导想象取得成效后客户得到的利益）

客　户：哈哈，先不想那么远，咱们再研究一下培训方案及课程安排……

案例中，销售人员通过两次话语引导，让客户想象接受培训服务之后的场景，并借助“样板客户”打动了客户的心，让客户在潜意识中认定了他这个合作伙伴。

怎么样，引导想象的魅力大吧！其实，客户在购买产品时，内心需要的不仅仅是单纯地购买产品和服务，他们更希望从中获得某种体验，并在体验过程中获得某种满足。比如：护肤品，既是养护皮肤的产品，又是青春靓丽的使者；名表，既是计时工具，更是一种身份地位的象征；汽车，不仅仅是代步工具，更是一种便捷舒适的生活方式等。为客户创造一个值得购买的梦想，让客户有一个与众不同的购买体验，这才是优秀的销售人员推介产品应达到的水平。总之，推销产品，不如推销一种效果、一个梦想等。当然，销售人员也要从实际出发，不能胡诌，杜绝不切实际的诱导。

常用的话术示例如下：

“女士，您看，这里是收腰的，能够更好地显出身材，领口这里加了一圈藏饰，多了一种民族风情，既时尚，又有个性，您穿着别提多拉风了，走在大街上肯定很吸引人眼球……”

“先生，您看现在已经入夏了，上下班挤公交、地铁满身的汗，而有了车，这些烦恼统统没有了。想想看，您开着车、载着女友、听着CD行驶在回家的路上，多浪漫、多惬意啊！”

一句话口才

☆ 推销产品不如推销一个梦想、一种效果。所以，销售人员应调动客户的想象，为客户创造出一个值得购买的梦想。

第180天　推一把，让客户感觉“非买不可”

口才训练

“行百里者半九十。”经过完美的产品介绍，客户对你的产品已经产生了兴趣，甚至有了购买热情。此时，销售人员不要高兴，因为客户还没有真正购买，你还没让客户感觉到“非买不可”！虽然只差一步，然而要想成功跨越也不是那么容易！

（1）制造危机。如果你让客户觉得现在不买就没货了、就享受不到优惠了，客户自然会产生危机感，并在这种危机感的驱使下做出购买决定。比如“×先生/女士，您真是好眼力，这可是我们春季新品中最畅销的一款。都已经脱销了，现在只有我们这里还剩下七八件！”“美女，早晚都是买，您干吗要过段时间呢？这个包包的确很适合你，现在买刚好赶上活动，送一套护理洁具，等到您下次再来，同样的价格就只能买到一个包包了！”

（2）利用从众的心理。人都有从众的心理，因为有别人先于自己购买，担忧就会减轻。大家都这样做，都没有问题，那么，客户的购买信心就会增强，进而做出交易选择。比如“张总，您看，这些是我最近签下的单子，很多和您企业类似的公司都是我们的客户。说实话，采用这套设备带来的效益可是很可观的！”“×先生/女士，看得出来，您虽然非常喜欢我们的产品，但还是有些犹豫，是吗？这样，我给您看一段老客户的回访视频，我相信您看了之后心里就踏实了！”

（3）描述美好的未来。客户的心就好像一架天平，“买”与“不买”是天平的两端。当客户犹豫的时候，如果销售人员不给加把火，天平就会向“不买”的一端倾斜；相反，天平则会向“买”的一端倾斜。所以，销售人员不妨为客户描绘一幅拥有产品后的蓝图，促使其做出交易决定。比如“刘经理，您看，如果使用这套装备，将会大幅度降低能耗，提高效率，可谓是开源节流，这一反一正，您的利润得提升多少，想必您心里更有数吧？”“帅哥，穿上这件衣服，走在大街上，你就尽情地享受美女百分百的回头率吧！”

（4）梳理客户思路，引导客户购买。当客户已经对产品产生了兴趣，可就是不做出购买决定的情况下，销售人员还可重新梳理客户的思路，通过一系列循序渐进的演示与解说，自然而然地让客户选择购买。

销售员：大姐，您说，每天 5 元钱的保费，您少在外面吃一顿饭就够交好几天的了。

客　户：这倒也是。

销售员：大姐，给孩子投了保，一旦孩子生病住院，保险公司会给您报销××元，每天还有××元的住院补助，可给您减轻多少负担啊！

客　户：有道理啊！

销售员：相比给孩子买零食，我觉得给孩子一个保障更重要，您说呢？

客　户：确实如此。零食吃多了对孩子身体不好！

销售员：这份保险计划，您觉得可以吗？还有什么不妥之处？

客　户：没有了。

销售员：大姐，那您告诉我孩子的出生日期、姓名……

客　户：……

总之，客户对产品有了兴趣，销售人员就要趁热打铁，“推客户一把”，激发出其强烈的购买欲望。当然，这个机会转瞬即逝，销售人员在进行产品介绍的过程中，一定要随时留意客户的兴趣，及时抓住促成交易的瞬间。

一句话口才

☆ 即使只差一步就成交了，也不要松懈，要想办法让客户的热情继续，直到交易完成为止。

第 181 天　产品说明会，注重细节赢订单

口才训练

对于企业、集团客户，他们的一次采购可能会涉及多个部门参与，甚至需要开会讨论才能最终确定。销售人员如果一个一个地去游说，不仅效率低，效果也不好。此种情况下，产品说明会就是最好的选择。销售人员亲自到客户企业内部召开产品说明会或者亲自参加客户企业的决策讨论会，既省时又省力，何乐而不为?

配送货车销售员来到某物流公司做产品说明会，事前已经由该公司办公室主任蒋先生组织好该次采购决策的相关人士。

销售员：陈总、蒋主任、王科长，大家好。感谢各位领导拨冗出席，让我有机会展示我们公司最新上市的配送货车。同时要再次感谢蒋主任能协助我对贵公司配送货车的使用现状进行调查，让我能提出更适合贵公司的建议案。（开场白，向客户方表示感谢，赢得好感）

一辆好的配送货车在于它能否增加使用空间、节约上下货时间，大家不反对吧?（反问，设置悬念，吸引客户的注意力）

据我调查，贵公司目前主要配送物品多为体积不大、规格不一的办公文具，客户多且密集，……正确、迅速地在配送车上拿取客户采购的商品，是提高效率的重点。这一点各位是否也能同意?（提出客户存在的问题及改善的必要性）

蒋主任：没错，如何迅速、正确地从配送车上拿出下一家客户要的东西是影响配送效率的一个重要因素。

销售员：另外，配送司机一天中大部分时间都在驾驶位上，因此驾驶座的舒适也是保证司机们提高效率、减少请假的重要因素。刚才陈总也提到车子的安全性问题，的确，这是最应该重视的，一辆专业的配送货车就是要满足上面这些功能。（提出改善现状的必要性）

本企业新推出的××型号配送车，正是为满足客户的上述要求而开发设计的。大家来看看这个，它……（结合 PPT 演示，销售员将其所销售的产品的特性、优点、卖点及能给客户带来的利益一一讲述）

刚才，王科长提出……正好，今天我将这款车开来了，就在楼下，各位可以亲自驾驶，感受一下它的性能（化解客户异议，描述客户使用后的情景以及为其带来的利益、变化，同时引导客户亲自驾驶体验）……

目前贵公司的 30 辆配送车中有 10 辆已接近汰旧换新年限，是否请陈总先同意选购 10 辆我们的这款车……（直接提出交易请求）

案例中，配送货车销售员通过到客户企业召开产品说明会，达到了“购买方相关部门共同参与进而达成共识”的目标，自己也省了力气。选择会议式销售，最关键的

是产品说明的过程。在实际操作时，销售员一定要注意以下五点。

（1）开场一定要致谢。这是最起码的礼貌，更何况，常怀感恩之心对销售人员来说是非常重要的。

（2）充分准备。事先搜集信息，最好做到对客户企业的各方面情况了如指掌；产品说明要结合客户企业的实际情况展开；提前准备一些客户可能提出的问题并想好答案，以免现场被问住而显尴尬，有失专业水准。

（3）产品说明语言一定要简洁明了，有理有据，适当借助销售工具。

（4）销售人员要想办法让现场气氛热烈些，可以在产品说明的过程中加入一些案例、故事、笑话等，或者不时与客户进行话语互动、邀请几位客户参与展示等，既能将客户的注意力都吸引住，也有利于客户做出签单决定。

（5）言语间要顾及到所有参会人员，不得罪其中的任何一位，当然，更要关注关键决策人的表现及其态度变化等，并及时调整产品说明的语言及顺序。

一句话口才

☆ 到企业内部去开产品说明会，成功的关键在于说明语言的精彩以及与客户形成互动。

第11课　销售谈判，用策略更需要有好口才

第182天　别盲目，谈判前一定要确定好目标

口才训练

所谓谈判目标，是指谈判要达到的具体目的，它指明了谈判的方向、企业对本次谈判的期望水平。不论是小额交易的面谈还是大宗买卖的谈判，都需要提前设立目标，盲目应战的结果只能是毫无结果、一事无成。

（1）商业谈判前，如果不设立谈判目标，销售人员就会在谈判中失去方向，发挥不了你的好口才，把握不好进退的分寸，谈判也就难以顺利完成。

（2）没有明确的谈判目标，销售人员在表达己方愿望和要求时，话语就没有针对性，就做不到有的放矢，结果引起对方反感，在降低己方威信的同时也影响谈判效果。

（3）没有统一的谈判目标，参与谈判的成员就如一盘散沙，各说各话，这或许会成为对方的笑柄，对谈判成功自然是无任何益处。

综上所述，谈判前不设立目标，如和没弄清靶子就射箭一样，没有努力的方向。因此，在商业谈判前，不论是销售人员单刀赴会还是谈判小组成员共同前往，都应明确此行的目的。一般情况下，谈判目标会根据谈判进程的发展变化而有所不同，具体如表11-1所示。

表11-1　谈判不同阶段的谈判目标参考表

谈判阶段	谈判目标示例
开发客户阶段	①结识新客户，让客户了解我及我的产品或服务；②了解客户的需求信息等；③赢得客户的好感，让客户接受我；④弄清客户方的关键决策人等
跟进客户阶段	①接近客户，建立信任关系；②了解客户的需求状况，引导客户购买；③弄清客户不购买的原因再对症下药等
准备签约阶段	①明确合作细节；②在某一方面达成共识；③促成签约合作等

当然，因为客户不同、所售产品不同等，在谈判各阶段的目标也应不尽相同，表11-1只是一个参考。最重要的是，销售人员在谈判前要事先确立好自己的目标，并根据谈判的实际情况随机应变，以保证谈判的顺利进行。

一句话口才

☆ 要想在谈判中处于主动，要想使谈判富有成果，在谈判前一定要根据实际情况确立好谈判目标。

第 183 天　双赢谈判，事先要明确的谈判原则

口才训练

每一场谈判，双方都应将“双赢”作为谈判目标。一场商务谈判，最圆满的结局就是达到双赢。那么，如何实现这一目标呢？以下谈判原则可助你一臂之力。

1. 谈判目标不要单一

进行谈判前，销售人员不宜将目标定得过于单一，以避免将焦点锁定在某一个点上（如价格）而无法达成共识的情况。设立多个目标，即使有某些无法协调的情况或达不到预期的目的，也能为以后的谈判或扩大合作奠定基础。

2. 将对方视为合作伙伴而不是对立者

双方能坐下来谈，就应该朝着合作伙伴的方向发展，谈判是解决双方共同遇到的困难，而不应该互视对方为对立者。比如，一开场就应表明己方诚意；在谈判过程中要善待对方，你的“温暖”会慢慢消解对方的“武装”；尽量从对方的观点、立场看问题；说话尽量语气和缓，即使你是正确的也不要当众斥责对方等。

3. 关注多个合作因素

一般来说，谈判的内容应由价钱、服务、质量、包装和运输等多个因素构成。因此，销售人员要关注多个方面，而不仅仅是价钱。这样双方才可以协调各自所需，最后获得大家都满意的效果。

4. 知己知彼，说出有针对性的语言

在谈判之前，销售人员最好先弄清楚谈判对手的情况，如他们的心理、愿望、谈判意图以及他们的阶层、思想状况、文化程度等；然后制定出谈判策略，做到成竹在胸，才能在谈判现场说出有针对性的语言，谈判也才能成功。

5. 在互信的基础上求同存异

在谈判时，双方都应本着互相信任、互惠互利的原则。有矛盾时，多提几种方案积极解决；遇到冲突时，弄清彼此冲突的关键点并及时想办法；当存在无法立即解决的问题时，销售一方应权衡利弊、求同存异，适当做些妥协，等事态稍有转机时再重新交换意见。

一句话口才

☆ 要想达到双赢的谈判结局，最重要的是双方应本着互相信任、互惠互利的原则，以合作的心态面对谈判。

第184天　委婉含蓄，商业谈判中的“金科玉律”

口才训练

谈判重在“谈”，“谈”好了才能“判”。也就是说，只有说服对方，才能达到自己的商业目的。因此，在谈判中“如何说”是至关重要的。

A. 你没说清楚，请再说一遍！

B. 我没听明白，请你再说一遍，好吗？

A. 我对你感到很失望！

B. 我对此感到很遗憾！

A. 您的这一无理要求，我们是坚决不能接受的！

B. 对您刚才提出的这一要求，我们打算商量一下再与您沟通。

上述三组语言对比，如果放在商业谈判的场合，虽然都是表达“不”，B组明显地更容易让对方接受，因为语言更含蓄一些、语气更委婉一些。其实，委婉含蓄就是商业谈判中说话的“金科玉律”，销售人员应学会这一表达方式，为说服客户服务。

1. 直话软说

在谈判中拒绝对方的要求、批评对方的做法时，如果直言相告，势必会引起对方的不快，进而增加谈判成功的难度；而委婉地表达，既维护了对方的自尊心，又能让对方乐于接受。如，“您是不是觉得穿×领型的衬衫更漂亮？”就比“您的脸盘太大，穿这种领型的可不好看，穿×领型的合适你！”要好得多。

2. 安抚情绪，表达同理心

谈判中要想做到委婉含蓄，销售人员应多向客户表达同理心，尽量安抚对方的情绪，然后再表达自己的观点。如，“贵方有这样的想法我非常理解，不过……”“就价格问题，您先别着急，能听我说两句话吗……”

3. 对事不对人

在谈判中，委婉含蓄地表达还有一个原则——对事不对人，即将谈判的问题与谈判者区别对待。就事论事才不至于将情绪迁怒到对方身上，对方也不会因此而迁怒于你，从而使谈判朝着好的方向发展。

商业谈判，其实质就是一个说服对方的过程，而且越是重要的、大额交易的谈判，说服的难度就越大。所以，销售人员应学会迂回委婉的说话方式，以化解谈判中的难题，让谈判逐步朝着双赢的方向发展。

一句话口才

☆ 向客户说“不”，还要顾全双方的面子，这就需要你委婉含蓄地与对方进行迂回沟通。

第 185 天　抓住对方的“软肋”，掌握谈判主动权

口才训练

所谓“软肋”，就是弱点、漏洞。如果在谈判中抓住了客户的“软肋”，尤其是对此处谈判具有致命影响的弱点，销售人员就有了主动权，在谈判时就会占据主动，从而获得更多的利益。

客户不同，其“软肋”也不同，大体上如表 11-2 所示。

表 11-2　客户“软肋”一览表

“弱点”出处	“弱点”说明与示例
个人的	性格上，各类性格的人，其弱点有差异。销售人员可根据谈判对手的性格弱点，采取相应的语言策略应对（具体见第 19 课）
	在乎的人，如客户亲近的人、对其有影响的人等。如果这个谈判对手很难应付，从其在乎的人那里寻找突破口，也是一种策略
	在乎的事，如名誉、职位、地位、家人的安康等。销售人员事先了解了谈判对手所在乎的事，就可制定相应的谈判策略、话术等，“逼”其就范
谈判者所在组织的	对于组织来说，其社会声誉、稳定发展、节约成本、利益最大化等都可能是其弱点，不一而足。销售人员如果提前做好调研，了解了谈判对手所在组织的情况及其弱点，就可对症下药，在谈判中占据主动

除了上述弱点，客户还有一个最大的弱点——真正需求。因此，在销售面谈、谈判过程中，销售人员一定要千方百计地了解、挖掘客户的真正需求，围绕客户的需求说话，这样才能掌握谈判的主动权。

有“软肋”就意味着“让步”。所以，销售人员在谈判前、谈判中要通过各种渠道抓住客户的“软肋”（这些“软肋”可以是谈判对手个人的，也可以是其所在组织的），这样你就能更容易在谈判中掌握主动权，也有利于谈判成功。

一句话口才

☆ 有“软肋”就意味着“让步”，销售人员在谈判前、谈判中要通过各种渠道抓住客户的“软肋”，这样你就能在谈判中占据主动。

第 186 天　说出去的话如泼出去的水，别轻易改口

口才训练

日常生活中，我们都有这样的经历：看中了一样东西，因为价格等原因没有立即购买。等再去买的时候，就显得非常被动，价格也不那么容易砍下来了。同样的道理，如果你在询价时，卖方把价格说错了、说低了，等他改口说正确的价格时，你就会不

乐意，甚至觉得卖方在说谎。此时，卖方就处于被动了……

说出去的话如泼出去的水，是收不回来的。所以在商业谈判中，作为卖方的销售人员，你的每一句话，尤其是关乎双方利益的话语，一定要谨慎说出口，说出的话一定要正确、周全，以免被客户听出漏洞，揪住你的“小辫子”。而一旦不慎，说了错话或做错了某件事，也不要轻易改口，尽量坚持。

为什么要“死不改口”呢？因为销售人员倘若轻易改了口，就等于暴露了己方的弱点，那么对手就会在这一点上做文章，给你制造麻烦。而销售人员也会因此“让”出谈判的主动权，甚至会给己方带来损失、给谈判成功带来影响。因此，若说出不妥的话，销售人员一定要坚持不改口，这在谈判中是非常有效的。另外，还要提请销售人员注意以下两点。

（1）在坚持的过程中，销售人员一定要镇定，要让对方觉得“你是正确的”，切不可乱了分寸，尤其不能向对方说出诸如“到底怎么办”之类的话。如果被对方听出你的“心虚”，你就前功尽弃了。

（2）并不是任何话、任何情况下都不能改口的，销售人员要具体情况具体分析、灵活应对。总之，要以不影响己方利益、不失去谈判的主动权为前提。

一句话口才

☆ 谈判中，说出的话即使错了也尽量不要改口，以免被对方利用而陷于不利的境地。

第187天　不落俗套，让双方都获得满意的结果

口才训练

A、B两公司经过谈判达成协议，约定B公司一个月内交货给A公司。但是，两个星期后，B公司产品的市场价上扬了不少，如果按照合约规定的价格发货给A公司，自己将损失至少2万元。斟酌之下，B公司准备单方面撕毁合同，将这批货高价转卖他人。

A公司接到通知后，马上派代表前往谈判，力争让B公司履行合同。他们是这样跟B公司的业务经理说的：

“这次和贵公司打交道，深感你们做生意的精明，特别是领导经营有方，更令人钦佩。这次我公司从贵方订购的货物，是同另一家公司合作生产的×产品的原材料，若我们不能按期交货给那家公司，结果可想而知。我们的困难，想必你们是能够理解的，所以，必要时还得请贵公司出面向其解释一番。另外，我们也算是老客户了，咱们一直合作愉快，此次虽产生了些矛盾，但将来还是要打交道的。若贵方无意间让我们蒙受损失，不仅中断了双方的业务往来，还会使想同贵方做生意的新客户产生疑问。再

说，目前贵公司客户众多，业务兴旺，倘若他们知道贵公司有单方面撕毁合同的习惯，就会觉得贵公司不守信用、不可信赖，难以长期合作，很有可能会因此而减小或中断业务，那样，贵公司可就得不偿失了……”

A 公司代表的一番话，B 公司的业务经理听后，只说了一句话：“你们放心吧，我们一定会按时交货的！”

案例中，A 公司代表的一席话，有礼有节、有理有据，“客套”与“敦促”并行，取得了良好的效果。在谈判中，“客套”与“敦促”是打动对方、促成交易的好办法。“客套”是适当赞美对方，赢得对方好感；“敦促”是指给对方一定压力，促使对方给出承诺。二者结合使用会取得意想不到的效果，就如案例中的情形。

然而，有些销售人员也知道“客套”与“敦促”的好处，却不知道该如何用，结果盲目尝试、到处滥用，效果当然不尽如人意。比如有些销售员，初见客户笑脸相迎，客套话说一大堆，等进入正式谈判，则变得一脸严肃，说话咄咄逼人，简直判若两人。最终，谈判可能是不欢而散，也可能是半途而废。实际上，这种“俗套”的做法早已过时，买卖双方的关系已经变成互惠互利的合作关系，只有双方共同努力，解决共同面临的问题，才能达到双赢的结局。

所以，在与客户谈判时，销售人员应熟练掌握、灵活运用“客套”与“敦促”，该赞美、该客套时，发自内心、由衷地送上赞美与热情；该施压时施压，但要讲求技巧，要把语言作为施压的工具。这样不落俗套，才能获得双方都满意的结果。

一句话口才

☆ 灵活运用“客套”与“敦促”，不落俗套，才能获得双方都满意的结果。

第 188 天　巧妙道歉，放低身段不一定是坏事

口才训练

在与客户交往、谈判的过程中，有些时候销售人员还应学会道歉。巧妙道歉，说不定还能赢得期望的谈判效果，适当放低身段说不定会带来业绩的增长。

在商务活动中，道歉是讲求技巧的，销售人员可按照如图 11-1 所示的技巧去做。

他赚话头你赚钱，销售人员适当放下身段主动道歉并不是一件坏事。有时候，这会帮助你赢得客户的好感、提高谈判的成功率。当然，道歉并不是万能的，不该道歉的时候莫致歉，否则，客户不领情不说，还可能会因此而得寸进尺、给你难堪。

一句话口才

☆ 真心实意地认错、道歉，有时候会帮助你赢得客户的好感，取得谈判的期望效果。

商务活动中道歉的特殊技巧

1. 错了就及时承认——如果确实有错就及时承认，不要等着对方提出批评或指责，主动认错、道歉更容易获得对方的谅解和宽恕。凡是坚信自己一贯正确，发生争端总是武断地指责对方大错特错的人，大都难以在销售事业上取得成功

2. 没有错，有时也要道歉——明明没有错，有时也需要赔礼道歉。比如纯属客观情况（如气候变化无常、意外的交通事故等）导致销售人员迟到，因而延误谈判时间，虽然是无心之失，但销售人员也应该道歉。如果一味地强调客观，一味地为自己辩解，对方口头上虽然不好说什么，但内心一定会对你产生看法，不利于友谊的建立、交易的达成

3. 大方、真诚地道歉——道歉并不是见不得人的事，销售人员应大大方方、不卑不亢地向对方表达歉意，不要过分贬低自己，这样可能会让人瞧不起。另外，道歉的语言要简洁、有礼貌，多用如“包涵”、“打扰”、“指教”等礼貌语；道歉时态度要坦诚友好，语气要温和亲切，要让对方觉得你是诚心诚意的

4. 道歉可借助于“物语”——有些道歉的话，可能当面难以说出口，销售人员可通过寄信、发邮件、发短信等方式表达。对于女性客户，一束鲜花或一件小礼物，附上道歉的话一定会让其既往不咎。销售人员要多花心思，不管用什么方式，只要达到真诚道歉的目的就好了

图 11-1　商务活动中道歉的特殊技巧说明

第 189 天　坚持原则，但不代表就得“死扛”

口才训练

谈判时，坚持原则是必要的，但也要注意灵活性，只有二者有机结合，与对方求同存异，才能找到双方都能接受的方案。如果一味地“死扛”，谈判或许只有破裂的份儿了。

乙　方：咱们双方的谈判已经为期一周，我们很欣赏你们为了公司利益尽职尽责的精神。虽然目前我们之间还有一些分歧，但我们希望，咱们之间的良好合作能够促成这笔生意尽快达成，我们也非常期待合作成功的那一刻。

甲　方：十分感谢贵公司在过去谈判中给予的合作。其实，我方认为我们双方的分歧已经缩小了不少，比如设备的价格分歧从15%缩小到了5%；卖方信贷的年利率分歧从7.5%降到6.5%；设备试验期限的分歧由6个月降到3个月。只要我们真诚合作，相信很快就会达成协议。况且，贵公司应该知道，我们发电站的二期工程也即将上马，届时必然还要购买设备，这样贵公司还可从双方后续的合作中获得更多的利益。因而，我们建议贵方能在价格上再削减3%。

乙　方：既然贵方这样说了，那我们也秉承互惠互利的合作原则。我们决定将价格下降1.5%，这已经是最低价了。如果贵方不能接受，那我们也实在是无能为力了。

甲　方：好的，我方接受了！

案例中，虽然双方在谈判中都坚持维护己方的利益，尽量促使对方做出更大的让

步，然而也都没有“死扛”，在最后一轮的磋商中，双方都退让了一步，实现了合作。

退一步海阔天空，坚持原则并不代表“死扛”。一次成功的商业谈判，双方都应在坚持己方立场的同时又尊重对方的立场，兼顾原则性与灵活性，这样才能实现“合作”这一根本目的。这也是前文所强调的：谈判目标不可过于单一，制定“高、中、低”多个目标，并根据实际谈判情况随时调整，而不能将谈判的焦点落在某一合作要素上。

一句话口才

☆ 谈判中，将人和事分开、原则性与灵活性兼顾才能求同存异，才能实现“合作”。

第 190 天　话语拿捏好，软硬兼施促谈判成功

口才训练

软硬兼施，刚柔并济，这也是谈判技巧。如果运用得好，销售人员就可以劈荆斩棘，促使谈判成功。

强硬能让对方看到你的坚持与态度，温柔能使对方明白你的真诚与坦然。那么在谈判中，销售人员如何拿捏话语、软硬兼施呢？

（1）除了语言内容，“软、硬”还应体现在语气、表情、动作等各个方面。面部表情、言谈举止等相互配合，才更容易说服客户。

（2）依具体情况交替使用。销售人员不要过度温柔，一个劲儿地谦虚、退让，因为这样会失去谈判对手的尊重，让其误会你是一个软弱的对手；当然，也不能一开始就以强硬姿态示人，因为这样会给客户留下不良印象，还会让其怀疑你的谈判诚意。所以，销售人员应审时度势，处于劣势时就先软后硬，处于优势时也不要过于强硬，结合使用才能赢得对方的信赖。

（3）两人配合，唱好“红白脸”。也就是说，一个人扮演强硬的“白脸”，在谈判中态度坚决、寸步不让；另一个人扮演温和的“红脸”，负责寻求问题的解决办法，并在不损害“白脸”面子的前提下适当做出让步。唱好“红白脸”，己方就可进退自如，在谈判中占据优势。

值得注意的是，如果是“红白脸”分工协作，那么就该注意以下问题，如图 11-2 所示。

总之，不管是一个人在谈判中软硬兼施，还是两个人分饰“红白脸”，最重要的是把握好“火候”与“时机”，“软”“硬”配合，相得益彰，打破客户构筑的壁垒，取得谈判的成功。

一句话口才

☆ 拿捏好语言，掌握好时机，软硬兼施，刚柔并济，这样会打破客户构筑的壁垒，赢得客户的信赖与尊重，从而取得谈判的成功。

配合上	双方必须默契，在重大问题上事先应达成共识，以免出现纰漏，得不偿失
人选上	角色分配应与个人性格特征相匹配，这样才能发挥出此策略的应有效果；另外，红脸一般应由主谈人来担任，白脸则由助手来扮演
时机上	何时该坚持强硬态度，何时该持有合作态度，都要因谈判情况而定并把握好时机
火候上	红白脸的表现都应掌握好分寸，话说到什么程度、哪些方面必须达到己方要求、哪些方面可以退让、什么要求能满足对方等，都要二人配合，拿捏好语言
慎用情况	谈判经验不足或者是初步谈判的销售人员要慎用此策略，以免因表现不佳而事倍功半

图 11-2　使用“红白脸”策略应注意的问题

第 191 天　沉默也是武器，有时候无声胜有声

口才训练

电视剧《乡村爱情变奏曲》中有这样一个情节：刘能家的超市准备关张，可剩下的货品该怎么处理呢？扔掉，对小气的刘能来说简直是天方夜谭，于是他想到了竞争对手谢大脚。一见面，寒暄过后，双方唠了会家常，然后刘能提出了自己的请求。

刘　能：这关了不是还有些货吗？我想把这些货兑给你？

大　脚：兑给我？（惊讶状）

刘　能：嗯！

大　脚：（转过头，沉默）

刘　能：那什么，都是进价！

大　脚：（看了一眼刘能，仍不说话）

刘　能：你啥时候给钱都行！

大　脚：（沉思片刻）行！

刘　能：……到时候零头我给你抹了！

谢大脚的沉默，让一贯抠门的刘能一再“露底”，生怕对方不答应自己的请求。其实，在商业谈判中，沉默也是武器。销售人员适时沉默，可以让客户自乱阵脚，主动缴械。

有时无声胜有声。适时沉默非常关键，它能营造某种气氛，会给对方一种压力，迫使对方在压力下做出让步，而这正是你想要的。双方顺利合作，这有什么不好呢？

沉默是与人交谈中不可缺少的，高明的谈判者总能利用沉默来为己方争取更多的利益。然而，沉默也不能滥用。比如，遇到富有经验的谈判对手，他一下子就可明白

你沉默的用意，不会往你的“陷阱”中钻；若双方都采用沉默策略，僵持在那里也不好。所以在谈判中，销售人员运用沉默，要根据对手的情况恰当使用。

（1）客户一方谈判经验不足，社会阅历不丰富，不会马上窥探出你的用意。

（2）客户一方急需你的产品，急于合作成功；或者客户对你的产品非常感兴趣，只是在某一方面还有异议，而你又不能让步的情况下。

一句话口才

☆ 要想真正体现出沉默的价值，销售人员在谈判中就要选对人、选对时机。

第 192 天　良好的沟通氛围也能助你一臂之力

口才训练

谈判气氛是谈判策略中不可或缺的组成部分。良好的谈判气氛有助于谈判者充分发挥自己的讲话水平，在谈判中助其一臂之力。

有一个“花生试验”，内容是这样的：一群青年学生阅读几篇枯燥的劝说材料，其中一部分学生在休息时获得了可乐和花生，而另一部分学生则什么都没有吃到。结果显示，享用过花生和可乐的学生对材料内容持肯定态度的比另一部分学生多。

实际上，影响学生们判断力的并不是可乐和花生本身，而是它们所营造的气氛以及给学生们带来的愉快心情。同样的道理，谈判时的气氛也会影响谈判者的情绪及谈判的结果。有时候，尽管客户需要销售人员的产品，但由于沟通氛围不好（如客户手头的事情多、总有人打扰、环境嘈杂等），使得客户根本无心认真倾听销售人员的话，更不用说采纳销售人员的建议了。

因此在商业谈判时，销售人员应营造一个良好的面谈氛围，以保证谈判水平的充分发挥以及谈判才能的展现。具体来说，可以从三方面进行，如图 11-3 所示。

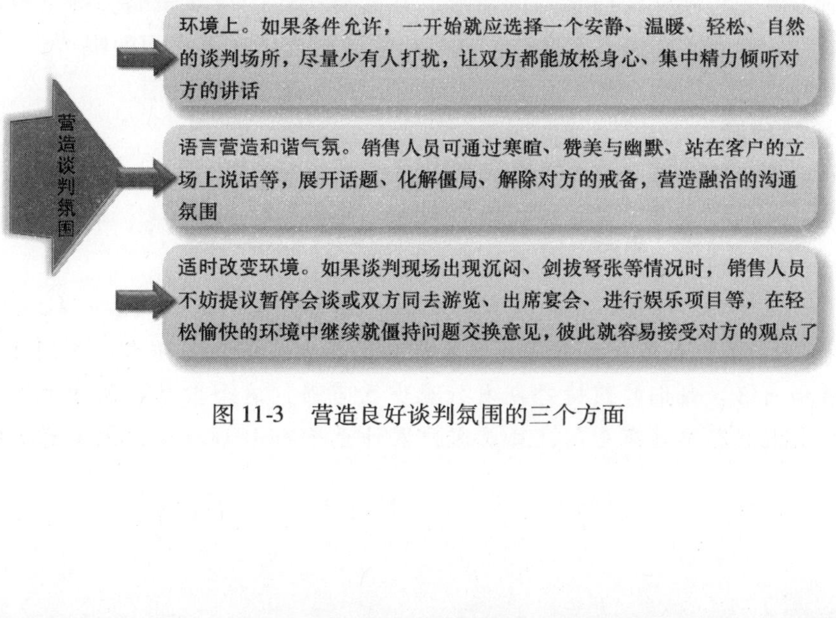

图 11-3　营造良好谈判氛围的三个方面

事在人为。如果销售人员能够营造一个热烈的、积极的、合作的氛围，则会将谈判推向成功；相反，谈判则会陷入不良境地。接下来该怎么做，销售人员一定心中有数了。

一句话口才

☆ 良好的沟通氛围有助于谈判者说话水平的发挥以及才能的充分展示，所以营造一个积极、热烈、轻松、合作的谈判氛围非常重要。

第 193 天　配合演戏，借助领导或公司做靠山

口才训练

俗话说，有棵大树好乘凉。销售人员在与客户谈判时，也可借助自己的领导、公司做靠山，或配合演戏，或以优势取胜。

1. 配合演戏

销售员：李总，您刚才提出的条件，我们商量一下再给您回复，好吗？

客　户：好啊，最好找你们领导！

销售员：我们也是这个意思。（说完，销售员给领导打了个电话，通话结束后坐回谈判桌）

客　户：怎么样？你们经理答应了？

销售员：李总，我们领导说，价格上实在不能再优惠了，如果优惠，也只能将货款的零头给抹了，而且我们不负责送货。我也实在是无能为力了，您要不信可以亲自给他打电话。

客户听了，果然要求通话。结果听到了同样的说辞，都是身为管理者，客户也不好意思再辩驳，于是接受了销售员给出的价格，双方签了订货协议。

谈判前，事先与领导沟通客户的情况，并商讨相应的应对策略。等销售人员与客户正式面谈时，如果实在搞不定客户，就可与领导配合，在客户面前唱“红白脸”，从而促进交易的达成。因为在客户心里，领导的话更具威力、更可信。

2. 以优势取胜

客　户：我们还是再考虑考虑吧，等决定了再跟你联系，好吗？

销售员：可以。不过，我还想问您一个问题，您还有哪些顾虑，能给我说一下吗？

客　户：就是怕广告出来，没有效果！

销售员：这样啊，李总，这个您大可放心。首先，我们是国内第一家做 IT 商情的公司，这个在 IT 界、在广告界都是有目共睹的；其次，这么多年来，我们建成了完善的发行渠道和网络，我们的商情每期发行至少 5 万册，这个数量在业内也是首屈一指的；第三，我们的客户遍布全国，目前客户累计至少有 10 000 家，大家通过我们的商

情资讯互通有无，共同发展。如果没有效果，他们也不可能白白地往里搭钱，您说呢？

客　户：你说的倒是没错儿，这个我也有耳闻。

销售员：要不您先入刊，从会员开始，先看看效果。

客　户：也好。你今天带合同了吗？

如果你所在的公司很有名气、社会口碑很好，如果你的产品质量出类拔萃、人所共知，如果你的品牌非常具有影响力，销售人员在谈判中不妨让它们做你的靠山，利用它们的“信誉”帮助你拿到订单，就如案例中的销售员。信誉、口碑都是无价之宝，也是赢得客户信赖的最有力武器，何不好好用一用呢！

一句话口才

☆ 如果有“大树”可“乘凉”，为何不用呢？将领导、公司做靠山，会减小谈判的阻力。

第 194 天　山穷水尽时，不妨用幽默扭转局面

口才训练

第二次世界大战期间，各国交战，自然是武器短缺。当时的英国首相丘吉尔来到华盛顿会晤罗斯福，向其请求军需物资方面的接济。

会谈被安排在第二天进行。次日凌晨，丘吉尔正躺在浴盆中，抽着特大号的雪茄，思考着如何说服对方答应自己的请求。没想到，罗斯福突然推门而入，此时的丘吉尔，赤身裸体，大肚子还露出了水面。

两人相视都不禁一愣。随即，丘吉尔微微一笑，说道：“总统先生，英国首相在你面前可真是没有半点隐瞒了！”说罢，两人都不约而同地笑了起来。而接下来的面谈也非常成功。

丘吉尔的幽默，不仅化解了自己的尴尬，还进一步拉近了双方的关系。“英国首相在你面前可真是没有半点隐瞒了”一语双关，为自己的请求也做了适当的铺垫。

在商业谈判中，适度幽默同样能够让谈判双方精神放松，拉近彼此的心理距离，营造出友好、轻松、诚挚、认真的合作氛围。另外，幽默是智慧的体现，谈判中适当运用幽默，可以缓和紧张气氛、减弱对立感，并能赢得对手的尊重。因此，销售人员应该注重培养自己的幽默感（见图 11-4），在“山穷水尽”时，让“幽默”引导你走向“柳暗花明”。

有了幽默感，自然也就有了幽默口才。运用在谈判中，销售人员就可充满自信、思路清晰、左右逢源，并在和谐友好的气氛中达到谈判的目标。在谈判陷入僵局或走向“山穷水尽”时，销售人员不妨运用幽默来扭转一下局面。

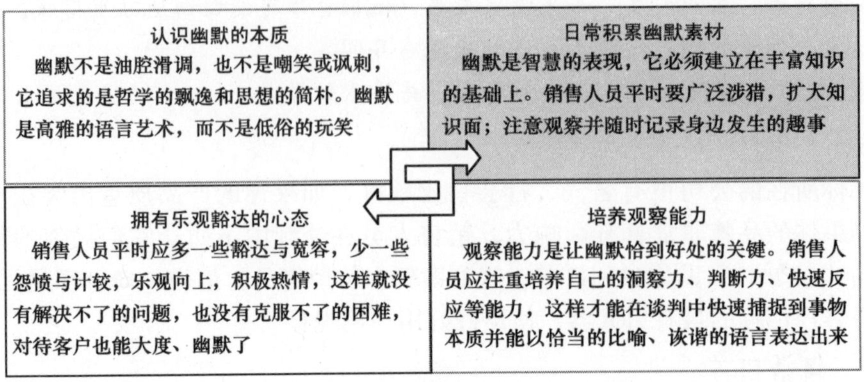

图 11-4　培养幽默感的四个建议

一句话口才

☆ 适当的幽默口才能使你在“山穷水尽”时转向“柳暗花明”，销售人员不妨运用幽默来扭转一下局面，缓解一下紧张形势。

第 195 天　出其不意，向客户发出“最后通牒”

口才训练

所谓“最后通牒”，在商业谈判中是指谈判双方陷入僵持阶段，在谈判桌上，一方突然对另一方提出某种条件或绝对要求，限定其在一定时间内接受的一种策略。

事实证明，如果一方根据谈判的情况限定了时间，发出了最后通牒，那么另一方就必须考虑是否接受条件或者放弃机会。如果放弃，就得牺牲之前已经投入的谈判成本。

使用“最后通牒”策略是有一定风险的，并不是屡试不爽。在商业谈判中，如果销售的一方使用此策略，则要注意以下三个问题。

1. 使用时机

双方在某些交易条件上谈不拢，而对方摆出进行“拉锯战”的架势，完全抛开了谈判的截止时间。此时，销售人员可以使用攻守兼备的“最后通牒”策略，可以达到“出其不意”的效果。

2. 做好准备

发出“最后通牒”的结果只有两个，要么是客户放弃合作机会两败俱伤，要么是在经济利益和时间限制的双重驱动下不得不屈服。所以，销售人员一定要做好充分的心理准备，想好如果对方放弃的应对策略，以免真的失去这次交易机会。

3. 语言技巧

因为此策略是在谈判时给对方一个突然袭击，达到让对方措手不及的效果。所以在使用时，销售人员要注意语言技巧，具体如图 11-5 所示。

☆ 语气坚定

因为是出其不意地提出最后期限，所以销售人员说话的语气必须坚定、不容通融，这样才能促使对方下定决心购买。如果使用模棱两可的话语，对方会因存在希望而不肯签约，那么此策略也就失败了

☆ 言辞委婉

此策略本身具有较强的攻击性，所以销售人员发出最后通牒时的语言要婉转，切不可言辞激烈。激烈语言会极度伤害对方的感情，甚至引发对方冲动而退出谈判，这对双方都没有任何好处

☆ 最后期限要明确、具体

所提出时间一定要具体、明确，如“今天下午3点”、“明天晚上9点之前”等，不可给出“明天上午”、“后天晚上”等模糊时间。因为具体、明确的时间会增加对方的紧迫感，消除对方的侥幸心理

图 11-5　发出“最后通牒”的语言技巧

一句话口才

☆ 出其不意攻其不备，发出最后通牒，让对手在经济利益和时间限制的双重驱动下不得不屈服。

第 196 天　合作细节，在谈判时一定要双方确认

口才训练

所谓商业谈判，就是一个谈判双方磋商合作细节，最终达成一致的过程。在谈判中，双方一定要将各种细节想周全并协商，达成共识。而在合同签订前，各种细节，双方一定要再次确认清楚后落笔，以免引起不必要的麻烦。

那么，在商业谈判中，双方商讨的内容主要有哪些细节问题呢？具体如表 11-3 所示。

表 11-3　谈判中该商讨、确认的合作细节一览表

内容项目	具体说明
与标的有关的内容	主要包括客户购买产品或服务的型号、类别、数量、单价、质量标准、包装、到货日期和售后服务等
付款方式	销售人员在与客户接触阶段就要做好客户的信用评估工作，然后根据客户的实际信用状况，酌情选定付款方式。比如，信用好、实力强的大企业可考虑后付款，信用一般的客户要预付款或分期付款等。但是，在订立合同时，销售人员一定要从自己公司的利益出发，坚持原则，最好要求客户预付款，以免发生拖、欠款情况及不必要的麻烦

（续）

内容项目	具体说明
合同的有效期限	合同的履行期限和合同的有效期限，销售人员一定要跟客户确认清楚，以免引起纠纷
合同履行的地点和方式	主要包括：交货方式，即双方约定的交接标的形式（如送货还是自提等）；运输形式，即双方约定的用何种运输工具、采用何种方式运输（如空运、铁路、公路等）；交货地点，即双方约定的交接标的具体地点（尽量写详细，最好写上电话等联系方式）
双方的违约责任承担	违约责任要说清楚，这既是对双方的约束，也是己方利益的保证
其他细节	其他细节（如争议的解决、保密责任等），一般都是合同法规定的基本条款，在企业起草合同时参照合同法的规定就可以了，不需要双方讨论，除非是涉外合同，可能某些条款不符合国际惯例，因此需要双方具体协商

一句话口才

☆ 合作细节当面说清、双方确认，以免在签合同及合同履行过程中出现偏差。

第 12 课 销售跟进，好口才为成单扫清障碍

第 197 天 客户级别不同，跟进语言要不同

口才训练

销售中，一次拜访或一次通话就成单的概率几乎为零，客户的拒绝再寻常不过了。而销售人员却不能就此放弃，而应该不断跟进，将准客户变成老客户，变成稳定的合作伙伴。另外，即使已经实现合作的客户，销售人员也应该继续跟进，以稳固双方的合作关系。

当然，跟进客户也是有讲究的。销售人员可根据与客户的接触程度将客户分级，进而制定具体的跟进策略。这不仅能够节约时间和精力，还可让销售工作科学化、业绩平稳化。

1. 跟进已经合作的客户

跟进已签单客户，销售人员的工作重点在于提升好感、增进友谊，以期实现长期合作。具体来说，跟进语言不外乎以下五类。

（1）询问是否到货，提醒客户验货等。

（2）询问客户是否满意己方提供的服务，请客户指正存在哪些不足。

（3）询问客户产品的使用情况，提醒客户如果有疑问可随时联系。

（4）给客户送去问候、关心、额外帮助等，增进双方的友谊。

（5）请求客户介绍新客户。

2. 跟进近期（3 个月内）有希望签单的客户

根据前期的接触，判断近期客户有希望签约，那么销售人员就要抓紧时间跟进，以免被竞争对手抢先。对于这类优质潜在客户，销售人员跟进语言的重点有以下四类。

（1）询问了解客户方处在购买的哪个阶段，是分析、调查阶段，还是论证、决策阶段。

（2）挖掘客户的需求，印证或纠偏自己对客户的判断。

（3）了解客户是否与其他公司在接触、在评估比较，判断分析客户话语的可信度。

（4）根据客户的情况适当制造压力，让客户有成交的紧迫感。

3. 跟进暂无签单可能的客户

如果判定客户确实暂无需求，短期内不可能签单，销售人员也不要放弃。对此类

客户的跟进工作重点在于交朋友、创造需求。具体来说，跟进语言有以下三类。

（1）有事没事打个电话问候一下，让客户知道你的存在。这样当客户有需求时，就会主动打电话过来。但要注意，沟通不能过于频繁，一两个月沟通一次即可。

（2）创造机会拉近与客户的距离，最好成为朋友，这样更容易赢得其支持，即使他自己确实没需求，也许会介绍其他客户给你。

（3）当己方有新产品上市、有促销活动等，销售人员不妨通过电子邮件、邮寄等方式给客户提供一些产品资料、信息等，并与电话沟通相结合，说不定这样会给客户创造出需求来。

一句话口才

☆ 在跟进客户之前，先将客户分级，不同级别的客户采取不同的跟进策略与跟进语言。

第198天　找个恰当的理由给客户打个电话

口才训练

跟进客户，需要一个恰当的理由打开话题。这个理由，有的是销售人员自己上次沟通时创造的，有的是客户留下的，还有的是客观情况衍生的等。只要销售人员用心，理由总会有的。

1. 上次沟通结束前约定的事由

“李总，我是张芳，周一我去拜访过您，回来后我就把样刊给您寄过去了，您收到了吗？”

“吴先生，我是彭帅，咱们约好我今天给您打电话。”

不管上一次拜访或通话与客户做了怎样的约定，销售人员都要有现成的理由再次与客户联系。而且行动要快，跟进电话一定要主动、及时、趁早。

2. 客户留下的未尽事项

“贾总，上次您说想了解一下我们产品的构造及其设计原理。我今天终于约到了我们的一位产品研发师，您下午什么时候方便，我们去给您介绍一下？”

“何小姐，昨天您对我们店那款新上市的SUV比较感兴趣，可后来说还要比较比较，不知……（停顿，等客户开口）”

如果在前一次沟通中留下了有待解决的问题或没有彻底清除的客户异议，或者其他未尽事项，销售人员就有了再次拜访客户的最佳理由。就像上述示例一样，以这些遗留问题作为下次拜访的开场，会显得很自然合理、顺理成章。

3. 客观情况衍生的理由

“潘总，昨晚我在电视上看到您了，恭喜您当选十大杰出企业家，这下贵公司的发展道路就更广阔了！”

“李总，我是××公司的张晓敏，给您带来一个好消息……”

在两次拜访客户之间，如果发现有关客户的一些情况、事件等，销售人员一定要抓住机会，以此作为理由拜访客户，这不仅能让客户感觉到被关注、被重视，还能赢得其好感。

看到这里，销售人员还会为没有再次拜访客户的理由而苦恼吗？只要用心、细心，你总会发现拜访理由的。当然，这些理由不能是牵强附会的借口，而应该是真正合理、不会引起客户反感和戒备的理由。

一句话口才

☆ 用心的销售员总能找到自然合理的拜访理由，或者是给自己创造再次拜访的机会。

第 199 天 有事没事联系一下，送去你的关心

口才训练

问候、关心、祝福，这些也可作为再次拜访客户的理由。销售人员有事没事跟客户联系一下，说上几句暖心的话，送上自己的关心，客户会非常受用。可是，销售人员那么多，听多了这样的话，客户也会腻。那么，关心的话语该如何表达，销售人员才能突出重围、引起客户的注意呢？

1. 不能简单地送上问候与关心，还要打动客户的心

销售员：孙总，您好，我是××公司的张芳。明天就是中秋节了，我快递给您的月饼您收到了吗？

客　户：哈哈，昨天下午就收到了，忘记告诉你了，谢谢！

销售员：您客气了！孙总，那我就提前祝您中秋节快乐了！您一个人在这里，可一定要吃月饼并快乐啊！

客　户：谢谢，谢谢，也祝你节日快乐。哎，我都想不起来上一次和家人一起过中秋节是哪一年了。（触动了客户）

销售员：今年的中秋和国庆挨得很近，要是时间允许，您就赶回去和家人一起过节吧，他们肯定都盼着您回去呢。

客　户：我何尝不希望这样呢，没办法啊！

案例中的销售员，以询问礼品是否收到作为开场，不仅送上了祝福，还因为“一个人在外地要记得吃月饼并快乐”“时间允许就赶回家过‘团圆节’”这两句话，完全触动了身在异乡的客户的心，这比简单祝福“节日快乐”效果要好得多。

只有能够引起客户情感共鸣的话语，才能真正打动客户的心。所以，销售人员

一定要用心，表达关心的话语要尽量新颖独特，尽量说些客户关心的话题。这样才能打动客户，给客户留下深刻印象。像案例中的销售员那样表情达意，自然会收到好的效果。

2. 好话题也能触动客户的心弦

销售跟进中，除了节日的祝福，其他话题也可作为拜访客户、表达问候的理由。销售人员要善于收集信息，找到能触动客户心弦的话题。

（1）有关客户自身的情况，如客户生日，销售人员就可送上祝福；客户升迁、生宝宝、结婚等，销售人员都可以道贺；客户生病，销售人员也可以此为话题。

（2）其他与客户有关的事情，如某地发生了自然灾害，销售人员就以询问客户有没有遭受损失为话题表示关心。“张总，昨晚雨下得真大，新闻上说是百年不遇的，您工厂那儿没事吧?”

3. 要注意话题的选择，不可触犯客户的禁忌

销售人员向客户表达关心，还应把握一个原则——不该关心的就不要关心，话题不能涉及客户隐私或其忌讳的事情。

一句话口才

☆ 关心问候的话要能触动客户的心弦，引起其情感共鸣。当然，这样的话也别过于频繁，别让客户不胜其扰。

第200天　找准机会，给客户送个惊喜

口才训练

拜访客户，拉近与客户的距离，销售人员还可给客户送个“惊喜”，让客户在出乎意料的情况下领情，自然也会对你刮目相看、印象深刻。

销售员：王姐，您好，我是××保险公司的销售员李红，您方便说话吧?

客　户：你说吧，什么事?（态度冷淡）

销售员：上次我去给您送资料，看到您父亲的胳膊活动不大自如啊!（说出客户的困难）

客　户：是啊，怎么了?（态度依然冷淡）

销售员：呵呵，我当时看到老人家很痛苦，您也是一筹莫展。回来后就给我的叔叔打电话咨询了一下，他是××医院的骨病专家。他给了我很多康复建议，还让您带着老人一家去找他呢!（为客户解决难题）

客　户：是吗?那可太好了!我爸爸胳膊的关节老化受损，骨质增生，都好长时间了，一直也没找到什么好的办法!

销售员：是啊，总这样耗着也不是办法，老人家疼痛不说，时间长了影响正常的

生活啊！我叔叔是专门研究骨关节相关病症的专家，治好了很多病人，您要是感兴趣，咱们约个时间，我陪您一起去给老人家看看！（替客户着想）

客　户：啊，那可太好了，要我怎么感谢你呢？

销售员：您太客气了，举手之劳。要是老人家胳膊好了，我也高兴啊！（低调表功）

客　户：我真是遇到贵人了。那你什么时候方便呢？

案例中，销售员送上的可是一个大大的“惊喜”，客户能不从心底感谢这位给自己排忧解难的销售员吗？这是多少好话都换不来的。的确，跟进客户时，如果销售人员能够为客户提供一些实实在在的好处，那效果就不一般了。不过，这好处该如何说出口、怎么表达客户更容易接受等也是有技巧的，具体如图 12-1 所示。

发现客户的困难找到自己的机会	销售人员在客户调查及接触中要留心，发现客户的困难、喜好，了解客户最需要什么，然后想办法解决。比如上述案例中的销售员，免费给客户提供有用的信息、替他找到了问题的解决办法；再比如免费给客户提供一些额外的服务、送客户一些他喜欢的小礼物等。关键是要给客户一个惊喜，要让其出乎意料
提供帮助要说得合情合理	谁也不会无缘无故地接受别人的好处。所以，销售人员在表达之前，一定要下足工夫，对客户的了解要细致入微，站在客户的立场上感同身受。这样表达提供帮助时，就能将自己细致的准备内容表述出来，话就会说得合情合理、严丝合缝，客户也容易接受。否则可能会引起客户的反感和戒备，情况就不容乐观了
诚心帮助低调表功	做销售就是做人、做关系，因此才要跟进客户，与客户建立信任关系。所以销售人员在给客户好处时，一定要实心实意、不图回报，要让客户感觉到你是诚心帮他；客户致谢时，也要低调处理，表示自己只是举手之劳、不足挂齿。如果是送给客户小礼物，则要向其强调“小”，只为表达心意，这样客户才会坦然接受

图 12-1　给客户“惊喜”的口才技巧说明图

常用话术示例：

“刘先生，昨天听您说孩子喜欢集邮，正好我这有两套生肖邮票，我明天给你带过去吧！”

“肖总，听说您的胃不好，前两天，我一个朋友告诉我一个偏方，据说很管用……”

一句话口才

☆ 发现客户真正的需要，提供实实在在的帮助，让客户在惊喜之余提升对你的好感。

第 201 天　深挖需求，引发客户的购买兴趣

口才训练

跟进客户，光与客户拉近距离、交朋友是不够的。销售人员还得想办法挖掘客户

的需求，让其隐藏的需求显现出来，引发其购买的兴趣。

客　户：彭帅啊，有什么事？要是软件的事就别提了啊！（客户对产品不感兴趣）

销售员：哈哈，刘总，今天不谈软件。听说贵公司接了个大项目，是和 B 公司合作开发 ××！恭喜您了，这可是一个很好的发展机会啊！（谈论客户的新变化）

客　户：谢谢！你小子是怎么知道的？

销售员：我神通广大嘛！哈哈，开个玩笑，是 B 公司的张总说的。B 公司也是我们的合作伙伴，他们非常认可我们的软件，已经用了 5 年了。

客　户：是吗？

销售员：嗯，我们两家一直合作得很好。昨天张总还问我，"刘总他们公司用没用你们的系统……"（停顿）不过，说实话，如果您也采用我们的系统，不仅能大大提高工作效率，而且未来和 B 公司的对接也会很顺利，您说是吗？（挖掘需求）

客　户：说得也是。我好好考虑考虑。

案例中，客户本来对软件系统毫无兴趣，但销售员用客户的新项目作为话题，成功地挖掘到了客户的隐藏需求，激发了其购买兴趣。看客户的表现，离最终签单也不远了。

掌握客户的需求，是跟进客户的重要任务之一。销售人员该如何让不知需求的客户发现需求、不感兴趣的客户兴趣倍增呢？告诉他一些对销售有利的新变化，具体如表 12-1 所示。

表 12-1

激发客户兴趣的新变化	新变化说明与示例	销售人员的话术示例
己方产品的新变化	新品上市、产品换代升级、促销政策变化等，凡是有利于引起客户兴趣的变化都应告知客户	李姐，我们公司正在搞促销活动回馈客户，您上次觉得有点贵的那套护肤品现在做特价了，全套购买打 7 折
所在企业的新变化	企业发展新动向，如获得资质认证、开发新的专利技术、建立新的网点等有利于成单的信息	张总，顺便告诉您一个好消息，我们公司又申请到了一项专利，上次给您介绍的那套设备，使用的就是这一专利技术
客户的新变化	客户自身的新变化，如扩大生产规模、改建厂房、招聘大批新人等。销售人员所售产品与改变后客户的需求更加匹配	张姐，听说您的女儿再过两年就要上初中了，正好我们这套房子紧邻 ×× 中学，全市重点，您也希望女儿能在这读书，对吗
行业的新变化	行业发展的动态变化，可能给客户带来的新的机遇或损失，而所售产品恰恰能帮助客户解决问题	王先生，您听说了吗，咱们这也要摇号买车了，到时候您想买车就不这么容易了
其他变化	其他如国家有关政策的颁布、市场的趋势等能够影响客户需求变化的变化	张总，国家新出台了 ×× 政策，这对 ×× 行业的发展是非常有利的，您何不趁现在多积累些人才呢

一句话口才

☆ 介绍一些对于成交有利的新变化，让客户发现自己的需求、发现产品更加契合自己的需求，从而增强购买兴趣。这样的跟进，才是有成效的。

第 202 天　还在犹豫的客户，给他一点儿压力

口才训练

面谈的时候，客户对产品或服务的兴趣很浓；可是跟进过程中，销售人员却发现客户犹豫不决，迟迟不愿签单。此种情况下，如果追得太紧，客户会因为压力过大而放弃购买；如果听之任之，又怕他失去兴趣或转买竞争对手的产品。这时候，销售人员要给客户施加一点儿压力！

销售员：喂！张总，您好，我是 × × 科技公司的刘浩，上次咱们谈的软件，您不是说让我今天带人过去安装吗，我们下午过去，您给安排一下好吗？

客　户：噢！这事啊，是今天吗？我今天很忙。你过两天再打电话吧！

销售员：张总，这事咱们已经沟通多次了，软件您也试用了，也觉得不错。咱们就赶紧安装正式版，让其尽快为咱们公司增效益吧，您说呢？

客　户：对，这是肯定的，不过我现在正准备开会。

销售员：张总，今天您开会要到几点？

客　户：哎呀，怎么也得开到中午 12 点。

销售员：那您下午没别的安排吧？

客　户：下午不好说。晚上我跟朋友约好了去打球。

销售员：张总，这样吧，我现在就过去。等您散会后，咱们花半小时时间把合同签了。剩下的工作，就是我们和其他人具体沟通了，一点都不会耽误您的日程安排？

客　户：好办法，那你们到接待室等我吧。

案例中，销售人员多次在电话中与客户约定签约时间，客户不得不在压力下给出回复。现实中，如果销售人员与客户沟通多次，而客户虽然对产品感兴趣，却对成交一拖再拖，销售人员就可根据具体情况给予适当的压力，以便加快成交的进程。那么，如何给客户施加压力呢？

（1）压力要掌握好“火候”，不可过大也不可过小，不能把客户逼急了，让客户认识到应抓紧时间购买即可。

（2）把握好施压的时机，不要等到客户的兴趣逐渐消失再施压。

（3）施压给客户，销售人员可采用以下四种方式：

① 催促与给出解决办法相结合，如案例中所描述的情形。

② 客户喜欢的产品即将涨价，如“李先生，据我们内部可靠消息，您上次看中的那款车型下周就要涨价！”

③ 引进竞购者，客户看中的产品即将被别人买走。

④ 客户看中的产品的促销活动即将结束，现在不买就会受损失。

一句话口才

☆ 面对迟迟不做购买决定的客户，跟进时，恰当地施加一点儿压力，让其意识到自己应该抓紧时间购买。

第 203 天　跟进老客户，如何创造再销售机会

口才训练

跟进老客户，除了维护好双方的关系，就是发掘他们的新需求，以期再次购买、多次合作。实际上，销售人员最应该重视和跟进的就是老客户，维护好他们，你的业绩就解决了 80%。然而，销售人员该怎样与老客户联系呢？联系时该说些什么呢？

销售员：王经理，节日快乐哦！

客　户：哦，节日快乐？今天什么节啊？

销售员：王经理，今天是您第一次购买我公司 ×× 产品一周年，哈哈！

客　户：哈哈，原来是这个呀！

销售员：我还要告诉您一个好消息，我们公司在本周六晚 7 点举办客户联谊会，主要是为了答谢老客户，同时给大家创造一个交流的平台，邀请的都是像您这样的重量级客户，您可一定要来参加哦！（邀请客户参加联谊会，创造再销售机会）

客　户：呵呵，好的，谢谢了。具体地点在哪儿？

案例中，富于戏剧性的开场，让客户轻松一笑，同时感受到了销售人员的用心；接下来提出邀请，客户也欣然应允，销售员成功地为自己创造了再销售机会。在实际操作中，跟进老客户，除了前文中提到的几类交谈内容外，销售人员还要注意以下五个技巧。

（1）不管是节日问候还是关心问候，一定要真诚，话语要体现你的浓厚情意。赢得客户的好感，才会有再销售的机会。

（2）关注客户的产品使用情况，从中发现机会，引导客户发现自己的新需求，从而可以推荐其使用过的产品或互补产品。

（3）邀请客户参加联谊会、新品推介会、产品使用分享会等，为自己制造再销售的机会。

（4）以调研的名义，了解客户对产品的满意程度、使用经验、意见建议等，或许你也能从中找到客户的需求点。

（5）如果想直接让客户再购买，最好有优惠，以体现老客户的价值，让其有优越感。

常用话术示例：

“陈小姐，我是 ×× 公司的销售员李刚，请问您是在 6 月份的时候买了我公司的一

套××保健品吗？现在，您的失眠情况有改善吗？”（回访，关心客户）

“赵经理，不知道您对我公司的××产品使用感觉怎么样，我们现在正在举办一个回馈老客户的促销活动，您如果现在购买，可享受到 8 折优惠。”（优惠吸引）

一句话口才

☆ 跟进老客户，最重要的是想办法挖掘其需求，为自己创造再销售的机会。

第 204 天　询问诱导，找到客户的关键忧虑

口才训练

客户有需求却不急于下单，要么是销售人员的原因，要么是客户还有没解决的异议。跟进客户时，销售人员就可以“发掘对方疑虑”为目的，了解了对方的真正隐忧，也就知道下一步该怎么做了。

销售员：刘经理，您好！

客　户：哦，你怎么来了？

销售员：我正好来这边办事，就过来看看您。顺便告诉您，您上次看中的那款复印机，我们又到新货了，不知您这边考虑得怎么样了？

客　户：我还没想好呢，过段时间再说吧！

销售员：没问题。不过，刘经理，我想问一句，到底是什么原因让您不能马上做决定呢？（停顿）是品牌问题？售后服务？还是我哪方面做得不好？（探隐忧）

客　户：都不是！跟你说实话吧，我们这次的采购预算有些超了，如果再买一台复印机，我就得重新再去找老板审批！（说出了不购买的原因）

销售员：我明白，刘经理。可是这次采购不是有复印机这一项吗？

客　户：唔，是有。因为老板觉得现在用的这台太旧了，复印质量差不说，还总是坏！

销售员：既然是为了降低成本、提高效率，何不早点换一台有质量保障、长期使用能够节约费用的机器呢？这不正是老板所期望的吗？

客　户：那倒也是。行，我就重新再申请一下吧，要不我直接带你去见我们老板吧？

销售员：好啊！

销售员上门拜访，巧妙地问出了客户的疑虑：预算超了，怕再去申请费用影响老板对自己工作的看法。有了这个“病根”，销售员就以“老板的期望”做“药引”，让客户重新思考买与不买的利弊，最终二人一起去见“老板”，成功签单的希望就非常大了。

客户的关键忧虑不除，就很难下定决心来购买。所以在销售跟进的过程中，无论是电话沟通还是当面交流，销售人员都应通过观察、提问、倾听等技巧，发掘影响客户购买的关键性疑虑，并给出“药方”。客户的疑虑消除了，签单的时刻也就到来了。

当然，如果客户的这个“病根”，销售人员根本无力解决，那就不要再纠缠了。

一句话口才

☆ 通过观察、提问、倾听等方式，发掘影响客户决策的关键隐忧并加以解决，这是跟进客户、促进签单过程的重要一环。

第 205 天　利益相关，弄清关系扫除障碍

口才训练

一笔交易的达成可能会牵扯到很多人，尤其是企业客户，产品的使用者、采购者，购买活动的发起者、决策者以及其他可能的影响者等，都可能对成交产生或多或少、甚至是决定性的影响。所以在跟进客户时，销售人员应弄清楚客户方的利益相关者，与之建立信任关系，为成功签约扫清障碍。

如何与交易的各利益相关方沟通呢？销售人员除了秉承尊重对方、赢得好感这一基本原则外，在语言上还应各有不同。

1. 面对采购活动的发起者

因为采购活动是他们发起的，自然是非常希望促成交易。所以，销售人员应利用这一点，赢得他们的好感，获得他们的帮助。具体来说，可以运用以下话术技巧。

(1) 充分了解其发起购买的原因及对产品的具体要求，找到自己销售的产品与之要求的契合点并获得其认可。

(2) 与发起者站在同一立场并让其感觉到交易的达成对双方都有利，如果交易不成会伤及其面子，从而获得其大力支持。

2. 应对产品的使用者

产品的使用者是交易的最终受益者，所以销售人员要赢得他们的青睐，让其对交易结果发挥正面、积极的影响。具体来说，可以运用以下沟通策略。

(1) 深挖使用者对产品的期望、要求，从而推介适合的产品，他们对产品满意、非常喜欢，就会向决策者提出有利于成交的意见。

(2) 产品推介时着重强调能给其带来的利益，如更快捷、更安全等，激发其占有欲。

3. 应对采购活动的执行者

购买活动的执行者，是与销售人员打交道最多的人，也是交易中的关键角色。赢得他们的认同，交易就成功了一半。那么，销售人员该如何与执行者进行沟通呢？

(1) 找准需求，推介与之相匹配的产品，并运用专业介绍、推介技巧等激发其兴趣。

(2) 与之建立信任关系、私人友谊，因为关系是交易达成的催化剂。

(3) 有异议及时处理，有困难帮助解决。没有了任何后顾之忧，他一定会主动起来。

4. 应对采购活动的决策者

面对最后真正拍板的人，销售人员的言行要注意以下两点。

（1）尽早找到这个人，交谈之前要做好充分准备，沟通时语言要简洁、直入主题，珍惜他们的时间就是在帮助自己。

（2）一般老板级的人都喜欢精明强干的人，所以你要动作麻利、专业职业，赢得他们的好感与赏识，对成交非常有帮助。

5. 获得守门人的帮助

守门人主要指客户的前台或秘书人员，如何闯过这一关，前文已有详尽描述。其实，在销售的整个过程中，销售人员都可能与之接触，若能获得他们的帮助，对拿到订单也会产生积极影响。所以，销售人员与之沟通时要注意以下技巧。

（1）言语间要照顾对方的感受，尊重、重视他们，不要因为其职位低就轻视他们。

（2）运用赞美、关心、小礼物等方式拉近与守门人的距离，并有意识地获取一些客户方的信息，如决策流程、需求信息、相关部门领导的关系等。

6. 应对采购活动的影响者

除了以上人员，还有一些人也可能对交易决策产生或有利或不利的影响。所以，销售人员还应打通这些影响者的阻碍，设法获取他们的帮助。因为，有时候他们的一句话就能改变决策者的决定。

（1）事先了解都有哪些交易的影响者并加以重视。

（2）事前掌握影响者对交易形成阻碍的原因，准确了解其障碍点，然后对症下药，针对具体问题采取有效措施，引导其支持自己。

一句话口才

☆ 销售跟进中，与此次交易的利益相关者建立良好关系，得到了他们的认可，障碍也就变成了桥梁。

第 206 天　八面玲珑，应对竞争对手的搅局

口才训练

要想销售成功，销售人员不能光盯着客户，还要盯紧竞争对手。在跟进客户的过程中，销售人员要谨防竞争对手的搅局，同时化解客户的疑虑，把客户从竞争对手那里夺回来。

客　户：这套房子，我刚路过××中介时，他们标价才 105 万元，整整差了 3 万元啊，你们也太黑了吧！

经纪人：罗先生，您先别着急！您也是做生意的高手，肯定知道，这房子卖多少

钱得听业主的，中介标多少都没用，是吧？（赞美客户）

客　户：嗯，那倒是。

经纪人：看，果然是个明白人，这点小技巧在您眼里实在是不值得一提。您说，我们报一个低价吸引您过来，到最后与业主谈不拢，耽误您的时间和精力不说，您还得怪我们办事不力！业主确实说过，少于108万元不卖的。（再次赞美客户）

客　户：哦，是这样。价格能不能再降下来点？

经纪人：这个只能是帮您问问。当时业主把房子托付给我们，态度挺坚决的，说要是低于108万元，就宁愿把房子租出去。之前也有客户过来想105万元买，结果都被拒绝了。要不这样，我现在就给业主打电话，探探他的口风！（当面验证，彻底消除客户的疑虑）

客　户：那你试试，尽量谈，谈不下来再说。

面对客户对房源价格的质疑，经纪人通过赞美、戳破竞争伎俩、当面验证，彻底打消了客户的疑虑；而对竞争对手，经纪人没有直言贬低，而是巧妙地让客户自己判断谁好谁坏。

1. 不趁机攻击同行

不管竞争对手如何不堪，在跟进的过程中，销售人员都不要直接在客户面前攻击同行，揭出事实、证明自己就可以了，让客户自己去判断是非曲直。攻击对手，不仅有损你在客户眼里的形象，还会引起客户的逆反心理，导致他更加不信任你。

2. 重建客户的决策标准

销售人员可通过提问、交谈，引导客户重新认识自己的主导需求、重建决策标准，然后再有针对性地强调己方的优势，让客户转而倾向你这边。待时机成熟，直接请求成交。

3. 别落入竞争对手设下的规则“陷阱”

销售人员还要注意，不要按竞争对手设置的游戏规则出牌。例如，竞争对手降价，自己也跟着降价，打价格战只会两败俱伤，从中渔利的是客户。要想赢得客户的订单，关键还是要想办法赢得其信赖，而不是与竞争对手较劲。

一句话口才

☆ 赢得订单的关键是赢得客户的信赖，而不是与竞争对手较劲。重建客户的决策标准、强调己方的优势，让客户转而倾向于你。

第207天　对客户负责，赢得客户的真正信任

口才训练

在接触客户的过程中，销售人员难免会出现纰漏，如报价出错、资料发错等。别

着急，这不一定是坏事，只要处理得当，不仅不会误事，还会赢得客户的真正信任。

销售员：您好，张总，我是××公司的王辉，我没打扰到您吧？

客　户：没关系！你不是昨天刚从我这走的吗？

销售员：非常不好意思，张总，我刚才发现昨天给您的报价单上有个错误，实在对不起。

客　户：哦，稍等，我拿一下单子……在哪里啊？

销售员：就是报价单上的 C 套餐，我漏掉了一个重要内容，非常不好意思，实际上，此套餐还包括一项赠送内容：赠送 4 周的专栏广告。

客　户：哦，是吗？这个赠送倒是挺值的，你给我再介绍一下！

销售员：好的。C 套餐主要针对……现在购买非常划算。

客　户：的确是不错，幸亏你及时打电话过来！

销售员：真是惭愧，张总，因为我的大意给您带来不便，非常抱歉，还请您见谅。

客　户：没关系，看来你们公司确实对客户挺负责任的嘛。

案例中，销售员发现错误后及时给客户打电话修正，并诚恳道歉。不仅给客户一个“负责任”的印象，还让客户对产品有了进一步认识，对交易的达成起到了促进作用。

谁也不会在一个没有责任心的销售人员手里买东西，客户更想踏实购物。所以，销售人员要不失时机地展现你“负责”的一面，对客户负责才能真正赢得客户的信任。具体来说，销售人员犯错后应如何表现呢？具体如图 12-2 所示。

1．如果在与客户的交往中犯下错误、发生纰漏，要及时改正，如案例中的销售员一样，这不仅会避免给双方带来更大的损失或误会，或许还会因祸得福

2．如果前一次接触时有未完成事项，销售人员就应尽快解决并及时反馈，这不仅增加了一次跟进沟通的机会，也是负责的一种体现

3．承诺客户的事情一定要办到，实在办不到，就要诚恳道歉。切不可因为面子迟迟不与客户沟通，结果失信于客户，就永远失去了交易的机会

图 12-2　销售人员犯错后如何表现

一句话口才

☆ 负责，是一种态度。在与客户接触的过程中如果出现纰漏、错误、有未完成事项等，都应及时与客户沟通，赢得客户的信任，也就赢得了真正的销售机会。

第 208 天　客户下定前和后，销售跟进语不同

口才训练

对于房产、汽车以及其他大额交易、紧俏商品等，有时候需要客户先交一点定金，

既是对客户的一种牵制，也是销售成功的保证。那么，客户下定前、后及退定之后，销售人员该如何跟进客户呢？该跟客户说些什么呢？

1. 客户下定之前的跟进

客户下定之前，销售人员跟进客户，自然是要想办法积极促成客户下定金或者达成交易。因此，跟进时应将谈话重点放在以下五个方面。

（1）了解客户目前的想法及购买的决策进度。

（2）了解影响客户购买的因素，如其家人、朋友的意见以及客户对产品的疑虑等。

（3）消除客户遗留的异议、回复客户提出的要求、解决客户的问题。

（4）对前期面谈中遗漏的产品卖点、优势等进行补充说明。

（5）告知目前有关产品的最新情况，如销售状况、促销活动等。

除了上述内容，要想让客户义无反顾地“回头”，销售人员最好提出一个对客户具有足够吸引力的理由，制造再销售的机会。比如，客户之前非常感兴趣的或关系客户利益的话题，让客户乖乖地尽快下定。

常见话术示例：

“刘先生，您一直感兴趣的××车今天有个试驾活动，您要不要过来一试身手?”

“李先生，明天是我们公司成立十周年的纪念日，准备在××小区的售楼中心举行抽奖活动，被抽到的幸运号码，买房直接优惠五万元，您明天要不要过来试试运气?”

2. 客户下定之后的跟进

客户下定之后并不是万事大吉了，销售人员还要及时跟进，别让“煮熟的鸭子飞了”。其实，从下定到签单的这个时间段是客户思想波动最为激烈的时候，任何负面的风吹草动都可能让客户打退堂鼓，放弃购买。所以，销售人员的跟进一定要格外用心。

（1）下定之后的客户心理非常敏感脆弱，销售员要想“催促”其尽快签约，一定要注意自己的语气、语言要委婉，不可给客户带来任何负面的压力。比如，“您什么时候过来签合同啊?”这样的话就会增加客户的压力，因为其潜台词暗示“交易确定不可挽回”。

（2）在跟进时间的选择上：第一次回访最好安排在下定后的次日，以恭喜对方、赞美对方下定的决定明智、询问其有无问题或疑虑、提醒按时签约等为主；第二次回访要安排在约定的保留期限即将到期或者刚刚过期的时段，谈话内容以挖出客户未能按时签约的原因、有针对性地给出建议、解决客户的实际困难或疑虑、抛出重磅理由吸引客户回头等为宜。

3. 客户退定之后的跟进

客户退定不代表交易结束，只要有一线生机，销售人员就不能放弃。具体该如何跟进呢？话题重点应放在以下三个方面。

（1）办理退定手续之前要了解清楚客户退订的原因，并针对这一原因选择恰当的跟进策略与谈话内容，重建客户的购买信心，看有没有可能让客户回心转意。

（2）保持良好心态，不抱怨客户，不对客户的退定决定冷嘲热讽，而是一如既往地做好服务（如提供专业建议、做些力所能及的事），以期客户回头或者转介绍其他客户。

（3）尽可能请求客户转介绍其他客户。

一句话口才

☆ 不管是客户下定与否还是退定，跟进客户的唯一目标就是：把客户拉回到销售中来。

第 209 天　客户索要回扣，你该怎么说

口才训练

现实中，确实存在客户索要回扣、礼品等现象。例如，客户明显地对产品或服务非常感兴趣，对销售人员也非常认可，然而就是不肯签单，总是找理由推脱“过几天再说吧”“我还得问问老板”等。此种情况下，销售人员不能无动于衷，应主动出击，问明原因。

销售员：方经理，您好，我是 ×× 保险公司的张芳，您现在方便说话吧？

客　户：方便。

销售员：方经理，咱们上次谈的员工团险的事，您这边与老板沟通的有进展吗？

客　户：已经沟通了，老板也觉得你的这个团险不错，可是……（沉默）

销售员：方经理，您有什么想法不妨直说，我一定会尽量满足您的要求的。

客　户：你说，我把这么大一单生意给了你，对我有啥好处！我也是给人打工的，保险又不是我一个人的事。咱们以后再谈这事吧。（暗示给他回扣）

销售员：呵呵，方经理，的确，咱们谈了这么长时间，您辛苦了！您对工作这么负责，我想王总一定能够看在眼里、记在心里。保险不像其他行业，非常透明，价格也是公司统一定的，任何人都没有权利改变，况且我们公司又非常注重信誉和服务，对销售员的管理也非常严格。（停顿）

客　户：……（沉默）

销售员：方经理，购买团险，您为全公司的人办了一件好事，他们肯定会感谢你的努力争取；而老板得了人心也得感谢你呀，未来您肯定会继续向上发展。不过，不管这次生意成不成，我也得感谢您能给我这次机会，让我从中学到了很多东西。

客　户：呵呵，你太客气了，明天上午你把合同带来吧。

面对客户的暗示与抱怨，销售人员没有直白地拒绝，也没有为了成单满口应允，而是委婉地道出了收回扣的风险、客观地阐述了这次交易对客户的影响——有利于其

职业发展。既顾全了客户的面子，也让交易得以顺利达成。

一般情况下，客户在索要回扣时都会采用暗示性的语言或行为。所以，销售人员在跟进客户时要留神，要善于听出客户的话外之音。当然，还应采用适当的话语应对。

（1）要顾及客户的面子，委婉拒绝，理由自然也要充分，如表示己方没有给客户回扣的规矩、强调收回扣的风险以及交易成功将给对方带来的利益等。

（2）应根据具体对象分别应对，比如交易的决策者和执行者、企业主与公司雇员，其应对语言是有区别的。而有时候，客户要回扣只是为了压低成交价格或试探销售员的人品，所以销售人员一定要判断清楚客户心之所想再应对。

（3）给客户回扣是商业行贿，严重违反国家的法律，并且相对于企业的长远发展，这也是短视行为。所以，销售人员一定不能答应，更不可主动表示要给客户回扣。

一句话口才

☆ 不能主动表示给客户回扣，客户有这意思表示时要婉言拒绝，不可伤及对方的颜面。

第 210 天　最后时刻，争取继续沟通的机会

口才训练

失去了再次沟通的机会，销售可能也就走到尽头了。所以，每一次跟进拜访，只要客户没签单，销售人员就应在结束前为自己争取继续沟通的机会。

客　户：好，小王，咱们今天就聊到这儿吧，一会儿我还要开个会。

销售员：好的，贾总，那我再耽误您两分钟的时间，对咱俩今天聊的内容总结一下。刚才，我们就以下几个问题达成了共识……但我们还有以下几个问题有待解决……我说的对吗，贾总，您还有其他的异议吗？（总结谈话内容）

客　户：没有了，就你总结的这些。

销售员：嗯，好的，贾总，回去我尽快解决你担心的这几个问题，下次再跟您沟通，您看如何？（提出下次沟通的话题）

客　户：好的，没问题。

销售员：我这边大约需要 3 天时间能把需要的方案、资料备齐，您看我这周五再跟您联系，可以吗？（预约下次沟通的时间）

客　户：行，就这样吧。

一次交易的达成，可能需要销售人员与客户沟通多次。所以每一次沟通结束，销售人员都应为自己创造下一次沟通的机会。像案例中的情况，客户提出结束面谈，销售人员先总结谈话内容，然后提出下次沟通的话题、预约下次沟通的时间，成功地延续了销售机会，保留了成交的希望。那么在实际的跟进拜访中，销售人员怎样才能让

客户同意下次与你沟通呢？

（1）总结本次谈话内容，做到条分缕析、简单明了，给客户留下好印象。

（2）给个理由，如当前没有解决的问题、未尽事项等都可作为下次沟通的主要话题。

（3）预约下次沟通的时间，要尽量合理，满足双方的要求。

常用话术示例：

“师小姐，回去我咨询一下我们的产品研发师，下次沟通时一定给您一个满意的答复？”

“赵先生，请问您这周六、周日，哪一天更方便？我来拜访您，处理这几个问题！”

一句话口才

☆ 只要客户没答应签单，销售人员就应在跟进时为自己创造下一次沟通的机会。

第 211 天　应对“我还是要比较比较”

口才训练

或许是恋旧，或许是误解，或许是其他原因，客户会对销售人员推荐的产品持怀疑态度。在跟进沟通中，客户常会说“我想再比较比较”“我还是觉得××品牌更好”等。那么，销售人员该如何应对呢？

1. 对比型拒绝

销售员：大姐，您来了，还是觉得我们的冰箱不错吧？（看到客户再次光顾主动打招呼）

客　户：和××品牌的冰箱相比，都不错，这不，我又来了，再比较比较！

销售员：哦，您觉得××品牌的冰箱，哪方面更好呢？（请客户列举他所赞赏的竞争产品的特性）

客　户：……

销售员：那咱们比较一下……（通过对比，让客户明白你的产品有相同甚至更好的特性）

客户要比较，销售人员就要帮助他比较，让客户得出“你的产品更好”的结论，客户就会乖乖购买了。当然，在比较时，销售人员最好通过出具证明材料、现场演示产品性能、让客户亲自试用等方式，让客户亲自感受产品的品质优良，对产品有个全新的认识。

2. 恋旧型拒绝

销售员：张小姐，上次送您的试用装，您用完了吗？感觉怎么样？

客　户：还可以吧，但我还是喜欢以前的××品牌的护肤品。

销售员：哦，您和我的许多老客户的想法相同，但那些客户最后还是购买了我的产品，这是因为……（讲述产品利益）

像这样，遇到客户没用过、是其他品牌的忠实“粉丝”等情况时，销售人员就要想办法改变客户的使用习惯。比如，用坚定的口气，通过产品对比、销售展示等方式，让客户切实感觉到你的产品能够给他带来利益。当客户认识到你的产品确实比其他的好时，那么你的机会就来了。

总之，在客户对你的产品有初步接触之后，不管他说出的拒绝是比较型、恋旧型，还是对产品质量有质疑、有误解等，销售人员都不要轻易放弃，要语气坚定地说出自己产品的优势，要对自己的产品有信心并将这种信心传递给客户，要让客户知道你的产品更胜一筹。切不可自己先败下阵来，那结果就可想而知了。

常用话术示例：

“我理解你的想法。我们常会满足于某个产品，因为我们没有时间把它与其他产品进行比较。您看这两件产品，从外观上看……”（讲述产品利益）

“噢！您对××产品印象最深的是什么呢？”

“您仔细对比一下就知道哪个好了……”

一句话口才

☆ 让客户真正感觉到你的产品品质优良、服务一流，甚至比同类产品更胜一筹，客户自然不会再拒绝。

第212天　应对“今年已经没计划了”

口才训练

销售员：周总，我是××广告公司的王芳，没打扰您吧！

客　户：没有，没有。

销售员：周总，您上次说的广告计划，有眉目了吗？

客　户：实在抱歉，我们今年不打算再做广告宣传了，明年再说吧！

销售员：您是委婉拒绝我呢，还是？

客　户：哈哈，没有，你想多了。广告计划的确是改在明年再考虑了！

销售员：好。是这样，上次咱们谈完，我针对贵公司的情况做了一份广告计划方案，那我就再修改一下，抽空给您带过去，希望能帮上您的忙。

客　户：是吗，真是辛苦你了。好的，你弄好后就给我打电话吧！

“我们计划半年以后再买”“今年已经没计划了，以后再说吧”，面对这类“温柔”的拒绝，销售人员切不可被蒙蔽，而是要主动出击，至少也要让客户在做计划时给你留下一席之地。

（1）保持清醒头脑，凡事问个“为什么”，判断出客户说这话的真实目的，以免自己被假的拒绝理由所迷惑，贻误销售机会或被竞争对手捷足先登。

（2）如果客户确实暂时没有计划购买，销售人员就要继续维护双方关系并想办法为客户提供帮助，如案例中的情形，给客户一个解决问题的方案。这样客户在做计划时自然会想到你，说不定还会因为你的方案而放弃原来的想法。

（3）如果判断的确是客户为摆脱你而放的烟幕弹，销售人员就要好好自省一下，看自己有什么不足，或者与客户交换看法。总之，只要努力就肯定有机会。

常见话术示例：

“我的一些老客户也曾这样说过，不过在他们购买和使用了产品之后，就后悔自己买迟了！”

“您答应明年的这个时候购买吗（如果潜在客户说‘是’）？好，那我们今天订货吧，不收定金，等到明年的今天我会把货送来！”

一句话口才

☆ 客户往后拖延，你就想办法缩短他的考虑时间或者将自己列入他的计划之中。

第 213 天　应对“我们研究后再联系你”

口才训练

在跟进客户的过程中，销售人员可能常会听到这样的话：“我们再研究研究”“回头联系你，我们研究一下”。对于这样的推脱话，销售人员该如何应对呢？

销售员：王经理，您好，我是××公司的王芳，上次我给您的培训课程方案，您那边研究得怎么样了？

客　户：方案设计得不错，也比较适合我们公司的情况。不过，我们还得再研究研究！

销售员：哦，我明白，毕竟搞一次培训需要各方面的准备。不过，我顺便问一下，培训这件事都会牵连哪些部门，都需要谁同意呀？

客　户：这次培训，需要我们呼叫中心、人力资源部、财务部共同商议才能决定，还是比较麻烦的。

销售员：这个可以理解，谢谢您能直言相告。不过您能告诉我大概什么时候，商讨会有结果呢？

客　户：大概一周吧。

销售员：那还是很快的。王经理，不知道我可以跟其他部门几位负责人问个好吗？

客　户：当然可以。

销售员：谢谢王经理，人力资源部和财务部的分机号码分别是多少？

客　户：分别是……

销售员：太感谢王经理了，我先跟他们打个招呼，回头咱们再联系！

客　户：好的，再见。

一般情况下，客户提出“再研究研究”，有两种可能：一是自己没有决策权；二是可能对产品、对服务、对销售员等还有疑虑，还在犹豫。所以，听到客户要研究一下，销售人员就要仿照案例中的情形与客户沟通。

（1）委婉探询客户方要研究的原因，问明原因才能找到解决办法。

（2）找对人。如果需要向上级汇报或需与同级商议，销售人员则要弄清客户方的决策流程及交易所涉及的部门或人员，及时找出决定交易的决策人、利益关联者等，以便对相应的人物采取不同的措施进行说服。

（3）做对事。如果客户对产品、对交易存在疑虑，销售人员就可以直接询问客户的真正想法。如果可能，尽量给客户提供相应的解决办法，以避免对方讨论中出现更多的问题。

一句话口才

☆ 处理“要研究才能有结果”时，销售人员既要找对人——找到决定交易的关键人物，又要做对事——打消客户的疑虑，解决客户的问题。

第214天　应对“资金紧张，以后再说吧”

口才训练

“资金紧张”是客户经常用来拒绝销售人员的理由。其实，这种理由或许是真或许是假，销售人员要先辨别清楚再采取行动。

销售员：您好，徐总，我是××公司的静文。

客　户：是静文啊，什么事？

销售员：就是上次跟您说的网络招聘的事，看您这边商量的有什么进展？

客　户：哦，今年不打算再招人了，我们现在亏损严重，发工资都费劲，还招什么人啊！

销售员：徐总，您真会开玩笑，要是贵公司都亏损了，别人的生意还怎么做呀？

客　户：今年的确是亏了不少。

销售员：即使真像你说的亏损，贵公司的实力可是有目共睹的，也不差这几千块钱的广告费啊？再说，亏损的原因是什么呢？除了外部环境，内部人工成本和工作效率怎么样？铁打的营盘流水的兵，适当增减人员对企业增效是有好处的！

客　户：你说得有道理。这样，你明天下午3点过来一下，我约上人力资源部的主管，咱们一起聊聊。

销售员：好的。我一定准时到。

诸如“资金紧张”“预算不足”，一般都是客户的托词，因为财务状况是企业的最高机密，客户绝不会轻易泄露的。所以，跟进客户时，如果听到此类话语，销售人员不可当真，而是要想办法吸引客户进入销售主题。从上述案例中可总结出以下技巧，如图 12-3 所示。

如何应对“资金紧张”

1．赞美法。用赞美接近客户，说明对方能力强、有实力，资金紧张根本对其不会有太大影响，让客户的“借口”自然消失

2．问明原因。为了交易的安全、跟进策略的准确，销售人员有必要询问客户资金紧张的原因、试探虚实。如果真有其事，要表达同情和理解，然后再寻机继续销售

3．借力打力。将客户的借口变成其应该购买的理由。帮助客户分析利弊，提出建议，让客户在逆境中看到希望，或者帮助客户渡过难关，这也会增加交易机会

图 12-3　应对“资金紧张”的三个话术技巧

常用话术示例：

“陈经理，您真会开玩笑，有您这样的能人，贵公司怎么可能亏损呢？”

“正是因为现在是市场淡季，所以才要抓紧时间培训员工，做好旺季的战斗准备啊！”

一句话口才

☆ 先辨别“资金紧张”的真假再采取行动，以保证交易的安全、跟进策略的准确。

第 215 天　应对“这个项目暂缓，以后再说吧”

口才训练

销售员：您好，郭经理。我是 ×× 商贸公司的张芳。

客　户：你好，张芳。

销售员：郭经理，中秋节马上就要到了，团购月饼的事，如果您那边没有什么问题了，咱们就把合同签了吧，好吗？

客　户：张芳，我也正要告诉你这件事呢，实在不好意思，总公司已经通知，今年中秋节给客户的礼品都由总公司统一选购，所有分公司不得自行采购。

销售员：谢谢您告诉我这么重要的消息。那以后都是总公司统一采购还是？

客　户：这个我也搞不清，还是等通知吧！

销售员：哦，不过之前好像没有任何迹象呀？

客　户：是比较突然，连我们这些分公司的负责人也是昨天看邮件才知道的，抱歉了。以后有需要我再和你联系！

销售员：好的，郭经理，我先谢谢您。以后还请您多费心，有什么采购项目及时通知我。

客　户：那是自然，这个你放心。

在销售中，什么情况都有可能发生，因此销售人员应做好面对任何问题的准备，遇事不急不慌、认真倾听、冷静应对。上述案例中，即将瓜熟蒂落之际，因为某些意外情况，客户方的采购项目暂时搁浅。尽管心里着急，但销售人员还是不能表现出来，而应该做如下应对。

（1）保持冷静，不焦躁，不抱怨，向客户表示感谢以维持良好的客户关系。

（2）利用之前建立的关系，询问事情发生的原因，尽量旁敲侧击、侧面了解。像“不过之前好像没有任何迹象呀”，其潜台词就是在问对方原因。当然，如果对方不知道或者不方便告诉原因，不要硬逼对方讲，不妨转换个角度，从侧面了解。

（3）如果是总公司的决定，暂缓项目或是由总公司统一采购，那么，销售人员也可向客户打听总部的相关负责人、采购流程等，以便联系。

（4）结束通话前，可请求客户有消息要及时通知，但自己也不能空等对方联系自己，而要继续跟进，比如努力了解真正的原因、建立更好的客户关系等。

一句话口才

☆ 暂缓不代表结束。销售人员不能就此放弃，而应该继续维护关系、打探缘由，至少还可以请其转介绍其他客户。

第216天　应对“我们不准备更换供应商”

口才训练

场景一

客　户：我们和××公司已经合作3年了，暂时不打算更换供应商了。

销售员：好，我真替××公司感到荣幸，能够与你们这么有实力的公司合作，我相信他们一定在很多地方做得不错。我今天打电话给您，是希望有机会在将来的某一个时候能有机会为您服务，多个朋友多条路，您也多个选择，您说是吗？

客　户：哈哈，那把你们的产品资料发给我一份。

场景二

销售员：李总，上次我给您的报价单怎么样？价格够实在吧？

客　户：嗯，还可以！

销售员：那这次咱们的办公用品采购，什么时候能定下来？

客　户：实在对不起，咱们以后有机会再合作吧，我们已经和 C 公司签约了，因为 C 公司的老板是我们董事长的表弟！

销售员：哦，那我就没机会了！不过，您要有需要随时联系我，保证给您实在的价格。

现实中，客户有固定供应商是很正常的情况。所以销售人员在跟进客户时，听到客户说“我们有固定的供应商”“我们不准备更换供应商”时，应该按照以下要点应对。

（1）千万不要贬低客户现有的供应商而盲目抬高自己。因为否定客户的供应商就是否定客户的选择，客户能高兴吗？客户不高兴，销售人员也就没有销售机会了。

（2）赞美客户现有的供应商，同时为自己赢得展示产品的机会，让客户自己比较。

（3）凡事没有绝对，如果遇到场景二的类似情况，销售人员就别太费力气了，但也不要就此冷淡客户，继续保持联系还是没有坏处的。

常见话术示例：

“您真有眼光，××公司的产品的确不错，业内口碑也很好。不过，市场调查结果显示，我们的产品在降低成本方面更胜一筹，如果您对降低成本感兴趣，我们可以探讨一下。”

“如果我是你，我也不会轻易改换长期合作的供应商。但是，这可能意味着您将失去以更优惠价格买到更好产品的机会！”

一句话口才

☆ 机会总是留给有准备的人。赞美客户的选择，同时力争机会展示自己，客户自然不会忽略你的优势。

第 217 天　应对“我得与公司合伙人再商量一下”

口才训练

场景一

销售员：李总，贵公司采买新货车的事，您这边有进展了吗？

客　户：这个呀，我得与公司合伙人再商量一下。

销售员：我完全理解！李总，您看我们什么时候可以跟您的合伙人一起谈谈呢？

客　户：哦，也行。要不你准备一下，下周二上午，你过来咱们一起聊聊。

销售员所用策略：认同客户拒绝的理由，顺势更进一步，邀约面谈。

场景二

销售员：张先生，上次给您设计的保险计划，您当时挺满意的，什么时候能定下来呢？

客　户：对不起，我忘了，我得回家跟我老婆商量一下，然后再给你回复吧。

销售员：哈哈，当然你得这么做。不过，我想问一下，您要请示什么呢？

销售员所用策略：移情式回答。站在客户的立场上，有助于鼓励客户打开话匣子、有利于增进信任。

场景三

销售员：张主任，我上次给您提供的三个年会方案，您这边选择哪个了？

客　户：我已经提交给我们老总了，他正考虑，还没回复我呢。

销售员：哦，是吗？多谢您，张主任，请问咱们老板怎么称呼？这事就他一个人负责吗？

销售员所用策略：问清具体的决策关系，然后再采取相应的措施，加快销售的进程。

一句话口才

☆ 不管客户要找谁商量，销售人员要记住一点：打开客户的话匣子、弄清其中的决策关系。

第13课　妙语化解异议疑虑，让签单成为可能

第218天　巧妙识别客户的真假异议

口才训练

销售中，客户有异议是正常的。只要销售人员处理得当，所有异议都是纸老虎，或许还会变成签单的敲门砖。但是，销售人员首先要分清这异议的真与假。

真实异议是指客户拒绝购买的真实原因；虚假异议是指客户不想诚意地与销售人员沟通而用借口、敷衍的方式应付，或提出很多无关紧要的异议，但这些异议不是其真正在意的地方。那么，销售人员如何鉴别客户异议的真与假呢？销售人员可通过以下四种方式与客户周旋，弄清异议的真与假。

1. 察言观色

交谈时，销售人员要留心观察客户的行为、神态等。话由心生，如果客户的语言与其肢体动作、神态等不一致，那么此时客户的表述就很可能是虚假的，因为肢体动作骗不了人。

2. 提问追击

销售人员还可通过提问引导客户说出隐藏的真实异议。比如反问，或重述一遍客户的异议，进而从客户的反应中去辨别异议的真与假。

客　户：你们这个产品设计得很不合理。

销售员：您对它的外观不满意，是吗？（反问客户）

客　户：是的。首先，这个外形设计上，让人拿着很不方便，应该是……还有……（客户给出了具体的解答，说明异议是真实的；反之，就是虚假异议，销售人员可以继续追问）

客　户：嗯，有一点儿，我再考虑一下，要是买我再跟你联系！（这个回答就显得假）

销售员：没问题。不过，先生，我再问您一个问题可以吗？（试探式提问获得问话机会）

客　户：可以，什么问题？

销售员：您说再考虑一下，我觉得您肯定在某方面还有顾虑，您能告诉我吗，看我能不能帮您解决？（进一步追问原因，探究真实异议）

客　户：哦，我还是觉得价格有点儿高。（客户说出了内心的真实想法）

通过这样的追击提问，客户说出了真实异议，销售人员就可根据客户的真实原因

给出解决办法，生意就有希望进一步促成。

3. 提出假设

如果客户提出异议，销售人员可就此假设现在就能解决客户提出的异议，客户会购买吗？

客　户：这个颜色不好看，我喜欢纯白色的。

销售员：如果有白色，您会买吗？（如果客户作肯定回答，这个异议就是真实的）

4. 试探性地判断

如果客户的异议难判真假，销售人员可以给出其他选择，试探性地询问客户的意见。比如客户对产品的颜色不满意，销售人员就可试探地说："这款还有其他颜色，您要不要试试？"

总之，客户有异议并不可怕，关键在于销售人员是否能识别其真假，是否能充分发挥自己处理问题的能力，引导客户跟着自己的思路走，最终使交易达成。

常见话术示例：

"您觉得这款电脑的功能少，是这样吗？"（用客户的原话直接反问）

"看得出来，您还是看好我们的产品的，可您说还要再考虑一下，我很想了解您具体想要考虑哪些方面呢？"（进一步追问客户的真实异议）

"这个产品还有其他规格，要不要我再给您介绍一下呢？"（试探性地判断异议的真与假）

一句话口才

☆ 先弄清异议的真与假，不要对所有异议都一视同仁、都去处理，这样会中了客户的圈套。

第 219 天　发掘客户异议背后的真实意图

口才训练

很多人在购物时，为了让价格更便宜或为了获得更多的优惠条件等，往往采取"欲扬先抑"的态度。比如顾客买衣服，看中了哪一件并不表现出来，而是先挑剔衣服的面料、做工等，言外之意就是让销售员主动让价。我们将这种异议称为"隐藏异议"，即客户并不把真正的异议提出来，而是提出各种不重要的异议或假的异议要求销售人员解决。销售人员听到这样的异议后，千万不要被客户的表面语言扰乱阵脚，而是应尽量去挖掘异议背后的真正企图。

客户不直接说出自己的真实意图，往往是由其性格、身份地位、财力状况等决定的。要么习惯有话不直说、要么碍于面子不好意思说、要么腰包不足、要么预算不够、要么想多省点……明明真心喜欢，却非要提出异议来，其主要目的是通过设置假象达成隐藏异议解决的有利环境。那么，销售人员该如何发掘客户异议背后的真实意图呢？

1. 引导、追问客户的真实想法

如上一小节中提到的，销售人员可通过追问来“逼”客户说出自己的想法。比如：“看来您对衣服的面料很了解，那您喜欢哪种面料的衣服呢？”“这个旅行方案是咱们共同制定的，您现在还担心什么呢？”“哦，您说得对，除了这个问题，您还有其他顾虑吗？”

2. 直接询问客户的真实想法

价格往往是交易中的核心问题，也是买卖双方的一个敏感问题。客户提出隐藏异议背后的真正原因大多都是价格问题。

某商场内，一位顾客看中了一台按摩椅。

客　户：这台还不错，按摩效果如何？

销售员：您真是好眼力，这一台从材料到功能，都比您刚才看的那几台高出几个档次。另外，它配有智能化的三维按摩机械手，按摩效果自然是没的说。

客　户：但是怎么也不值 2 万元啊！

销售员：这样吧，您说说看您能接受的价格是多少呢？（开放式问题了解其价格预期）

如果判断客户确实喜欢你所销售的产品或服务，只是因某种目的而提出异议，销售人员不妨直接问一问客户的真正关注点及心理预期，然后再采取相应的办法与话术，正确处理。

总之，在客户有异议的时候，销售人员一定要有足够的耐心，与客户积极进行沟通，找出这些异议背后的真实原因，避免被客户牵着鼻子走，陷入被动的境地。

常见话术示例：

“您是不是还有其他担心呢？”

“我想知道，满足什么服务条件您就可以签约呢？”

一句话口才

☆ 让客户的真实意图浮出水面，销售人员才能有效化解客户的异议，促成交易的达成。

第 220 天　正视异议与疑虑才能处理好它

口才训练

在销售过程中，每一个环节都可能遭遇客户的异议。从客户方面来看，在对销售人员不信任、对自己没有自信、期望未能满足、拒绝改变、情绪处于低潮、没有意愿、预算不足等情况下，客户都会提出异议。从销售人员方面来看，在无法满足客户的需求、无法赢得客户的好感、做了夸大不实的陈述、使用过多的专门术语、事实调查不正确、不当的沟通、展示失败、姿态过高、让客户理屈词穷等情况下，也会使客户产生各种异议。

“顾客就是上帝”，销售人员对客户的异议一定要有正确的态度。不害怕、不抵制，采取缓冲、探询、聆听等方法应对，才能让签单成为可能。否则，你可能会永远失去这位客户。

客　户：你看，旁边那家的空调和这台是一个规格，可是它的制冷速度比这台快得多，还没什么噪声，看来你们这个不如人家的，还比人家的高出300元钱。

销售员：是的，您说得对，我们这款空调是有一点儿噪声，但仍然在国家标准允许的范围之内，不会影响您和家人的健康。制冷速度确实比那个慢点儿，可相比之下，耗电量却小得多。您刚才说了，你们房间面积不大，这个制冷能力完全能保证您屋内舒适的温度了。况且，我们的保修期为三年，上门服务，随叫随到。

客　户：也是，买个适合我们的就行了。(客户表示认同，成交的概率就大了)

销售人员将客户的异议转换成客户可能得到的利益，让客户清楚了解两个产品的实际情况，最终表示认同，增大了成交的概率。所以，客户提出异议并不是坏事，销售人员不用恐惧，也别急于反驳，而是要感谢客户，因为客户的每一个异议都是你成长的阶梯，成功地解决了客户的异议，你就等于向成功迈近了一步。所以，销售人员要明白以下四点。

(1) 客户提出异议，表示他或许有求于你或者对你的产品、服务有兴趣。

(2) 客户提出异议，可能是他想得到更多的信息，你也会从中获得更多的客户信息。

(3) 从客户提出的异议中可以判断客户是否有需要，没有异议的客户才是最难处理的客户。

(4) 从客户提出的异议中能够了解客户对产品或服务的接受程度，进而帮助销售人员迅速修正销售战术。

常见话术示例：

“这个问题，我现在就向经理反映，您稍等！”

“是的，这一点您说得很正确，但是不知道您注意到没有……”(解释产品的优点)

一句话口才

☆ 客户提出异议是正常的，正视它，不害怕、不抵制，积极回应，说不定交易很快就能达成。

第221天　巧用心思，不让异议说出口

口才训练

不同的客户对产品的关注点、需求情况以及对销售人员的要求等均不相同，因而

产生异议的原因也各不相同。如果销售人员能够掌握这些原因并提前花些心思，做一些准备、采取一些策略，就会让客户无从提出异议。

1. 了解异议原因提前做准备

客户产生异议的原因主要有两个方面，具体如表 13-1 所示。

表 13-1　客户产生异议的原因表

<table>
<tr><th>因客户而起的异议</th><th>因销售人员而起的异议</th></tr>
<tr><td>1. 购买意愿没有被激发出来</td><td rowspan="2">1. 无法赢得客户的好感，如举止、态度、仪表和姿态等引起客户反感</td></tr>
<tr><td>2. 情绪不佳，没心情商谈，较容易提出异议</td></tr>
<tr><td>3. 没有发现自己的需要及存在的问题，拒绝改变</td><td rowspan="2">2. 做了夸大不实的销售陈述，哄骗客户的结果就是带来客户更多的异议</td></tr>
<tr><td>4. 无法认同销售员的推荐，对产品没有兴趣</td></tr>
<tr><td>5. 预算、资金不足会使客户产生价格上的异议</td><td rowspan="2">3. 过多的专业术语、晦涩词汇让客户无法理解</td></tr>
<tr><td>6. 不想花时间谈，因而提出异议作为借口、推托之辞</td></tr>
<tr><td>7. 心存隐藏异议时会提出各式各样的异议</td><td>4. 引用的资料不正确</td></tr>
<tr><td>8. 由于购买经验与成见而引发异议</td><td rowspan="2">5. 不当的沟通、产品展示失败等均会引出客户的许多异议与质疑</td></tr>
<tr><td>9. 因企业的性质、购买决策程序、习惯等而提出相关异议</td></tr>
<tr><td>10. 由于无知和自我表现而引发异议</td><td rowspan="2">6. 产品质量、价格不能满足客户的需求进而引发客户的异议</td></tr>
<tr><td>11. 客户的私利及社会的不正之风，会在价格、回扣上有异议</td></tr>
</table>

了解了客户异议产生的原因，销售人员首先应完善自身，做好形象、知识、资料等准备，力争给客户一个专业的形象、一个精彩的产品陈述与展示，避免客户在此方面提出异议。另外，销售人员应事先对客户可能提出的各种异议进行汇总，并考虑一个完善的答复，以从容应对客户的异议。

2. 提前解答异议，先发制人

如果销售人员能够提前想到或觉察客户可能产生的异议，就可以先发制人，主动提出主动讲解，提前消除客户的异议。比如销售人员在介绍产品的优点时，客户则可能会从产品最差的方面考虑问题，此时销售人员就可以提前说明以消除其疑虑，不让客户将异议说出口。

“您可能会说，这个牌子我没听说过啊？其实不然，我们的产品已经上市 5 年了，在华北地区非常有名。我们的理念是‘产品宣传得好，不如客户的口碑好’！”

“说到这儿，您可能会觉得我的话不可信。哈哈，那我给您演示一下……”

如此一来，提前解决客户的异议，客户就没有提出异议的机会了。

3. 引导客户说“是”

前文中提到过“引导式提问”，销售人员可用这一提问方式，事先根据客户的实际状况准备一系列的问题，引导客户不断地说“是”。这样，客户就无从说“不”了，那么你的销售状况就会得到改观。

一句话口才

☆ 提前化解，不让客户的异议说出口，这是最省劲儿的化解异议、促进交易的方式。

第222天　不是所有的异议都要处理

口才训练

一般来说，客户提出异议，销售人员应积极地进行处理，以免给客户“不被重视”的感觉。但是有时候，客户的异议只是出于习惯或发泄某种情绪，并不会抓住这个问题不放；有的异议与销售主题无关，对销售的结果也没什么影响。此种情况下，销售人员就要学会适当地忽视，然后引入其他销售话题，这叫做“忽视处理法”。

客　户：你们这个产品的广告为什么会找××拍，却不找范冰冰呢？要是范冰冰做代言，我肯定会买！（提出异议）

销售员：您说得对。这个产品是……（忽视异议，转而介绍产品）

客　户：要是我，肯定会主张把这款软件做成网络版的。（提出异议）

销售员：您说得有道理，现在我给您演示一下，这套软件的功能……（忽视处理法）

在上面的两个案例中，销售人员并没有必要向客户解释不找范冰冰代言的理由，也没有必要与客户争论软件的版式，因为这些意见和眼前的交易扯不上直接的关系，销售人员只要面带笑容同意客户的说法、将话题引到销售正题上来就好了。对于那些“为反对而反对”“只是想表现自己的看法高人一等”的客户意见，销售人员如果认真地处理，不但费时，而且有旁生枝节的可能。但是，如果采用“忽视处理法”，让客户满足了自己的表达欲望，这个异议就算圆满解决了。

总结起来，当客户的异议属于以下六种情况时，销售人员可采用“忽视处理法”。

（1）虚假异议。

（2）无法回答的奇谈怪论。

（3）容易引起争议的话题。

（4）可一笑置之的戏言。

（5）异议具有不可辩驳的正确性。

（6）明知故问的刁难性问题。

凡属于上面几种情况的异议，销售人员都没有必要在这个异议上多费时间与口舌，只需面带微笑表示肯定，或者装作没听见，巧妙地将话题引到别处即可。

常见话术示例：

“先生，您说话真幽默！这是最新的报价单，您看看！”

“嗯，真是高见呀！我现在就给您演示一下产品功能吧！”

一句话口才

☆ 销售人员不必纠缠于那些与销售主题关系不大的客户异议，只要表示同意后悄悄扭转客户的话题即可。

第 223 天　棘手问题不妨先放一放

口才训练

销售过程就是一个不断解决客户异议的过程。然而，客户的有些异议却不需要立刻解决，尤其是那些棘手的问题，如显得含糊其辞的异议、明显站不住脚的异议、超过了销售人员的权限范围的异议、用三言两语难以解释清楚的异议、涉及较深的专业知识而解释也不易于被客户理解的异议等。面对这样的棘手问题，销售人员不妨暂时保持沉默或者承诺稍后答复并一定做到，其好处是避免答错而引起客户更多的异议，也避免浪费自己太多的时间和精力。

客　户：这台电脑的价格实在太高了！

销售员：先生，关于价格呢，我们先不讨论。除了价格，您对这台电脑的功能、配置等都还满意吗？（求同存异）

客　户：还好，我其实一直想要一台这样的电脑，日常办公、看电影、玩游戏都能行，速度别太慢，慢我可受不了！

销售员：那您的心理预期价格是多少钱呢？

客　户：嗯，不超过 5 000 元。

销售员：哦，那这台只比您的心理预期多出 600 元。您看，这电脑用的是最新的酷睿 i7 处理器……（讲述电脑配置情况决定电脑的运行速度等，让客户了解他所获得的利益）这样的配置对您日常办公肯定是没问题，看电影、玩游戏同样让您有不一样的感觉。现在高出 600 元，您用它的时候所节省的时间、减少的烦恼可不止 600 元能买得到的。

客　户：也是，那我就买它了！

案例中，客户提出价格异议后，销售员没有马上解决，而是进一步了解客户的想法，并根据客户的“心理预期”成功解决了之前的价格异议，引导客户购买了产品。暂且保留客户的某个关键异议，待时机成熟后再处理，称之为“求同存异”，其使用时机有以下几种。

（1）对自己权限以外或确实不能确定的事情，销售人员要向客户承认无法立即回答，但保证会迅速找到答案并告诉客户。

（2）客户提出的某些异议在后面的介绍中能更加清楚地证明时，销售人员就要等待时机成熟时再回答客户。

（3）当客户还没有充分地了解产品特性就提出价格异议时，应暂且放下价格异议，向客户展示产品的功能等，并一步步引导客户对产品的认识、清楚产品对自己的价值。

常见话术示例：

“关于价格，我们先不讨论，除了价格，您对其他方面还满意吗？”（求同存异）

“先生，这个问题不是三言两语能说明白的，稍后我们再一起研究，我先给您演示一下其功能，好不好？”（延后处理）

一句话口才

☆ 求同存异，棘手问题先放一放，这样处理的效果可能会更好！

第224天　表达同理心，巧妙转折提建议

口才训练

A：您根本不了解我公司的实际情况，事实上……

B：平心而论，您说的情况是存在的，如果状况变成这样，您看我们是不是应该……

A：您这个想法可不对，因为……

B：我很理解您有这样的想法，我第一次听说时也和您一样气愤，可后来我做了调研，如果实际情况是……

上述两组内容中，同样的意思，A、B两种说法是否给人不同感觉呢？是不是B的表达方式更容易让人接受呢？这就是表达同理心消除异议的方法，也称为“是的……如果”法，即先向客户表达同理心，部分地承认客户意见的正确性，继而用“如果”巧妙转折，表达在这种状况下客户所获得的特殊利益，将劣势转化为优势，杜绝直接反驳客户造成的负面影响。

客　户：趸交，金额太大了，恐怕我不能马上支付，钱给了你，这个月我就甭过了！

销售员：是的，大多数人都和您一样，趸交是不容易做到的。如果我们配合您每个月的收入状况，采用分期付款的方式，您觉得怎么样呢？

案例中，销售员用“是的……如果”法成功解决了客户支付困难的异议，客户也自然地接受了他的意见。人就是这样，不管自己的话有没有道理，当被别人直接反驳时，内心总是不舒服，甚至会被激怒，尤其反驳自己的还是一位素昧平生的销售员。因此，销售人员要善于利用“是的……如果”这一表达方式化解客户的异议，不但可

以软化销售人员提出不同意见时的语气，还容易让客户接受，客户也不会因为自己的意见被反驳而恼羞成怒。

常见话术示例：

“是的，我理解您的意思，如果实际情况是……那您会作何选择呢？”

“是的，我理解，很多人都关心价格，如果您说的那款产品返修率很高，您还觉得它值吗？购买家庭常用电器，质量才是最应该考虑的因素，您说呢？”

一句话口才

☆ 善用“是的……如果”法向客户表达不同意见，销售人员会从中获益良多。

第 225 天　直接否定客户异议要把握好“度”

口才训练

上一异议处理方式中，要求销售人员不要直接反驳客户，以免陷入论战而让局面无法收拾。然而在有些情况下，销售人员还是要直接反驳客户，以纠正其不正确的观点。

场景一

客　户：你们这款车，无论是内部空间还是外形设计，都不如××车！

销售员：李先生，您大概有所误解，其实我们这车内部空间的宽敞程度与××车基本一致，您可以坐在里面感觉一下；至于时尚与否，这是见仁见智的问题，哈哈。

场景二

客　户：据我所知，贵公司的送货速度如蜗牛，“快递”应改成“慢递”！

销售员：如果在两年前，您说这话我认同，那时候我们公司刚刚成立，各方面业务、制度等还不完善，送货速度确实相对较慢。可经过两年的发展，我们的渠道、制度、人员都已经非常完善，这是做好快递业务的基础；而我们的经营理念是“服务第一，速度至上”，我们已经向社会承诺：“国内 3 日内到达、同城 24 小时内到达”，很多客户都因为我们的速度有保证而将我们视做其发快递的首选。

如案例中所示，在客户对企业、对产品、对服务等方面有误解时，尤其是其对企业及销售人员的诚信有所怀疑时，销售人员一定要采取直接反驳的方式纠正客户的偏见或误解。否则，成单的机会几乎为零。另外，交谈中如果客户引用的资料不正确、客户的异议有明显的错误或触及本企业利益时，销售人员也要进行直接反驳，坚持原则，为成交争取一线生机。

需要注意的是，销售人员使用直接反驳法消除客户异议时要遵循以下三个原则。

（1）掌握好“度”，遣词、用语要特别留意，态度要诚恳，要婉转地指出其中的误会原因。

（2）就事论事，对事不对人，切勿伤害客户的自尊心。

（3）要以解决问题为目的，让客户感受到销售人员的专业与敬业。

一句话口才

☆ 当企业、产品及个人的诚信受到怀疑时或者当客户引用资料不正确时，销售人员一定要直接反驳，但要注意把握好“度”。

第226天　反问客户，直接消除其异议

口才训练

化解客户的异议，反问也是一种非常有效的办法。当客户提出异议时，销售人员可用“反问”将异议再丢向客户，引导客户深入思考，进而自己说服自己。

1. 重述客户的异议来反问

客　户：这款手机，我怎么看着像“山寨货”呀？

销售员：先生，您能告诉我，这款手机的什么地方像“山寨货”吗？

此种情况下，如果客户说不出确切的理由，这个异议自然就不攻自破了。

2. 肯定性的反问，让客户无从说“不”

客　户：如果价格再降10%就好了！

销售员：张总，我相信您一定希望我们给您提供百分百优质的服务，难道您希望我们的服务也打折10%吗？

像案例中的反问，答案毋庸置疑，客户听此询问，自然就不能坚持自己的异议了。

3. 反问客户“为什么”

当听到客户提出异议时，销售人员不妨反问客户一个“为什么”，这样不仅能够消除客户的异议，还能从中了解客户的真实想法，进而想出说服其购买的话术、策略。

客　户：就这机器，8 000元，太贵了吧！

销售员：为什么呢？

客　户：花这么多钱买回去，得什么时候赚回本来呀！难道你真觉得它值？

销售员：为什么不值呢？其实，这才真是一笔最划算的买卖呢！我给您算一下……一年后，您就只赚不赔了，您说，还有比这更划算的投资吗？

通过两问“为什么”，销售员知晓了客户的真实异议点，客户自己也认清了自己的异议并不能立住脚，从而这个异议就被销售员巧妙地化解了。

一句话口才

☆ 用不同的方式反问客户，这是一种非常有效的化解异议方法。

第 227 天　借力打力，处理异议可以打太极

口才训练

在销售面谈中，客户的异议时刻伴随其中。当出现并不是客户十分坚持的异议，特别是客户的一些借口，其说出来的目的是让销售人员尽快陈述产品能带给自己的利益时，销售人员可以跟客户打太极，将客户的反对意见直接转换成他应购买的理由，引起客户的注意与购买兴趣。这就是“太极法”处理客户的异议。

客　户：到西藏去会不会有高原反应，听说有的游客下了飞机就受不了，马上得到医院去吸氧，还是不去为妙！

销售员：噢，以往是发生过您说的情况，这和每个人的身体素质有关，不是每个人都会有高原反应的。再说，也正是存在高原反应，对旅行者的各方面素质要求就高，也更富于刺激，更值得一去啊。哈哈，如果您还是担心身体受不了，还可乘火车去，乘飞机回，因为火车可以让您逐步适应高原的气候，还可享受旅途的美好景色。想一想，火车行进在碧空如洗的天空下，您能看见越来越接近的雪山、清澈的河水、和您赛跑的藏羚羊等，这一路的风景可是乘飞机没法体验到的。

客　户：你说得有道理。你再给我讲讲其他注意事项吧。

案例中，旅行社的销售员用“太极法”，把客户提出的反对意见转化成了“西藏游”的优势，得到了客户的认同。所以在销售中，销售人员不妨借力打力，与客户打太极，很多异议都会迎刃而解。当然，在使用时，销售人员还应注意如下两点。

（1）用“太极法”，相当于否定了客户的观点，可能会引起其不满，所以销售人员说话时态度一定要真诚，最好先认同客户的观点，然后再打太极，以杜绝客户产生不满情绪。

（2）用“太极法”的重点在于展示产品，说明产品的优势及能给客户带来的利益，让客户从另外一个角度思考问题，而不是在语言上逞强，更不提倡与客户争辩。所以，销售人员不要让客户感觉你在卖弄专业知识，也别与客户强辩。

常见的话术示例：

“正因为收入少，才更需要买保险，获得了保障，也就有了抗风险的能力了，您说呢？”

“李总，看来您还是没有真正认识到这套设备的价值。正是因为贵公司财政紧张，才更应该上这套设备呢！”

一句话口才

☆ 巧妙地将客户的反对意见转换成其应该购买的理由，借力打力，成功消除客户的异议。

第228天 给客户一些补偿，异议或许自消

口才训练

场景一

客 户：这个皮包的设计、颜色都不错，令人耳目一新，可惜皮的质量不是很好。

销售员：您真是好眼力，这个皮料的确不是最好的。不过，如果选用最好的皮料，价格恐怕要高出现在的5倍以上。

场景二

客 户：我们3个人一起参团，价格能优惠吗？

销售员：（微笑地点头）这个我理解，只是，我们目前在搞回馈新老客户的活动，这个价格已经是“特价”了，非常不好意思，价格上不能帮到您。不过，我们一定会在服务上做到贴心、周到，一定会做到让您满意！

两个场景，客户分别提出了对产品质量、价格的异议，因为客户说的是事实，提的要求合情合理，所以销售人员没有当场否认，而是点头承认并欣然接受，同时给了客户补偿。比如场景一中的“价格低”、场景二中的“提供周到贴心的服务”，让客户感到心理平衡，异议也就自然消失了。这就是“补偿法”处理异议，用产品或服务的其他优点、优势弥补客户认为的不足，让客户认识到产品或服务的价格与其价值是一致的，从而接受产品或服务。

世界上没有十全十美、人人满意的产品，客户花钱买东西当然要求产品的优点越多越好。然而，真正影响客户购买与否的因素其实并不多。给客户一些补偿，一是能弥补产品本身的弱点，有效地消除客户的异议；二是让客户的心理平衡，从而接受销售人员的产品，加快成交的速度。补偿法的运用效果很实用，但销售人员还是要掌握好使用时机。

（1）当产品确实有不足且被客户指出来时，销售人员就要通过强化介绍产品某方面的优点，尤其是客户购买的关键点，从而弥补因产品不足给客户留下的不良影响，促成购买。

（2）当销售人员不能满足客户提出的某些要求时，可在拒绝的同时适当给一些好处。比如客户要求降价，销售人员拒绝的同时承诺给他赠品、提供优质服务等，使客户的内心获得平衡，这也是一种补偿的体现。

常见话术示例：

“你真是好眼力……确实不是最好的，如果……价格恐怕要高出很多。”

“价格不能再降了，这样吧，再送您一条围巾，正好配这件衣服，你看如何？”

一句话口才

☆ 以强调产品优点、提供优惠、附赠礼物等方式，补偿客户心理上因产品弱点而

留下的不良印象。客户心理平衡了，交易也就容易达成了。

第 229 天　讲个故事，消除客户的隐忧

口才训练

在处理客户的异议时，销售人员还可以适时地给他讲个故事。有人说，故事和销售有什么关系呢？看完下面的案例你就知道了。

客　户：说不定什么时候人就没了，买保险有什么用，还得年年缴费！

销售员：正是因为人生无常，才更需要购买保险，增加一份保障。（太极法）半年前，我认识了一位客户，我也是推荐他购买大病险和意外险，保费是 10 万元，每年缴 3 500 元。可他放弃了，说过段时间再考虑，而原因是他的太太决定买一件价值 8 000 元的貂皮大衣，手头当时不是很宽裕，我也就没再坚持。可一个月后，我再联系他，他却不在人世了，他的太太告诉我，他在出差的路上发生了车祸，结果车毁人亡，除了房子，没有给她和孩子留下任何资产。太太现在非常懊悔，后悔自己为什么坚持买大衣而没让丈夫投保……这件事也深深触动了我，如果当初我坚持一下，说不定这个客户就会改变主意，现在他的太太和孩子也不至于这么凄惨。（讲故事）王先生，即使是风平浪静的日子，风险也是存在的，我看您也是一位风险意识强的人，对家人也是不遗余力地照顾着，买一份保险，岂不多了一份保障，更是对家人的一份贴心的爱。

客　户：看来还真的挺有必要买一份保险，你给我讲讲刚才说的这个大病险是怎么回事！

一个亲身经历的故事，让听者为之动容，自然也触动了客户的神经，让客户有了危机感和风险意识，对保险也有了再认识。接下来，销售人员的工作就容易了。

一个生动的故事往往能够引起人们情感上的共鸣，其中包含的信息也更容易被人们所接受。所以，销售人员不妨多积累一些与自己的销售工作有关联的小故事，如某位客户的亲身经历、朋友的切身体验、古今中外的寓言等，适时讲给客户听，化解他们的异议，会收到意想不到的成效，尤其是面对感性的客户时。不过，要讲好这个故事，销售人员还应注意以下三点。

（1）故事要讲得真实、生动，要富于感情，能够感染客户，吸引客户听下去。

（2）故事不宜太长，还要与销售主题、客户异议相关联，能够引导客户，推进销售进程。

（3）故事中为客户描述的未来情景，必须以能够成功地解决客户的困境为主，要让客户感受到当场立即购买的重要性。

常见话术示例：

“说起我们的产品，还有这样一个故事……”

“我有个老客户，跟你一样，开始时也担心不好吃，犹豫了半天才勉强买点回去尝尝，结果一发不可收拾，现在隔三差五就来买两盒……”

一句话口才

☆ 故事虽短，作用无穷。销售人员可以多使用这种方式去化解客户的异议。

第 230 天　拿出证据，消除客户的疑虑

口才训练

无论是直接反驳还是间接否定客户的观点，要想有效消除客户的疑虑，销售人员最好拿出具有真实性和权威性的论据，有理有据才能真正说服客户。

客　户：我就不明白了，同样的产品，价格怎么差这么多！

销售员：我非常理解您的想法，的确，谁都想少花钱多办事，何况是购买这类产品，性价比是最重要的。一般情况下，这种产品的使用寿命不超过 3 年，可我们这款产品可以使用 5 年以上。您看，这是产品说明书和 × × 证书，上面都明确地说明了这一点。所以，如果您购买我们的产品，相当于您每年投资 100 元左右，而购买同类其他品牌的产品则每年投资将近 130 元，哈哈，性价比方面，我们的优势还是非常明显的，您认为呢？

客　户：你这么一说，我就明白了。我再看看产品说明书。

案例中，销售员拿出产品说明书和 × × 证书，有效地反驳了客户的价格异议。

事实胜于雄辩，销售人员在释疑的过程中，如果拿出有力证据，如名人或权威佐证、客户反馈、第三方调研报告、企业资质及获奖证书等，既可以证明自己所说是真实的，增加说服力，还可以转移客户的注意力，忽略掉其既有异议。因此，销售人员不妨准备一些与产品、与企业相关的文件资料。关键时刻，这些文件就是赢得客户信任的杀手锏。

一句话口才

☆ 事实胜于雄辩。销售人员在释疑的过程中拿出具有真实性和权威性的证据，能够有效化解客户的异议。

第 231 天　给出专业意见建议，赢得客户的信任

口才训练

有时候，客户明明已经看上了某件产品或认同了销售人员提供的服务方案，可他们还是表现得犹豫不决，甚至提出异议。此时，如果销售人员能够运用自己的专业知识，给客户以专业的意见或建议，就能化解客户的疑虑，赢得他们的信任，提高他们

的购买信心。

场景一

顾　客：这件颜色太亮，那件款式又太新潮，都不太适合我这个年纪，买件衣服好难！

销售员：大姐，您别犯愁啊，买一件适合自己的最重要。我觉得您的皮肤白皙、气质优雅，穿这件亮色的更显年轻、漂亮。况且，本身您年纪也不大，就该穿点亮色的。那一件的设计偏韩日风格，款式确实时尚，可与您的优雅气质不太相符，您说呢？我建议您再试穿一下，看看我说得对不对。

顾　客：听你这么一说，还真是这么回事。不试了，就买这件吧！

场景二

经　销　商：这洗车机一台就 2 万元，比目前国产的同类产品售价高出一倍还多，你让我怎么往外卖啊！

厂家销售员：之所以售价高，第一，它是目前市面上最节水的洗车机，洗一辆汽车只需一杯水；第二，其主要零部件全部进口于德国、日本，精密程度可以使其寿命长达 7 年，比国产的长两倍之多。另外，节水是趋势，那些耗水多的洗车机迟早会被淘汰。您说这机器是不是越来越有市场？还愁卖不出去？

经　销　商（不住地点头）：有道理，那我先进 50 台，看看市场情况怎么样！

场景一中，销售员针对顾客的年纪、气质、肤色等进行分析，给出了中肯的建议，解除了客户的疑虑，当场购买产品；场景二中，销售员通过对产品的节水性能、寿命以及市场趋势等方面的分析，让客户接受了高价格的洗车机并进货 50 台试卖。

在销售面谈中，如果客户犹豫不决、难以做出选择时，销售人员可将产品知识、生活知识、社会知识等融为一体，结合客户的具体情况与实际需求，像朋友一样为其提供中肯的建议，相信大多数客户都会欣然接受的。疑虑消除，自然成交也就会提上日程。

给客户提供建议消除异议，销售人员要注意：①只谈自己产品的优点，不诋毁其他产品；②要以交流的口吻，不要使用请求、命令、指使性的语词；③不要滔滔不绝地讲个不停，要给客户思考的空间。

常见话术示例：

“刚才我听您说，您是准备去海边玩才买防晒产品的，我建议您买这个……因为……”

“两家的方案对比，从贵公司的实际情况来看，我建议您还是选择我们的，因为……当然，如果您选择和他们合作，我们也真心支持您！”

一句话口才

☆ 在客户犹豫不决、难以做出选择时，请给客户专业的建议，这会解除客户的疑虑，赢得他们的信任，加快成单的速度。

第14课　讨价还价，练到贵贱都由你说了算

第232天　坦然说出价格，不要有障碍

口才训练

不管产品的价格高低，客户总会讨价还价；不管客户是否有支付压力，他同样会讨价还价。有时候，直到签约成功，客户可能还在对价格耿耿于怀。可以说，产品价格是交易能否达成的最敏感因素，销售人员对此更要多加留神，以免客户产生或提出更多异议。

销售员：如果您用了我们公司提供的系统集成全面解决方案，您就没必要再联系其他公司了，这可以节省您的时间和精力，还能获得全面的、妥善的服务。

客　户：这个我自然明白，不过我选定的这三家软、硬件公司可都是业界出类拔萃的，非常专业。

销售员：的确，这三家的产品各有千秋。但是，由于没有统一的规格标准，三家公司的产品用在一个系统中，难免会产生相互排斥而不兼容的现象，还可能造成软件使用上的障碍，影响您以后的顺利使用。

客　户：是的，这个问题我们也讨论过。

销售员：我们的系统统一了所有的规格与标准，硬件与软件像一个有机整体一样配合得天衣无缝。您只要与我们一家公司打交道，问题就可以全部解决。

客　户：也是，这样免去了很多麻烦。那你们的费用是多少呢？会不会很高？

销售员：费用？嗯……费用嘛（变得紧张，握在手中的报价单就是不敢拿出来）

客　户：到底是多少钱啊？

销售员：没，没多少钱……您放心，价格绝对是最划算的，我回去再给您算算，发到您邮箱里！

案例中，销售员在面谈的前期侃侃而谈，客户几乎被说服。可到了报价阶段，却像换了个人似的，不仅慌了手脚，还没直接报价，客户会怎么想呢？

不就是产品价格吗？有什么不好说的。可是有的销售人员不能顺利地报价，生怕产品的价格过高吓跑客户、生怕价报低了让客户对产品失去信任、生怕自己的产品不够好而价格高日后被客户责怪等。这些常见的报价障碍必须克服，否则客户会因此而对人、对产品产生怀疑，影响的可就不止是销售的成功与否了。

1. 正视产品

销售人员要清楚自己的产品是满足客户需求的，它是能给客户带来利益的。相信自己的产品确实有用，也就不怕报价了。

2. 正视销售

销售人员为客户提供产品或服务，付出就该有回报，因此不必心存不安；而客户得到的是满足需要、解决实际问题，得到了安全、便捷、美丽、快乐、利润、高效等感受，那么，获得当然要付费。这样换位思考，销售人员就能大方地报出价格了。

3. 心理准备

在报价之前，销售人员应该想到：人们总是希望买到物美价廉的东西，不管价高价低都会砍价，而且永远不会满足。因此，价格不要报的过低，这样没有回旋的余地，反而容易失去客户；要适当报的高些，给客户留出砍价的空间，别高得离谱就行。

一句话口才

☆ 正视产品，正视交易，大方地报出产品价格，再根据客户的反应来应对，讲求一些技巧就可以了，不该自己吓唬自己。

第 233 天　别太轻易降价，要有条件地降

口才训练

我们在购物时会有这样的经历：自己提出一个较低的价格，如果销售员立即同意，我们会产生“是不是还能便宜”的疑问，进而不甘心以刚才提出的价格购买；即使买了，心里也会不舒服，总觉得自己挨“宰”了。

销售员：张主任，您好！上次咱们谈的贵公司员工旅游的事，您和李总商量得怎么样了？

客　户：还没商量妥呢，李总觉得价格还是有点高。

销售员：这我能理解。您处在这个位置，的确很难做。一方面要为公司员工考虑，另一方面还要顾忌老板的感受，是这样吗？

客　户：理解万岁啊！这样，如果在单价上你再让 50 元，我们马上就成交。

销售员：我的大主任，您是不想再见到我了吧？

客　户：为什么？

销售员：再让 50 元，那就是跳楼价，给了您之后我就得去跳楼。

客　户：哈哈，说实话，咱们也联系这么长时间了，你就给我个底价吧！

销售员：我给您的就是成本价。要想降，就只能在服务上抠，比如住宿改成准二星的宾馆，单价还能优惠 10 元；如果正餐改成 8 菜 1 汤，单价也能优惠 5 元……

客　户：得得得，这可不行，要不到时候落埋怨。你再想想，要不跟你们经理申

请一下?

销售员：那我如果跟经理申请给你们便宜了，您今天就跟我签约吗?

客　户：没问题，我答应你!

销售员：好，您这么爽快，那我就厚着脸皮跟经理申请一下!

几分钟后，张主任桌上的电话响了。

销售员：张主任，我是小王。我给您申请了，我们经理同意再给您优惠10元。我可是费了九牛二虎之力才为您争取下来的啊，还差点被经理骂得跳楼!

客　户：哈哈，那就谢谢了。以后咱们还有合作机会。你什么时候过来签合同?

案例中的销售员没有因为与客户交往了较长时间而轻易降价，也没有在客户坚持降价的情况下轻易降价。经过几个回合的“较量”，才在领导的允许下将价格调低10元，但也成功签了单，双方皆大欢喜。

在销售中，讨价还价是正常的。所以，销售人员在报价时，尽量留出降价空间，给客户一个讨价的余地。但要记住一点：不可为了签约而急忙降价。报价后要坚持自己的价格，不要轻易让步，即使让步也要有条件地让，不能让客户产生“这东西不值钱”“被宰”的想法。

常用话术示例：

“这样，我再给您便宜30元，不过邮费就得您自己出了啊!”

“这已经是底价了，没法再给您打折了，除非给您的售后服务也打相应的折扣。”

一句话口才

☆ 坚持自己的价格是合理的，不轻易降价，即使降价也要有条件。

第234天　客户支付有压力，你来想办法

口才训练

有时候，客户提出降价、打折要求，的确是因为他暂时资金不足，存在支付压力。此种情况下，销售人员就要站在客户的角度想问题，排除客户的困难，达到双赢的结局。

客　户：这款车这么贵，我可负担不起啊!

销售员：张先生，我看您一上午都在看这款车，是不是非常喜欢啊?

客　户：那当然了，要不怎么会大雪天里跑过来看车。

销售员：好，那我就成人之美，您只需支付8.8万元，这车就是您的了，您觉得怎么样?

客　户：8.8万元?我不是做梦吧!这车标价不是17.6万元吗?

销售员：听完我的话，您就美梦成真了!这款车，目前厂家正在搞促销活动，这

个月内购车，只需支付 50% 的车款，剩下的 50% 可享受零利率、零月供的分期付款，您在购车后的 2 年内付清就可以了。至于分几期、每期支付多少，您就可以根据自身的资金状况自由组合。您看，这是活动说明……您能接受吗？

客　户：哦，这个活动真不错啊。要是这样的话就太好了！

销售员：哈哈，您冒雪来这儿一趟，值得吧？现在只需 8.8 万元，就能将爱车开回家！怎么样，踏实了吧，咱们去看看现车如何？

案例中，销售员了解到客户对某款车的喜爱程度，同时也判断出其确实无法全款买车，于是积极地为客户出谋划策，建议对方“半价提车、分期付款”，为客户解决了资金难题，也为成交扫清了障碍。

在实际的销售中，不论是企业客户还是个人客户，都难免会遇到资金不足的情况，销售人员如果坐视不管，就只能错失订单，如果能积极地想办法解决客户的难题，那么成交也就水到渠成了。帮客户就是帮自己，所以当客户确实有支付压力时，销售人员不妨多想想办法。

（1）建议客户分期付款，像上述案例中的情形。

（2）建议客户先付一定数额的订金，等筹足资金后正式签约或成交。比如顾客相中一件衣服，可她当时包中没有足够的钱，即可用此法。

（3）建议其从同行的人那里借一点儿，适用于购买小件商品，如服装、日用品等。

（4）建议少量购买。如果一次性大量购买有压力，销售人员不妨建议客户减小购买量。

提请注意：如果客户说“买不起”“钱不够”时，销售人员切不可表现出鄙夷、不屑等，在言语、神态和动作上都不能有轻视的意思，否则被客户发觉会引发不必要的争吵。

一句话口才

☆ 帮客户就是帮自己，当客户确实存在支付压力时，销售人员要积极地想办法。客户的难题解决了，那么成交的障碍也就扫清了。

第 235 天　同类比较，凸显产品的价格优势

口才训练

在销售人员报出产品价格，甚至是优惠价格时，可客户还是嫌贵，此种情况下，销售人员可选择使用同类比较法来化解客户的这一异议。

顾　客：这上衣多少钱啊？

销售员：小姐，你真有眼光，这可是今春的新款，而且参加活动，269 元！

顾　客：（摇摇头）还是不便宜啊！

销售员：（不慌不忙，拿出另外一款上衣）这两件衣服，您比较一下，看看有什么区别？

顾　客：嗯……除了颜色，几乎一模一样。

销售员：那您摸摸，看看手感有差别吗？

顾　客：（仔细地摸了摸）这材料差不多，手感上区别也不大啊！

销售员：看来您还真是内行！的确，这两件衣服的材料完全一样。只是，这一款做促销，只卖269元；这一款呢，不参加促销，359元。现在，您还觉得买它不划算吗？

顾　客：（兴致高涨）呦，是吗？那给我拿一件170码的，我试试！

案例中，服装销售员用“同类比较法”成功化解了客户“嫌贵”的异议，引导客户向“购买”跨近了一大步。所谓同类比较法，就是将所销售的目标产品与其他同类产品在材料、质量、性能和服务等方面做出有利于己方的比较，凸显目标产品的性价比高、购买比较划算的化解价格异议的方法。运用此方法，销售人员可通过以下两种方式进行比较。

（1）与价格较高的同类产品比较，凸显目标产品价格相对便宜，如上述案例中的情形。

（2）将目标产品的价格与客户的日常开销对比，让客户感觉花费并不大，甚至不值得一提。比如“保费每天只需4.5元，只是一包零食的价格，给孩子少买一包零食就可享有更多保障，您说不值得吗？”“一瓶美白面霜168元，也就是您一家三口出去吃顿饭的钱，饭吃完只能果腹一顿，可这面霜可以用几个月，您还能获得美丽容颜，您说是不是很值得！”

提请注意：运用此法化解异议时，准备销售的目标产品在性价比的优势上必须明显优于用来比较的产品，最好客户能一眼就看出来，这样才能达到最佳效果。

一句话口才

☆ 同类比较，凸显目标产品的价格优势，在化解异议的同时也能激发客户的购买兴趣。

第236天　价格细分，让“高价”变“价廉”

口才训练

对于日常耐用品、机械设备、软件系统等寿命相对较长、使用频率较高的产品，如果客户提出价格异议，销售人员可将产品价格与其使用寿命周期相结合，计算出单位时间的费用支出，将“高价”变为“价廉”，这种异议化解方法被称为“价格细分法”。

顾　客：这豆浆机，怎么卖啊？

销售员：799元，这是新上市的豆浆机，它能磨豆浆、五谷，而且……

顾　客：好是好，就是太贵了。同样是豆浆机，那个才卖 399 元。（说完就想离开）

销售员：大姐，您留步。您真觉得这个豆浆机贵？

顾　客：当然了，买个便宜的一样用！

销售员：那可不一样。我倒是觉得它很便宜，您看，这杯体是不锈钢的，用上十年八年不成问题！咱们就按 8 年算，这豆浆机能用 2 900 多天，相当于每天只花不到 3 毛钱，您觉得贵吗？再说，您家里煮一次豆浆够三四个人喝，成本顶多也就 2 元钱，市面上的现磨豆浆，一杯可就 2 元钱啊！您说，这豆浆机的钱是不是很快就节省出来了！

顾　客：也是啊。

销售员：而且除了豆浆，您还能喝五谷的，多了一种选择，也给家人带来了一份健康！

顾　客：行，那我就买这个吧！（一咬牙，大姐买了这款豆浆机）

案例中，销售员使用了价格细分法和比较法，转变了顾客对产品价格“嫌贵”的想法，有效地降低了客户的成交压力，最终下定决心购买。

价格细分法，其核心就是将客户当前需要支付的费用（产品价格）细分到日后使用周期中的单位时间内，化“高”为“廉”，让客户减小支付压力，进而更容易接受自己认为“贵”的产品。此方法最适合于销售日常使用的耐用品，如冰箱、洗衣机、锅、家具等。所以，销售人员应根据自己所售产品的特点选择使用。

一句话口才

☆ 价格细分，化整为零，化“高”为“廉”，降低客户的成交压力，促使客户购买。

第 237 天　压力转化，把决定权交给客户

口才训练

场景一

客　户：这个价格，还能不能再低点？

销售员：您是今天就买吗？如果今天就要的话，我给你最低价。

销售人员报价之前要求客户做出承诺，这既可以根据客户的回答判断其购买意向，还可以避免被客户探知自己的价格底线。

场景二

客　户：小张啊，这个价格还是高，我怕到老板那里通不过，你能不能再降点？

销售员：李经理，再降多少，你们的老板肯定能审批通过？

客　户：跟你说实话，如果再降 5%，肯定没问题了。上次开会，老板也是这个意思！

销售员：看您也是实在人，我也是真心想和贵公司合作。好，不跟您啰唆，就降

5%，拉您一个客户！

在确认客户的真正要求之后，亮出自己的底牌，既显出自己的合作诚意，也成功地将压力转向客户一方。

场景三

顾　客：这件衣服多少钱？

销售员：您诚心要吗？

顾　客：当然诚心要啊！

销售员：现在正清货，最低价，450元，不讲价啊！

这样的报价方式避免了双方无谓的讨价还价过程。

上述三个场景中，虽然销售员的说法不同，但报价策略都是一样的。他们用的都是压力转化法报价，即销售人员先表示将会给客户底价，但前提是对方必须承诺在得到报价后马上做出决定，从而将压力从自己一方转到客户一方的报价方法。此方法适用于客户的购买意向已经明确、对产品也很感兴趣或者是双方的谈判已较深入的情况下，尤其在一些较大金额的交易中经常被使用。

压力转化法报价时，因销售人员表示要报出底价，这既显示出销售人员的合作诚意，还能防止客户在得到报价后仍不做出购买决策，杜绝其再次提出价格异议，因此也多用此法化解客户的异议。另外，销售人员还可用此法试探客户的购买意向，如场景一中的情况。

一句话口才

☆ 在给客户底价之前，别忘记先让客户给你一个承诺，这不仅能避免客户继续讨价，对交易的成功也有很大帮助。

第238天　上级参与，打消客户的价格异议

口才训练

现实中，不论产品价格高低，也不论销售人员怎么说，客户的心里总会有这样的念头："买的没有卖的精，只要他肯卖，价格再低也是有利润的。"因此，客户总想往下压价格，直至让销售人员无法招架。这种情况下，销售人员该怎么办呢？

销售员：这个价钱实在是不能再低了，您说，我不能赔着卖吧！

客　户：怎么可能赔呢？我知道你们的利润空间很大。

销售员：您的这个价格，我可真做不了主了！要不这样，我问问我们经理，他如果同意我二话不说，他不同意我也没办法啊！

客　户：行，那你赶紧问问！

销售员：让你久等了，我问过了，我们经理说您的这个价格太低了，连成本都不

够！您要是诚心买，再给您便宜10元，这就是底价了。

客　户：都便宜10元了，再便宜5元吧，我不多要求了！

销售员：大姐，真的不行了，刚才经理给您便宜10元已经是破例了。我也是给人打工的，能卖的话我扛着干吗？

客　户：算了，那你给我包起来。

案例中的销售员通过上级参与，成功解决了客户一再要求降价的境况，最终达成交易。这就是上级参与法化解价格异议。用此法，因为价格是上级领导的决定，自然也就容易让客户相信是最低的了，还能让客户感受到自己被尊重，从而更容易下决心购买。

运用上级参与策略，能有效避免客户再次提出价格异议，从而促使其马上购买，节省成交时间。所以，销售人员在实际的销售沟通中可经常使用此法，但要注意以下三点：

（1）实际操作时，销售人员不一定真去请示领导。在客户的砍价攻势之下，也可假装去请示，而请示完的结果——降还是不降、降多少，都由销售人员自己灵活控制。当然，如果假装请示，销售人员表现得要自然，不可露出破绽，否则被客户揭穿，局面就无法收拾了。

（2）使用此方法给客户报价后，即使还有很大的降价空间，也不要再轻易降价了，一定要坚持到底。否则，会让客户觉得你刚才的请示只是用来欺骗他的把戏，进而失去客户的信任。那么，成交的希望也就渺茫了。

（3）遇到老客户或者与客户聊得很投机等情况下，销售人员可在报价之初就使用“上级参与法”报价，既可省掉讲价环节、节约交易时间，还能赢得客户的好感，实现多次合作。比如：“您多次来，也是我们的贵宾了，我去请示一下我们的经理，看能不能给您打个折。”

常用话术示例：

“您稍等一下，我请示一下领导，看能不能以这个价卖给您？”

“正好，我们近期要做促销活动，我去请示一下我们经理，看能不能按活动价给您？”

一句话口才

☆ 利用领导的威信，让客户感受到被尊重，化解掉其价格异议，从而促使交易快速达成。

第239天　价值展示，慢慢调高客户的心理价位

口才训练

客户只有真正了解了产品或服务的价值，知道了自己能获得的利益，才能对价格做出准确判断。因此，对于有些产品或服务，销售人员不妨先向客户充分展示其价值，然后再报价，以调高客户对产品的价格预期，避免其提出价格异议，即价格展示法。

销售员：您好，我是××培训公司的张磊，请问您现在说话方便吗？

客　户：方便！你们都有什么课程？

销售员：针对高、中、基层管理者及各岗位员工的培训课程，我们都有一些。

客　户：有针对销售新人的培训课程吗？怎么收费？

销售员：（心中暗想：看来客户有需求，不能贸然报价）销售新人的课程，我们有一个系列，从开发客户、应对拒绝、跟进客户、促成交易到售后服务等，都有涉及。不过，跟您说实话吧，我们公司的培训课程确实不便宜，因为我们的讲师基本都是国内顶尖的，像××和××，想必您也知道，他们都是享誉营销培训领域的大师级人物。所以我们请讲师的成本就相对较高，课程价格自然也是要高一些，但绝对是物有所值，效果也是显而易见的。

客　户：嗯，这个我了解！高水平的讲师确实凤毛麟角，贵是自然的！

销售员：不过，目前我们公司正在拓展新市场，所有课程都打折销售，您刚才问的销售新人的系列课程，打包销售，折后一共38万元。

客　户：是吗？那还能不能再便宜呢？如果可以我就定了！

案例中，在客户还没了解培训课程的"含金量"时，销售人员没有贸然报价，而是向客户介绍了己方培训课程内容、讲师水平等，提前给客户打了"预防针"。当其报出"高价"后，客户没有强烈抵触，而是在做出签约承诺的前提下试探性地问问是否能降价。

使用价值展示法，有利于让客户充分了解产品的价值，有效提高其心理价位，进而适应销售人员报出的"高价"，甚至还可能给客户一个惊喜，让其觉得这个"高价"低于自己的预期。因此，在大额交易中或者销售价格较高的商品时，销售人员不妨使用这一报价方式，以规避客户的价格异议。当然，运用此方法，销售人员还要注意以下三点。

（1）只有产品的价值被充分展示出来，才能调高客户的心理价位。所以，销售人员在与客户沟通时要注意先后次序，即先"价值"后"价格"，不可乱了顺序，否则起不到其应有的作用。

（2）灵活运用，不可循规蹈矩。比如面对专业客户时，他自己已经非常了解产品的价值了，销售人员就没必要再辛苦、啰唆地介绍一番了。更何况，客户还可能会因此而失去兴趣。

（3）在销售沟通的过程中，销售人员不要等客户询价时才展示产品价值都迟迟不报价，这会引起客户的反感。与客户面谈之初，销售人员就应及时介绍产品、展示产品价值及给客户带来的利益，循序渐进地、慢慢地调高客户的"胃口"。

一句话口才

☆ 先"价值"后"价格"，慢慢调高客户的心理价位，进而让客户适应你的"高价"。

第 240 天 抵消报价，让客户不再纠缠价格

口才训练

还有一种化解客户价格异议的方法——抵消报价法，即销售人员将产品价格的形成要素一一列出，再将其中一些因其他因素可抵消的部分忽略，剩下的才是产品的实际价格，让客户觉得产品的价格并不高，从而接受销售人员的报价。

客　户：这套设备要 16 000 元，也太贵了吧？

销售员：我给您分析一下，您看我们的价格是高还是低。我们承诺送货上门、免费安装，这运输费怎么也得 500 元吧，安装费加上人工费，肯定也不会少于 500 元。另外，我们给您附带的这些零配件，您要自己配，不光得费神去买，还得花至少 500 元。如果把这三项抵消掉，这套设备的实际售价其实才 14 000 多元，这比某些低端品牌都要便宜，而且省了您多少麻烦啊！

客　户：也是！（客户方的几个人商议一下，没有再砍价，示意签约）

案例中，通过销售员一番有理有据的价格因素列举，让客户了解了产品的“实际售价”比市场上的低端品牌还便宜，况且还能省去很多麻烦，自然也就接受了产品的“高价”。

在实际的销售中，如果产品价格抵消后，剩余部分的价格与竞争产品相比，具有明显优势，那么，销售人员就可以用此方法处理客户的异议。否则，就不要使用。

另外，一般情况下，用于抵消掉的部分都是优于竞争对手的服务或促销等。因此，销售人员在阐述时必须做到有理有据、能令客户信服。否则，客户不但会在这些内容上提出更多异议，还会显得销售人员别有用心，反而不利于销售。

一句话口才

☆ 用于抵消掉的部分必须要有理有据、能令客户信服，而且抵消后剩余的实际价格要明显优于竞品，这样客户才不会再纠缠于价格。

第 241 天 销售记录，关键时刻的杀手锏

口才训练

客　户：才打 95 折呀，这也太少了吧？这房子我得花 100 多万元啊！

售楼员：对啊，因为基数大，给您 95 折，我们就让出去六七千元啦！

客　户：可我还是不平衡，能不能再便宜点？

售楼员：大哥，这已经是最低价了，如果不搞活动，连这几千元的优惠您也享受不到呢！

客　户：可你们这么多房子，也不在乎给我优惠这点儿吧？你是不是看我们准备买了，就坚决不降价了？

售楼员：能卖谁不卖，我也希望多成单多拿提成呢！请您理解吧！（说着，拿出“销控表”）您看看，其他客户都是什么价格买的，您对比一下，看看有几个比给您的折扣还低的？您再看看表上，这个盘还剩下几套房子没卖了？

客户接过“销控表”，仔细翻阅，不说话了，也不再对价格纠结了。

销售记录，关键时刻可以成为消除客户价格异议的杀手锏。如案例中的售楼员，利用“销控表”，让客户对楼房价格不再有疑问，加快了成交的速度。

面对客户强烈的降价要求，或者销售人员自己报价时，都可出示其他客户的交易记录，拿其他客户的成交价格做参照进行对比，从而让客户明白：给他的价格已经是最优惠的了。这个方法叫做“已成交订单法”。

运用此法，能够满足客户“贪便宜”的心理。所以更适用于老客户，销售人员可借此拉拢人心，提高老客户的忠诚度。另外，在商务谈判中，销售人员也可使用此方法赢得交易的主动权。比如，故意将自己已经成交的订单“遗漏”给客户。再次面谈时，客户就会参照订单上的价格讨价还价，非常有利于按销售人员期望的价格成交。

一句话口才

☆ 销售记录，给客户一个参照的同时，让其知道自己占了便宜，这笔交易就达成了。

第 242 天　给客户戴顶高帽子，转移注意力

口才训练

赞美之言、恭维之语，人人都爱听。因此，当客户提出价格异议时，销售人员不妨给客户戴一顶高帽子，说几句好听的话，异议或许就土崩瓦解了。

客　户：哎呀，这个房子还是贵，我负担不起！

销售员：呵呵，贾总，您真会开玩笑。您说负担不起，那我们的房子卖给谁去？您选择看这个楼盘的房子，而且直奔三居的房型；再看您的座驾，那也不是一般人能开得起的；就是听您的谈吐，您肯定也不是一般的人呀！（戴高帽）

客　户：哈哈，我早就听说这个楼盘的房子不错，刚才看了房型，也确实喜欢，可就是这价格，也太贵了些。

销售员：呵呵，“美宅”配“英雄”，您这么优秀，身边的朋友也一定不俗，他们大多也是住这类中高档的公寓吧？的确，您刚才看的这房是贵了点，可它面积大、房型好，非常适合您这样的成功人士居住。不管是与朋友聚会，还是独享温馨，抑或是

静谧思考，它都能满足您的需要，还让您特有面子。(恭维话)

客　户：你真会说话。不过说得有道理。走，咱们再上去看看！

案例中，销售员巧妙地给客户戴上一顶“成功人士”的高帽子，加上一系列的恭维话，成功地化解了客户的价格异议。

销售人员在处理客户价格异议时，多说几句赞美之言，给客户戴顶高帽子，成功地转移了客户的注意力，这个异议也就有效化解了。不过，这个恭维话如何说、高帽子如何戴，还是要讲求技巧的，若得不到客户的回应，说了也白说。

1. 选对目标

此法适用于那些爱面子、虚荣心强、自尊心强、爱自已做主的客户，因此销售人员应摸准客户的性格特征、摸透客户的心理，选好对象再出言。

2. 言之有物

要根据客户的实际情况赞美，做到言之有物、不露声色。不能过度恭维，也不能把高帽子戴得太露骨，否则只会引起客户的反感。

3. 把握火候

凡事过犹不及。恭维的话火候不够、不痛不痒根本起不到作用；火候太过又会给客户造成心理压力，诱发其逆反心理。因此，销售人员要把握好火候。

常用话术示例：

“张总，像您这样的专业人士，一看便知这机器对贵公司的重要性，也能知道其价值几何！”

“这款大衣选用的是高档羊毛呢面料，它的特点是保暖、气派，很适合追求品位的男士，您看您穿上这件大衣，显得既稳重又低调，一看就是位很成功的社会精英！”

一句话口才

☆ 给客户戴一顶高帽子，多说赞美之言，他的价格异议或许就自然消失了。

第 243 天　额外利益，弥补客户嫌贵的心理

口才训练

场景一

顾　客：你看，我都跑好几趟了，是真心想要这套衣服啊，你再打点折吧！

销售员：是啊，大姐，我记得。您昨天试这件衣服真的是很合适，我也是真心想给这件衣服找个适合的主人。可这确实是成本价了，您不能让我赔钱卖吧？这样吧，看您是真心喜欢这件衣服，也来了好几回了，咱们就算朋友了，我送您一条腰带，您看，很时尚的，搭配您这件衣服也合适，您看行吗？

顾　客：好的，那就这样吧。(销售员通过赠品让顾客获得了一点实际利益，加上

之前的情感铺垫，顾客接受了衣服的价格）

场景二

客　户：我们一次订这么多货，你就不能再便宜点？

销售员：您想节约成本，这我理解，可是我们也是有成本的啊！咱们接触了这么长时间，我也是真心想和您合作。这样吧，我答应您，免费换货。您收货后，如有任何问题，可随时给我打电话，我们免费给您换货。

（销售员通过承诺免费换货，化解了客户的价格异议，促成了交易的达成）

有时候，客户非常想购买，就是价格还有异议，就像上述案例中的情况，销售人员不妨使用补偿法——在自己的权限内，承诺给客户额外利益。因为大多数人都有爱占小便宜的心理，所以这一技巧对于消除客户的价格异议非常有效。

当客户知道购买产品后能获得额外效益，就会接受销售人员的报价。不过，这一方式属于对客户的让步，因此，销售人员在使用时不要过急，应在自己“极不情愿”中给予客户优惠，让客户充分感受到你的难处，这样他才能将异议抛到脑后。否则，你的这个让步可能会导致客户异议升级。另外，给客户的额外效益，销售人员可从以下四个方面考虑。

（1）节省费用。例如：“这台传真机的速度比您现在用的要快一倍，改用它后，您公司这么多台传真机每月可节省至少3 000元的国际通话费，您还觉得它价格高吗？”

（2）省时省心省事。例如：“使用这套会计结账系统后，您以后结账再也不会因为计算的小疏忽而耗费大量的时间、精力去修正账目了，您还觉得它不值吗？”

（3）附加待遇，如获赠礼品、会员积分、免费资讯、免费送货、上门安装调试、维修服务和会员待遇等。例如：“购买产品后即可自动成为我们的会员，以后再购买这个品牌的产品就可享受8折优惠了。”

（4）无形的效益，如合作后可提高员工的工作效率、提升企业形象等。

一句话口才

☆ 在适当的权限内给客户一些小补偿，让客户贪点小便宜，他就会将异议抛到脑后了。

第 15 课　促成签单，一句话说服客户的艺术

第 244 天　主动提出成交请求别错失良机

口才训练

做销售需要主动沟通，而进入签单阶段，销售人员更要谨记一点：主动提出成交请求。因为在交易中，即使客户对某产品很感兴趣，他们往往也不会对成交表现得很积极。这就需要销售人员瞅准时机，及时、主动提出成交，才会提高销售的成功率。

销售员：李姐，我给您设计的保险计划，您仔细看过了吧？还有什么不清楚的地方吗？

客　户：这就是我今天让你来的原因。具体有哪些保障，你再给我介绍一下。

销售员：李姐，如果您按照我那个计划投保，可获得……（说明具体保障，语言要尽量简洁、生动，并用数字等增强这个保险计划的吸引力）

客　户：哦！那你们的理赔办理需要多长时间？（购买信号）

销售员：理赔的办理……（说明具体情况）

客　户：保费上，还能再优惠吗？（购买信号）

销售员：这个不能了，李姐，您也知道，保险不同于其他产品……（说明理由）

客　户：好的，让我想想。（说完，仔细翻阅保险计划书并陷入沉思，又一个购买信号）

销售员：……（耐心等待 10 秒钟，如果客户仍没有继续询问的意思，销售员就可主动出击）李姐，这个计划是根据您的具体情况量身设计的，如果您现在投保，保费还低，过几年再投保费比这还高。况且，您也知道保险的重要性，就别犹豫了。如果您没有其他疑问，我就帮您填保单了。

客　户：好的。保单给我看一下。（购买信号）

最终，客户在保单上签了字，销售员成功拿到了这一单生意。

案例中，销售人员一一回答了客户的疑问之后，客户陷入沉思，并没有明确地表示购买意向。这时销售人员主动向客户提出了成交请求，最终双方达成合作。

在向客户提问或请求购买时，销售人员的语气要自然、态度要随和，不要让客户感觉到你迫切地想成交，不要让客户感到压力。另外，销售人员还应抓住促成购买的时机，争取一锤定音。那么，销售中最佳的促成购买的时机有哪些呢？具体如表 15-1 所示。

表 15-1 销售中促成交易的最佳时机说明表

促成时机	客户表现	销售员应该怎么说、怎么做
1. 客户认同了产品价值的那一刻	当客户说“嗯，这个产品确实不错”或频频点头、对产品表示认可时	抓住时机，及时地问一下客户“既然感觉不错，您准备选哪一件呢”等
2. 客户对销售人员就某一项异议的解答非常满意时	客户听完销售人员的解答后表现出满意的神情动作或说些类似“真如你所说的倒是很不错啊”的话时	抓住时机，帮助客户下决心购买，如“您看，我们的售后服务这么完善，您就别犹豫了!”
3. 交谈出现和谐的沉默时	当客户问完了自己关心的所有问题并得到了满意的答复后深入沉思时	最好不要与客户继续交谈，给对方一个思考的空间，片刻后主动提出请求
4. 客户对产品产生浓厚兴趣时	当客户的言辞中表现出对销售人员所展示的产品有浓厚兴趣时，或者双方的交谈涉及“交付条件、交货日期、要求报价、要求提供详细资料、再次商讨已经涉及过的问题”等时	适时地主动提出购买要求，促使客户表态，比如“您看您还有什么问题，如果没有，我就给您包起来吧?”
5. 当客户以非语言的方式表示兴趣时	当客户“再次审视产品”、“拿起笔作思考状”、“离开会客室，与其他人交流产品情况”、“客户表情变得友善，屈身俯视商品简介、说明，而且边看边念念有词”等情况出现时	主动请求客户做出购买行动

一句话口才

☆ 瞅准时机，主动向客户提出购买建议，让客户决定购买，但语气要自然。

第 245 天 营造机会难得的气氛刺激购买

口才训练

大家都知道拍卖会上的场景，竞争压力加上紧张气氛，竞拍者纷纷举牌并快速做出购买决定。而在现实的销售沟通中，如果客户对产品或服务表示出浓厚的兴趣时，销售人员不妨适当地制造紧张感，营造一个“机会难得”的效果来刺激客户马上购买。具体方式有以下五种。

1. 数量有限

看到客户对产品感兴趣却迟迟不表态时，销售人员可告诉客户“××可是我们这里卖得最好的，就剩这最后两件了，您现在不买，明天就可能没货了!”“这是德国设计师设计的最新款大衣，限量生产，限量发售，我保证您不会和别人撞衫，您还犹豫什么呢?”听到这话，客户的心里至少会动一下，因为“物以稀为贵”，越是稀缺的商品越容易卖。

2. 涨价前购买

产品价格升降都是正常的，而销售人员可利用“价格上涨”这一理由促使客户在涨价前购买。比如："今天是活动的最后一天，明天就恢复原价了，我建议您现在就买下来！""昨天我们刚接到通知，这款车下周就提价，所以您就别犹豫了……"

3. 虚拟竞购者

前文说过拍卖现场的情景，其实销售人员也可以仿效，虚拟一位竞购者，制造紧迫感，让客户迅速做出购买决定。（后文中将详述）

4. 限时抢购

销售人员可利用"限时抢购"策略，制造"机不可失，时不再来"的气氛，以促使客户抓紧时间做决定。比如："您来的真是时候，这款产品正在搞促销，两小时后就恢复原价，如果您错过的话，可就再也没有这样的好机会了。"

5. 减少损失

如果销售人员的产品的确能给客户带来利益，客户越晚购买，损失的利益可能就越多，销售人员就可以此来迫使客户抓紧时间做出购买决定。比如："您若不尽快更新设备，那么原设备的低效率就会影响您的业绩，减少您的利润啊！""看趋势，这房价还得涨，您现在咬咬牙也就买了，要不以后得花更多的钱……"

在促进交易阶段，销售人员使用上述方式制造紧迫感时，要注意态度诚恳、措辞准确，切不可信口开河、编造谎言欺骗客户，那样只会弄巧成拙，被客户识破的后果不难想象。

一句话口才

☆ 当客户对产品表示出极大的兴趣时，销售人员要趁热打铁，适当地制造紧迫感，以加快成交的速度。

第 246 天　借用案例故事促成交易的达成

口才训练

在交易促成阶段，销售人员也可通过案例、故事来给自己的说服语言加点"料"，从而让客户在"感同身受"的情绪下做出购买决定。

客　户：照你这么说，这东西还真能去痘痘？

销售员：没错，刚才我说过，这是专门针对油性皮肤研发设计的，原料都是纯天然的。我以前有一个朋友，和您的皮肤情况差不多，经常起痘痘让她很是烦恼。我就给她推荐使用了这一款祛痘香皂和那个润肤露。结果，不到一个月，她的脸就干净了，而且皮肤也比之前好多了，不再总泛油光了！

客　户：真的吗？

销售员：这种事我还能骗您。总长痘，一是由于皮肤清洗不干净，二是由于内分泌失调，所以用这香皂可以增加皮肤的清洁度。另外，我建议您注意生活规律和饮食，多吃清淡食品，少吃辛辣和油腻食品。不过，如果您想让皮肤修复得更快、更好，还可适当进行食疗，比如吃些营养片，像纤维素嚼片、维生素片等。这也是我给我那个朋友推荐的“独家秘方”，现在她的皮肤一点儿都看不出有长痘的痕迹了。

客　户：好吧，那我也试试吧！

案例中，销售员让自己的朋友“现身说法”，真实案例不仅让客户了解了产品的功效，销售人员的贴心建议又让其放松了戒备，拉近了双方的心理距离，决定购买也就顺理成章了。

一般情况下，人们都喜欢听故事，并在倾听的过程中容易将个人的情感渗入其中，从而放松警惕。此种情况下，销售人员很容易冲破其最后的坚持，促成交易的达成。但要想使故事、案例发挥最佳效果，销售人员还应注意以下三点。

（1）在故事、案例的选择上，一定要选那些直接或间接地与说服客户购买相关的故事，能够引导客户突破最后的心理防线的案例，这才能为销售成功做好铺垫。

（2）讲述故事时，销售人员的语气要自然、亲切，要让客户感觉这个故事不是你自己胡乱编的；还应营造氛围来帮助客户领略故事的含义，进而触动其心弦，激发其购买的行为。

（3）销售人员要确保你所讲的故事、案例与此时、此景、此人相适宜，否则会得不偿失。

一句话口才

☆ 给客户列举案例或讲故事的目的是促使客户尽快签单，因此，销售人员应注意故事、案例的选择与讲解，不可毫无目的地东拉西扯。

第 247 天　适当激励，让客户做出购买决定

口才训练

订单不光是劝说来的，还是激励来的。在成交阶段，如果销售人员给予客户适当的激励，说不定客户就会很快做出购买决定。

销售员：您好，王总，我是彭帅，您给我发邮件了？

客　户：嗯，最近我们打算进行内部培训，请把营销方面的课程价格跟我说一下！

销售员：王总，目前我公司开发的营销方面的课程很多，针对一线销售人员和营销管理人员的课件价格分别是 1.8 万元、2.5 万元。

客　户：还是有点贵，能不能便宜些？

销售员：鉴于贵企业在行业内的名望，能跟贵公司合作是我们的荣幸。而我与您也沟通多次了，所以昨天看到您的邮件，我就跟公司申请给您打 8.8 折，这可是我们长期合作的老客户才享受的价格啊！我还够意思吧？

客　户：呵呵，那我先谢谢你了！你们有什么后续的服务吗？

销售员：有。我们会在一年内定期跟踪调研，了解使用我们课程后的效果，然后针对具体问题提出我们的改进意见。如果贵公司需要，我们还会根据贵公司的实际情况、要求等定制开发新课件。不过，新产品就得另外收费了，哈哈。王总，您看我什么时候去您公司签约？

客　户：嗯，那就明天上午过来吧，带上合同。

案例中，销售员通过精神激励：夸赞客户企业的名望，并说“能与贵公司合作是我们的荣幸”，让客户引以为傲，自然地拉近了双方的距离；物质激励：主动打折，让客户觉得被关注、被重视。精神激励与物质激励相结合，给了客户充分的购买理由。

到了销售的后期，如果销售人员能够采取一些措施适当地激励客户，会让其变得感性，从而有利于做出购买决策。而且，最好是精神激励与物质激励相结合，才能达到最佳效果。一般来说，精神激励的主要形式是夸赞客户，赞语入心，客户自然会心花怒放；而物质激励的主要形式是进行适当的让步，比如在价格等条件上让步、给予赠品、附送会员卡等。

一句话口才

☆ 在精神和物质上都给予客户适当的激励，客户也就容易做出购买决策了。

第 248 天　“不建议成交”，反会加速成交

口才训练

去饭店吃饭，点菜时如果服务员说“我们这儿的菜量比较大，这些完全够三位用了”，你是不是觉得很亲切，她的善意提醒是不是让你感觉很贴心。销售中，如果销售人员能从专业的角度去引导客户，及时修正其错误选择，就会赢得客户莫大的信赖，反而更容易实现交易。

顾　客：对了，我朋友就是给我推荐的这个空调，这空调怎样啊，小姐？

销售员：这一款，性能、质量各方面都不错。不过，请问一下，您准备放客厅还是卧室？

顾　客：放客厅，大约有 35 平方米。

销售员：那我倒不建议您买这款。因为这台空调……（从性能等方面说明这台空调不适合客户的原因）。35 平方米的房间（边说边带客户走向另一款柜式空调）用这一款更合适……（说明适合的原因）您觉得呢？

顾　客：这样啊，这一款用着肯定没问题？

销售员：您放心吧，我天天就和这些电器打交道。这款空调……（再次简要强调其适合客户之处以及能给客户带来的好处）

顾　客：好，那就听你的！你还真是热心人，如果我有朋友买电器，一定推荐到你这来！

销售员：那就太感谢了！您今天就要定吧？我先去帮您确认一下这款还有没有货，天气转热，空调卖得好，别断货了！

顾　客：那你赶紧给我看看，我马上就要装的。

案例中，销售员站在客户的角度，用“不建议购买”话术，为客户的购买提出了专业建议，赢得了客户的信任，加快了成交的速度。

实际上，有些客户对自己的需求并不真正了解，这就需要销售人员从专业的角度去引导，帮助客户了解产品特点，找到产品与客户需求的契合点；而一旦客户选择错误，销售人员就应及时站出来为其修正错误，以免客户购买到不适合的产品。这就是“不建议成交法”，它能让客户感觉到你的专业、你的用心与贴心，自然会对你非常感激和认同，从而充分信任你。有了信任做基础，接下来还不是销售人员说什么是什么，从而加速成交。

一句话口才

☆ 不建议购买——宁可不做你生意也要告诉你实情，客户会因此而对你产生莫大的信赖感，而这正是销售成功的基础。

第 249 天　设法让客户的购买决策简单化

口才训练

在促成交易阶段，要想让客户尽快下定决心，销售人员可设法让客户的“购买决策”简单化，让其从犹豫、纠结中解脱出来，自然也就清楚自己买还是不买、该买什么了。

1. 不要再向客户介绍新产品

一旦发现客户发出了购买信号，销售人员就不要再给客户推荐其他产品了，而应引导客户把注意力集中在其一直精心挑选的产品上。比如当客户对某一产品表现出浓厚兴趣时，销售人员就应重点推荐这一产品，讲解该产品给客户带来的利益，并主动提出成交请求。

2. 帮助客户缩小选择范围

选择范围太大、太广会让客户目不暇接，难下购买决心。因此，销售人员要缩小客户的选择范围，最好将其选择商品的范围控制在两种选项，最多不超过三种。尤其是到了销售的后期，更要帮助客户缩小选择余地，确定他喜欢的产品，以便交易尽快达成。

3. 帮助顾客做出选择

有些客户，尽管看中了某款商品、也有意购买，可就是迟迟不做决定，东挑西选，价格、颜色、规格、售后服务等都是其犹疑的原因。此种情况下，销售人员就要热情、耐心地帮助客户挑选并向其交代产品的付款方式、交货日期、保修及日常保养等，一旦上述问题都解决了，客户不再有疑惑，交易也就达成了。

4. 建议客户试买一次

如果客户有了购买意向，但又因某种因素而对产品没有信心时，销售人员可建议客户先买一点试试看，只要产品质量好、适合客户，客户用过满意，自然会长期、大量购买的。比如，“陈小姐，您可先做一次护理，看看效果和感觉。我们有一些客人刚开始也是这样的，但试完后，感觉很舒服，就办了年卡。”这一“试试看”的话术也可帮助客户尽早下定购买决心。

常用话术示例：

“这两条裙子，一个显气质、一个显年轻，要不您再试试，看您更喜欢哪一款，然后再决定？”（缩小选择范围）

“马小姐，您可以先买一支试用一下，我们有些客人刚开始给她介绍时，也是有点信心不足。但用过之后都说好，还带着朋友过来买呢！”（建议先试买）

一句话口才

☆ 设法让客户的决策简单化，客户没有可纠结的地方，自然也就下定决心购买了。

第 250 天　虚拟竞购者促使客户下定决心

口才训练

销售员：高先生，您好，我是彭帅，您方便说话吗？

客　户：方便，你说吧！

销售员：高先生，上周末我带您看的那套房子，今天被另外一个销售员带的客户看中了，他要现在就买下来。但我知道，您对这套房子也非常满意，是您先看中的，所以您如果能决定下来，我可以向经理申请为您保留，您看如何？

客　户：那房子是不错，可是我现在的积蓄付首付还差点！

销售员：您要是真想买，可以先交一点订金，房子我给您先留下来，您抓紧时间把钱凑齐咱们再签合同，您说呢？

客　户：好的，那我今天下班就过去，你千万把房子给我留着啊！

案例中，销售员给客户引进了一个“竞争对手”，告诉客户如果不马上下定，房子就被别人买走了，成功地给对方制造了紧迫感，让其在压力下做出了购买决定。

如果客户对产品非常感兴趣，也有意向购买，销售人员如果想让其尽快下单，就可以为客户虚拟一个竞购者。当然，如果确实存在竞购者更好，客户就容易在竞争的压力下购买，因为大多数人都想拥有“紧俏商品”。另外，这一技巧还可与同事配合完成。

销售员：孙先生，我看您非常喜欢这款车，都看了好几次了，为什么就是下不了决心呢？

客　户：我就是想多考虑考虑，免得买了后悔嘛！

（事先约好的同事走过来，打断了两人的谈话）

同　事：小王，我刚听经理说，你的客户正在看这款车，是吗？

销售员：是呀，我这不正跟孙先生聊这车呢，他很感兴趣。怎么啦？

同　事：哦，我有一位客户也看上了这一款，问有没有现车，库房那边就剩下一辆了。

销售员：不会吧，昨天库房不是还有三辆吗？

同　事：昨天下午有客户提走一辆，今天上午又预订出去一辆，所以就剩下一辆了。

销售员：怎么会这样呢？下一批车可要等一个来月呀。你看能不能先向你的客户介绍其他的车型呢？孙先生都来了好几回了，就喜欢这一款呀。

同　事：那好吧，我先介绍别的车型试试吧！

如此一来，客户会因担心自己看好的车被别人买走而购买欲望大增，于是就会放弃犹豫，选择购买。即使当时没带车款，也会交上少量定金。

一句话口才

☆ 虚拟一位竞购者，或者与同事配合，搬出竞争买家并强调库存有限，从而促使客户在竞争压力下要快速下单。

第251天　话赶话，让客户自己说服自己

口才训练

前文提到，用“诱导式提问”能够引导客户的思维。而在成交阶段，如果客户对产品已经产生兴趣，销售人员就可用“诱导式提问”，通过一组问题，引导客户说出更多的“是”。那么，你之后的购买提议就较容易获得客户的认可了。

广告销售员再次拜访客户，寒暄之后进入了销售主题，他今天的目的可是来签单的。

销售员：张总，我前两天给您发的方案，您看了吧，还有需要修改的地方吗？

客　户：看了，方案倒是很好。可我还是没想好，到底该不该花这么多钱在网上做宣传。

销售员：可以理解，毕竟广告费不是个小数目。另外，做宣传也确实得考虑清楚，是吧？

客　户：的确如此。

销售员：张总，××公司昨天在××网站上刊登了页面广告，您看到了吗？

客　户：嗯，我看到了。

销售员：现如今，我国网民的数量已突破 5 亿，互联网对人们生活的影响越来越大。网络广告也已经成为企业不可或缺的宣传渠道之一，况且其优势也是很明显的，受众广、效果容易评估等，是这样吧？

客　户：是的。

销售员：所以，张总啊，您就别犹豫了。进行网络宣传是一个趋势，门户网站的广告效果您也是了解的。再说，您的老对手都已经做了，您不想有所超越？

客　户：好吧。那咱们再研究一下宣传方案。

人的思维是有惯性的，如果你朝着一个方向引导，对方就会倾向于一直沿着这个方向考虑下去。运用在销售中，就是上述案例中销售员所使用的方法，不断地引导客户说“是”，让其自己说服自己，最终坚定了其购买决心。在实际的交易促成阶段运用此法，销售人员该怎么说、怎么做呢？

1. 不与客户争辩

不管客户的意见、想法如何，销售人员都不能与之争辩，而应尽量先表示认同，然后再说出自己的观点。与之争辩，很容易让客户说“不”，其结果不言而喻。

2. 从客户认同的地方问起

要想引导客户说“是”，销售人员就要问那些容易得到客户肯定回答的问题，惯性使然，后面的问题也就更容易得到客户的认同了，比如成交请求。

3. 与客户同步

交谈时，销售人员应在语速、语调、情绪等方面尽量接近客户，与之保持同步会让客户觉得轻松、愉快，进而降低其戒备心，提高对销售人员的认同感。

一句话口才

☆ 充分了解客户的想法，设法让客户说“是”，话赶话，将客户引向你期望的方向。

第 252 天　对客户说“不”，他会乖乖听话

口才训练

人们往往对得不到的东西产生强烈的占有欲，越是得不到越想得到。销售人员也可利用人们的这一心理特点，让客户快速下定购买决心。

一位顾客在店中转了好一会儿，忽然被墙上挂着的一件裙子吸引住了。

顾　客：这件裙子，你给我找一件试试，XXL 号的。

销售员：您真是好眼光，这条裙子是我们老板专门从香港淘回来的。不过，我得

先看看还有没有您穿的号，您稍等！（查完后）哎呀，真可惜，果然没有您穿的号了。

顾　客：啊，这么巧啊！

销售员：这次进货，老板一个号就进一件。嗯，要不您试试样衣吧，也是今天新挂出来的，欧版的衣服一般都比较大，或许您能穿！

顾　客：好吧，那就试试吧！（顾客穿好衣服站在镜子前）

销售员：效果真不错！您看这款式，尤其是那个领子，有种不对称的美；颜色也好，天蓝色中夹杂着白点，清新而不失稳重，素雅中透着时尚，和您呀，简直是绝配！

顾　客：是吗？有你说得那么好吗？

销售员：（故作沉吟，面露失望之色）嗯，你让我说什么好呢？我简直有点无话可说了，真是恰如其分啊！

顾　客：（笑靥如花）哪有你说得那样好！

销售员：我给您开票了啊？

顾　客：真要买吗？我还想再转转！（顾客还有些犹豫）

销售员：当然要买。您能容忍如此适合您的衣服穿在别人身上吗？

顾　客：那好吧，就拿这件吧。

案例中，销售员没有给客户提出异议的机会，一开始就将客户的注意力转移到了“能不能买到”上来，吊足了客户的胃口之后，让客户试穿样衣，并成功达成交易。

有时候，销售人员向客户恰当地说“不”，如“没货了”“货不充足”等，将客户“是否要买”“贵不贵”“好不好”等问题转移到“能不能买到”上，让“占有”成为客户的第一目的，那么距离达成交易也就不远了。因此，面对强势、有主见的客户，且在客户对产品有浓厚的兴趣时，销售人员不妨先向客户说“不”，让客户乖乖地听你的话。

一句话口才

☆ 你越推荐，客户可能越反感；而你退一步，恰当地说“不”，客户就可能跟进一步。

第 253 天　面对拒绝，你能再坚持一次吗

口才训练

有位销售大师曾说：“多数的销售是在被拒绝 7 次之后才能成交。”然而，7 次之后还是拒绝，销售人员该怎么办呢？鸣金收兵还是再坚持一次？

销售员：赵经理，您看您还有什么疑问，如果没有的话，咱们就把合同签了吧？（已经是第 n 次示意签约了）

客　户：你说得很详细，我基本没有疑问了。不过，嗯……还是算了吧，实在抱

歉！以后有机会的话，咱们再合作吧！（客户拒绝了）

销售员：这样啊，那真是遗憾啊。不过，我相信咱们以后还有机会合作！给您添麻烦了！（边说边收拾资料等，然后站起身向门口走去，客户也随之站起并送到门口）

在门口，销售员与客户握了握手，然后推门准备告辞。可当他把门推开一半、准备迈步时又停下来，转过头诚恳地对客户说："赵经理，我马上要走了，在我离开之前，我还是想请教您一个问题，可以吗？"

客　户：哦，什么问题，你说吧？

销售员：请您一定要告诉我，你拒绝我的真实原因，是我哪方面做得不够好？（关上门）

客　户：不是，你做得挺好的。实不相瞒，虽然你们的产品很有特色，但是价格有点高，我们老板的意思是与 × × 公司合作，他们在价格上有很大优势。

销售员：哦，您的意思就是，如果我们的价格再低点，贵公司还是可以考虑的？

客　户：嗯，可以这样理解。

销售员：哎呀，您早说嘛。来，我给您解释一下……这样看来，我们的价格也就比 × × 产品高出一点点。这样吧，咱们都谈了这么长时间了，我也是真心想跟贵公司合作，告诉我您的心理价位，我向老板申请一下，看看能不能满足您的要求？

案例中，面对客户再一次的拒绝，销售人员没有死缠烂打，而是立刻起身告辞，并在客户送行之时——此时其心理防线降到最低，实施反击。首先询问客户拒绝的真实原因，然后采取有效的措施说服客户回头，让宣告失败的拜访起死回生，这个方法被称为"起死回生法"。

销售人员运用此法时，要注意以下三点。

（1）听到客户的拒绝后，不要马上询问原因，而是坚定地起身告辞，给客户一个感觉"你确实放弃了，马上要离开了"。因为这样，客户才能彻底放下戒备，并对你产生愧疚，也才会主动送你，你才有杀回马枪的机会。

（2）回身提问时，要说一句"我马上要走了"做铺垫，再次让客户放松警惕；询问原因时，态度一定要诚恳，这样客户才愿意说出真实理由。

（3）针对客户说出的原因，要全力进行解释，尽量想办法说服客户，以便销售出现转机。

常用话术示例：

"先生，我做销售这么多年，很多客户都拒绝过我，我只有一个小请求，请您告诉我您对我们的产品哪一方面不太满意呢？还是我哪方面做得不好？请您指正，也能帮助我成长。"

"大姐，您看，我马上就走了。在我离开之前，我想请教您一个问题。（获得客户的许可后）我从事这个行业的确没多久，也没什么经验，我是真想知道您今天为什么最终拒绝了我？"

一句话口才

☆ 在客户完全放下戒备时说出拒绝的真正原因，然后据此反击，销售往往能够起死回生。

第254天　直接成交法

口才训练

顾名思义，直接成交法是指销售人员主动向客户提出成交要求的方法。其最大的特点是简单明了，缺点是给客户带来较大的成交压力、破坏谈判气氛、运用不当甚至会导致销售失败。

一位先生在某品牌服装卖场试过几件衣服后变得若有所思，看得出来，他对试过的衣服比较满意，却还没有定下来选哪一件，因而没有提出购买。

销售员：先生，几件上衣您都试过了，我觉得A款和B款，您穿上效果更好，您觉得呢？（缩小选择范围）

客　户：我也觉得这两款比较不错。

销售员：那这两款，您更喜欢哪一款呢？

客　户：A款吧。

销售员：您是选藏蓝的还是黑色的？

客　户：藏蓝的吧。

销售员：好的，我这就给您开票……给，您去那边收银台结账吧，我给您包衣服。

案例中，看到客户发出了明确的购买信号后，销售人员主动引导客户选择，在几句和谐的对白后委婉地提出了成交请求，交易也顺利达成了。可以说，直接成交法在销售中运用最广泛。但要想用好，销售人员还应注意以下三点，如图15-1所示。

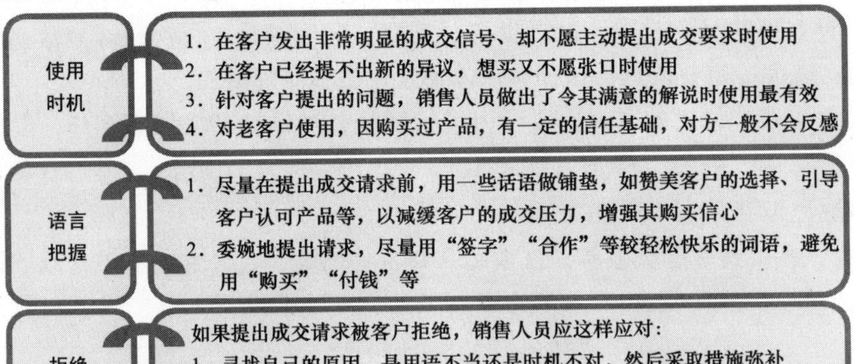

图15-1　直接成交法的使用注意事项

常用话术示例：

“这是购销协议，您看一下，如果没有问题，您在这儿签个字就行了。”

“请您把身份证给我，我现在就把合同填好，今天咱们就把这事定下来吧。”

一句话口才

☆ 客户发出明确的购买信号后，请抓住时机，果断地向客户提出成交请求。

第 255 天　选择成交法

口才训练

让客户在给定的范围内选择并做出肯定回答，从而促成交易的方法就是选择成交法。销售人员用此法，一是可以减轻客户的购买压力，二是可以制造良好的成交气氛。

销售员：您可真会挑，这可是我们这儿卖得最好的两款手机。在功能上，二者差别不大，足够您日常使用。不同的是，A 款的金属外壳非常扛摔，烤漆工艺一流，不容易掉色；B 款虽是塑料外壳，但其待机时间长些。您更看重哪一款呢？

顾　客：B 款的待机时间有多长？

销售员：理论值是 10 天。

顾　客：那好，就选 B 款吧。

销售员：这一款有明黄色、白色、玫红色，您更喜欢哪一种颜色呢？

顾　客：玫红色的吧。

案例中，销售人员两次让客户选择，有效地促成交易。使用选择成交法，表面上看似乎是将成交的主动权让给了客户，但实际上主动权却牢牢掌握在销售人员手中，因为不管客户怎么选择，对销售成功都是有利的。那么在使用时，销售人员应注意些什么呢？

（1）把握好使用时机。销售人员应该在客户已经接受了销售建议、具备了购买的信心、只是在产品的细节上（型号、颜色、数量、付款方式等方面）尚有疑虑时使用。

（2）让客户选择时，销售人员不要提出太多的方案，最好就是两项，最多不超过三项，否则客户难以选择，也就难以达到尽快成交的目的。

（3）如果客户已经看中了某款产品，销售人员就不要节外生枝再给客户其他选择项了，这无异于画蛇添足，反而不利于成交。

常用话术示例：

“王小姐，这款衣服共三种颜色，红色、蓝色和黄色，您选哪一种呢？”

“张总，您准备先购进 300 吨还是 400 吨材料呢？”

一句话口才

☆ 回避客户思考“要还是不要”的问题，而是让其考虑选择哪一种更好，这是选择成交法的精髓所在。

第256天　利益汇总法

口才训练

销售产品，实际上就是在销售利益。让客户知道购买能得到的利益，也就增强了其购买的信心。所以，在销售后期，销售人员不妨将那些获得客户认可的产品利益进行汇总，再简明扼要地提示给客户，加深客户对产品利益的感受，同时要求成交。这就是“利益汇总法”。

某商场，一顾客在某品牌专柜前详细了解一款产品后离开。可不到一刻钟的工夫，她又回来了，并要求查看刚才那款产品。销售员拿出样品，客户仔细端详并不住地点头。

销售员：感觉不错吧？我想您一定是个追求完美的人。您就放心吧，这个品牌的产品，质量没得说，来这儿的大部分都是老顾客，还有老顾客介绍过来的。您手里的这款，软硬件配置足够高，平时用它作图、看视频、玩游戏等一点儿问题都没有。细节上，它的散热性非常好，不管用多久都不会有烫手的感觉，蓝牙、视频头、无线网卡等一应俱全，用起来很方便。并且，它的外形设计很漂亮，白色金属外壳（总结给客户的利益）。总之，它是绝对的物超所值啊！……（停顿）我这就给您开票吧？

客　户：好的，就它了！

案例中，看到客户返回来重新查看样品，销售员适时地将产品能带给客户的几个方面的重要利益汇总起来说给客户听，刺激了客户购买的欲望，加快了成交的速度。

销售人员在运用利益汇总法促成交易时，要注意以下三点。

(1) 在前期的沟通中，销售人员要注意把握客户的需求，及时总结其关心的核心利益。

(2) 看到客户犹豫不决时，适时地将客户关心的核心利益汇总提出，一般3~5条即可。

(3) 利益陈述完毕，销售人员应沉默3~5秒，给客户思考的时间，然后提出成交。

常用话术示例：

“张姐，说实话，购买保险之后，您不仅……还能……，而且……，是这样吗？……（得到客户的认可后停顿3秒钟）我现在就把合同填好，您一会儿在这儿签个字就好了！”

“这款手机有三个好处，一是……；二是……；还有……所以非常适合您这样的年轻人使用，您说对吗？……（客户认可后沉默）您是选红色的还是银色的？”

一句话口才

☆ 再次强调产品或服务的良好性能与特点能给客户带来的多方面利益，使客户更加全面了解产品或服务的优点，让其在明确自己既得利益的基础上迅速做出购买决定。

第 257 天　富兰克林法

口才训练

富兰克林法由美国政治家富兰克林提出，是指销售人员通过对比的方式，向客户展示购买产品带来的好处和由于不购买可能承受的损失，从而刺激客户的购买欲望、促成交易的一种方法，又称“利益对比法”。

销售员：肖先生，您亲自动手操作了这部相机，感觉怎么样？

客　户：还可以，就是内存有点小。

销售员：（拿出纸笔，边说边写）肖先生，咱们来仔细分析一下。您刚才说这部相机的 1 200 万像素是您满意的地方；还有其棱角分明的男性化造型您也很中意，再就是超常的摄像功能与两块高容量原装电池也很符合您的要求，是这样吗？

客　户：（点点头）是的。

销售员：唯一让您不满意的就是这内存，您嫌它内存偏小，其实这根本不是问题，1G 的内存平时足够用了。况且，现在市场上的内存卡很便宜，您可以再买一张大点的备用。您看（将不利点、有利点分析汇总表递给客户看）……能遇到一款这么符合您要求的相机也是一种缘分，您愿意因为这个小问题而放弃它吗……肖先生，是不是现在我就给您开票？

通过对比，让客户清楚了相机的优缺点、买与不买的处境，帮助客户理清了思路，也坚定了其购买的信心，这就是富兰克林法的魅力所在。在实际运用时，销售人员还要注意以下几点。

（1）当客户提出一些枝节性的却是真实的异议时，销售人员可使用此法促成交易；当客户对产品表示浓厚兴趣时，销售人员也可用此法向客户阐明交易与不交易的理由。

（2）进行对比时，语言要尽量简洁，销售人员还应与客户形成互动，比如适时地提醒一下客户“您觉得呢？”“您也这样认为吧？”等，一是防止客户走神，二是不断强化客户对产品的正面认识，从而产生交易意向。

（3）进行对比时，销售人员要把握好解决问题的先后顺序和客户关心利益的轻重程度，帮助客户在关键问题上做出选择；要根据客户的需求或可能购买的意向产品进行利益对比，不要给客户介绍其不感兴趣的产品。

（4）陈述产品正反面利益时要客观、有理有据，不可为了促成交易而增大不利因素对客户的影响。当然也不能故意诋毁竞争对手，否则引起客户的反感就得不偿失了。

（5）一般情况下，要将决定购买的理由列在左边，决定不购买的顾虑列在右边，两相对比，让客户清楚地认识到是否交易或者交易前后自己的处境会有什么不同，在理性上说服客户。

一句话口才

☆ 帮助客户进行理性分析，证明“购买”是正确的，客户自然会做出购买决定。

第 258 天　保证成交法

口才训练

保证成交法是指针对客户的疑虑提出成交保证，让客户放心购买而促成交易的一种方法。此法在销售中非常实用，因为给客户一个保证能消除其疑虑，化解其成交障碍，也有利于增强其购买信心。

客　户：这个系统好是好，可是我觉得安装起来好麻烦，而且我们的员工不会用怎么办?

销售员：这个您尽管放心，我会负责到底的。张总，我向您保证：我会亲自与我们的技术人员一起给您安装、调试好，并进行一次专门的操作培训；使用过程中出现任何问题，您马上打我电话，我会立即安排工程师为您上门解决，保证不会影响您的正常工作；另外，我们会提供这个系统的操作说明，保证您的员工一看就会，您还怕您的员工不会操作影响工作吗?

客　户：你说话算数?

销售员：一言既出，驷马难追。您就放心吧!

客　户：那好，我可信你，到时候可别掉链子啊!

销售员：没问题！那就请您在这里签个字吧!

客　户：好吧。

案例中，销售员向客户做了上门安装、免费培训、随叫随到、提供资料四项保证，成功化解了客户的顾虑，顺势实现了交易。

给客户以安全感，让客户放心购买，这是促成交易的一个撒手锏。因为客户在交易时会害怕上当受骗，而保证成交法正好可以消除客户的这种担心，给客户以交易的信心。销售人员在使用此种方法时应注意以下两点，具体如图 15-2 所示。

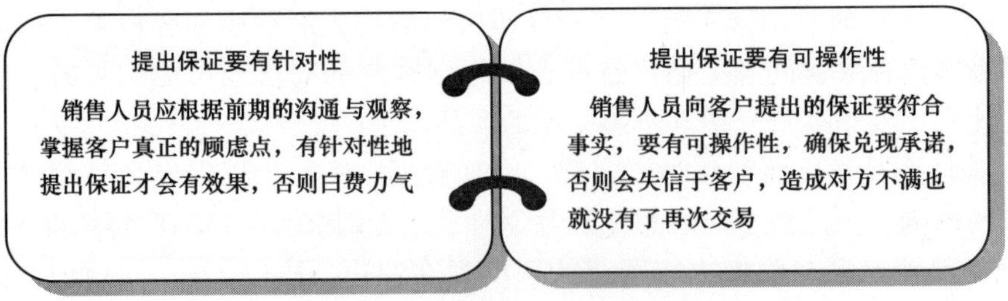

图 15-2　使用保证成交法的注意事项

常用话术示例：

“您放心，这份计划书是我专门为您设计的，已经充分考虑了您的房贷压力，不会给您带来任何经济负担，我们一起来看看投保单，好吗?”

“您不用担心，为游客提供优质服务是我们的宗旨。我保证给您安排专业的、优秀的导游，让你们有一个不同凡响的旅程。请您在这里签个字，好吗?”

一句话口才

☆ 给客户一个保证，消除其内心的疑虑，化解其成交的障碍，让客户放心购买。

第 259 天　哀兵策略法

口才训练

当销售进入到僵持阶段，销售人员已经山穷水尽，而面对的又是比自己年长或位高权重的客户，就可使用哀兵策略法，就是通过恳请客户帮忙指导，引发对方的同情，让其讲出真实异议，然后再引导成交的方法。

销售员：彭总，您还有其他问题吗?

客户：暂时没有了，不过我还是得考虑考虑，过段时间再说吧!

销售员：彭总，我认识您快一年了，说实话，非常佩服您将公司做这么大，而且打理得井井有条。我在您面前销售东西，其实压力蛮大的，请您本着爱护晚辈的心，给我指点一下好吗？我哪些地方表现得不好，您给我指出来以便我今后改进。

客　户：哈哈，你人很勤快、做事也踏实，对自己的工作内容掌握的也不错。我的确是想再考虑一下，原因呢，不瞒你说，我是想通过这次集体出游，鼓舞员工士气，增进沟通、增强凝聚力。具体的出游行程和内容安排，我还没想好呢!

销售员：彭总，您实在是一位令人敬佩的经营者，今天我真是又学到新东西了。不过，我给您的行程里面既有游览项目、也有拓展训练、还有会议内容，您之前不是也挺认可的嘛？您就当帮我，签下这个单子，我也好拿点业绩，好吗，彭总？（哀兵策略，请求客户签单）

客　户：嗨！好吧，那我就给你签了吧。不过，具体行程我还得跟我们行政部的人再商量一下，你明天下午过来，把合同带来。

面对客户的拒绝，销售人员先请教客户、与之攀交情，拉近距离后运用哀兵策略，请求客户签单，最终得到了客户的同情，也拿到了订单。

哀兵策略的本质，就是打情感牌，利用客户的优越感、同情、帮助晚辈成长等心理获得支持与同情，从而赢得订单。在使用时，销售人员要注意以下四点，如图 15-3 所示。

1. 当销售人员多次拜访客户后仍无法成交，基于多次的接触已建立了友情，且客户在年龄或头衔上都比自己大时可使用哀兵策略
2. 放低姿态，请求客户成交前要提一下之前的交情，引起客户感情上的波动与共鸣
3. 请求客户购买时别忘提及产品能给客户带来的利益，这样更容易引起客户的好感，博得其同情
4. 请求不是哀求，放低姿态要适当，切不可不顾尊严地哀求客户，这样只能让客户看不起

图 15-3　哀兵策略法的使用技巧

常用话术示例：

“李总，咱们认识这么长时间，我一直拿您当大哥、当朋友，我推荐的肯定是最适合您的产品，就当照顾小弟生意，我请求您把这个单子签了吧，好吗？”

一句话口才

☆ 放低姿态请求客户，博得其同情，获得其支持，订单也就签成了。

第 260 天　假设成交法

口才训练

所谓假设成交法，是指在假定客户会接受销售建议或者已经决定购买的情况下，通过询问几个成交后的问题，引发客户的美好想象，进而提出成交的方法。此方法最大的好处是缓解客户的成交压力，有助于快速引导销售进入成交主题。

销售员：王哥，您看这套房还满意吗？

客　户：（点头）嗯，总体来说还算不错。

销售员：的确。有了这个新家，孩子上学方便、家人出行便利，以后啊，您也享受到了高品质高档次的生活环境，不知让多少人羡慕呢！（假定客户已购房，引导其美好想象）

客　户：哈哈，这不应该是每个人的追求嘛！

销售员：是啊，可有的人奋斗一辈子也不一定能达到这个水平啊！（赞美客户）……王哥，您看，要不要我去查一下，看这套房有没有被预定出去？（假定客户购买）

客　户：好，你去看看吧。（购买信号）

销售员：（查看后）王哥，这套房目前只有两位客户关注，还没有客户预定。那咱们现在看看合同吧。（提出成交请求）

客　户：好的。

案例中，销售员假设已经成交，引导客户想象购房后的美好生活场景，并顺势确认成交，得到客户的认可后，顺利进入签约程序。

由于假设成交法较为温和、委婉，不会给客户造成太大压力。另外，因为是在“假设”的基础上提出的成交请求，即使被客户拒绝，销售人员依然有很大的转圜余地。所以，销售人员可常用此法。但在实际使用中，销售人员还要注意以下三点。

（1）销售人员要保持积极的态度，设法营造一个良好的营销氛围，在自然轻松的环境下，客户更容易做出购买决定。

（2）用语要委婉，尽量不直接对客户说“现在就买下来吧”“我给您算算，你一共需要花多少钱”，而应该说“您这么喜欢这车，现在就定下来吧”“我算算您需要投资多少”。

（3）此方法更适用于以下三类客户：依赖性较强的客户，喜欢别人帮他做决定；性格随和的客户；有信任基础的老客户。

常用话术示例：

“您希望我哪天安排技术人员上门安装这个系统呢？”

“王姐，以后啊，您再也不用忍受旧冰箱的噪声的骚扰了。您看，何时把冰箱送到你家比较方便？”

一句话口才

☆ 假定已经成交，引导客户美好想象，再顺势请求交易，就很容易被客户接受。

第 261 天　小狗成交法

口才训练

妈妈带着孩子去逛宠物商店，看见一只非常可爱的小狗，孩子非常喜欢，可妈妈却拒绝给他购买，结果小孩又哭又闹。店主见此情景，就说“如果你喜欢，就把小狗带回家吧，相处两三天后再决定。如果不喜欢，就再把它带回来”。结果，全家人都喜欢上了这只小狗，妈妈就又来到宠物商店买下了这只小狗。这就是小狗成交法的由来，其本质就是让客户先试用，真正感受产品的好处，体验产品的优点，解除心中的疑惑，然后再决定购买。

在实际的销售中，销售人员也可根据具体情况使用小狗成交法。因为在介绍完产品后，客户仍看不到产品给自己带来的变化，购买欲望自然不强烈。但如果让客户亲自参与到产品中来，亲自体验产品给自己带来的变化，他就会意识到自己应该购买一件这样的产品，让自己的生活、工作等得到改善。

曾有一位销售员向安利公司的老板温安洛推销直升机，温安洛认为当时还没必要花这样一笔钱，就拒绝了销售员。然而，销售员并没有放弃，而是对他说：“正好我们公司里有架飞机闲着，而安利公司最近又有很多经销商大会，你可以开着这架飞机去参加经销商大会。”结果，一周后，温安洛没有任何反馈，两周后他还没有打电话给这位销售员。一个月后，销售员来取机，温安洛却吃惊地对他说：“什么，你来取飞机？我每次都用它来参加经销商大会。”原来，温安洛已经习惯了直升机带给他的便利，于是非常自然地买下了这架飞机。

让客户先试用再购买，是促成交易的行之有效的方法。但是，销售人员还是要根据自己所销售的产品及客户的实际情况来决定是否使用此方法。

（1）给客户试用，难免会出现损坏等意外情况，增加销售成本，而且延长销售周期。

（2）如果要客户提交押金再试用，客户可能会有怨言。

所以在使用时，销售人员要注意把握好客户体验的时间，不能太短也不能太长，最好根据产品的特性与客户约定恰当的时间，并按时主动与客户沟通，以便及时促成交易。

常用话术示例：

“李总，这是我给您推荐的那个软件的试用版，您先用，3 天后我给您打电话，如果您觉得不错，咱们再签合同，好吗？”

一句话口才

☆ 先让客户试用，等客户充分认识到产品的好处以及给自己带来的变化后，他自然会有想拥有的欲望，那么交易的时机也就到来了。

第 262 天　让步成交法

口才训练

所谓让步成交法，就是销售人员按照客户的要求退一步，为其提供更优惠的交易条件来达成交易的方法。这种方法大多用于客户嫌价格高的情况。

销售员：这款冰箱的容量大、耗电低、无噪声，正好适合您五口之家使用，非常方便。

客　户：可我还是觉得太贵了。

销售员：我们买东西可不都觉得贵，可您再想想，换了新冰箱，免受噪声之扰不说，就是看着它心情也好啊，况且能给生活带来很多便利，难道这些不值这点钱吗？

客　户：也有道理，不过，您能再便宜点吗？

销售员：这样吧，在这个价格的基础上再给您优惠 100 元，另外，如果今天购买，我再送您一套玻璃杯，怎么样，现在感觉超值了吧？（做出让步）

客　户：好吧，给我开票吧。

案例中，客户嫌冰箱的价格贵最后，销售员做出了让步，给客户再次优惠 100 元并附赠一套玻璃杯，促成了交易。其实，人们都有求利心理，都希望在交易中自己获得更大的利益。而销售人员就可抓住人们的这一心理，让利销售，这样就会提高交易的成功率。

不过，销售人员利用让步成交法促成交易时，还是要注意以下两点。

（1）把握好让利的“度”。让利过大，自己没有利润不说，还会让客户产生更多质疑，他们会觉得产品价格的水分太大，从而对你产生不信任感。

（2）让利时，不要过于爽快，要一步步有限度地让，让客户觉得你很为难，你已经尽力了，这样才能达到尽快成交的目的。如果让得太快，也会让客户产生怀疑。

常用话术示例：

“价格已经是最低了，绝不能再降了，不过，您要是现在买的话，我多赠您一件赠品吧！”

“好吧，我答应您，免费送货上门，现在可以签单了吧？”

一句话口才

☆ 有限度地降价、送小礼物、免费维修、送货上门等，都可作为让步的理由促成交易。

第 263 天　异议促成法

口才训练

所谓异议成交法，是指销售人员在解决了客户提出的关键异议后，顺势提出成交的一种方法。因为解决的是那些影响客户做出购买决定的关键性问题，所以此法又被称为“大点成交法”。

一位顾客来到某品牌护肤品柜台前，浏览商品后准备离开，销售员赶紧迎了上去。

销售员：小姐，需要我帮您介绍一下吗？

顾　客：我以前用过你们的产品，感觉不是很好。(提出异议)

销售员：请问您当时用的是我们哪个系列的产品呢？

顾　客：只用过一瓶保湿日霜。

销售员：我能理解，女孩子用护肤品，最关心的肯定是效果。是这样的，护肤品最好成套使用，只用其中的一瓶，效果肯定会打折扣。况且，皮肤光补水保湿还不够，还要做好清洁以及必要的防晒、护理等。您看看这里，没有使用和使用一个月后的对比，这是使用三个月后的照片，有差别吗？我保证这里的每张图片都是绝对真实的。

顾　客：效果还真是挺明显的。那你看看我适合用什么样的产品呢？

销售员：我看一看您的皮肤，哦，属于混合型的，建议您用这一套……怎么样，您先买一套试试吧？

顾　客：好，先买一套吧。

既然关键性问题解决了，客户也就该做出购买决定了。就像案例中的销售员，有理有据的阐述，让客户的“效果不好”的关键疑虑烟消云散，请求成交的结果是“客户欣然购买。”

客户是绝对不会选择诚信、服务有问题的企业的产品，更不会买自己认为不好的产品。所以，遇到客户对产品、服务或企业有误解时，销售人员不要慌，也不要担心更正误解会导致客户不满而失去交易机会。其实，如果销售人员能够很好地消除客户的这种误解和疑惑，客户改变看法后就会有购买行动。当然，有个别人可能会觉得没面子而溜掉，但这种人毕竟是少数。

使用异议处理法，销售人员要注意以下两个要点。

（1）在与客户交流的过程中，销售人员要找到客户的真正需求及心理，找准影响客户成交的关键障碍并进行处理。

（2）解决客户的关键异议时，语言要简单明了、条分缕析、有理有据，最好借助销售工具，让自己的话语更具说服力，让客户心服口服，他才能改变看法；另外，言语中还要给客户一些压力，让他自己思考，以便说服自己，接受产品。

常用话术示例：

“先生，我知道您最关心的是净水器的性能问题，来，我给您展示一下……两杯水还是有很大差别吧？请在这里签个字，我明天就派人到您家里给安装上。”

一句话口才

☆ 将客户的关键异议视为成交信号，趁热打铁，解决了这一关键异议就顺势请求成交。

第 264 天　小点成交法

口才训练

在促成交易阶段，除了关键异议，客户还会提一些如具体颜色、款式、付款方式、送货时间等“小点”问题。销售人员将这些“小点”视为成交信号，与客户交换意见，双方达成一致后马上提出成交的方法就叫做“小点成交法”，又叫“次要问题成交法”。

某销售员去一家公司推销复印机，经过需求了解与产品推介，客户对这款复印机很感兴趣。

客　户：这机子看起来确实不错啊，操作也简单。不过，要是坏了找谁啊？（成交信号）

销售员：当然是找我们的客服了。我们有统一的报修电话，在这里（出示保修单），而且维修网点也很多，您只要打个电话，我们的技术人员就会马上上门检修；另外，我们承诺3年保修，只要是非人为的故障，全部包在我们身上。要是没有别的问题，您就定一台吧？（小点成交法）

客　户：好吧，那就定一台吧。

销售员就客户的一个小点“坏了找谁”与客户进行沟通，解决了这个问题也就促成了交易。其实，“小点成交法”能够有效缓解客户的成交压力，也有利于销售人员把握成交信号，快速实现交易。通常，此法更适用于以下四种情况。

（1）关乎决策的重大问题之前已经解决或者客户不愿意涉及，只剩下一些细节问题还未解决或者客户只对某些具体问题感兴趣。

（2）销售人员根据客户的表现已经判断出，决定是否交易的关键就在于某一个小点上。

（3）客户的购买决定只能借助某一特定的小点问题来判断。

（4）沟通气氛紧张、客户的成交压力太大，销售人员可将话题转移到小点问题上，这些小问题解决了，说不定大问题也就迎刃而解了。

常用话术示例：

“梁小姐，您之前用过我们的产品，质量您肯定信得过，价格您也满意，颜色呢，我觉得这款黑色更适合您，您自己也看看，是不是……如果没有别的问题，我就给您包起来吧？”

一句话口才

☆ 避重就轻，从次要问题入手，解决了小问题也能成大单。

第265天　从众成交法

口才训练

我们每个人都有从众心理，要不大家怎会“赶潮流”呢？比如抢购现象、潮流现象等，都是从众心理的具体体现。所谓从众成交法，就是利用客户的从众心理促成交易的方法。

销售员：您的眼光真不错，一眼就看上了今年卖得最火的款式。

客　户：是吗？

销售员：当然了。您还记得吗，在春晚上，××明星不就穿的这个款式吗？结果，她带火了这件衣服，最近销得特别好，有的人两件两件的买。

客　户：是吗，有这么火啊！

销售员：嗯。主要它是百搭款，牛仔裤、西裤都能配，而且……您穿着这么合适，就赶回潮流呗？

客　户：哈哈，好，就给我拿一件吧，要白色的。

向客户说明产品很畅销，购买产品才能紧跟潮流，很多客户都会做出购买决定，这就是从众成交法，也是案例中销售员所使用的方法。运用此法，销售人员要注意以下两点。

（1）看准客户的性格特征，对于那些追求个性、标新立异、喜欢自我表现的客户，销售人员就不要用此方法了，因为他们可不想与别人一样。

（2）利用客户之间的相互影响力来说服客户，也是从众成交法的一种应用。比如：“您的竞争对手××公司上周也购买了我们的广告产品……”“跟您说吧，这个行业50%以上的企业都已经购买了我们的设备，您不想像他们一样每年提高30%的业绩吗？”

常用话术示例：

“这可是今年卖得最火的一款手机，就连大明星们也差不多人手一机了。”

“一会儿工夫我就卖了5套，您再不抓紧可就被别人买走了。您看，就剩这3套了！”

一句话口才

☆ 告诉客户购买产品是一种潮流、是正确的选择，他也成了追赶潮流的人，会提高销售的成功率。

第266天　激将成交法

口才训练

俗话说，请将不如激将，销售人员也可利用客户的自尊心，用语言刺激客户促成交易。那么，具体该如何去激将客户呢？

客　户：别的倒没什么，只是觉得价格有点高！

销售员：张总，这款车的市场定位就是针对您这样的高端成功人士，它的价格自然会比同类车型要高一些，况且，它的确是物有所值啊，您刚才也试驾了，感觉明显比上周试驾的××品牌的那款车更好一些吧？怎么样，我现在就把合同给您拿过来吧？（激将）

客　户：呵呵，的确，这一款驾驶感觉更舒服一些。

销售员：是啊，有什么比心情舒畅更重要的呢。再说，您的朋友张先生买的就是那一款，以您的实力，我相信只能买比他更好的车。（再次激将）

客　户：哈哈，你真行，那就定这款车吧。

案例中，销售员两次激将客户，将客户抬到一个很高的位置，一来客户确实看中了车，二来客户为了维护自己的面子也不得不答应销售人员的成交请求了。

实际上，激将客户很容易引起其不满，甚至影响销售工作的顺利进行。所以，销售人员在使用此法时要慎重，并注意语言技巧，让激将效果达到最佳。

（1）激将要选准客户。此法适用于那些虚荣心强、爱面子的客户，所以销售人员要准确判断客户的性格特征，用错对象，激将可能会起反作用。

（2）激将的关键在于抬高客户，将客户摆在一个很高的、适合他的位置，让客户觉得不购买就不符合其当前的地位、身份。因此，销售人员的语言要拿捏准确、高帽子戴得合适，语言不可苍白无力，也不能过激刻板，否则都会让激将失去意义。

（3）激将客户时，态度不能变，销售人员应始终保持友好、热情的态度，微笑服务。

常用话术示例：

“大姐，一看您就是个有福之人，日子过得优越、富足。也就是您这样富态的人才能穿出这款衣服的效果，恭喜您了，碰上穿着这么合适的衣服，我现在就给您包起来吧？”

一句话口才

☆ 适度激将，不仅伤害不了客户的自尊，还会让客户在内心窃喜的情况下马上签单。

第 267 天　最后一问法

口才训练

有时候，客户明明很喜欢产品，并且影响其购买的主要问题都已经解决，可客户还会东拉西扯地询问有关产品的问题。此种情况下，销售人员可询问客户“这是否是最后一个问题了”，来加快成交的速度，即“最后一问法”。

客　户：你说，这房子买了，会不会很快降价啊？

销售员：除这个问题之外，关于这个房子的其他方面您是不是都很满意了？（最后一问）

客　户：对，我就是担心这个。

销售员：如果我帮您解决了这个问题，您是不是就能马上签约、准备搬新家了？

客　户：嗯，可以这么说。

销售员：这房子的位置，也算是黄金地段了吧，紧邻地铁和商业街；交通也不用说了吧，除了地铁，还有多条公交线路，您要有私家车更方便；孩子上学，小区内就有国际知名的双语幼儿园，××学校也在小区附近。您说，这样的房子怎么会降价呢？只能涨不会降，您就踏实地签单吧！（解决问题，请求成交）

客　户：那就好，那就好。

案例中，销售员解决了客户的最后一个问题，顺势提出了成交请求，而客户也就顺势答应成交。那么，使用“最后一问法”，销售人员到底该如何向客户提问呢？

（1）在客户对产品兴趣浓厚、购买意向明显、影响其购买的关键性问题已解决、客户所提问题不具购买的决定性情况下，销售人员就可征询客户当前的问题是否是其最后的顾虑。

(2) 得到客户的肯定后，销售人员要全力解决这个问题并顺势提出成交请求。

(3) 提问时，销售人员要注意自己的提问方式和措辞，不要让客户觉得你在“逼他”、你对他的提问不耐烦等。

常用话术示例：

“除了这个问题之外，别的方面您是不是都已经非常认可了？”

“请问，您除了担心我们的售后服务之外，还有别的顾虑吗？”

一句话口才

☆ 如果客户总问一些影响购买的次要问题，销售人员不妨征询客户是否是其最后的顾虑，以期加快成交的速度。

第 268 天　前提条件法

口才训练

根据客户的疑虑，销售人员提出一个能解决此疑虑的前提条件，给客户一定的压力，促使客户加速做出购买决定的成交方法，就叫做前提条件法。

销售员：这个培训方案已经修改过两次了，也看得出来，您对它非常满意，我想一定有其他什么问题困扰着您，对吗？

客　户：因为我们这个行业的旺季到了，业务非常多，而培训员工，虽然占的是周末时间，可我还是担心会影响正常的工作。

销售员：如果咱们修改一下培训时间，您是否愿意定下这个培训协议呢？（前提条件）

客　户：怎么说？

销售员：每周两天的课改为一天，压缩一下课时。一天学习一天休息，不会影响下一周的工作，况且这次培训的内容都是管理能力方面的，也不急于马上完成。

客　户：这样就给你们带来麻烦了。

销售员：没关系，我们就是为客户服务的。这是协议，没有问题的话，您在这儿签字。

销售员提出“如果咱们修改一下培训时间，您是否愿意定下这个培训协议呢”，给了客户一定的压力，当然也促使客户做出了签约决定。又比如遇到客户强烈要求“×月×日前必须送货到门”，销售人员就可说“如果我们保证在×月×日送货到门，您今天就能同意这份协议吗……”都是前提条件法的具体应用。

前提条件法不仅能促使客户加速做出购买决定，还能测试其心理底线。销售人员提问后，如果客户仍然不能做出正面的决定，表示客户所期望的仍然大于销售人员目前所提供的，销售人员还应继续努力，探知客户真正的期望并努力解决。

常用话术示例：

“如果我们利用周末和晚上的时间给您安装，保证不影响贵公司下周一使用新机器和正常开展工作，您同意现在就签约吗？”

一句话口才

☆ 在客户购买意向明显时，给客户一个前提条件，让客户快速答应成交。

第 269 天　价值成本法

口才训练

所谓价值成本法，就是通过价值、成本分析，向客户证明成交会给客户带来好处的一种促成交易的方法。其特点是：用事实和数据作支撑，通过成本、价值分析，让客户明白现在的投入换来的是长远的利益，是非常值得的。

客　户：你能不能再给我便宜点？

销售员：真的不能了，已经是成本价了。我给您算算，按照目前的行程，4 个景点的门票一共 × × 元、“两早五正餐”一共是 × × 元、3 天的“导服费”一共 × × 元、两晚住宿……您说，还有降价的可能吗？再说，您得到的可是优质的服务、专业的讲解、繁华地段的准三住宿环境及一次愉快的旅游经历，您的员工满意、玩得高兴，对于鼓舞士气、提升凝聚力等都有好处，这不是对您最好的回报……

客　户：话是不错，可你确定能保证优质服务吗？

销售员：这个自然，我们的理念就是“亲近之旅”，让客人出来游玩像回家一样亲切、温暖、愉快。

客　户：好，那就这么定了吧，合同在哪？……

上述旅行社销售员使用具体数据进行成本、价值分析，弱化了价格对客户的影响，还让客户明确了以较低投入换来的是员工愉快的旅程以及高昂的士气、强大的凝聚力，对达成交易起到了促进作用。使用价值成本法，销售人员要注意以下口才技巧，具体如图 15-4 所示。

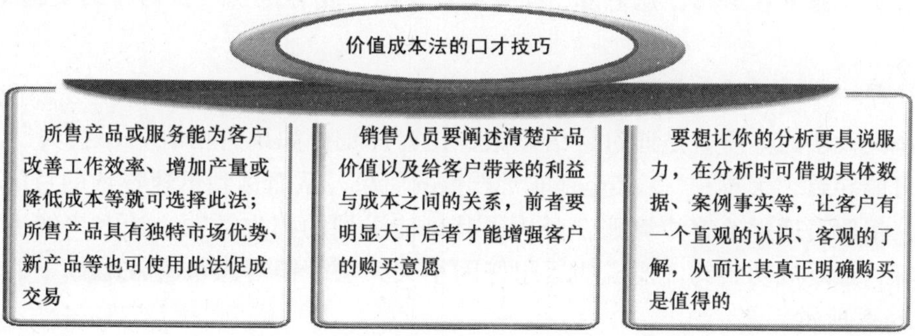

图 15-4　价值成本法的口才技巧说明

常用话术示例：

“赵女士，我们的托费相对是高了点，可您看，我们每月托费的用途，老师的工资占比×%、硬件设施折旧占比×%、孩子一日三餐占比×%、玩具器械折旧占比×%……而您的孩子获得的是双语教学和个性培养以及美国先进的教育理念……为了孩子，您还觉得它高吗?”

一句话口才

☆ 让客户明确所获得的产品价值与利益要远远超过其付出的成本，其购买意愿也就加强了。

第270天　因小失大法

口才训练

当客户犹豫不决、迟迟不做购买决定时，销售人员也可“逼迫”客户，告诉客户如果不达成交易会因小失大，会因为面前的小利益而失去将来的大利益，让客户权衡轻重，从而做出购买选择。

销售员：大姐，如果没什么问题的话，您先看看保单吧。

客　户：不急，我现在还年轻，过几年再说吧！

销售员：大姐，这类养老保险迟早都是要买的，光靠社保是不行的。况且，越早购买保险越划算。咱们来算笔账，按照我给您设计的保险计划，您要是现在购买，每月只需支付276元，一年下来才3212元，等你退休刚好够15年，正好就可以一直领取一定数额的分红。可假设您3年后购买，如果想在退休后领取同样的分红的话，每月就得支出398元，一年下来就是4776元。两相对比，每年多支出1564元，15年下来您就得多支付23460元，这可是一笔不小的损失啊！再说，早一天投保早一天有保障。您一犹豫，这钱就得多交了？（停顿）

客　户：嗯……（沉默）

销售员：保单在这儿，您看看，今天就签了吧，我再送您一份两年的交通意外险，好吗？

客　户：嗯，好吧，好吧！

因小失大法的本质就是通过话语刺激，让客户觉得如果害怕有“小损失”而不购买，就可能导致“大损失”，甚至是非常严重的后果，从而达到迅速签约的目的。如案例所示，销售员通过给客户算账，分析了其可能受到的损失数额，让客户知道现在购买更划算，最终成功签约。要成功运用好因小失大法，销售人员应注意以下四点，具体如图15-5所示。

因小失大法的口才技巧

1．找到客户真正的关注点再说话。销售人员要准确掌握客户关心的核心利益，首先抓住其软肋，然后再因势利导，让客户看到交易带来的利益是大于需要付出的成本的

2．站在客户的立场上理性分析。销售人员对损失的分析要理性、客观、有依据，要站在客户的立场上说话，让其知道损失是确实存在的、是其非常不愿看到的，从而有效说服客户

3．分析损失、强调利益从三方面入手：产品价格、使用价值、潜在风险。使用因小失大法，销售人员可将高价格均分到单位产品上，弱化价格的影响作用；适当夸大不购买就失去享受产品使用价值的机会，损失更大；强调购买产品可能会获得潜在利益，不购买有可能面临风险

4．使用时机。当客户对产品有兴趣也有购买意向就是迟迟不购买时，可视情况采用此法；当前期的谈判中双方都已付出一定的时间和精力、金钱，无论交易成功与否，都要承担这些成本时，销售人员可向客户阐述如果不签约就会错失机会成本以及之前所付出的成本，促使客户下决心

图 15-5　因小失大法的口才技巧说明

常用话术示例：

“张老板，这台设备总共才 52 万元，您现在要是节省了这 52 万元，每年的产值就少 1 500 来万元，这其中少说也得有一两百万元的利润吧？您自己比较比较，我想，您是不会因小失大的！……请您在这里签上您的大名，我们负责免费上门安装调试！”

一句话口才

☆ 让客户觉得不购买虽然避免了“小损失”，失去的可是“大损失”，从而迅速购买。

第 271 天　暂定成交法

口才训练

场景一

销售员：这个产品目前供货紧张，大约在一个月后才能交货，咱们提前把协议签了吧？

客　户：这样我们多被动啊，到时候我们不需要了，或者想购买别家的产品，怎么办？

销售员：没关系，我会提前一周与您联系，确认贵公司是否仍然购买。如果您到时改变了主意也无所谓，我再将产品售给其他客户。

客　户：是这样啊，那好吧。协议在哪里，我看看？

场景二

销售员：我们的财务部门为客户办理信用支付业务需要一周的时间呢，要不这样，咱们先把购买协议签了吧，您说呢？

客　户：这样不好吧，如果我到时候改变主意了，怎么办？

销售员：您放心好了，在您的信用付款结算办妥之前，您随时都可取消这一购买计划。

客　户：真的吗？到时候你们不会以违约金来要挟我吧？

销售员：不会的，您无须对此承担任何费用，您要是不放心，可在协议里加上这一条。

客　户：那好吧，我看看合同。

案例中的销售员使用的就是暂定成交法。因为存在“交货周期长”“延迟付款”等情况，客户当前无法做出购买决定，所以销售人员提请客户做出今后可以更改的、暂时性的交易承诺，即先将合作协议签了，以后如果客户反悔也没关系，客户不会为此付出任何代价。

暂定成交法的实质是让客户先承诺交易，达成暂时性的合作，为最终的交易成功提供保障，但不一定能真正成交。此法可有效终止客户的抉择困难，加快促成交易。具体来说其使用时机有以下两种。

（1）客户对产品非常认可，但不能做出最后选择，还在犹豫不决。

（2）有些工业品因其生产周期长等方面的原因而需要较长的交货期，可采用此法；如场景二中的延迟付款的情况，也可以让客户先承诺交易。

常用话术示例：

“这套家具完工至少要四周的时间，不如咱们先将协议签了，我们也好安排工人制作。”

一句话口才

☆ 客户已签了合作协议，再改买其他产品或放弃购买的情况出现的概率相对较少，销售人员不妨让客户做出今后可以更改的、暂时性的交易承诺，为最终交易的达成提供保障。

第272天　启发式成交法

口才训练

所谓启发式成交，就是销售人员提醒客户购买与他已经购买的产品相关的商品，使客户购买更多以增加自己的销售业绩。比如客户购买西装，则建议其再配条领带等。其本质就是：销售人员站在客户的立场上，想客户之所想——“购买了这件产品，还需要什么其他相关产品吗？”

销售员：小姐，这条裙子简直就是给您量身订制的，不论是款式还是颜色，都与您的气质相协调，真美！

顾　客：哈哈，感觉还行啊？

销售员：岂止是还行啊，简直是太行了。哦，再搭配一条项链就更漂亮了，给，您试试！（将项链给客户戴上，果然效果更好）

销售员：怎么样，我说的没错吧？戴上项链，更加的光彩照人！

顾　客：有那么好吗？（在镜子前走来走去，不断地打量自己）

销售员：您自己觉得呢？……（沉默 3 秒钟）我给你开票了啊，项链直接给您打五折，两件加起来一共才 360 元，非常划算。

顾　客：嗯……（沉思 5 秒钟）好吧，开票吧！

凡事讲究个搭配，尤其是服装鞋帽、电子产品等。客户购买一种产品后往往会担心是否容易搭配、各个配件之间是否兼容等。所以，销售人员可用启发式成交法，主动向客户提出一定的搭配建议并付诸实施，以此增加客户的购买信心并为客户创造新的消费需求。就像案例中的顾客，因为销售员的推荐，客户购买了裙子，又配了条项链。

只有真正了解客户的需求，启发式成交法才能有效，否则会让客户产生反感而放弃购买。在实际使用时，销售人员要注意以下两点。

（1）所推荐的相关产品要符合产品性能及客户需求，达到“1 + 1 > 2”的效果，这才能对签单起到促进作用。还要避免二者不搭的情况发生，以免降低客户对交易产品的印象分。

（2）销售人员应准确把握客户的需求，在恰当的时间、时机推荐恰当的配套产品，同时要让客户感觉到你是在为他着想、是在帮助他。

常用话术示例：

“小姐，这鞋您穿着真洋气，如果能再配上一条正装西裤，效果会更好，您不妨试试？”

一句话口才

☆ 根据产品性能及客户需求，启发客户购买适合的相关产品，达到“1 + 1 > 2”的效果。

第16课　售后服务，说对话成就多次签单

第273天　办好签约手续说美言

口才训练

客户答应购买，但销售人员的工作还没有完。有礼有节办手续、真心实意说美言，都是必不可少的。

销售员：关于价格、规格、交货时间等，咱们基本上都达成了共识，您还有其他问题吗？

客　户：差不多了，合同呢？咱们签约吧！

销售员：好啊！（一边拿合同一边说）哈哈，王总，您真厉害，我算是领教了，下次咱们可不能这么生死搏斗了！

客　户：哈哈，哪里，你可真会开玩笑！

案例中，在得到客户的购买认可与具体条款确认后，销售人员边拿合同边说了一句幽默语。这既是对客户谈判能力的赞许，也是缓和紧张气氛的良药，更是降低客户压力的灵丹，给客户留下良好印象的同时也为下次合作打下了基础，可谓一举多得！

在签订合同阶段，销售人员应保持热情、淡定，如果能幽默一下就更好了。这不仅能体现你的修养，还能赢得客户的赞誉，为以后的合作奠定坚实的基础。另外，签约结束，销售人员一定别忘了与客户握手并送上赞美，比如赞美客户的选择是明智的、客户有眼光等，以消除客户购买的不安。具体如何说，详见“第8课第154天”。

另外，交易达成，销售人员还应根据客户的要求做好相应的服务，如包装服务、提醒服务等。亲切的语言、周到的服务，是坚定客户购买信心的重要因素。比如：“请问，您这件产品是随身带走还是托运？”“您再检查一下，没有问题我就给您打包了……包好了，请拿好，路上小心！”再比如提醒产品使用禁忌、讲解“三包”服务等，你的细心能够彻底征服客户。

常用话术示例：

“恭喜您买下了我们的明星产品，不知道会有多少人羡慕您呢！”（赞美客户的选择）

“我们的产品有一年的保修期，保修期内，您打售后电话，我们会在24小时内上门免费修理，保修期外，上门维修要收修理用的材料费。”（讲解保修内容）

一句话口才

☆ 严谨签约、幽默缓压、美言强心，让客户在签约阶段不反悔，并赢得其好感。

第 274 天　告别不忘感谢与再会

口才训练

销售人员应始终保持友好、热情、礼貌，不能因客户的购买而兴奋、热情过度，也不能因客户的拒绝而变得冷淡、沮丧。无论如何，都要感谢客户、相约再会。

场景一　成交后的感谢与道别

销售员：谢谢，感谢您能给我这个机会。您是一个很有智慧的人，这段时间我学到了不少知识，哈哈，希望下次还能有机会与您合作。

客　户：您也不错，希望咱们合作愉快！

销售员：那是一定的，合作必须愉快！您留步！

销售人员应常怀感恩之心，交易成功，一定不要忘记向客户表达谢意，也不要吝惜你的赞美之词，此时的感谢与赞美更显真诚。另外，道别时也不能疏忽，销售人员应用“再会”“我相信咱们的合作会非常愉快”等，争取与客户的关系更进一步，也为下次交易开个好头。

场景二　未成交的告别

销售员：真是遗憾，这次未能合作，但仍然非常感谢您拨冗听完我的介绍，谢谢！

客　户：不客气，我还得谢谢你，让我又了解了一个新产品。慢走，祝你好运！

销售员：哈哈，谢谢，祝您工作顺利！希望下次能有机会合作，您留步。

案例中，虽然没有成交，但是销售人员没有流露出丝毫的沮丧、无礼，而是向客户致谢、表达希望合作的心情以及礼貌告辞，给客户留下了一个好印象，也为下一次的成功销售打下基础。

总之，在没有成交的情况下，销售人员仍要礼貌示人，并给客户留下乐观、向上、有斗志的印象。同时，最好用语言做到以下两点，以期今后能够获得更多成交机会。

（1）恳请客户推荐客户，以弥补因成交失败而给自己带来的损失。

（2）请客户帮助分析自己失败的原因，以改进销售策略和技巧，或许还可以顺势运用哀兵策略赢得销售的转机。

常用话术示例：

“张总，能与您合作真是小弟的荣幸，谢谢！您保重身体，我这就告辞了！”（成交的告别）

“很遗憾这次未能给您提供服务，不过还是非常感谢您能拨冗听我介绍产品，谢

谢！……希望以后能有机会为您服务，您留步！”（未成交的告别）

一句话口才

☆ 不管成交与否，销售人员的态度都应始终如一、礼貌示人，给客户留下好印象才会有更多的销售机会。

第275天　回访核查交易履行情况

口才训练

无论客户购买了产品还是服务，销售人员都应通过电话等方式适时回访，对合同的履行情况进行核对、监控等。这既是对客户负责的表现，也会让客户感受到你的关心与重视。

销售员：亲，您好。我是××童装店的销售员小柔，想跟您确认一下订单的执行情况？您现在方便吗？

客　户：方便！

销售员：您在我家订购的三件上衣、一条裤子，我们在上周五的晚上就发货了。今天应该到货了，您收到了吗？

客　户：早上刚收到的，谢谢了。

销售员：那您对我们的服务是否满意，衣服没有什么损坏吧？

客　户：挺满意的，衣服质量也不错。谢谢！

销售员：谢谢您的赞许，如果孩子穿着好的话，请您别忘记给个好评啊！

上述案例是网店销售员进行的回访场景，主要是确认客户所购衣服是否到货以及客户的满意程度，得到了客户的赞许。实际上，交易达成，销售员应及时回访客户。具体的内容包括：客户所购货物有没有及时到达、是否安全抵达、客户是否对产品满意、上门安装人员是否已到场等有关合同的履行情况。在沟通时，销售人员要态度认真，对各事项的核对一丝不苟；语言要亲切，要让客户感觉到你的关心、关注以及对这次交易的重视。

常用话术示例：

“李总，咱们约好今天我们的技术人员上门给您安装OA系统，现在人到了吗？”

“张总，今日培训的现场效果如何？有什么需要改进的地方吗？”

一句话口才

☆ 交易达成，销售人员应及时通过电话等方式进行回访，核对交易事项、询问客户感受等，只有赢得客户的好感才能建立长久的合作关系。

第 276 天　承诺的事情要做到并确认

口才训练

为了达成交易，在销售过程中销售人员会向客户做出某些承诺。合同一旦签订，销售人员不能将曾经的承诺抛到脑后，一定要及时兑现并记得向客户确认；否则，失信于客户等于自绝后路。

客　户：彭帅啊，你说货物 3 日内送到，可到现在了怎么还没到啊？

销售员：您放心，已经到您的工厂门口了，不信您问问门口的保安？

客　户：你是怎么知道的？

销售员：我神机妙算啊，哈哈，开个玩笑，我刚给送货的同事打过电话，正想向您汇报，结果您就找上门来！放心，我承诺的事情就一定能做到！

客　户：我没看错你，提前半天送达，哈哈，谢谢！

销售员：您赶紧去验验货，有任何问题您随时找我啊！

信守承诺不仅是一个人的品德问题，更是销售人员不可缺少的职业道德。销售人员向客户承诺的事情一定要做到，还应与客户确认你兑现了承诺，让其领你的情，让客户更加信任你。案例中的销售员，随时跟踪交易的进展情况并提前兑现了承诺，客户自然是开心不已。

兑现承诺后，销售人员该怎样与客户确认并让他领你的情呢？

（1）主动追踪、询问承诺事项的到位情况，及时告知客户，以免客户担心。

（2）与客户确认有关细节，看所承诺事项是否圆满到位、客户是否满意等。客户满意则告诉客户“如有任何问题可随时联系”之类的话语；如果有不足，则应耐心听取客户的意见，尽量按照客户的要求改进。

（3）言语中提醒一下客户，如“您就把心放到肚子里吧，我说到就肯定能做到”“我做事您放心”之类的，加深客户对你的好感，但这话也不可过于频繁或有炫耀成分，点到即止。

一句话口才

☆ 承诺客户的一定要做到并与客户确认，才能取信于客户，客户也才会遵守承诺。

第 277 天　如亲人、朋友般关心客户

口才训练

与客户成功合作后，销售人员除了进行售后回访，还应该适时地与客户联系，送

去关心、提供帮助等，提升双方的信任关系，提高客户对你的好感。

一个朋友通过房产中介刚买了套新房，尽管她对这房子各方面的情况都很满意，可由于房子的价格较高，所以她一直耿耿于怀，总担心自己花的钱不值。

就在她搬进新居不久，为她办理业务的房地产经纪人来电说希望登门拜访。于是，双方约到了星期六的早上。经纪人如约拜访，坐下后他先向我的这位朋友道贺，赞赏她慧眼独具，挑中此黄金地段的房子。接着他聊到这附近发生的各类趣事、介绍了附近几家装修设计新颖的房屋，讲了很多地方上赫赫有名的人士都居于此，一席话让我的朋友不禁自豪起来。

谈话中，这位经纪人表现出的热情不逊于销售时的殷勤。他的来访，使我的这位朋友像吃了一颗定心丸，不再担心她的钱花得不值，反而更加满意。他们之间也从交易关系演变为朋友关系，而这份友谊仅仅花了经纪人一上午的时间就建立起来了。大约一周后，我的这位朋友通知那位经纪人，她有朋友也想在附近买房。结果呢，她的那位朋友虽然没有买附近的房子，却在这位经纪人的介绍下买了另一栋更为理想的房子。

案例中，房地产经纪人本可以利用周六一上午的时间去开发新客户，而他却选择了拜访老客户。朋友式的交谈不仅打消了客户的“忧心”，还获得了客户的友谊，更获得了客户介绍的新客户，收获不小吧？的确，维护好老客户，可节省销售人员80%的开发新客户的精力和时间，何乐而不为呢？

1. 送去关心，跟客户说些暖心的话

比如问问客户“最近怎么样”“生意如何”“您的机器运转得怎么样，还满意吗”等，跟客户说些暖心的话，让客户感觉到你的关心与温暖。

2. 客户有难处时多给宽宽心

趁着客户闲暇，多和客户聊聊天，能放松其身心也是好的；当客户有困难时，能帮助的帮助，帮不上忙的多用话语宽人心，让客户在困境时多一份友情的温暖。

3. 常给客户带去有价值的新信息

看到有关客户个人、企业、行业等相关信息、己方有优惠活动信息等，销售人员都可以带给客户，让其感激你的关注与关心。比如：“赵总，您看今天的新闻了吗……(与客户有关的内容)”“李姐，我给您带来了天大的好消息，您上次嫌贵的那套护肤品降价了……”

总之，如亲人、朋友般地关心客户，让客户时时体验到被关怀、被关注，是客户关系维护的最好方法。销售人员的真诚付出，获得的必将是客户的丰厚回报。

一句话口才

☆ 这一次交易的结束也许是下一次交易的开始，销售人员别忘了老客户，像对待亲人、朋友般多联系、多关心，获得的必将是客户的丰厚回报。

第 278 天　额外关怀提升客户忠诚度

口才训练

在售后服务中，如果销售人员能为客户做一些工作之外的事，提供一些超出客户想象的服务，那么可能会收到意想不到的效果。

销售员：您好，张主任，我是××公司的彭帅。

客　户：（声音低沉地）哦，什么事啊？

销售员：张主任，您怎么了，今天情绪不高啊？

客　户：没什么，闺女感冒，在家发烧、咳嗽呢？我这又回不去！

销售员：这样啊，去看医生了吗？有人照顾吗？

客　户：去了，开了药，可烧还是不退！我妈妈在照看着。

销售员：那还好。这个季节孩子最容易生病了，您也别太着急。晚上早点下班回去吧！哦，对了，前几天我看到一个资料，专门讲如何护理发烧、咳嗽的孩子的，里面还有一些小偏方，我找找一会儿给您发过去。

客　户：好，谢谢啊！你打电话有什么事情吗？

销售员：没有其他的事情，就是给您分享了一些管理案例和故事，已经发到您的邮箱，您方便的时候看看。

客　户：好，谢谢。

销售员：那我今天就不和您多说了，您自己也要注意休息！一会儿我把偏方发给您。

客　户：好的，谢谢！

给客户提供额外关怀，让客户内心感动，他自然就会成为你的忠实客户。只要销售人员用心，做到额外关怀并不难。比如案例中的销售员，从电话沟通中听出了客户的情绪不高，问明原因后给出建议，同时分享小偏方，让客户从内心由衷地感谢。再比如，平时收集一些小故事、小笑话、对客户有用的信息资料、小药方等发给客户，与客户分享，就能逐步拉近你和客户间的距离。让自己成为客户一个不可缺少的朋友，你的销售之路也会越走越宽。

一句话口才

☆ 有事没事打个电话、发个短信，告诉客户一些有用的信息、分享一些有趣的故事、帮助客户解决一些困难等，这些额外关怀必将打动客户的心，进而提升其忠诚度。

第 279 天　请老客户帮助你做“销售”

口才训练

从老客户那里获得转介绍是新客户的一个重要来源，请老客户帮助做“销售”也应该成为销售人员售后服务的目的之一。那么，销售人员该如何请求呢？

1. 直接询问

面对关系特别好、性格又开朗直爽的客户，销售人员不妨直接询问，如“××先生/女士，您这边有认识的朋友，也需要……（所销售的产品或提供的服务内容）吗”“××先生/女士，你知道身边还有哪些人对这个产品感兴趣吗”等。直截了当，给客户一个措手不及，让客户在这种询问的压力下不得不帮你想一想还有谁需要你的产品。

2. 委婉打听

回访客户时，销售人员与客户寒暄后，先与客户交流有关产品、交易等方面的内容后，不经意间向客户打听有无朋友或亲人等需要自己所售的产品或服务、或引起与之相关的谈话内容。比如：“……对了，谢总，上次听您说您有位姓杜的朋友最近也在考虑买房，是吗？”“张姐，我们的产品，您用着这么好，可别忘了给我宣传宣传啊，有需要的跟我联系？”

3. 诚恳请求

面对比自己年长、地位身份比自己高的客户，销售人员则应主打“感情牌”，先赢得他们的认可与信任，然后再适时请求其介绍客户给你。说话时，态度要诚恳、语言要真诚，如能博得其一点同情，那效果就更好了。比如：“赵总，我听说您的朋友××是××公司的人事总监，您把我介绍给他认识可以吗？”“李姐，我这个月还差一点没完成任务，您的朋友有需要保险产品的吗，您帮我引荐一下，好吗？”

维持与老客户的关系、获得老客户的推荐是获得业绩增长的最好方法。销售人员在售后服务中，不妨适时请求老客户为自己推荐或帮忙把自己介绍给他们的朋友、同事等。当然，如果客户有顾虑，比如害怕打扰其朋友、多一事不如少一事、自己没有好处等，销售人员就要想办法打消其顾虑，这是成功的前提。

打消老客户推介的顾虑，销售人员在请求其帮忙时，可先告诉客户：自己会像对待他一样对待他推荐的人，不会对他们有任何的打扰或损害，也不会强迫其购买，更不会对其工作和生活造成任何干扰等。

一句话口才

☆ 适时、适宜地请求老客户帮助自己做销售，让其成为自己的“业余推销员”。

第280天 引导客户购买新的产品

口才训练

有时候，销售人员还可以“引导客户购买新的产品”作为回访的目的之一，让客户感觉到你是在为他着想，说不定还能解决客户的难题，从而加深双方的感情。

销售员：王先生，您好，我是××汽车服务公司的张磊。上个月在我们这里给您的爱车做过维修，您还记得吗？

客　户：是啊，你有什么事？

销售员：我想了解一下，您的汽车经过我们维修，这段时间的运行状况怎么样呢？

客　户：挺好的。

销售员：那您对我们的服务还满意吗？

客　户：你们的服务啊，还行吧。

销售员：那就太好了。王先生，上次修车的时候，我注意到车的内饰，有些旧了，正好最近我们新推出一些非常精美的汽车内饰，价格特别实惠，尤其是对您这样的贵宾客户，我们还有特别的优惠，绝对物超所值。

客　户：是吗？怎么个优惠法？（产生了兴趣）

销售员：……（说明优惠措施细节）具体的促销时间是 × × 至 × ×，您有空的话过来选选吧，都是质量非常好的品牌内饰。……

案例中，销售员利用回访的机会向客户推介汽车内饰。从其话语中，客户能感觉到他的细心（车的内饰用旧了）、时刻想着老客户（提供优惠活动信息）。如果客户确实有需要，自然会到店选择，也会感激销售员为他省了钱。

所以，交易结束后，销售人员可根据掌握的客户资料进行适时回访，也可依据客户可能的需求推荐适合的产品。这不仅能够提高客户的满意度，还能引发客户的新需求，从而促进相关产品的销售，尤其是这种产品在搞促销的情况下。当然，在向客户推介时，销售人员一定要站在客户的立场上，要让客户感到你确实是在为他着想。

常用话术示例：

“王姐，使用了我们的 × × 产品，不知道您感觉如何？我们现在正举办一个回馈老客户的促销活动，您如果现在购买上次的那个产品，享受 7 折优惠。”

一句话口才

☆ 根据手中掌握的客户资料，引导老客户产生新的需求、购买相关或同类产品，这也是销售人员提高业绩的好办法。

第 281 天　邀请参加活动以增进合作

口才训练

如果公司举办联谊会、新产品推介会或参加某大型展会等，销售人员千万不要忘记邀请老客户参加。这不仅是进一步增进感情的机会，也是拓展新交易的机会。

销售员：郭总，我是 × × 公司的王芳啊。

客　户：哦，小王啊，什么事？

销售员：郭总，这周末我们公司有一个大客户联谊会，主要是为了感谢像您这样的老客户，您要是有时间，一定过来坐坐啊。

客　户：哦？多少人去？

销售员：人不多，都是一些像您这样的大公司经理。

客　户：周末什么时间？

销售员：周末晚上6点，在××酒店三层宴会厅。

销售人员在邀请客户参加活动时，要注意以下三点。

（1）将活动的内容、时间、地点说清楚。

（2）诚挚邀请，话语中要让客户感觉到自己被重视，是座上客。

（3）邀请时，话语中只包含一个目的，就是邀请其参加活动、为了表示感谢之类，不要让客户感觉到你的销售目的性太强。

一句话口才

☆ 在暂时没有业务往来的时候，销售人员也要注意加强与客户感情上的联络，邀请其参加活动就是一个不错的选择。

第282天　耐心倾听与解决客户的抱怨

口才训练

销售不会总是一帆风顺，有时候客户也会抱怨，销售人员首先应该做到的就是耐心倾听、用心解答。具体来说，有以下几种应对方法和话术。

1. 仔细倾听客户抱怨的内容

不管客户的态度如何、抱怨的是什么，销售人员都应先安抚客户的情绪，不被客户的坏情绪所左右，比如“您先别着急，慢慢说……”“您先消消气……”等；客户抱怨时，销售人员应专心聆听、认真做记录，最好是用关切的眼神看着客户以示重视；等客户说完，销售人员还应跟客户确认其抱怨的真正原因，比如“您的意思是因为……而觉得很不满，是吗。”

2. 感谢客户的抱怨并诚心道歉

听完客户的抱怨，销售人员应对其表示感谢，一则降低客户的敌意，二则为有机会提高自己而感恩于客户。比如：“谢谢您花费宝贵时间来告诉我这个问题，让我们能有改进的机会。”

另外，客户所抱怨的内容，如果错在己方，销售人员应赶快向其致歉，如“很抱歉我（们）做错了……”“真是抱歉，给您带来这样的麻烦……”等；如果错在客户，销售人员仍应为客户的心情不佳而致歉，比如“让您这么不高兴，真是对不起……”。

3. 积极处理、弥补不足

了解了客户的抱怨后，销售人员应向客户承诺立即处理，并表达出自己的诚意，比如“您放心，我会尽快帮您妥善处理这个问题的……”“您稍等，我马上跟领导汇报一下，然后就给您回复”等；如果需要询问细节及其他相关信息，销售人员别忘了先说：“为了能尽快解决好这件事，需要跟您请教一些数据……”切不可咄咄逼人，这样会让客户恼羞成怒，让矛盾升级，比如“是谁跟你说的”“我可没这么跟你说过”等。

4. 提出解决方案让客户选择

有了解决方案，销售人员应立即将方案反馈给客户，最好有 2 ~ 3 个方案，让客户自己选择满意的，同时试探客户的想法，如“您是否同意我们这样处理……”“这样处理，您觉得怎么样……”等。这样才会让客户感受到被尊重，从而消除怒气，也有利于问题的解决。

5. 回访客户，了解满意度

在客户抱怨处理完成后的第二天，销售人员应及时与客户联系，确认其对处理结果是否满意，如“……您还满意吗”“您还有什么不满意的地方尽管跟我说……”等，以加深客户受尊重的感觉，同时了解处理方法是否有效。

一句话口才

☆ 面对客户的抱怨，销售人员的应对原则就是：冷静应对、耐心倾听、用心解决。

第 283 天　及时反馈客户抱怨的解决方案

口才训练

客户有抱怨，销售人员应本着对客户负责的态度认真对待、积极解决，有了解决方案也要在第一时间反馈给客户，以尽快消除客户的怨气，提升客户的满意度。

客　　户：你们怎么回事，我买两件衣服，到手里怎么只有一件？

网店客服：亲，您不要着急，我查一下发货单，您稍等……亲，我刚才查了一下发货单，您看您手里的包裹，里面是不是有两个塑料袋子，一个白色、一个粉色。

客　　户：是的。只是那个粉色的袋子里有衣服，白色的是空的。

网店客服：哦，是这样啊。当时确实给您发了两件衣服，或许是物流过程发生了意外，衣服掉出来了，这个我们也没法控制。不过也怨我们的工作人员疏忽，没有仔细将袋子封严，再次向您道歉。现在有三种解决办法：一是我们将钱退还给您；二是再给您寄一件同样的衣服；三是您再购买一件我们网站上的其他商品，以这件衣服的钱抵，多退少补。您看，怎么办呢？

这位客户听后又仔细查看了手里的快递单，上面货物说明栏内确实写着：蓝色、粉色袋内各一件衣服。到此，她非常感动，怨气全消。虽然自己没有及时拿到购买的衣服，但也确实不是商家的责任，且对方这么信任自己，于是她跟店员说：“我再到你们那选件衣服吧。”结果，这位女士买了一件比丢失的那件衣服价格更高的衣服，而且成了这家网店的常客。

人心都是肉长的，你给他滴水或许他还以涌泉。案例中，面对客户的抱怨，销售员马上查明原因，在不是己方责任的情况下自担损失，并给出三个解决方案让客户选择；而这位客户被感动，又花了更多的钱，且成了他们的忠实客户。这里，值得借鉴的经验有三点。

（1）话语亲切：言语中时时以客户为重，视客户为自己人，让客户充分感受到了被重视。

（2）反馈迅速：第一时间查明原因、第一时间反馈解决方案。

（3）充分信任客户：销售员没有怀疑客户抱怨的真假，给客户以充分的信任，得到的自然是客户的感动与信任。

一句话口才

☆ 及时反馈客户抱怨的解决方案，尽快消除客户的怒气，提升其满意度。

第284天　利用客户的投诉增进关系

口才训练

处理投诉也是销售人员售后服务的一部分。怎样才能处理好投诉，尽快化解客户的怒气呢？能不能利用客户投诉来增进合作关系呢？

客　户：我们今天怎么全都上不了网？这怎么工作啊？你们这宽带通也不行啊？

销售员：您别着急，是张总吧，我让技术人员查看一下原因，马上给您解决！

客　户：……什么时候能弄好，这等着上班呢！

销售员：张总，您别急，我们承诺24小时内肯定可以开通！不过我会尽快给您处理的。

放下电话，10分钟后，电话铃声又起。

销售员：张总，您好！我是××宽带技术公司的小王，您公司的宽带现在不能上网，对吧？您看是否方便我们现在过去看看？

客　户：可以啊，什么时候能过来？

销售员：我现在和我们的技术人员就在您的楼下了，可否开个门？

客　户：真的吗？神速啊！

原本以为要等一天才能上门的服务，10分钟就来了。客户吃惊的同时自然对销售员信任有加，而信任是合作的基础。销售人员在处理客户投诉时，应把握的重要原则就是：尽量让客户的信任度提升。那么，如何做到呢？具体如表16-1所示。

表 16-1　处理客户投诉、增进信任的语言技巧

增进信任的语言技巧	实施要点和话术
态度上：担当、热情	有客户投诉，不论什么原因，销售人员都要与之充分沟通，并表现出担当、热情，是自己的责任不推脱、是客户的责任温和有礼地解释，要向客户表示自己会积极主动地处理问题、有方案时及时反馈给客户。比如，“这可能是我们的疏忽，我马上给您协调一下”“如果是我们的问题，我们一定会负责到底”等
语言上：亲切、婉转，不争辩	不管客户占不占理，销售人员都应亲切对待，不与客户争辩、委婉表达有关想法，不要把“解释”变成“自我辩解”；接到客户投诉，态度要冷静、不被客户的坏情绪感染而与其发生争论，最好先安抚一下客户，等其平心静气了再沟通。比如，“张姐，您别急，咱们慢慢说”“大爷，您先坐下喝杯茶，别着急，我会给您解决好的”等；在客户表达不满时向客户表示歉意，以平息客户的怨气
行动上：积极、迅速	话说到做到，绝不无故拖延。如果确实不能按承诺的时间解决问题，那也要及时向客户说明情况、避免矛盾升级。比如，“您说的这个情况我会马上反馈到相关部门，2 日之内一定给您答复”“实在对不起，这两个领导不在，解决的方案还没批下来，明天领导一上班我就去给您办这事”等，避免使用“等一下”“再等几天”等语言，电话中也不能让客户等待超过一分钟

总之，客户投诉并不可怕，可怕的是处理不好。处理投诉的最重要原则就是：销售人员说的、做的都超出客户的心理预期，让客户更加信赖你和你的企业，让投诉变成机会，进一步增进双方的合作关系。有投诉不一定是坏事，说不定会因祸得福。

一句话口才

☆ 管理好客户的心理预期，你说的、做的超出其预期，自然会提高其信任度，那么客户的投诉也就会成为增进合作关系的契机。

第 285 天　解答产品使用方面的疑问

口才训练

对客户，要求销售人员尽量做到有求必应、有问必答。客户购买了产品，拿回去可能不会使用、操作不当出现了故障等情况，那他必然会找销售人员。此时，销售人员一定要认真解答、帮助客户消除其难题。

销售员：你好，××公司，请问有什么能够帮到您的？
客　户：你好，我找销售员彭帅。
销售员：我就是，哦，我听出来了，您是李主任吧？
客　户：是啊，我上次在你这儿买的智能手机，能用“微信”吗？
销售员：当然能。
客　户：可我不会操作啊？
销售员：您别急，按照我的提示一步步操作，就可以了。您先……
客　户：OK 了，我先试着用一下，有问题我再给你打电话，谢谢你。

销售员：不客气，祝您用机愉快，再见！

交易结束，有时客户在使用产品时会提出一些问题，如案例中的情形，销售人员应本着知无不言的原则，尽量给客户解答清楚，不要推辞，帮助客户就是在帮助自己。具体来说，应该做到以下三点。

(1) 知无不言并不是要求销售人员要回答客户的任何问题，对于那些对双方关系无任何益处的问题，销售人员要懂得“拒绝”，要用自己的专业知识向客户介绍清楚，消除其误解。

(2) 客户咨询产品使用中的问题时，销售人员切忌说“我不知道”“我从来没遇到过这种情况”“你自己看看使用说明书”等，这会让客户对产品的质量及厂商的能力、信誉产生怀疑。正确的做法是：尽力为客户解决问题，态度要温和、礼貌，表现出专业的自信。

(3) 如果确实解决不了客户的问题，销售人员要坦白相告，比如“我们技术部的同事在这方面更专业，我帮你转接他们，好吗”“我请专家解答您的这个问题”等，让客户获得专业的指导。

一句话口才

☆ 尽量帮助客户解决产品使用难题，让客户获得专业的指导，提高客户对你的好感。

第 286 天　应对客户对产品质量的抱怨

口才训练

一位客户拿着昨天刚买的衣服来到 100 元均价服装店。

客　户：这种衣服你们也敢拿出来卖，质量也太次了！

销售员：您有什么问题，能详细和我说一说吗？

客　户：我昨天刚买的这件衣服，今天穿了一天，你看，这颜色掉得也太厉害了，看把我这衬衫染得……你们得给我一个解释！

销售员：对不起，这件衣服是新进的货，还没注意到它褪色这么厉害，给您添这么大的麻烦，我感到非常抱歉。现在怎么处理这件衣服，我们将完全听从您的意见，不知道您是什么意见？

客　户：我刚才还想着无论如何我今天也要退货，不过现在我觉得换一件其他款式的就行了。但是，你能保证换过的衣服不褪色吗？

销售员：衣服换过之后，您可以先试穿一周，如果还有褪色现象，那到时候您再给我们拿回来，我们会无条件给您退货。您看这样行吗？

客　户：好吧。

销售员：那请您重新挑选一件吧。

案例中，面对客户对产品质量的抱怨，销售员的处理方法值得借鉴的地方有三点。

（1）对客户表示充分的同情和理解，平息客户的怒气。一般情况下，客户对产品质量的抱怨都是些细小问题，销售人员如果能表达同理心，客户一般都不会纠缠不休。比如，“给您添这么大的麻烦，我能理解……”“实在抱歉，当时我没有注意这跳线了，让您又跑一趟……”等。

（2）不被客户的情绪影响，以平静的心情听完客户的抱怨，弄清事情的原委后采取相应的解决办法，切不可拒不认账、推卸责任。

（3）在向客户解释产品质量问题时，销售人员不要忘记强调“客户遇到的问题是个例”“是自己的疏忽”等，让客户深信只是自己运气不佳，将不良影响降到最低。

一句话口才

☆ 产品质量关乎产品的声誉、关乎企业的声誉，销售人员不仅要处理好，还要将不良影响降到最低。

第 287 天　应对客户对服务质量的抱怨

口才训练

销售员：喂，您好，是李总吧？（记住客户的声音，更能赢得客户的好感）

客　户：是我！（语气略显气愤）小肖，我前几天在你那订购的几台机器，现在已经送到了，怎么安装的人没有到？你不是说你们的技术人员会随着机器一起到达，给我们免费安装调试吗？什么情况啊？

销售员：还有这回事，实在对不住，我马上给售后部门打电话问一下，请稍等，我一会就给您打过去。（向客户致歉，平息客户的怒气）

客　户：赶紧问吧，快点啊！（不耐烦地）

销售员马上给公司的售后支持部门打电话，问明情况后马上回复客户。

销售员：李总，事情我已经问清楚了，因为最近公司的业务比较多，技术支持部门的人又不多，他们忙不过来了，所以就没及时赶到您那里。现在他们已经在去您那儿的路上，估计下午就到了。实在对不起，我代表公司向您致歉！

客　户：我这还等着马上安装调试、准备生产呢，时间就是金钱啊！

销售员：我理解，我理解，都怪我，订单发出后没再跟售后部门沟通确认，这也是我的疏忽，请您原谅。

客　户：忙不过来就赶紧增加人手，那么大的企业，还差这点人工成本！

销售员：是，您说得对，我一定会将您的建议转告给公司领导。

客　户：那我就在公司等着了，下午肯定能到吧？

销售员：没问题，您放心吧。我再食言，您打我屁股！

案例中，面对客户带着愠怒的抱怨，销售人员先致歉，然后立即去查找原因，并及时反馈给客户，说明所在公司的具体情况，至情至理，客户也就接受了这个事实，也不会影响接下来的合作。客户抱怨服务质量时，销售人员的应对技巧如下。

（1）要诚恳地向客户表达歉意，以消除客户的怒气、安抚客户的情绪。

（2）查明造成服务质量差的原因后，要委婉地将客观情况、不可抗力等向客户说明，再次道歉并向客户保证立即改正，答应客户及时解决客户的问题。比如，“××女士，您说的情况我已经查明了，是……给您带来糟糕的心情实在抱歉，还请您原谅，以后绝不会再有这样的事情发生了。您放心，我已经安排……”

（3）为了取得客户的谅解，重塑客户对自己、对企业的好感，销售人员最好能做一些补救措施以表达诚意，如赠送小礼物、亲自随维修人员上门拜访等，让客户感觉到自己被重视，那么这次不愉快也就烟消云散了。

一句话口才

☆ 及时找到造成服务质量差的原因并向客户委婉说明，同时别忘致歉及保证立即改正，答应客户会马上解决客户的问题。

第288天　应对客户对服务态度的抱怨

口才训练

销售人员的流动性较大，这是普遍存在的现象，客户也知道这样的情况，然而真正发生在自己身上，客户心里还是会不舒服的，难免心生抱怨。那么，销售人员面对“前任”留下的“烂尾”、面对客户的抱怨该如何应对呢？

客　户：你们做保险的人是不是都这样，上次那个销售员，我没买之前，她天天给我打电话或者来找我，买了之后，连个人影都不见了！

销售员：是吗？那真是太不应该了！不过我相信你遇上的只是个例，我们公司还是很重视服务质量与人员稳定的。

客　户：那你们公司的工作成果可不怎么样，这是我买保险的第三年，你已经是第三个跟我接洽的销售员了！你们都这样，光是会说好听话，我可不愿再相信了！

销售员：王姐，这是我的名片，以后有什么问题您就直接找我吧，我保证给您提供最优质的服务，也希望我能弥补您的损失。

客　户：你人倒是挺实在的，看你能坚持多久吧！我倒要看看你与他们有什么不同。

案例中，客户抱怨其他销售人员服务态度差、交易前后差别大等，这位销售员没有急于辩解，而是向客户强调“他遇到的只是个案”、向客户声明“自己将用实际行动挽回声誉、改变客户的认识”。不管怎样，客户接受了这位销售员，抱怨也减小了。

处理客户对服务态度的抱怨时，除了要学习案例中的做法，销售人员还要记住一点：如果服务态度遭到客户抱怨会影响到企业的声誉，进而影响企业的发展，那么，作为企业的一分子，此时一定要“道歉、道歉、再道歉”，恳请客户谅解的同时，用自己的实际行动扭转客户的观点、误解等，尽量将企业声誉受损的程度降到最低。

一句话口才

☆ 处理客户对服务态度的抱怨时，别忘记向客户强调“他遇到的只是个案”、向客户致歉以及用自己的实际行动扭转客户的印象、误解等。

第 289 天　客户投诉产品的应对

口才训练

顾　客：你们卖的这是什么抽油烟机啊，我才用了不到半年，现在一开机就嗡嗡响，能不能修啊？就这质量得向 315 投诉了！（怒气冲冲地嚷嚷）

销售员：先生，您先消消气儿，您跟我仔细说说故障的情况吧！（面带微笑地）

客　户：我们半年前在你们这儿买的机器，可现在一开机就老大的噪声，吵得人做饭都没心情，而且让人心惊胆战，生怕什么时候爆炸。

销售员：那你们经常做饭吗？

客　户：当然了，难道还天天在外面吃。

销售员：哦，您可真有福气。对了，您爱人经常清洗抽油烟机吗？

客　户：她天天擦，跟新的一样。

销售员：那您清洗过叶轮和烟道吗？

客　户：这倒是没有，谁天天擦那儿啊？多麻烦！

销售员：我想问题可能就出在这儿了，长时间不清洗这些部位，会造成叶轮重量加大，烟道变窄，噪声是不可避免的，我建议您回家清洗一下，噪声可能就消失了。

客　户：是这样吗？那我回去试试，如果不行，我还得来找你们啊！

销售员：没问题，有问题您随时来，这是我的名片，您也可以给我打电话，保证让您满意。

客　户：好了，谢谢啊！不过我可不希望总找你们的麻烦。（虽仍有怨气，但说话的语气缓和了许多）

案例中，在解决问题的过程中，销售员始终保持着微笑与从容，让客户无法拒绝其建议，问题也很快得到了解决。销售人员可以从中学到以下话术技巧。

（1）客户购买的产品出了问题，自然是带着气来的。所以，沟通前与沟通时，销售人员应始终保持心平气和、面带微笑，这样你的思路才会更加清晰、话语也才更顺畅。

（2）询问客户投诉的本质原因及目的分别是什么，比如“您先坐下，慢慢说，跟我仔细讲讲产品故障的情况吧”“这衣服您哪里不满意”等。

（3）在解决问题时，如果是己方的责任就承担下来，如果是操作失误、没按照使用说明使用等客户方责任，那么就委婉地告诉他，但态度要始终如一。

一句话口才

☆ 面对客户对产品的投诉，争辩、顶撞都是最不可取的方式，心平气和地解决问题。

第 290 天　客户投诉服务态度的应对

口才训练

有时候会因为销售人员的服务态度不好而引起客户的不满，甚至会投诉给上级领导。那么，这种情况该如何处理呢？

某品牌羽绒服店，一位顾客大喊，“有你这样卖东西的吗？你们经理呢，给我叫出来！”听到吵闹，一位中年女士从屋中走出来。

经理：大姐，您好，有什么可以帮您的？

客户：你是这儿的负责人吗？今天这事没完！

经理：我是店长，有什么事情您直接跟我说吧！

客户：你们这儿买东西不让挑啊？我多选了一会儿、多问了她几句，你看那个售货员，什么态度啊，满脸的不耐烦，嘴里还嘟囔着！你一定得给我个说法，我可不是来花钱买气生的！

经理：哦，您说的那个女孩子是今天第一天上班，实在抱歉，是我没有培训好，责任在我，您来里边坐，先消消气！小王，给这位大姐端杯水来……

客户：别说这些没用的，今天一定得给我个说法！

经理：大姐，您大人不记小人过，宰相肚里能撑船，别跟小孩子一般见识。她们年纪还小，都是娇生惯养长大的。再说，她们一站就是一天，也不容易，还有销售业绩的压力。

客户：哎，算了，我也懒得跟她一般见识。你让她进来跟我诚心道个歉吧……

面对顾客的投诉，店长先是安抚顾客的情绪，然后问明原因、向客户道歉、说明销售员的不容易等，博得顾客同情的同时也削弱了其怒气，最终问题圆满解决。其实，有客户投诉服务态度，销售人员说话稍有不慎就可能导致投诉升级，影响自身及企业的形象。所以，销售人员首先要保持冷静，认真听其倾诉，然后再想办法解决。

（1）现实中，听到客户说“叫你们主管出来”“我找你们经理去”等时，销售人员应痛快地说“承办人是我，这件事由我全权处理”。如果客户坚持，销售人员就得说“那请您等一下”，然后立刻禀告比你资深的前辈或公司的主管以决定处理对策。

（2）当主管领导接手处理投诉时，除了要安抚客户的情绪、冷静应对外，在言语上还要把握好以下三点：①听完客户的陈述后，先代当事人向客户道歉，然后向客户保证会加强对当事人的教育以杜绝类似情况的再次发生；②抬高客户，说出当事人的不是与难处，博得客户的同情心，事情就好办了；③最好陪同当事人一起向客户道歉，这样更容易得到客户的谅解。

一句话口才

☆ 坦陈自己的不是、说明自己的难处以博得客户的同情，然后再诚心向客户道歉，一般都会得到客户的谅解。

第 291 天　客户过错事件的处理

口才训练

一位女士带着孩子，推着购物车在一家大型超市中选购商品，一不留神，将架子上一放置靠边的酒瓶碰倒在地，顿时酒瓶破碎，酒洒了一地。“这下完了，赔偿不说，还得挨骂！”于是，这位女士主动上前向导购员道歉，并表示赔偿。然而，导购员没有丝毫责怪她的意思，安慰道：“实在抱歉，我没有放好瓶子，让您受惊了！”然后打电话给超市值班经理，在电话中她检讨了由于自己的照顾不周而使顾客受到惊吓。更令人意外的是，值班经理出来后满脸赔笑，毫无责怪之意。他说：“我刚才已从闭路电视中看见具体情况，特意出来给您赔礼道歉，是我的职员没把酒瓶放稳，让您受惊了，实在对不起！责任全在于我们。”说着，他还拿出纸巾给这位女士擦去酒污，还逗弄小孩：“小宝贝，没吓着你吧？”这次经历让这位女士终身难忘，从此以后，她每次购物必到此店。

遇到类似案例中的客户过错事件，销售人员要明确一点：他绝不是故意的，他内心也会感到歉疚或有赔偿想法。所以，销售人员应体谅客户，而不是责难，更不能将责任都推到客户身上。具体的应对话术技巧如下。

（1）心中想着客户、理解客户，可问询客户“有没有伤到”“实在对不起，给您吓了一跳吧”“您没受到什么损失吧”等，安抚一下“担惊受怕”的客户。

（2）倾听客户的说明。通常，客户犯下过失一定会感到不安和自责，希望能有机会解释，销售人员就要满足他，认真听其说明原委并好言安慰。如果不让客户说话或者对其横加指责，客户的态度可能就会由自责变成不满，接下来就不好收场了。

（3）发生客户损坏商品、样品、模型等情况时，销售人员还应尽快向上级主管汇报，汇报时语言要尽量客观、公正，并在规定的范围内向上级提出建议，比如从长远考虑，最好由店方承担相应损失等。案例中，这位客户就被超市员工的宽容与真诚彻底征服了。

常用话术示例：

“没伤到您吧？这东西没法卖了，您看怎么办呢？”

“商品被弄坏，老板来了肯定会让我赔偿的！”（请求客户全额赔偿）

“您看，这样可以吗，我们双方各承担一半的损失？”

“先生，这东西有了这么大的一个划痕，没法卖了，您看，按成本价，咱们各担50%吧？”（请求客户折价赔偿）

“没关系，让您受惊了！……我来处理吧，您逛去吧！”（己方承担全部损失）

一句话口才

☆ 安慰客户、理解客户并妥善处理客户的过失事件，以不影响客户的购物心情、赢得客户的信任和赞誉为原则。

第 17 课　回收货款，好口才让销售完美收官

第 292 天　合同签订确认关键条款防违约

口才训练

销售员：这批地板，您要纯实木的，是吗？

客　户：是的。

销售员：要这种浅色带花纹的，对吧？

客　户：是的。

销售员：那我再跟您确认一下，关于木质，你是希望用“泰柚”，对吧？

客　户：没错。

销售员：面板厚度要求 1.0 毫米，指的是贴面前的厚度，而并非最后成品的面板层厚度？

客　户：是的。

销售员：（在销售合同上填完相关内容）好的，您再看一下合同，如果没问题，就在这儿签上您的大名！

交易是一个严谨的过程。双方达成共识，客户点头同意签约，销售人员还应做好以下工作。

（1）有关产品的情况、运输的方式、使用事项、售后服务等，在签约之前，销售人员都应向客户一一说明，因为客户有知情权，销售人员有告知义务。

（2）确认交易细节、条件。对可能给双方利益造成影响的一些要素、细节等进行整理，并与客户核实确认，然后写进合同。此过程一定要细心，以免因一些小的疏忽、甚至是个别字的差异而引起误会或给己方造成不必要的损失。

（3）落笔前要再次确认关键条款，尤其是那些对双方利益影响比较大而又容易犯错误的一些细节，如价格、付款方式及时间、质量要求、规格等，都要与客户确认清楚再填写合同。

常用话术示例：

“张总，咱们暂定 10 期的《××晚报》的××版面广告，单期价格是××、规格是××，出版日期分别是……您看，您还有什么疑问？如果没有我就填写合同了？”

“李总，我跟您再确认一下这几项内容：产品……规格……单价……您看没漏掉什么吧？”

一句话口才

☆ 各事项、细节、关键条款等都要跟客户确认清楚，此时多谨慎，以后才不会有麻烦。

第293天　按照约定要求客户打款

口才训练

通常，双方的合作协议都会明确规定具体的结款政策及细节，比如结款时间、结款方式、银行账户、双方的负责人等。为了己方不受损失，销售人员的责任就是按照合同约定跟踪款项的结算情况，适时提醒客户打款，以保证合同的正常履行。

销售员：李经理，您好！最近怎么样，忙不忙？

客　户：还好，还好！

销售员：这次给贵公司的培训，几天的课下来，您觉得怎么样？

客　户：基本上满意。老师讲得比较到位，内容也比较实用。

销售员：没达到让您“非常满意”，哈哈，我们还得努力。您可不可以将您的意见、建议汇总一下告诉我，以便在后面的课程中改进。

客　户：你还真尽心，其实，总体感觉还是好的。

销售员：谢谢您的认可，这是我应该做的。另外，我提醒您一下，还有四天的课，这次的培训就全部结束了，培训费的尾款也该结清了，您别忘记了。

客　户：哦，没问题，我一会儿就去领导那里申请，这两天就打到你公司账户上。

销售员：谢谢李经理！尾款总共是××万元，非常感谢您的支持！

客　户：好的，没问题！

如案例中的销售员一样，及时提醒客户结算合作款项是售后工作的一部分，也是双方继续合作的基础。那么，要求客户打款，销售人员应掌握的口才技巧有哪些呢？

（1）态度要不卑不亢。提醒客户结清款项是正当要求，是双方事先约好了的，没必要不好意思，也不必羞于出口，大大方方提醒、不卑不亢要求，反而有利于客户痛快地答应你的请求。

（2）提出要求前，先寒暄或交流一些合作的进展情况、询问一下客户对合作的满意程度等做铺垫，等双方关系拉近、气氛热烈时择机提出，效果会更好。不要一上来就直接提出要求，这会给客户形成压力，且影响其对你的印象、影响其心情，不利于款项的收回。

（3）提醒客户时，要跟客户说清楚需要结的是哪一批货款、金额是多少、最后结款时间是哪天等。帮助客户理清这些细节，不仅能赢得客户的好感，也避免客户划错款数而导致不必要的麻烦。比如：“……另外，张总，提醒一下您，按照咱们合同中约定的，第一批货的尾款该结清了，总共是××万元，您别忘了这几天给安排一下！”

一句话口才

☆ 按照合同约定的结款时间提前提醒客户，大大方方、不卑不亢地提出结款要求。

第 294 天　货款到账及时与客户核对确认

口才训练

如果客户按照约定时间将货款结清，款项到账后，销售人员应及时与客户沟通，并就款项中的细节进行核对、确认，以免有纰漏给己方带来损失。况且，这也是体现你工作认真、对客负责的时候。

销售员：你好，张总，我是××公司的林峰，今天收到了您打过来的货款。

客　户：收到了，好的，这下你踏实了吧！

销售员：我本来也没紧张，你办事我放心，哈哈。您现在方便吗？我想跟您核对一下具体的款项内容。

客　户：好的。

销售员：这次您一共打过来××元，其中××元是 2 月份那批五金件的款，对吧？

客　户：是的，没错。

销售员：另外，××元结的是 3 月份的那批货吧，其中××元是文具、××元是玩具？

客　户：嗯，没错。

销售员：就这些了，谢谢您对我的支持啊，张总。哈哈，那现在就剩下这个月的货款没结了，一共是××元，最后的结款日是下个月的 20 日，对吧？

对于后付款、分期付款等情况，在款项到账后，销售人员一定要及时与客户核对款项的具体细节。就像案例中的销售员，将款项到账总额、分别是什么款项、还剩多少没结、余款结款的最后时限等一一与客户核对、确认，不仅避免了差错，还提高了客户对你的印象分。

常用话术示例：

“××先生/女士，您打过来的这次培训的尾款收到了，一共是××万元，是吧？”

“××先生/女士，货款收到了，一共是××万元，咱们核对一下详细内容吧？”

一句话口才

☆ 及时沟通款项到位情况，核对款项的具体内容，一则避免出现差错引起损失，二则增加客户对你的印象分，一举两得。

第 295 天　预约好时间上门把款收

口才训练

不管与客户约定的是预付款还是后付款，如果需要销售人员上门收款，那么，要想顺利结款，销售人员还是要讲求一些语言技巧的。

销售员：李总，您好！我是××旅行社的小王。

客　户：你好！什么事？

销售员：咱们公司员工港澳5日游的项目不是已经确定了，这不，离出游的日子还有两周了，您看什么时候方便，我过去取一下团费。

客　户：我倒忘了这事，能不能旅游回来后再结啊？

销售员：我理解您的心情，不过我们也得提前给您预订机票、客房等，也需要钱，再说咱们约定好是预付款，哈哈。

客　户：这个我知道，一共多少钱？

销售员：团费单价是××元，您公司一共有15名员工参团，费用合计××万元，您看，我今天下午到您公司去取，好吗？

客　户：今天下午不行，你明天上午过来吧。

销售员：也行，那我明天上午10点准时到您公司，您别忘记告诉财务一声啊。明天见！

预约上门结款，销售人员要注意以下四点语言技巧，以保证款项的顺利收取。

（1）预约电话提前打，以免客户方有意外情况不能及时收款，给己方带来损失。如果销售人员很忙，不能及时到客户处取款，一定要及时与客户沟通，最好让其将款打到公司账户，保证提前收款。实在没办法，也要跟客户约定去取款的明确时间。

（2）如果客户提出“后付款请求”或者找借口往后拖，销售人员要委婉拒绝，说明己方的难处、点明付款时间和方式都是事先约好的，以免让客户形成“拖延”的习惯，为后续合作的收款增加难度。具体的应对技巧，可以体会并借鉴案例中销售人员的语言。

（3）预约收款时间，尽量是客户方便的时间，或者给出两个时间让客户选择，而且要明确具体的时间点。

（4）告知客户款项的具体数额，以方便客户准备。

常用话术示例：

“李总，下个月贵公司一共预定了8期广告，费用共计20 180元。您今天下午还是明天上午方便，我过去取？”

“张姐，下一批货的货款该结了，共计×万元，可我最近太忙了（或我家里有事，现在在老家等）不能亲自去您那儿取，您这次直接打到我公司的账户上，好吗？”

一句话口才

☆ 预约上门结款，销售人员应提前行动，并向客户明确取款时间、款项数额等，以方便客户准备并顺利结款。

第 296 天　客户及时回款别忘记致谢

口才训练

有“礼”走遍天下。在收款环节，客户的款项到账、与客户核对完款项内容后，销售人员应向客户表示感谢，说些客套话，不仅能增进与客户的感情，还能为再次合作创造机会。

销售员：蒋总，您打的货款已经到账了，总计是××万元，谢谢您对我工作的支持。

客　户：哈哈，应该的。

销售员：您的销货能力这么强，又这么讲信用，以后只要回款能跟上，我保证在第一时间就给您发货。

客　户：一言为定啊！哦，对了，你什么时候出差过来，咱们好好聊聊。

销售员：好啊，正好我过段时间要过去，到时一定登门拜访。

客　户：好啊，欢迎。

与客户结款后，销售人员一定要记得向客户致谢，这不仅能体现出你的涵养，也能增加客户对你的好感、弥补客户刚刚付钱的小“伤感”。除了致谢，销售人员还可与客户聊聊家常、说说合作的进展及存在的问题、沟通下次订货的时间、问问客户有什么需要帮助的、讲些趣事等，以缓解刚才结款时的紧张气氛，同时为下次交易创造机会。总之，优秀的销售人员是不会忽视这一能够增进双方关系的机会的。

常用话术示例：

“李总，您真是爽快人，谢谢您这么支持我的工作！”

“姐姐，下个月的广告费我已经拿到支票了，谢谢您啊！到时我给您送样刊去，您也赶紧想一想广告方案，最晚在这周三下午下班之前给我，别忘了啊！”

一句话口才

收到款项后，销售人员要第一时间向客户表示感谢，同时说点客套话、聊聊交易之外的事、约定今后合作的事项等，以达到增进好感、创造再次合作机会的目的。

第 297 天　拖欠款，查明原因再行动

口才训练

俗话说，不打无准备之仗。由于销售方自身的原因、客户方的原因、市场不可抗

因素等，客户拖欠款的情况时有发生。而销售人员要想顺利回收货款，首先要做到查明原因。

销售员：你好，贾经理，我是××货运公司的小张，我们上个月的货运费还没有到账啊。

客　户：哦，是吗，财务部没给你们打款吗？我还真不知道这事，要不你找别人问问吧。

销售员：贾经理，这事除了您，还能找谁啊，就您才能帮我啊！改天我一定当面谢您，您就告诉我这次到底是怎么回事吧？

客　户：小张，我真的不知道！

销售员：贾经理，咱们都合作这么长时间了，我还不知道您在贵公司的地位，什么事能逃得过您的眼睛，您就告诉我吧。

客　户：好吧，实话告诉你吧，最近公司新产品上市，另外还和××公司有一个合作项目启动，目前资金紧张啊！昨天刚开的例会，广告费、货运费等都暂缓结账。

销售员：啊？是这样！那不会拖着不给吧？

客　户：那怎么会，只是时间问题。

销售员：行吧，我知道了，谢谢您！那我再跟张总联系一下，看看有没有时间表，也好给我们老板一个交代。

案例中，在销售员的再三追问之下，客户说出了未能按时结款的真正原因，为自己的成功收款打好了基础。接下来如何做，销售员自己已经心中有数了。

找准客户拖欠款原因，销售人员才能有针对性地发挥自己的口才去说服客户。而掌握的客户方的情况越多，成功收款的可能性就越大。因此，发现客户未能按时结款后，销售人员应不遗余力地寻找原因，比如用旁敲侧击客户方负责人、向自己培养的客户内部“眼线”打听、“糖衣炮弹”攻击等方式，找出账款难以回收的真正原因后再对症下药，顺利回收款项。

常用话术示例：

“美女，今天你的声音真好听，最近有什么喜事吧？（套近乎、拉关系）……是不是公司给你发奖金了？”（旁敲侧击了解客户的资金状况）

“张哥，最近你们公司运转得怎么样，我看在央视也做了广告？”（侧面了解其运营情况）

“李姐，谁不知道您在公司里的地位，这点事还能瞒得过您的眼睛？您就告诉我是什么情况吧，改天我一定好好谢你！”（“糖衣炮弹”袭击）

一句话口才

☆ 旁敲侧击、糖衣炮弹、迂回打听等，销售人员要采取多种方式了解客户未能及时回款的真正原因，以便有针对性地发挥自己的口才，说服客户结款。

第 298 天　沟通到位，拖欠款再无影踪

口才训练

为了能够顺利收款，销售人员除了交易前要掌握客户的信用状况与支付能力、签约时确定好付款方式及时间，交易后还应与客户沟通到位，才能安心地大量卖货、大把收钱。

销售员：王哥，你好，我是××公司的彭帅。

客　户：你好，你小子什么事啊？今天怎么想起我来了？

销售员：想你了呗，呵呵！

客　户：你呀，无事不登三宝殿，说吧，什么事？

销售员：其实还真有事请你帮忙。是这么回事，你们公司上个月的货款明天就是最后期限了，可我们还没收到。麻烦你这两天提醒一下张总，把货款先给我们打过来吧。实不相瞒，我们公司最近上新产品，资金比较紧张。

客　户：哦，就这事呀，好说，我一会儿就跟张总说去。

销售员：那就谢谢你了，王哥，改天我过去，咱哥俩喝两杯！

第二天下午。

销售员：王哥，你跟张总说了吗？

客　户：我昨天就说了，张总当时说下午就给你们打款，怎么还没收到吗？

销售员：是啊，到现在还没收到，是不是张总忘了，麻烦您再帮我催一下，好吗？

客　户：行，我再帮你看看是怎么回事，你放心吧！

销售员：谢谢你，王哥。

第三天早上。

销售员：王哥，谢谢了，钱已经收到了！

客　户：客气了，兄弟。

销售员：过两天我过去找你吧，请你和张总吃个饭，以表谢意。

客　户：好的。

案例中，销售员之所以能成功收款，原因有两点：一是沟通到位，二是与客户方的相关负责人关系密切。在收款的过程中，销售人员怎样才算与客户有效沟通呢？

（1）言语中与客户方的相关负责人不见外，寒暄、致谢等都不可少，最重要的是功夫应下在平时，销售人员要注意与客户方的相关人员搞好关系，以便发生问题时有人帮忙。

（2）沟通时间尽量赶早，在付款的最后期限到来之前打电话问询原因、了解情况，同时请求客户方的相关负责人帮忙。如果对方就是老板，自然就请其尽快付款。

（3）催款沟通要及时。根据第一次沟通的情况及时采取措施，也要及时跟进。

一句话口才

☆ 销售人员与客户方沟通到位，才不会出现、少出现“赖账”的情况。

第 299 天　先礼后兵，必须遵循的原则

口才训练

对于催收客户的欠款，销售人员言语和行动上都应遵循“先礼后兵”的原则，即先晓之以理、动之以情地与客户沟通、交涉。如果沟通无果，再用其他强硬手段解决。

销售员：你好，肖经理，我是××公司的销售员彭帅。

客　户：哦，你好。

销售员：肖经理，咱们公司这次培训的尾款，您还没给我结呢？

客　户：我们公司最近资金有点紧张。

销售员：这我理解，谁都有遇到难处的时候，何况是那么大个公司。不过，贵公司可是名副其实的行业领头羊，资金再紧张也不至于连这点培训费都付不起吧？再说，贵公司一向注重社会声誉，如果因为这点培训费而影响了经营这么多年的口碑可就太不划算了，您说呢？

客　户：最近确实资金有点紧张。

销售员：肖经理，和气生财。我信任您，您看这样行不行，先给我结一部分，剩下的咱们定个期限，到时再一并结清？

客　户：既然这样，就这么定了吧。你那尾款一共多少钱？

案例中的销售员，先称赞客户企业的领头羊地位，再夸其社会口碑，接着陈述拖欠款的不良影响、阐明其中利害，让客户自己思考如何选择。最终，销售人员提出分期付款方式，给了客户一个台阶下，客户也顺势做出付款承诺，问题得以解决。

催收账款，销售人员要遵循“先礼后兵”原则，在语言上还应注意以下三点。

(1) 所谓“礼”，就是先通过赞美、陈述事实等方式表达对客户的足够尊重，一是不会妨碍以后的合作，二是将客户摆在一个相对高的位置上，让客户觉得“拖欠款”和自己的身份不匹配。

(2) 所谓“兵”，就是向客户阐明利害关系，列举拖欠款对客户的不良影响，销售人员要专挑那些能触动客户心弦的事项说，如声誉口碑、高额违约金等。

(3) 不管是“礼”还是“兵”，销售人员的措辞要得当、语气刚柔并济、有理有据，不能说伤害客户自尊的话，以免激怒客户，增加收款的难度，甚至影响后续的合作。

一句话口才

☆ 先向客户表达尊重，再阐明拖欠款的利害关系，让客户自动意识到需要尽快

结款了。

第 300 天　适度示弱，博得同情好收款

口才训练

所有人都有同情心，客户也不例外。如果客户故意拖欠款项或因某些情况暂不想结款，销售人员可利用客户的同情心，适度示弱，也能成功收款。

销售员：钟总，您好，我是××公司的小王。

客　户：哦，小王啊，什么事？

销售员：钟总，咱们公司上个月的货款该结了，可我们还没收到。

客　户：等几天吧，好吗，最近公司资金有点紧张。

销售员：钟总，您真会开玩笑，咱们公司的实力谁不知道啊，您还差我们这么点货款？

客　户：你们那点钱是不多，可我们最近投资了一个大项目，用钱的地方多，反正钱也不多，你就别着急了啊！

销售员：钟总，我是真急呀，我们公司小、压力大、底子薄，这点钱对您来说确实不多，可对我们却很重要。跟您说实话，我比您还难呢！现在生意不好做，我们厂上个月好不容易订了一个合同，到现在还没把原材料的购货款备齐呢！我们厂长、主管都等着我今天把钱拿回去应急呢！咱们就互相体谅，您就先给我结了吧？

客　户：嗨，你小子还真会说话！好吧，我跟会计说一下，看能不能给你挤出点钱。

销售员：谢谢钟总！那我明天这时候再打电话过来。

客　户：好的。

案例中，客户说资金紧张，销售人员赶紧夸赞客户企业的实力，同时以公司小、压力大、底子薄等向客户示弱，请求客户相互体谅，最终说动客户同意付款。

在客户提出延后付款时，销售人员可向客户适度示弱，引起其同情，事情或许就好办了。通常，公司实力弱、运营困难、自己是年轻人、销售新手压力大等都可作为示弱的理由，当然，销售人员也不能胡诌。

一句话口才

☆ 适度示弱，博得客户的同情，或许欠款的问题就容易解决了。

第 301 天　不能一味示弱，要刚柔并济

口才训练

适度示弱不代表卑微低下，也不意味着无底线示弱。面对故意拖欠、蓄意拖延的

客户，销售人员最理想的口才效果是刚柔并济、软硬兼施。

销售员：马经理，货款还是没收到。

客　户：再容我几天吧，别着急，过段时间肯定给你结！

销售员：马经理，这话我都听了不下 5 次了，这点钱您还一拖再拖，看来是真没有长期合作的诚意！您说，这段时间您提出了多少问题，我都认真给您解决了吧，要知道，其中很大一部分并不是我们该承担的。再说，给你申请宽限一个月付款，我费了多少口舌。我是看重您这个客户，想跟您长期合作，但这并不意味着无底线地妥协。马经理，我们合同里规定的违约金比较高，诉诸法律的话，贵公司的损失也不是小数目，您说呢？

客　户：嗨，真急了！我们最近确实资金困难，你就再宽限几天吧！

销售员：我在公司是个新人，才做业务就碰上你这事，我能不急吗，您再不付款我这工作就要没了。反正给您宽限的一个月时间已经到了，今天是我最后一次通知您付款，如果 3 天内货款还没有到账，我们公司肯定会采取措施，到时候我也无能为力了。

客　户：好吧，3 天之内，我肯定给你们打款。

案例中，销售员“软”“硬”结合，先给客户一个下马威，告诉他违约金高，通过法律解决会让客户损失更多，从而使客户的口气软了下来。接着，又以自己是销售新人示弱，引发客户的同情心；最后再提法律解决，迫使客户承诺“3 天内肯定打款”。

一味地、无限制地示弱只能削弱客户及时付款的紧迫感。所以，销售人员应适时点醒客户，让其明白“付款是必需的”、“拖延是不现实的”。言语中，适度强硬、适时示弱，软硬兼施才能达到最佳效果。

一句话口才

☆ 催缴欠款，言语中刚柔并济、软中带硬，才是尚佳的口才表现，也才最有效果。

第 302 天　限量发货，迫使客户妥协

口才训练

客　户：小彭啊，这次货的数量不对啊？

销售员：是啊，这次只发了一半的货。

客　户：为什么呀？现在正是旺季，你这不是断我财路吗？

销售员：我也没有办法，您前期的货款一直没有付清，累计已经欠了 6 万元，我们领导说了，一次只能给您发这么多，他还警告我，再收不回货款就要扣我工资了……

客　户：伙计，这样怎么行啊，你们这不是违约吗？

销售员：您再仔细看看合同，合同中也是这么约定的，您当时是认可的。

客　户：（沉默）彭啊，这样吧，最晚下周一我就把货款给你打过去，你得向我保

证，款一到账，你就赶快把货补发过来！

销售员：行吧，我跟经理申请一下。不过，咱们都得相互谅解一下，您以后也得及时回款啊，可别再发生这样的情况了，多耽误生意啊！

客　户：好好好，放心吧！

案例中，销售员使用的是“限量发货法”催讨欠款，逼迫客户不得不答应支付货款，同时改掉了其拖延支付的老毛病。

所谓限量发货法，就是通过缩减货物的供应数量或拒绝继续供货等方式，迫使客户妥协进而回款的方法。如果销售人员掌控货物发放的主动权，遇到客户延时支付或减少支付货款的现象就可使用此法，给客户施加压力，特别是销售旺季，没有货源会直接影响客户的经济效益，所以客户不得不在利益的驱动下主动提出付款。

从口才的角度来说，销售人员使用“限量发货法”要注意以下两点。

（1）与各部门沟通。销售人员先要与自己的上级和相关部门（财务、采购、物流等）负责人进行沟通，在他们同意之后再行动，这是工作程序，也是顺利实施限量发货法的保证。

（2）知会客户时，销售人员要向其强调“限量发货是企业行为”“限量发货是双方约定的，不是己方单方面违约（事实确实如此的情况下）”等，这对客户更有说服力。

常用话术示例：

“张老板，之前累积未付的货款已经有 5 万多元了，如果贵公司再不支付的话，我们可就不能保证按时供货了。”

一句话口才

☆ 以企业的名义限量发货，给客户造成供不应求的状况，尤其是旺季，这会迫使客户主动提出还款。

第 303 天　打“感情牌”，动之以情

口才训练

在前期的销售过程中，销售人员已经与客户方的相关人员建立了良好关系，如果发生拖欠货款的情况，销售人员也可利用这一情谊，打“感情牌”，成功收回货款。

客　户：彭啊，今天怎么了，情绪不高啊？

销售员：（唉声叹气地）哎，别提了，可能要去喝西北风了。

客　户：不会吧，你一直不是干得挺好吗？什么情况？

销售员：这不到年底了吗，昨天公司发下通知，要求所有未回的款务必在这个月底前到账，凡不能完成任务的人就要走人。我大概算了一下，光你这边就有二十几万

元没回呢，我估计完不成任务了……（停顿）你也知道，我这才结婚，还有房贷要还，哎……

客　户：就没别的办法了，你们公司也太不近人情了吧！

销售员：没什么办法，我已经打听过了，这回总部是下了狠心要抓回款了！

客　户：你等等，我问问会计……

客　户：彭啊，别着急了，哥帮你。刚才给会计打电话了，前段时间确实资金紧张，不过最近公司产品销量不错，回款也不错，欠你的货款这几天就能给你。

销售员：真的啊？太感谢你了。你这人真仗义，改天我一定请你吃饭！

客　户：别改天了，就今天吧！哈哈……

虽说商场如战场，但销售人员与客户之间因为频繁的交往与合作也会产生深厚友情。案例中，销售员就成功地利用了与客户之间的良好关系，让回款问题迎刃而解。从双方的交谈中，我们可以总结出如下五点口才技巧。

（1）先通过一系列异常情况吸引客户的注意力，如情绪不佳、满面愁容、谈兴不浓等一反常态的表现，引发客户的疑问并追问原因。

（2）说明“实情”时言辞恳切，让客户感受到你切实的难处（如遇到的问题、可能受到的处罚等），使其感到不忍。在说与不说之间，达到“欲说还休”的效果，激发客户的好奇心。

（3）言语间表现出对客户的重视，对双方关系的重视，让客户领你的情，让他感觉到是因为他才让你陷入困境的，因此更加于心不忍。

（4）此法使用前提是双方的关系已非常熟络，否则，没有情感基础，此法起不了作用；而销售人员也要拿捏好感情释放的尺度，过分流露情感可能会引起客户的反感或有“演戏”之嫌，反而不利于问题的解决。

（5）在实施此法的过程中，销售人员还应注意察言观色，根据客户的反应来判断“感情牌”的使用效果，并及时推进进程或者调整策略。

常用话术示例：

“李总，咱俩私交也不错。您能不能帮忙解决下回款的问题？”

一句话口才

☆ 不与客户正面过招，“动之以情”地打“感情牌”，为成功回款营造良好的气氛。

第304天　唱好红白脸，诱使客户付款

口才训练

催收欠款，销售人员还可与同事配合，营造冲突矛盾来刺激客户，从而敦促其回款。其本质就是：两人或多人配合，唱好红白脸，用争吵等混乱场面麻痹客户，促使

其做出让步。

销售员彭帅和他的同事李桐一起走进了客户的办公室。

彭　帅：张总，您好！您这生意不错啊，我看好多人在排队等着买我们的电视呢！

客　户：你们到卖场看过了？

彭　帅：嗯，刚才我们先到卖场去看了看。哈哈，今天您能把之前的货款给我们了吧？

客　户：兄弟，别急，那么多厂家都没结呢。生意不好做啊，也就是这两天人多，前些日子根本没什么人。你们那电视是新品，广告也做得好，大家图个新鲜。

彭帅给同事张桐递了个眼色。

张　桐：也是，现在竞争这么激烈，生意确实不好做。再说新产品刚上市，确实需要检验，这热度不知能持续多长时间，张总这也担着风险呢！

彭　帅：这个我也知道，我也想帮张总，可是，你别忘了，总部已经发来通知，要求各分公司迅速处理未回款问题。这回可是动真格的了，谁的款收不回来，可不是扣工资和奖金那么简单了。

张　桐：咱们公司一向不是雷声大雨点小吗？你怕什么！再说，像张总这样的客户还是很积极的，拖欠货款的很少。

彭　帅：这次不一样，我已经打听了，总部是要上马新项目，需要启动资金，所以下定决心要收回货款。再说，咱们新来的经理，不是正在抓这事嘛，昨天 ×× 跟我说，经理正在酝酿追款细节，如果哪家未付款过多，今后有可能就拒绝供货了。

张　桐：那跟张总的关系就更不大了。张总不是一向都准时付款吗，不过最近两次晚了一点，也情有可原，是不是啊，张总？

彭　帅：张总，这话可不是我说的，以后您要是有什么问题可别找我，您直接找我们这个“张总”吧！

客　户：好了，你两个别吵了，我给财务部打个电话，看今天能不能把款给你们结了！

案例中，面对“哭穷”的客户，销售员彭帅与张桐，一个“白脸”，站在己方企业的立场上要求客户履行付款义务；一个“红脸”，站在客户的角度摆事实讲道理，合力上演了一出“劝说戏”。在两个人争得不可开交之际，客户不得不扮起“和事佬”，同时表示同意支付拖欠的货款。在实际“表演”过程中，销售人员还是要注意以下三点。

（1）“红脸”、“白脸”发生争论的激烈程度要由小到大，循序渐进。当大到影响客户的正常工作秩序时，客户就不得不为了解决争端而做出让步，这样再要求回款就变得水到渠成了。

（2）事先分配好角色，谁说什么、站在什么立场都要做到心中有数。发生争吵要自然，争吵的内容要合理，要争到“谁也不能说服谁”。

（3）表演过程中，尽量不给客户太多插话及表明自己观点的机会。当客户出面进行调解时，则要给客户面子，尽快和解并引导客户到回款问题上，争取尽快解决问题。

一句话口才

☆ 配合唱好红白脸的标准：发生争吵要自然、争吵内容要合理，要争到“谁也不能说服谁”，要吵到促使客户做“和事佬”的程度。

第 305 天　制造假象，迂回战术收欠款

口才训练

催收欠款时，如果销售人员正面攻击没有效果，那不妨转换一下思路，迂回地去做一些工作，或许能收到意想不到的效果。

彭帅的客户因为代理经销其公司生产的建材产品而获得了不菲的收益，却总在回款上拖拖拉拉。于是，彭帅趁代理合同即将到期、众多销售商窥视代理权之际，想了个办法，准备改一改客户的这个毛病。于是，他接连几天走访各家销售商，并有意无意地透漏出一个信息：自己在寻找新的代理商。结果，没过几天，彭帅就接到了客户的电话。

客　户：老彭，怎么着，我听说你们要找新的代理商，有这回事吗？

销售员：钟总，不是这样的。是大家都觉得我们的产品畅销，利润空间大，所以都争着要做这个代理商，有的甚至愿意先付货款。不过，咱们的合同还有半年才到期呢，换不换代理人的事儿还没最后确定呢！

客　户：老彭，咱们合作这么长时间，你可得优先考虑我们啊。说实在的，你们的产品还是我们给做起来的呢。

销售员：那是自然，咱们合作都快 5 年了，关系也一直不错，于公于私，我都会先想着您的。不过，你也知道，我们产品对现金流的要求很高，总公司那边目前签代理合同都会审核经销商的付款能力，这个我也没有办法。

第二天上午，彭帅又接到客户的电话，通知他查看账户，并表示希望继续合作。

案例中，销售员借用合同续签这一机会，在市场上制造了“准备更换代理人”的假象，客户闻讯后主动打电话了解情况，而销售员又借此“软硬兼施”，坦陈利害，客户自己权衡得失之后，主动回款并表示继续合作的意愿。

制造一个假象，让客户产生某种危机从而迫使其回款。这种声东击西的催款方式从一定程度上减轻了双方的直接摩擦，为继续合作提供了平台。销售人员在使用这一方法时，要注意以下两点。

（1）销售人员要隐藏自己的回款目的，有意无意地放出“烟幕弹”，比如发出“考虑更换代理商”“代理权争夺激烈”等信号，让客户知道你接下来的行动将会给他带来潜在的损失或危机，并且这种损失要比拖欠回款严重得多，让客户自己权衡利益。

（2）销售人员要委婉地向其传达“想继续获得代理权需要及时回款”的信息，迫使对方认真思考此事。同时，销售人员要表现得跟客户站在一起，将责任推给企业，这样就不致因此而伤害双方的合作关系了。

常用话术示例：

“张总，明年这个区域的代理，我们还没定由哪一家做，不过会看一下他们的商业信誉。”

一句话口才

☆“两利之中择其重，两害之中选其轻。”让客户认识到不回款会有更大的经济损失，他就会主动承诺并兑现及时回款了。

第 306 天　用数字说话，督促客户回款

口才训练

所谓用数字说话，督促客户回款，就是通过有理有据的销售数据分析，给客户算一笔账，让客户认识到当前的合作是有利可图的，进而督促其回款的一种方式。

销售员：张老板，这笔货款已经拖了两个月了，今天能不能给我结了呀？

客　户：能结我早给你结了。可我这库存太多，现在又是淡季，哪来的钱给你啊！

销售员：张哥，话不能这么说啊。你看看这个数据（将销售数据拿到客户面前），去年一年，你们总的销货量是××；正常价格销售数量为××，扣除经营成本，利润大约有××；优惠活动销售量为××，利润大约有××，我算的没错吧？

客　户：嗯，基本差不多。

销售员：咱再看看去年淡季的销售情况，去年 6～9 月淡季时的总体销量为××，实际利润大约有××。而截至现在，本年度您累计销售量为××，已经比去年同期增长了 5% 以上，而且，再过一个月就是旺季了，我们这边也会制定一些促销活动及针对经销商的返利措施，所以您今年的利润恐怕要翻倍了。而库存量，目前也是正常的，不会对您有什么影响，况且还能保证旺季的货品充足。

客　户：哈哈，你算的比我还细致，什么都瞒不过你。

销售员：您过奖了。咱们合作，本来就该这样，同呼吸共命运，哈哈，所以之前的货款您就尽快给我结了吧，我们也得采购原材料加紧生产啊！

客　户：好吧，那我跟财务部说一声，看现在能不能给你转账。

案例中，面对客户的托词，销售员这一次有备而来，精细地给客户算了笔账，客户不住地点头确认，也让其对销售产生了信心。等销售员再提出回款请求时，客户没有再拒绝。

将数字变成了活生生的销售现实，提升客户的销售信心及对未来的展望，这也是

回款的一个有效方法。在使用时，销售人员要掌握好以下口才技巧。

（1）自己先算好账，确定结果有利于客户再实施，比如市场整体态势、未来市场走势、销售会带来的经济利益等都对客户有利。

（2）可通过市场份额、淡旺季销售量、全年利润率等数据跟客户计算自己产品的经济账，还可与同质竞争产品作比较，计算名声、渠道、便利程度等优势账（因经济数据难获取）。

（3）不能单纯地给客户看数据，而应与以往的销售情况相联系，将隐藏在数字后面的经济利益和销售机会清晰地呈献给客户，引发客户强烈的思想碰撞，增强其销售信心。

（4）数据分析结束，当客户明白了其中的道理后，销售人员要及时鼓励其回款。

一句话口才

☆ 将数据与销售现实相结合，给客户算笔经济账、优势账，让客户看到数据背后隐藏的利益与销售机会，增强其销售信心，回款也就变得简单了。

第307天　缠住客户，“磨”回欠款

口才训练

发挥“黄蜂”精神，紧紧“缠住”不愿回款的客户，使用各种手段施加压力，直到对方受不了，他自然就会答应履行回款义务了。

销售员彭帅一连几天都到客户郭总处收款，可每次碰到的不是软钉子就是闭门羹。“不能再这样拖下去了！”于是，彭帅利用与郭总助理的关系，了解到其最近一段时间的行程，进而采取了“粘贴”策略。

客　户：彭啊，我今天上午要去开个会，你过几天再来，啊？

销售员：那我跟您一起去吧，也去学习学习。

客　户：这怎么行！

销售员：您放心吧，我就跟着你，你就当我是空气。

结果，这一天，郭总走到哪里，彭帅就跟到哪里。一连三天都是如此。客户去拜访客户，彭帅也跟着去；客户去走访市场，彭帅也如影随形；客户在办公室，彭帅就坐在沙发上。终于，客户受不了了。

客　户：彭啊，你还真有定力啊，天天跟着我，你不用工作了吗？

销售员：我已经跟领导请假，这段时间的主要任务就是收回您的货款，您的款要是回不来，我就真的不用工作了。

客　户：有那么严重吗？

销售员：您以为呢！您看在我给您当了几天跟班的分上，把钱给我结了吧？再说，

市场情况我也了解了，我们的产品销售状况那么好，您肯定不缺我这点货款呀！

客　户：我算是服了你，你也看到了，我不是不给你结，我的钱不也是最近要回来的嘛！好吧，今天我就让你拿到支票，哈哈。

案例中，销售员采取了“死缠硬磨”的策略，最终客户因为受不了而妥协；另外，这种“膏药式的粘贴”不仅了解了客户行踪，还了解了客户的经营状况，也为成功回款提供了保障。

其实，当对客户无道理可讲时，销售人员不妨用“缠磨客户”的方式追讨欠款，虽看似不光彩，效果却非常明显。不过，使用此法，销售人员还要注意以下三点。

（1）跟踪的对象一定是有决策权的人，先了解掌握其行踪，然后实施“粘贴”策略。

（2）只是跟随客户，让其感到有压力感，尽量不影响其正常的工作，尤其是客户在他的客户面前，销售人员不可让其丢了面子，否则会影响到此策略的实施效果。

（3）“缠”“磨”要有度，要讲求策略与方法，切不可用劲过猛或胡搅蛮缠，惹急了客户就得不偿失了。

一句话口才

☆ 有策略地“缠”“磨”客户，当客户感觉不舒服时，他会妥协的。

第 308 天　应对“出纳不在”的借口

口才训练

“出纳不在”是客户常用的拒绝付款的理由，那么，销售人员该如何应对呢？

场景一

销售员：徐总，我今天下午去您那儿取一下上个月的货款，一共是××万元。

客　户：真不巧，我们的出纳不在。

销售员：他是出去了还是没来上班？

客　户：出去办事了，我也不知道什么时候回来。

销售员：好，徐总，那我明天一早再打电话过来，到时应该能结款吧？

客　户：好，他要是在就能给你结。

销售员：那就谢谢徐总关照了，我明天早上给您电话。

场景二

销售员：李总，今天这钱能拿上吧？

客　户：真不巧，出纳不在！

销售员（演戏）：不会啊，我刚才在走廊还碰到他了呢！（其实他根本不认识出纳其人）

客　户：（尴尬地）是吗？他不是请假了么，怎么又来了？

销售员：（接着演戏）李总，这就是您领导有方啊，我刚才见他一个劲儿咳嗽，还坚持上班，可见您的员工多敬业啊！

客　户：哈哈……你去财务部结款吧！

从上述两个案例可以看出，应对“出纳不在”的借口，销售人员要做到以下两点。

（1）如果客户的诚信一直较好，销售人员追问客户“出纳去哪里了、何时回来、什么时候在”等即可，然后与客户相约再次打电话的时间或者是结款时间。

（2）如果了解到客户的信用不好，常以各种借口拖延付款，销售人员不妨像场景二中的销售员那样，跟客户演戏，直接揭穿他，同时再给他个台阶下，让客户无法再找别的借口，只能乖乖就范。

一句话口才

☆ 追问出纳的行踪或者直接揭穿客户的“借口”，收回欠款也就不成问题了。

第309天　应对“资金紧张”的借口

口才训练

客户以“资金紧张”、“没钱给你”等为借口拖延付款是最让销售人员头痛的。没有不透风的墙，销售人员要坚信这一点，想办法找到突破口。

销售员：彭总，麻烦您给安排一下，该结上个月的货款了，总共是××万元。

客　户：小李，我最近资金有些紧啊。

销售员：彭总，您别开玩笑了，您也哭穷，谁不知道贵公司的实力啊！

客　户：实不相瞒，我们最近要上一个新项目，资金周转出了问题，过几天再给你结吧。

销售员：真是太遗憾了，以往您都是按时付款。不过我们可是小公司，还等着这笔钱采购原料，耽误不起啊。烦请您给我想想办法，看能不能给我把钱结了？

客　户：要是有办法我不就给你结了，你等几天吧，等我这资金跟上了马上通知你。

销售员：彭总，那您给我一个准确的日子吧，也好让我想想对策如何度日啊？

客　户：真是不好意思，这样吧，你下周五给我打电话吧！

销售员：下周五肯定能给我结款吗？

客　户：应该没问题。

销售员：那好吧，彭总，一会儿我给您发一个还款确认函，您填上具体的还款日期、签上名，再给我传真回来，好吗？

客　户：好的。

不管是客户哭穷，还是确实是“资金紧张”，销售人员都只能站在本公司的立场上，通过各种方式给客户施加压力，以便尽快回款。应对此种情况，具体话术技巧如下所述。

（1）抬高客户，让客户觉得拖欠货款与其身份不符，比如“我同事卖给小公司的货款都能按时收回，我说我收不回来您这大公司的款，他们都不相信啊”“您真会开玩笑，贵公司是名副其实的行业领头羊，连这点钱都没有，谁相信啊”等。

（2）如果客户信誉好，只是暂时资金周转不灵，销售人员不妨宽限几天，同时要求客户给出具体的还款时间或计划表、填写还款确认函等相关文件做保证。另外，能帮客户就尽可能为其出谋划策，联系业务，客户业绩提升了，有钱了，自然也就还款了，还会感激你。

（3）如果客户信誉不好、故意以此为借口或者的确面临经营危机，销售人员则要根据实际情况，结合前文中提到的各个催款方法，抓紧时间催收。

（4）言语中要让客户领你的情，比如要告诉客户“给他宽限时间是对他的信任”“按时还款是其应尽的义务，是双方认可的”“客户暂时的资金紧张不能作为拒绝付款的理由”“自己为其申请没少费口舌，如果客户到时还不能按时还款自己没法向公司交代”等。

一句话口才

☆ 站在己方企业的立场上，给客户施加压力，想办法让客户承诺付款。

第 310 天　应对“这事我不负责”的借口

口才训练

有些客户总是不想付款，甚至直接赖账，“这事我不负责”“这事你问财务去”等都是他们推诿的借口。怎么办？销售人员绝不能软弱，软硬兼施，让客户明白“这账是赖不掉的”！

销售员：李经理，我是××咨询公司的蔡青，贵公司上次员工培训的费用还没结呢，已经过期半个月了，烦请您给安排一下，我想下午过去结款！

客　户：怎么又是你，不是跟你说过吗，我不管这事。

销售员：李经理，您就别谦虚了，谁都看得出来，在这儿什么事儿都是您说了算！

客　户：我真管不了！（口气软了下来）

销售员：李经理，您要是不管我还能找谁去？好歹您也是全市数得着的大企业，我要是跟别人说你们老拖着这点培训费，谁相信啊！再说，您也是生意场上的高手，你最清楚签协议的意义了，咱们可是白纸黑字，抵赖不得。这张付款单就只差您的签字，您就别为难我了，签上您的大名吧！

客　户：好吧！

面对客户的直接赖账行为，销售人员软硬兼施，给他戴“高帽子”的同时也拿起了法律武器进行“威胁”，客户顾及脸面，不得不屈服。对于类似案例中的客户恶意赖账的情形，销售人员不要被客户的行为气昏了头，而应冷静思考、多想办法。必要时与客户据理力争，有理有据地讲明客户的账是赖不掉的，再适时地给客户一个台阶下，并顺势提出回款请求。

常用话术示例：

“您就别谦虚了！谁都看得出来，这儿就是您一个人说了算！”

一句话口才

☆ 面对客户恶意欠账行为，销售人员绝不能软弱，给他戴“高帽子”的同时，拿起法律武器进行“威胁”，让客户不得不屈服。

第311天　应对“还没到付款时间”的借口

口才训练

有些信誉度较高、有固定付款周期的大客户，如大型终端商场、连锁电器城等，通常会以“还没到付款时间”来搪塞、推托销售人员的付款要求。此种情况，销售人员该如何应对呢？

销售员：张总，烦请您给我安排一下结款的事吧，我这第三批货都发了，可您那第一批货的钱还没付呢！

客　户：我也没办法，公司规定的，所有供货商都是90天后付款。

销售员：真是要了命了，您这回款跟不上发货，这样下去，我们的资金链会断的，没有钱采购原料还怎么给您供货啊？

客　户：这个我真帮不了你，钱也不在我手里。再说，你也知道我们的这个政策啊。

销售员：我是知道，可是……哎，我的张大哥啊，咱们交情一直不错，能结款的时候您可要第一时间通知我啊！

客　户：这个自然，放心吧！

面对“还没到付款时间”的借口，销售人员在与客户沟通时要掌握以下三个技巧。

（1）平时与客户方的关键人员多联系、多来往，建立良好的关系，以便随时了解客户方的付款动向，力争挤上客户付款计划中的“头班车”。

（2）在与客户的沟通中，询问并掌握客户方付款所需文件，如发票、购货合同、付款身审批单等，早早备齐，别因为凭证不足影响款项的按时回收。

（3）平时与客户交流时，不妨多说说己方的难处，或示弱以博得对方的同情，客户就会主动帮你了。

一句话口才

☆ 随时掌握客户方的付款动向、提前备好所需凭证，以保证货款的及时回收。

第 312 天　应对“款项还没审批下来呢”的借口

口才训练

一般情况下，客户企业付款都会有一个审批流程。但如果客户以“款项还没审批下来呢”“你的付款申请正在审批中”等为由拖延付款，销售人员就要辨别一下真伪并采取相应策略应对了。

销售员：王经理，我的货款批下来了吗？明天就是最后期限了！

客　户：你的付款申请我已经提交了，可到现在还没信儿呢！

销售员：那你们张总看过没有？

客　户：几天前我就交上去了，可我也不清楚到哪一环节了，反正相关人员正在审核，你也别着急了。

销售员：你们审批的环节有哪些啊？相关责任人是谁呢？

客　户：……

销售员：王经理，那请您多费心，帮我催催吧。我们公司等着用这笔钱呢，再说这也不单单是我一个人的事，关系着咱们之间以后的合作，我希望您能理解。

……第二天一早，销售员又打来电话。

销售员：王经理，怎么样，付款的事有眉目了吗？

客　户：昨天我帮你问了，单子已经到老总那儿了，就等他签字了。

销售员：那今天能批下来吗？

客　户：这个不知道，一会儿我帮你催一下张总吧。等我电话。

销售员：你那么忙，还是我给你打吧，这事就拜托了。

从案例中，销售人员可以学到如下四个技巧来应对客户“款项没有审批下来”的借口。

（1）平时的交谈中就要搞清楚客户方的付款程序，知悉审批流程、经手人有哪些、需要谁审批、最后由谁核准等，关键时刻可以直接找到某个环节的某个人，以加速审批。

（2）如果客户再三以此为借口，销售人员就要侧面打听一下，到底是哪一环节出了问题，被卡在哪里了，然后采取相应措施应对。

（3）判断客户所说是借口还是事实。如果是前者，最好当面揭穿，以避免客户总是用同样的借口推托；如果是事实，销售人员就要及时跟进，督促客户方尽快完成审批。

一句话口才

☆ 弄清客户的审批流程以及要涉及的相关人员，及时跟进，督促客户方尽快完成审批。

第313天 应对“客户也欠着我的，我没钱”的借口

口才训练

销售员：您好，赵经理，我是××公司的彭帅，今天这钱能结了吧？

客　户：结不了，没钱。

销售员：你还是想办法给我结了吧，这点钱都拖了三个月了，我的电话也打了不计其数。再说，我也有我的难处啊！

客　户：不是我不给你钱，我的钱也在客户那里呢，我拿什么给你呀？我这儿也“等米下锅”呢！

销售员：咱们是合作单位，本应相互支持和理解。但是，亲兄弟还明算账呢，这钱您迟早都得付吧？你就别往后拖了。

客　户：我现在确实资金紧张，你催得这么紧，能算相互支持？简直就是乘人之危！

销售员：赵经理，你要是这样说话，咱可得好好说道说道。当初，这付款方式、时间都是您确认的，合同上盖的是贵公司的“公章”，签的是您的大名。我供货您付款这是天经地义的事情，您怎么说我乘人之危呢？我们要想乘人之危，咱们早就在法庭上见了，之所以还在跟你沟通，我不就是珍惜咱们的合作关系吗，也为你省点诉讼费和违约金嘛！都在做生意，谁愿意撕破脸对簿公堂呀！你说吧，咱们今后还需不需要合作？

客　户：哈哈，别急，我只不过和你开个玩笑！你看这样，今天我先付你50%，可不可以？

案例中，销售员在与客户的几个回合的交锋中，既有“情”（己方的难处、对客户的理解、珍惜合作关系），又有“理”（供货付款天经地义、合作细节都是当初客户确认清楚的），还有“法”（按合同规定早该对簿公堂、为对方节省诉讼费与违约金），“情”、“理”、“法”三者结合，最终客户招架不住，承诺先支付50%的货款，回款工作也算成功了一半。

面对信用较差、态度不好的客户，销售人员千万不要被客户的气势震慑住，而是要迎难而上，晓之以理、动之以情，软硬兼施，灵活运用“情”、“理”、“法”，让客户不得不低头。

一句话口才

☆ 灵活运用“情”、“理”、“法”，组织好自己的语言，让客户在情理之间自觉己方无理，从而俯首称臣。

第 18 课　电话沟通，你要记住这些口才技巧

第 314 天　听声如见人，每一个电话都认真对待

口才训练

毋庸置疑，电话沟通在销售沟通中十分重要。听声如见人，每一个电话，销售人员都应重视，因为销售工作从你拿起话筒拨号之前就开始了。

打电话之前，销售人员该做哪些准备才能让每个电话都不白打呢？

（1）想一想为什么打这个电话，是初步建立联系、探询需求、获取信息、送去问候，还是跟进联络、促成交易等。销售的每一阶段，电话沟通的目的都不尽相同。明确了目的，才易于准备电话脚本、组织谈话内容。

（2）设计谈话内容，事先准备好从问候到结束的每一步谈话内容，最好再想一想客户可能问的问题并准备应答语言，力争做到与客户交谈时自信、热情、应对自如。

（3）在电话沟通中，虽然对方看不到你的表情，但能感觉到你的态度与心情。所以，销售人员应调整好自己的情绪后再拿电话，以愉快的心情和客户交流，并感染对方。

（4）销售人员最好选择一个比较安静的地方打电话。安静的环境有益于集中精神，还能避免中途被打扰、通话质量受影响。

（5）随时记录通话信息非常重要，所以，销售人员应事先准备好笔、纸以及相关的产品资料、物品等放在手边，以备随时取用。

（6）拿起电话前，销售人员还应明确一下"是要给谁打电话"，核对其姓名、职务、性别、年龄等，以免弄错引起客户的反感。

每一天销售人员都要打几十、甚至几百个电话，但打每一个电话前都要做好充分准备才能发挥好口才，也才能让电话沟通对销售成功起到积极作用。所以，销售人员不要匆忙上阵，心情、内容、工具等方面都准备好，客户自然也认为你是一位热情、专业的销售员。

一句话口才

☆ 匆忙上阵必然会影响通话效果，所以打有准备之仗，才能让每一次通话都能为成功销售加分。

第315天 接打电话，对待客户要热情而有礼

口才训练

接打电话时要让客户感觉到你的热情、修养与专业，而这些只能通过你的语言表达传递给客户。所以，学会语言表达是销售人员电话沟通的必修课。

1. 通话内容要明确

如果不想被客户认为是骚扰电话而挂断，销售人员在通话前一定要理清这次通话的内容、自己的目的，思考客户可能询问的问题等。内容明确，说话才会有的放矢，也才能达到良好的沟通效果。

2. 语言逻辑要顺畅

电话中，如果你的话没有逻辑，客户听不懂或者要仔细询问才能明白，那他是不会有耐心听你讲完的，更谈不上与你合作了。语言逻辑顺畅、清晰，话语间的层次分明、条分缕析，这是一名优秀的销售人员应该具备的基本口才标准。否则，客户可能会因为你不专业、经验少、能力差等提不起兴趣。

3. 情绪要热情饱满

想激发客户的谈话兴趣、对你所售产品的兴趣，销售人员还应通过话语表现出热情、积极、自信，你的情绪饱满、富有激情必能感染客户，让其快速转到你所想谈的话题上来。试想，谁会愿意与一个情绪不高、语言苍白、了无生趣的人交流呢?

4. 吐字清晰表达准确

说话的最低标准是让对方能够听到、听清、听明白。电话中，销售人员更要让客户能够清楚地听到你说的每一句话，做到吐字清晰、表达准确，尽量说普通话。

5. 讲求礼仪赢得印象分

礼多人不怪。通话时，销售人员要适当地运用礼貌用语，如“真是太感谢您了”“有件事情想麻烦您一下”“随时欢迎您打电话给我”“与您通电话很愉快”“不好意思，让您久等了”“不好意思，再占用您两分钟时间”等，赢得客户对你的好感，增加印象分。

一句话口才

☆ 逻辑清晰、生动有趣、简单明了、富有热情的话语能让客户感受到你的专业、热情与修养的。

第316天 塑造电话中自己的声音魅力

口才训练

在只能靠声音传达信息的电话沟通中，毫无疑问，声音是否有魅力、是否能够吸

引客户是决定沟通是否有效的重要因素。其实，声音魅力是可以塑造的。那么，销售人员该如何塑造声音魅力呢？具体如图 18-1 所示。

1．注意声音的清晰度

销售人员应保证自己的每一句话、每一个字都清晰准确，说话不可结巴、啰嗦、用鼻音以及说方言，以免客户听不明白引起误会或失去谈话兴趣。当然，如果遇到老乡也可说家乡话，以达到迅速拉近双方距离的目的

2．语速适中、适当停顿

语速不能太慢，以免耽误对方时间，对方如果是个急性子也受不了；语速太快容易让客户听不清、听不全，影响沟通效果。快慢适中，并与客户相协调，效果会更佳；另外，适当运用停顿，以吸引客户的注意力，给客户思考空间与提问机会

3．音调优美

说话时应注意抑扬顿挫、高低起伏，太平的音调会让客户觉得谈话无趣，进而失去交谈的兴趣。音量也应比正常说话稍高一些，以便对方能够听清楚

4．带着感情说话

试想，谁会愿意与一个语气冷淡、说话一副公事公办的口气的人亲切交谈呢？与客户电话沟通，销售人员要带着感情说话，面带微笑、富于热情，客户虽然看不到但他能感受到并被你感染，进而提高沟通的效果

5．充满信心

传递到客户耳朵里的声音应是充满自信的，这也会感染客户，增加其对你、对你所售产品的信任程度，进而提高销售的成功率。切忌说话吞吐、模棱两可，这会让客户觉得你信心不足、不专业，也就不会相信你的话或者很难会继续电话沟通了

图 18-1　销售人员如何塑造自己的声音魅力

声音有魅力，才能在电话接通的一刹那吸引住客户，才能引导客户继续听你说话，有兴趣与你交流你的产品、他的需求，让销售成功成为可能。所以，销售人员应注重塑造自己的声音魅力，以期减小被拒绝的概率，提高销售成功的概率。

一句话口才

☆ 客户首先认识的是销售人员的声音，那就塑造一个有魅力的声音吧，它会增加与客户交流的效果，减小被拒绝的概率。

第 317 天　选对打电话的时间，多一分胜算

口才训练

情景一

销售员：您好，是万女士吗，我是××公司的彭帅，您现在方便吗？

客　户：不方便，正忙着呢，改天再联系吧！

情景二

销售员：您好，是方先生吗，我是××公司的彭帅，您现在方便讲话吗？

客　户：不方便，正吃饭呢！（放下电话嘴里嘀咕：怎么吃饭时间还联系业务）

情景三

销售员：您好，是李小姐吗，我是××公司的彭帅，想给您介绍一个理财产品？

客　户：没兴趣，周末也不让人好好休息！

像上述三种情景那样总被拒绝，销售人员心里会好受吗？不会。但这不能怪客户，只能怪销售员自己没有选对打电话的时间。试想，如果你正在紧张工作，突然接到一个推销电话会怎么处理呢？客户也是一样的。

选对打电话的时机，就会多一分胜算，至少也能减少被马上拒绝的次数。那么，什么时间给客户打电话比较好呢？

（1）不在客户忙碌的时候打电话，比如周一上午、刚上班的一两个小时内、午间休息过后的一两个小时内、即将下班的一个小时内等。当然，各行业有各行业的特点，销售人员最好在开发客户阶段就了解清楚客户的作息规律，以避开客户的忙碌期打电话。

（2）不在客户休息时打电话。对企业客户，销售人员应在上班时间内之联系；对个人客户，时间稍微灵活一些，但也尽量不要在吃饭、睡觉或周末及节假日休息时打电话。

（3）不在电话高峰期打电话。客户也有业务往来，也需要打电话，所以销售人员尽量避开其电话高峰期，以免因客户急着接听别的重要电话而草草打发你。

总之，销售人员要尊重客户的时间，在其比较空闲时进行电话沟通，效果会更好。以下是给不同职业类型客户打电话的最佳时间，仅供参考。①公务员：工作时间内，不宜在午饭前或下班前；②教师：下午4:00放学后；③财务人员：最好在月中接触；④行政人员：上午10：30到下午3:00止；⑤律师：早上10:00前或下午4:00后；⑥银行家：早10:00前或下午4:00后；⑦家庭主妇：最好在早上10:00到11:00；⑧记者：最好在下午3:00以后。

一句话口才

☆ 找到客户的作息规律，避开客户最忙和私人休息时间打电话，销售会增加一分胜算。

第318天　自报家门，提高客户的“印象分”

口才训练

除了选对时间打电话，要想不被客户马上拒绝，开场的“自报家门”也十分重要。

销售人员最好能根据所掌握的客户资料、己方产品的特点、自己的性格特点等，设计一个与众不同的开场白，从一开始就抓住客户的心。

1. 调研开场法

以市场调研的名义，请求占用客户几分钟时间与之沟通，通常都能获得继续通话的机会。

销售员：你好，是王女士吗？我是××公司的理财顾问彭帅，打扰您了，我们公司在做一次市场调研，能否占用您 2 分钟时间，请您回答几个问题呢？

客　户：好吧，你问吧？

2. 借故开场法

第一次通话被拒绝后，销售人员可趁势约定下次电话拜访的时间，那么下一次也就有了充分的理由，而且还有助于营造双方比较熟络的气氛。

销售员：你好，是王女士吗？我是××公司的健康顾问张蕾，能否……？

客　户：不行，正忙着呢？

销售员：对不起，打扰你了啊，那我一小时以后再打来吧！（挂断电话，一小时以后）

销售员：王女士，您好，我是××公司的张蕾，您刚才让我一个小时以后再打电话过来。

客　户：哦，说吧，什么事？

3. 他人引荐法

如果给老客户推荐、朋友介绍的潜在客户打电话，销售人员自然可以此为开场语言，且基于这种引荐关系，客户通常不会挂断电话。

销售员：张总，您好，我是××公司的彭帅，是您的好友陆明陆先生介绍我给您打电话的，他是我们产品的老用户了。

客　户：陆明？他怎么没跟我说这事啊？

销售员：哦，打扰您真不好意思。是不是最近陆总太忙，还没来得及跟您打招呼啊？瞧我这心急！

客　户：没关系，你说吧，什么产品？

4. 幽默开场法

有时候，自嘲式的幽默开场，更能令客户产生好感，不过还是要慎用。

销售员：马小姐，您好，我是××公司的培训顾问彭帅。不过，这可是一个推销电话，我想你不会一下子就挂电话吧？

客　户：你还挺有自知之明，我最烦推销的人了！

销售员：那我还真的要小心了，别再给您添堵了，呵呵。

客　户：说吧，什么事？（口气软下来）

5. 打错电话法

电话接通，销售员可假装打错了电话，然后顺势向客户提问，引出销售话题。

销售员：马小姐，您好，我是××公司的彭帅，最近可好，不知您还记得我吗？

客　户：还好，你是?!

销售员：我们公司主要经销××护肤品，3个月前您打电话过来咨询，我们还给您寄送了试用品，今天主要是想了解一下您对我们产品有什么意见和建议？

客　户：你打错了吧？我用的不是你们的产品啊。

销售员：嗯，不会吧，难道是我记错了。真不好意思，能冒昧问一下吗，当前您使用的是什么品牌的护肤产品？

除了上述几种开场方式，另外还有很多，如请教法、制造悬念法、提供帮助法等，关键在于销售员自己要多花心思，让开场白能在第一时间吸引住客户的注意力，从而让交谈继续下去。理论上，开场白应当由问候语、自我介绍、打电话的目的等几个部分组成，但如果沿此顺序平铺直叙，吸引力就不够。因此，销售人员应当善于“吊足”客户的胃口，根据实际情况组织自己的开场白，以最大限度地激发客户的谈话兴趣。

一句话口才

☆ 设计一个适合客户的、与众不同的开场白，在第一时间吸引住客户的注意力。

第319天　注意区分电话开场和见面开场

口才训练

在实际的销售活动中，销售人员还应注意区分电话沟通开场与见面开场的区别。面对面交谈，赢得客户好感的因素有很多，如形象、服饰搭配、肢体语言等都可助销售人员一臂之力；而电话拜访，客户最先接触的只能是销售人员的声音，所以开场语言和声音对是否能顺利交谈起着非常关键的作用。

1. 开场语言要能吸引住客户的注意力

要想让电话开场的语言富有吸引力，除了前文中介绍的使用适合客户的、与众不同的开场方式以外，开场语言应具备以下三个特点。

（1）简洁自然。开场语言应尽量简洁、自然，结束时间恰到好处。过短的开场白会使客户对推销的抵制心理增强；过长的开场白会让客户没有耐心听下去，甚至将话筒拿开，根本不想听清你到底在说什么。

（2）轻松幽默。如果将你的幽默感用于电话拜访的一开始，这或许会对客户产生致命的吸引力。

（3）围绕主题。销售人员不管说什么都是为销售主题服务的，开场白同样应起到这一作用。因此，每一句话都应围绕主题展开，或者有助于转入销售主题。

2. 注重你的声音表现

研究表明，动听的声音能够让客户感到舒心，也有利于赢得其好感。在电话拜访时，客户看不到销售人员的表情，只能根据声音来判断你此刻的情绪，甚至联想一个具象的“你”。因此，电话拜访开始的 30 秒到 1 分钟左右的时间内非常重要，尤其是首次通话，除了语言，销售人员还应注重声音的表现，要以优美的声音赢得客户的好感，塑造最佳的第一印象。

语言与声音的完美结合，给客户一个良好的第一印象，这对销售的成功至关重要。因此，销售人员的电话开场，一定要以声音取胜、靠语言吸引，二者缺一不可。

一句话口才

☆ 电话开场，销售人员要更注重语言的简洁明快、声音的优美动听。

第 320 天　事先了解，别叫错客户的名字

口才训练

场景一

销售员：您好，是李小姐吗？我是 ×× 公司的彭帅。

客　户：不是，你打错了！

销售员：您不是李莉李小姐吗？

客　户：不是。（挂断电话）

场景二

销售员：您好，是刘总吧，您的朋友马先生介绍我给您打电话，您现在方便吗？

客　户：方便，你说吧。

销售员：刘总，是这样……

客　户：我更正一下，我姓柳不姓刘。

销售员：对不起，柳总，您看您什么时候方便，我去拜访您？

客　户：我暂时没时间，再说，采购的事也不归我管，我只是这儿的副经理……

场景一中，销售员弄错了客户的姓名，电话接通后又不知道灵活应对，结果两个回合就被挂断电话；场景二中，说错了客户的姓、误解了客户的职位，导致客户不悦，即使有第三方推介的优势，还是被客户委婉拒绝了，再想挽回机会就需要销售员付出双倍或多倍的努力。

电话拜访不像面对面交谈，还有道歉、解释的机会，客户也不会轻易下逐客令。电话沟通时，如果销售人员弄错了客户的名字，很可能像上述案例中的情形，被直接挂断电话或拒绝，反正也不认识，又是个推销电话，挂断就挂断了，不会有什么感情成本和心理负担。

前文曾介绍过，记住客户的名字在销售中的重要性。所以，在开发客户阶段，销售人员要尽量弄清客户的姓名、职位、性别等，以免出错而失去销售机会。如果确实不知道客户的姓氏，属于陌生拜访，具体该如何说，后文将有详细叙述。

一句话口才

☆ 别叫错客户的名字，否则一开始你就可能失去了继续交谈的机会。

第321天　拨打陌生拜访电话的三要素

口才训练

拨打陌生拜访电话，销售人员如何才能吸引住客户，让其乐于与你交流呢？电话中该怎样说才有益于销售成功呢？

1. 开场白应引起对方的注意

打陌生拜访电话时，说这样的话可以吸引客户的注意、有效引起双方的交谈。

（1）问一些与销售己方产品相关的问题，比如“×先生，早上好，请问您最近有股票经纪人吗”。不管对方回答“有”还是“没有”都能让话题继续下去，关键看销售人员接下来如何应对。

（2）说些客户感兴趣的话题，比如在开场白中简单阐述自己的产品在某些方面能够帮助客户、陈述企业的与众不同之处、谈及客户熟悉的话题、引起客户对某些事情的共鸣等。

2. 让客户知道你是谁

开场白中要说出自己及所在公司的名字，当然，如果销售人员只是机械地说“您好，先生，我是××公司××”，客户可能还是不知道你是谁、不了解你的公司，因此也不会作出你所期待的回应，那么这次通话很可能无疾而终。如果销售人员说“您好，先生，我是××公司××，我们是专业的电话销售培训机构，已经服务过×家企业……”，客户从中了解了你是谁、做什么的以及背后企业的实力，进而有兴趣问一些他关注、关心的问题，那么也就自然地进入到销售主题上来。

3. 给客户一个打电话的理由

开场白中，销售人员还应说出打电话的目的，让客户知道你想做什么。比如“我今天特意给您打电话，是想了解一下您对××的看法”、“我今天给您打电话，想把我们的新产品介绍给您”。千万别等着客户问，“你到底想干什么，直接说吧”。这样销售人员就会陷入被动，因为你之前说的话太多或太啰嗦，却没有说明打电话的原因，引起了客户的反感。

一句话口才

☆ 拨打陌生拜访电话，开场白要起到如下作用：吸引客户的注意力、让客户知道你是谁以及你想做什么。

第 322 天　电话接通要问一句“您现在方便吗”

口才训练

销售员：喂，是张先生吗？

客　户：是，什么事？

销售员：您好，张先生，我是××公司的彭帅，主要经销欧美品牌实木地板。

客　户：哦，我现在正在开车，回头你再打电话给我吧，好吗？

销售员：张先生，我只占用您几分钟的时间，听说您公司最近要装修……

嘟嘟嘟，没等彭帅把话说完，客户已经挂断了电话。

给客户打电话，销售人员不能只顾自己方便，还应该考虑一下客户是否方便。案例中，客户开车接电话存在危险，而销售人员并没有在意客户说的话，只顾自己在电话中说个不停，结果被客户生气地挂断了电话。本来客户让其回头再打，可是此种情况下，销售人员再次打电话过去会是什么结果呢？

因此，电话拨通后，销售人员说开场白前，应先尽可能地询问一下客户“您现在说话方便吗”“没打扰到您吧”等，确认客户时间的可行性，或对打扰客户表示歉意，这是基本的礼貌，也有利于一开始就能与客户建立融洽的关系，让电话销售继续下去。

另外，还要提醒一下：销售人员在给客户打电话前要做好应对客户的各种不方便情况的准备。比如客户说“正在开会”“正在开车”“正在吃饭”等，销售人员最好当机立断，以不打扰客户为原则，千万不要不顾客户的感受，迫不及待地想先把要说的话说完，这会使客户感到厌烦，也会觉得你不礼貌。

一句话口才

☆ 除非提前约好，销售人员打电话要知趣，尽量在拨通电话后问一句“您现在说话方便吗”等。

第 323 天　提前设计脚本为顺利推销服务

口才训练

对于销售新人来说，提前设计电话脚本可以帮助你顺利进行电话沟通，能有效避免拿起电话后语无伦次进而失去向客户介绍产品的机会。

设计一个电话脚本，销售人员应该从以下四个方面进行。

1. 设计独特的开场白

销售人员要根据自己的说话风格、产品特点、掌握的客户信息等设计一个有特点的、适合客户的开场白，30秒内给客户一个愿意听你说话的理由，以保证谈话能继续下去。具体请看前文的示例。

2. 设计一些问题，掌握电话的主动权

提前设计一些和产品、销售、客户有关的问题，这样在通话时向客户提出，就能掌握交谈的主动权，还能避免让客户产生强烈的推销感。

问题的设计应从了解客户信息出发，比如获取客户基本信息的问题、激发客户需求的问题、引爆客户现状的问题、与客户决策相关的问题等。而在设计脚本时，销售人员还应考虑一下这些问题的询问顺序，尽量是一环扣一环、富有逻辑性。

3. 编辑客户可能问到问题的答案

想一想客户可能会问到哪些问题、该怎样应对，编辑应答语言，以便到时候对答如流。另外，在销售实践中，销售人员也要有意识地积累客户的问题并分类，设计出相应的应答语。

4. 产品价值的塑造

销售人员应熟知自己所售产品或服务的基本情况、特性及能给客户带来的利益等，最好总结成一段话并熟记于心。另外，将产品的特性、价值等分条列出，以便实际沟通时说给客户，让客户产生强烈的想了解产品的欲望。

一句话口才

☆ 提前设计一个电话脚本，保证电话沟通更顺畅。

第324天　电话中不要急于推销

口才训练

兵法中有“欲擒故纵”之计，也就是故意先放开对方，使其放松戒备，充分暴露后再把对方捉住。借用到电话沟通中，就是销售人员不要急于在电话中向客户推销，降低推销意味反而有利于交易的达成。

销售员：喂，是张先生吗？

客　户：是，什么事？

销售员：您好，张先生，我是××公司的彭帅，主要经营办公设备。我想问一下，咱们公司目前用的是什么牌子的打印机呢？

客　户：哦，应该是××牌的，都用了很多年了，质量不错。

销售员：是啊，这个牌子的机器质量确实很好，使用寿命也长，看来张先生还是蛮有眼光的。现在用着还行吗？咱们公司平时打印的东西多吗？

客　户：还能用，只是打印效果不如以前了。有时候打印重要的文件都去商务中心。

销售员：哦，去商务中心打印，一页纸最少也得 1 元钱吧，天长日久，钱数也不少啊。再说，随着咱们公司的发展、对外业务的增多，合同、标书等也会多起来，再去商务中心打印可就太浪费了，您说呢？

客　户：听你这么一说，还真是挺浪费的。

销售员：张先生，我给您推荐一款 ×× 牌的新款打印机吧，您看您今天下午和明天上午，什么时候更方便，我把资料给您带过去。

客　户：你明天上午过来吧。

案例中，销售员通过一系列的问题，让客户意识到他确实需要一台打印机，因此爽快地答应了销售人员的面谈请求。看这势头，拿下这单生意已经不成问题了。整个通话过程，销售人员没有一句主动让客户购买产品的语言。试想，如果销售人员一开始就问客户“您需要打印机吗”，相信 98% 的人都会说“不需要”，然后挂断电话。

在日常生活中，我们经常会收到很多推销电话、短信、电子邮件，有时候也感到不胜其扰。客户也同样面临这种情况，每天可能接到无数个推销电话，自然十分反感，尤其是在其紧张忙碌、心情不佳、享受家庭生活的时候，更是如此。所以，销售人员打电话给客户，应以介绍产品信息、了解客户状况为主，不能急于推销。

一句话口才

☆ 电话沟通中不能急于推销，而应以介绍产品信息、了解对方状况为主。过早地暴露推销目的，很可能被客户直接拒绝。

第 325 天　电话中尽量不要透露过多细节

口才训练

要想让销售工作顺利推进，或者让电话沟通能够顺利进行并朝着你期待的方向发展，销售人员就要在激发客户的好奇心上动脑筋。

销售员：喂，您好，请问张总在吗？

客　户：我就是，你有什么事？

销售员：张总，我是 ×× 公司的彭帅，您来信询问 ×× 型产品，我很高兴能为您介绍。请问您现在方便谈话吗？

客　户：方便，你说吧。

销售员：张总，能否先请您告诉我，现在贵公司 ××× 型产品的使用情形如何？还有，您为什么想要了解我们的 ×× 型产品？

客　户：××× 型机器操作过于繁琐，员工自己操作经常搞得一团糟，已经用坏好几台了。所以，我想了解一下 ×× 型产品。

销售员：张总，×× 型产品绝对能让贵公司所有员工都能熟练操作，而且我们公司还提供安装维修服务。不过，我可不可以提个建议？

客　户：说吧。

销售员：我想亲自去拜访您，跟你详细说说××型产品。这样您就可以对它有更清楚的了解，您觉得呢？

客　户：行啊，你明天上午10点过来吧。

案例中，销售人员没有向客户透露过多的关于产品的信息，而是根据客户的实际情况，告诉他"××型产品绝对能让贵公司所有员工都能熟练操作，而且我们公司还提供安装维修服务"，让客户有了进一步了解产品的欲望，自然也就答应了销售人员的拜访请求。

要想让鱼儿上钩，得先在鱼钩上放饵。要激发客户的好奇心，让其对产品感兴趣，销售人员可在电话沟通中适当地向客户透露一些产品信息，尤其是能吸引客户的利益点，促使客户想获得更多的产品信息。但电话中，销售人员尽量不要透露产品的过多细节，尤其是价格，而是要等到面谈时再详谈，毕竟电话沟通还是有局限的。

电话中透露产品价值的冰山一角，激起客户的好奇心，你的目的就达到了，接下来就要及时提出面谈请求，趁热打铁，将销售推进到下一阶段。

一句话口才

☆ 电话中尽量不要透露太多细节，以免客户失去对产品的兴趣或被产品的某些情况吓跑，比如价格等。

第326天　做个耐心的听众，学会积极倾听

口才训练

在电话沟通中，销售人员同样要学会积极倾听，做个耐心的听众，满足客户被关注、被重视和被尊重的需求心理，说不定你的订单就直接上门了。那么，电话中该如何倾听呢？

1. 及时澄清事实

在倾听客户说话时，销售人员应及时问一问"您的意思是……""这个为什么对您很重要""您能谈谈更详细的原因吗"等来澄清事实，以获得客户的更多需求信息。

2. 确认理解是否正确

如果有疑问，销售人员要及时询问，向客户确认自己理解的是否正确，如"您这句话的意思是……我这样理解对吗""按我的理解，您是指……"，从而真正理解客户所说。

3. 回应客户，证明你在听

在听的过程中，销售人员还应及时回应客户，向客户传达你很关心他讲话的信

息、你对他说的很感兴趣等，如“确实不错”“我同意您的意见”“嗯，明白了”“您继续……”等。

4. 听出客户的真实意图

销售人员还应思考客户话语背后的真实意图，这才能真正掌握客户的需求，并推荐适合的产品。详见前文。

5. 做记录并让客户知道

对于客户说话的重点、细节等，销售人员要及时记录。不过在做记录之前，销售人员可以告诉客户“这一点确实很重要，我记下来了……”，让客户感受到你对他的重视。

6. 中途不打断客户的话

尤其是面对知识面广、健谈的客户时，销售人员更要富有耐心，尽量不中途打断客户的话，当其充分表达了自己的观点、倾诉的欲望得到满足时，或许他就直接跟你签单了。

7. 听出客户的性格

销售人员可以通客户的语速、语调以及语言的特点判断客户的性格特征，以便采取有效的口才技巧、销售策略应对。

8. 积极倾听客户的反馈

销售人员在与客户电话交流时，还应注意积极倾听客户的反馈。比如客户在电话中稍微有一点儿声音，销售人员就应立即停下来，询问并倾听客户的意见；同时，自己在说话的过程中要注意“停顿”，利用“停顿”给客户说话的机会，进而获得客户的更多信息。

一句话口才

☆ 做个会听的耐心听众，满足客户被关注、被重视的心理，说不定订单就直接上门了。

第 327 天　利用电话，快速获取各种信息

口才训练

不管是电话销售还是利用电话与客户沟通，销售人员都应尽量多了解客户，掌握客户的信息。在实际操作中，销售人员具体该怎么说、如何问呢？

1. 直接询问法

当电话中已经与客户建立了初步的融洽关系，交流的气氛也轻松愉快了，销售人员可直接询问，如“您的手机号码是多少呢”“您在公司主要负责哪些方面的事务呢”等。

2. 试探提问法

当销售人员对所要了解的问题有一定的把握时，就可试探地问“您应该是公司的高管吧”“您是山西人吗”“您应该用过×牌子的护肤品吧”等，以确认客户的真实情况。

3. 顺势提问法

顺势提问法就是顺着客户挑起的话题进行提问，这样既显得自然又会给客户一个认真在听、机敏聪明的感觉。比如，客户说“在你们这样的报纸上做广告，花钱多，没效果”，销售人员就可顺势问“张主任，您之前是不是尝试过类似形式的广告宣传呢”，从而了解客户抱怨的原因。

4. 提前声明法

提前主动告知客户要询问的内容以及这些信息的意义与用途，尽量取得其配合。比如：“为了能节省您宝贵的时间，给您推荐合适的课程，我想向您请教两个问题，您不会介意吧？”从而获得提问和继续沟通的机会。

5. 信息交换法

销售人员还可先与客户分享自己所掌握的信息与情报，引起客户的兴趣与共鸣，促使客户主动透漏有关信息。比如：“李总，您最近上网看到了吗，您的老对手A公司在××门户网站上进行了推广，不知道您在网络推广上有没有什么想法呢？”

6. 赞美铺垫法

想了解更多的客户信息，销售人员还可用“赞美”做铺垫，把客户夸美了，他自然会放松警惕，也就很容易敞开心扉了。比如：“郭总，来的路上我可看到了，贵公司员工的精神风貌、做事风格可真提气，您真是领导有方啊。我想知道，您平时是怎么培训他们的呢？”

出于自我保护，客户在电话中往往不愿透露过多信息，甚至敷衍应对，这和销售人员的目标背道而驰。所以，销售人员应想办法让客户放松警惕，营造轻松和谐的沟通气氛，并将上述各种方式结合起来应用，以掌握客户的更多信息和真实需求。

一句话口才

☆ 让客户放松警惕，营造愉悦的沟通气氛，再运用各种提问方式就很容易获得信息了。

第328天　电话预约，掌握好三个原则

口才训练

销售员：刘总，您好！我是彭帅，上午给您打过电话的，当时您正在开会。

客　户：嗯，想起来了，你是做什么的？

销售员：我是××公司的保险代理人，专门为客户设计投资理财计划。

客　户：哦，做保险的，我现在很忙，没有时间跟你谈。

销售员：刘总，我知道您很忙，但您能在这周四或周五抽出5分钟，咱们面谈一下，好吗？您放心，只占用您5分钟就足够了。（二选一邀约面谈）

客　户：是想推销保险吗？我对保险不感兴趣。

销售员：我向您保证不向您推销什么，到时候如果我开口推销，您可以把我轰出去。那我周四过去吧，您是早上还是下午更方便呢？（如果此时向客户大谈保险的好处只会适得其反，并再次运用二选一邀约面谈）

客　户：那好吧。你最好下午3点半之后过来。

销售员：谢谢您，刘总！我会准时到的。

案例中，销售员在被客户拒绝两次的情况下，始终没谈及销售，即使在客户表示“对保险没有兴趣”时，他也没有谈保险的好处，而是运用“二选一”约访，最终得到了面谈机会。

销售人员经常需要通过电话约访客户，但由于彼此陌生，客户必然会怀有较强的戒备心，因而拒绝见面。销售人员需掌握以下三条原则，以提高约谈的成功率。

1. 不谈太多销售话题

电话只是销售的辅助工具，销售人员不要依赖电话沟通解决所有问题。以预约面谈为目的的通话，销售人员在电话中不要谈得太多，也别提及销售，否则会引起客户警觉而拒绝见面。此时只需预约面谈，其他留到见面后再谈。

2. 时间上给客户两个选择

邀约面谈，时间上要赶早，且给客户两个可选答案，如“请问您今天下午和明天上午，哪个时间比较方便呢”，客户不管选择哪一个时间，都是销售人员想要的。

3. 确定清楚时间和地点

客户同意面谈后，销售人员应立刻致谢并结束通话。但要注意：约定好具体的面谈时间和地点，最好在挂断电话之前再重复一遍，以免出错。

一句话口才

☆ 预约面谈，征得客户同意见面就达到了目的，不要在电话中谈太多销售话题，且要与客户确定清楚见面的时间与地点。

第329天　电话中跨越接线人的五大招术

口才训练

对于企业客户，销售人员不可避免地要接触前台、秘书等接线人。如何闯过这一关与自己想找的那个负责人通上话呢？销售人员可使用以下五大招数。

1. 让对方觉得你有重要事情

言语中，销售人员要让接线人员觉得你有重要的事情，必须跟他们的负责人谈，对方会因怕承担责任而不敢耽误，马上给你转接电话。比如：“小姐，你好，刚才×总给我打手机了，可能有什么重要事找我，请帮我转给他……”“这件事非常重要，我必须跟×总谈，如果耽误了我怕你负不起这个责任！”

2. 让对方觉得你是个重要人物

遇到前台、秘书的阻拦，销售人员还可扮演大人物、重要人员，对方会因为感觉得罪不起而放弃“盘查”。比如，假借一个对方得罪不起的人的身份，直接过关。“我是工商局的，找一下王先生！”再如，假借客户的亲人、朋友，对方是没有权力干涉上级的私人事情的。“我是王总的亲戚，找他有点事！”“给我转老牛！”

3. 说好话、套近乎赢得好感

没有人不喜欢听赞美的话，更何况前台、秘书一般都是女性。销售人员可跟其多说些好听的话，得到其好感，说不定她们会网开一面，给你转接电话。比如：“彭小姐，您学过播音吗，声音这么甜美，发音这么标准，听起来真舒服！”

4. 坚持不懈感化他们

销售人员也可用自己的诚恳、坚持打动接线人，比如“×小姐，能帮我一个小忙吗？”此种请求的口吻能引起对方同情，赢得好感；再比如多次打电话并坚持让对方转接，对方会觉得“这个人不到黄河不罢休”，而无奈帮你转接。

5. 与同事配合，合作闯关

如果遇到难应付的前台、秘书，屡攻不下，销售人员可请同事帮忙，比如换一个销售员与对方联系、求助自己的上司等。总之，不能轻易放弃任何一个客户。

以上五种招数，销售人员可结合使用，以达到“闯关”的目的。另外，在实际工作中，销售人员还应勤于总结，有新意、有创意、符合当时状况的语言和方式对“闯关”成功才更有效。

一句话口才

☆ 开动脑筋想办法，有新意、有创意、应景的语言和方式更有益于“闯关”成功。

第330天　电话中不要吝惜你的赞美

口才训练

电话中，销售人员同样不要吝惜你的赞美之词，它能帮助你与客户建立起融洽的关系和轻松的沟通氛围。可电话毕竟不是面谈，销售人员该从哪些方面赞美客户呢？

1. 赞美客户的声音

电话接通，销售人员首先接触的就是客户的声音，那么不妨就从声音开始赞美，可以直接使用“富有磁性”、“洪亮”、“甜美”等词汇赞美客户，比如“张总，您的声音听起来真威严，相信平时生活中您也是一个严谨认真的人”；或间接地，用“通过客户的声音所联想到的词汇”来赞美，比如“王姐，听您讲话就知道您是一位有亲和力的人，平时对身边的人都很照顾”。

另外，赞美客户的声音，最好在异性之间进行。事实证明，一名男性销售人员在对他的女性客户进行赞美时，所起的效果远远胜于赞美一个男性客户。

2. 赞美客户的专业能力

对客户稍有了解的话，销售人员可赞美其专业能力，比如“听说您是通信方面的专家，想请教一下您……”“张经理，看来您真是很有战略眼光，比我接触过的很多企业家都看得远，了不起”。对方听到销售人员这样的赞美，怎能不感到十分自豪呢！

3. 赞美客户所服务的公司

赞美客户所服务的公司，羡慕他能在这么好的公司上班，让客户产生优越感，消除客户的戒心。比如：“您这么大的公司，是我们重点关注的大客户，当然很容易知道了。”“真的很高兴能有机会与您这样专业的公司探讨合作。”相信大部分客户听了这样的赞美之后，都会不好意思拒绝了。

4. 以请教的形式间接赞美客户

“张总，您在营销方面这么有研究，有机会一定当面向您请教……”“陈总，我早就听说过您白手起家的创业故事，我真的很想请教一下您，当初您是怎么想起来开展这项业务的呢？”请教客户，也间接地赞美了他，还让他感受到了你对他的关注与重视，自然也就不再排斥你了，销售人员就获得了进一步沟通的机会。

一句话口才

☆ 找到客户的优点并在电话中适时地表达出来，以此活跃气氛、赢得好感。

第 331 天　电话不仅仅是用来通话的

口才训练

在电话中被拒绝是销售中的家常便饭，销售人员应有这个心理准备，况且也的确不可能人人都有需求。所以，销售人员不要一听到客户说“不需要”就不再联系了，而是应该利用好电话这个辅助工具，与客户保持长期关系。

1. 时不时打个电话

此时没有需求不代表永远没有需求。当客户有需求时，他会直接找陌生的销售人员还是找一直与他保持联系的销售人员呢？在产品质量和服务相差不大的情况下，绝大部分客户会选择后者。所以，销售人员应保持心态平和，只要是目标客户就不要放弃联系，时不时给客户打个电话，带给他一些有用的信息、送上自己的问候与祝福等，不让客户忘记你。

2. 发个短信表达问候

如果知道客户的手机号码，销售人员不妨在节假日、客户生日等特殊的日子里，给客户发个短信，表达问候与祝福，这也是保持与客户长期交往的好方法。另外，在通话时，有时候销售人员没有找到足够的理由向客户表达赞美，或者没有机会表达，那么事后发个短信，也同样能达到很好的效果，比如“和您通电话真的很开心，希望下次还有机会向您学习”，客户收到这样的短信，自然心有感触，对你另眼相看。

3. 手机上网，与客户即时沟通

随着手机的智能化、通信的普及化以及各类聊天软件的升级化，如今的手机上网进行QQ在线聊天都已经不是什么新鲜事，关注客户的微博、与客户微信互动等已经被白领、公司职员所青睐。这给销售人员又提供了一个与客户交流的渠道，如果你还将电话定位在发短信、打电话的功能，那就过时了。手机上网，与客户即时沟通，说不定很容易就与客户成为朋友，接下来再谈你的业务也就容易多了。

一句话口才

☆ 利用好手机的短信、上网、聊天、微信等功能，与客户形成互动。

第332天　新客户来电咨询，把握好机会

口才训练

总是被客户拒绝，如果接到客户主动打来的咨询电话，无异于天上掉馅饼，销售人员可一定要把握好机会哦！

销售员：早上好，××广告公司，请问有什么可以帮助您吗？

客　户：您好，小姐，请给我发一下你的广告报价。

销售员：您好，先生，我是销售员张芳，很高兴为您服务，请问您贵姓？

客　户：我姓郭，我想要一份××报的家居版面广告报价，你能给我发一份电子版的吗？

销售员：当然可以了，郭先生，请告诉我您的邮箱是？

客　户：哦，你记一下，我的邮箱是××××××。

销售员：……好，我记下了，一会儿我就给您发过去，请注意查收。另外，郭先生，我还想多问您几个问题，您是什么公司，您是怎么知道我们的电话的？

客　户：哦，我们是专门经销家居产品的，昨天看到你们代理的××报的家居版面广告，感觉不错，就想问问具体情况。

销售员：真是太荣幸了。那您之前做过这种形式的广告宣传吗？

客　户：没有做过，看到你们这个版面突然有了灵感，也想试试，看有没有效果。

销售员：原来是这样啊！不如我带着样刊及相关的资料，亲自去拜访您，跟您详细聊聊，您也好对这种形式的广告有一个更清晰、具体的认识，您说呢？

客　户：也行，那你明天上午 10 点左右过来就可以。

销售员：好的，郭先生，还请您告诉我您的具体地址？

客　户：……过来之前打这个电话，××××。

销售员：……电话号码是××××，我记下了。

案例中，销售员接到潜在客户的来电，整个过程，销售员将重点放在了了解客户信息、寻求面谈上，并成功地获得了面谈的机会。从中可以总结以下四点电话沟通口才技巧。

1. 礼貌接听

听到电话铃响，销售人员一定要在 3 声之内接听，以免让客户等得不耐烦；电话接通后，销售人员要通报己方公司名称，确保对方电话拨打无误，然后再询问有什么能帮助对方的。

2. 问询客户的信息为主

第一次接触就达成交易的概率微乎其微，销售人员应将沟通的重点放在了解对方、争取面谈上，比如问询对方的姓名、单位、职位等，并据此判断这个电话是同业询价还是真正的客户咨询。

3. 解决好客户的问题

对客户提出的问题，销售人员要给予必要回应，但尽量不要谈太多细节，更不要急于推销产品。另外，在交谈中也可顺势挖掘客户的需求，为推荐适合的产品及面谈做准备。

4. 查询电话来源

通话中，销售人员还应了解一下客户电话来源。如果是经人介绍，则便于双方建立信任；如果是对方搜索得到，则更要加倍维护，因为他还会致电其他公司。

一句话口才

☆ 恰当处理陌生客户的来电，说不定这一次电话就获得了一个新客户。

第 333 天　老客户突然来电要认真对待

口才训练

老客户是销售人员最宝贵的财富。在合作的过程中，客户难免会突然来电，但不论其是何种目的，销售人员都要认真对待，并借此加深与老客户的关系。

销售员：您好，我是××公司的彭帅。哦，你是……刘总吧？

客　户：是我，帅子，行，你还记得我。

销售员：您我怎么能忘了呢！刘总啊，听您的声音好亲切啊，您最近怎样？

客　户：我还不错。你现在还在做管理咨询吗？

销售员：还在做，就准备在这个领域折腾了，不像您，多元化发展，哈哈！

客　户：是这样，我的一个朋友兼并了一家即将倒闭的公司，但在整合过程中出现了很多问题，所以想找个咨询公司入驻，我就想到了你，怎么样，感兴趣吗？

销售员：刘总，让我怎么感谢您才好呢！真是太感谢了！不过，企业咨询诊断涉及的环节很多，电话里也不容易说清楚。能不能借您的面子，我和你这位朋友见个面，商谈一下具体的细节，您说可以不？

客　户：那也行，我这就给他电话，帮你们约一下。

销售员：那就谢谢了，刘总。

案例中，一位久未联系的老客户来电介绍新客户，销售员处理得很到位："听您的声音好亲切"一下子拉近了双方的距离，消除了久未联系的陌生感；对客户的推介表示感谢；利用老客户的客情，请求见面，这也提高了与新客户交易成功的概率。

老客户主动来电话，这本身就是对销售人员的一种信任，而销售人员理应本着"加强与客户的关系"的原则，言语中做到以下三点。

（1）话里话外都让客户感觉到很亲切，感觉到你一直记着他、关注他，即使久未联系，你依然能辨别出他的声音、了解他的现状。

（2）如果客户是来抱怨或投诉的，销售人员要按照投诉电话处理流程及时给予解决，力争将"大事化小、小事化了"，稳定客户对自己的信心，尽量避免对方将负面消息扩散。

（3）如果老客户是反馈相关信息的，销售人员就要感谢对方的支持和厚爱，并利用与老客户的客情，开展新的业务，获取新的客户等。

一句话口才

☆ 认真对待老客户的来电，以期加深与老客户的关系。

第334天　利用好正在跟进中的客户来电

口才训练

销售员：您好，哦，是张主任吧？

客　户：是啊，听出来了？

销售员：哈哈，您找我什么事情，广告的事定下来了？

客　户：我也正是为这事啊，想跟你再沟通沟通。

销售员：好啊，欢迎！

客　户：这次再合作，咱们就是第三次合作，说起来也算是老客户了，我们老板希望在价格和付款方面给我们一些优惠政策。

销售员：张主任，您的心情我可以理解，可是，您却给我出了个大难题呀！价格呢，给您的本身就是最低价。您忘了，当初合作，给您的与我们的老客户是一个价，实在是不能再低了！况且，这价格和政策都是公司统一定的！

客　户：之前你对我们的支持，我也非常感谢。可这次，我们的广告周期会延长，版面也要做大，对你们来说也算是大客户了。所以，你能不能再跟领导申请一下，看看能不能再优惠些，能不能后付款？

销售员：张主任，这样吧，我把您的情况跟领导说一下，看看能不能给您一个打包价，关于付款方式，是公司财务部统一定的，也不是只针对你一家公司。所以，我也不能承诺什么，也只能是给您申请，不过凭借这两次的合作积累的信用，应该会起作用的。您还有其他问题吗？

客　户：没有了，谢谢你，尽量帮我争取一下啊！

销售员：您放心吧，有消息我马上给您打电话。

客　户：尽快啊，咱们也好把这事定下来。

正在跟进的客户来电，销售人员稍有疏忽就很有可能前功尽弃，直接导致交易的失败。案例中，面对客户提出的“价格优惠、后付款”的大难题，销售员没有直接正面回答，自己做不到也没有直接拒绝，而是委婉地讲明公司的相关情况，答应帮助客户向领导争取，安抚了客户的情绪，也为解决客户疑虑争取了准备时间。从中可以得出如下三点应对技巧。

（1）不管客户提出什么样的“无理”要求，他主动打电话上门就表明他很重视这次交易，因此销售人员绝不能生气，态度上要给予客户足够的尊敬与重视。

（2）不做过多承诺，以免兑现不了而失信于客户。但也不要直接拒绝客户，给自己一个解决问题的缓冲时间，也安抚一下客户的不安情绪。再说，电话里交流这些细节也不合适，最好尽快约访面谈。

（3）通话结束后，销售人员要针对客户所说进一步研究其真正需求、话外之音，思考相应的解决措施并及时与客户联络沟通，最好是上门拜访。

一句话口才

☆ 接听跟进客户的电话要谨慎，注意判断其话外之音，同时注意自己的态度、措辞以及应变措施，别因为一点小差错把客户“赶”走。

第335天　打错的电话，或许蕴藏着机会

口才训练

接到打错的电话直接答复对方“你打错了”可不是优秀的销售人员之所为。销售人员应随时随地发现客户，不放过任何可能获得客户的机会。

销售员：您好，这里是××公司，我是张俪，请问有什么可以帮到您？

客　户：咱们公司是不是卖办公用品，我想要台复印机。

销售员：小姐，我这里是××科技公司。

客　户：不好意思，我可能拨错号了。

销售员：没有关系，小姐，您说要买复印机？我或许能帮上您的忙。

客　户：是吗，太好了，你们都经营什么牌子的复印机？

销售员：我们公司主要做办公礼品的，我一个好朋友正好经销复印机。不知道您怎么称呼，我让她跟您联系？

客　户：我是××公司的孙芳，电话是××××。嗯，对了，你们的办公礼品都有什么？能定制设计、制作吗？

销售员：我们的礼品很多，而且可以根据客户的要求量身打造。电话中也说不清楚，您如果不介意的话，我约上我的那个朋友一起去拜访您，跟您详细聊聊。

客　户：那太好了，你们如果有时间，今天就过来吧，我的地址是……

销售员：没有问题，那我们就今天下午3点过去找您，地址是……您的电话是……

客　户：嗯，没错，那我等你们。

案例中，当判断客户的电话打错了，销售人员没有直接挂断电话，而是提出可以帮助对方，引起了客户的兴趣并成功将自己的产品也推销了出去，不仅帮了朋友也帮了自己，最终成功获得了见面商谈的机会，又获得了一个新的潜在客户。

销售人员应有随时开发客户的意识，接到打错的电话，可进行如下处理。

（1）注意相应的礼节，减轻来电者因为打错电话而产生的尴尬与不安，比如跟客户说“不好意思，先生/女士，您的电话打错了，我能帮您做些什么吗”，以此探听对方的某些需求，为可能存在的交易机会做好准备。

（2）可将客户之前的语言作为继续沟通的话题，如案例中的应对，“您说要买复印机？我或许能帮上您的忙”。这就激发了客户的好奇心，也让沟通继续下去。

（3）礼貌、热心待人，给客户留下一个好印象，也就成功地把自己推销了出去，说不定客户需要你的产品时会主动找到你。

一句话口才

☆ 打错的电话也蕴藏着商机，关键看销售人员有没有这个意识、能不能抓住这个机会。

第336天　客户来电抱怨的背后有商机吗

口才训练

客户打来电话抱怨的背后有商机吗？答案是有。关键看销售人员如何应对、如何挖掘客户的需求、如何将客户的需求变成实实在在的交易。

销售员：您好，这里是××旅行社，请问有什么可以帮到您？

客　户：你好，小姐，你们的电话也太难打了，我都打了五六遍了。

销售员：非常抱歉，先生，马上到“五一”小长假了，咨询出游的人比较多，还请您见谅！也感谢您的坚持，让您久等了。

客　户：那就再添几部电话，增加些人手呀？客户都被你们挡在外面了！

销售员：谢谢您的提醒，我会将您的建议转告给老板的。请问您贵姓？有什么可以帮到您？

客　户：我姓王。我看到了你们的广告，现在“五一泰山两日游”订满了吗？

销售员：请稍等。（进行查询）王先生，让您久等了，目前已报名 88 人，还能定，我们争取到时候发 3 辆车，还有名额。

客　户：价格上还能再优惠吗？

销售员：本来就是特价游，价格已经很低了。

客　户：这样啊。

销售员：王先生，今天我已经接到二十几通电话问询这个泰山特价游了，一上午就预订出 14 个名额，您看我是帮您预订上还是您再考虑一下？不过，“五一”正好春暖花开，游泰山可是个不错的选择哦！

客　户：好吧，预订上吧，我和我爱人，两个人，需要办什么手续？

销售员：好的……

案例中，面对客户对打不进来电话的抱怨，销售员先是道歉，然后说明原因——咨询出游的人多，缓解了对方的情绪，同时又巧妙地利用这一实际情况，顺利说服客户参团旅行。

客户有抱怨是正常的，销售人员接到客户的抱怨电话，除了按照前文（第 16 章）所述的抱怨处理流程进行，还应注意以下两个口才技巧。

（1）小不忍则乱大谋，不管客户说什么，销售人员都应忍让为先，与客户将心比心，站在对方的立场思考、分析和解决问题，避免抱怨升级为投诉，扩大负面影响。

（2）注意探询客户抱怨后面隐藏的深层次需求，抓住这个机会，将客户的抱怨转化为成交的机会，引导客户达成交易。

一句话口才

☆ 注意探询客户抱怨后面隐藏的深层次需求，将客户的抱怨转化为销售成功的机会。

第 337 天　转接电话也是有讲究的

口才训练

销售无小事，有关客户的都是大事。遇到客户要求转接电话的情形，虽然只是个简单的转接电话，也是有讲究的。

销售员：您好，欢迎致电××公司，我是王芳，请问您贵姓？

客　户：小姐，你好，我姓张，请给我找一下你们公司的张磊。

销售员：张先生啊，请您稍等，我帮您转接！（按键让客户收听音乐，同时转接电话，可是同事电话没人接）

销售员：张先生，让您久等了，张磊的电话接不通，我去帮您找找，您稍等（按键让客户收听音乐，将话筒扣在桌上，以免客户听到杂音）

销售员：张先生，实在抱歉，让您久等了。我帮您打听了，张磊出去办事了，您有什么需要帮忙的请您跟我说吧，等他回来我转告他，或等他回来我让他直接联系您！

客　户：这个张磊，我们约好了今天上午电话确认稿子的事，他怎么出去了？

销售员：他的确是有急事，可能疏忽了，您别生气，您看？

客　户：也好，等他回来你让他给我打电话吧。

一个业务办公室会有多个销售员，帮助客户转接电话是很正常的事，但销售人员如何表现，不仅体现了你的个人修养，也体现了你的公司、你的业务团队的素质，所以一定要重视这件看似简单实则蕴涵大学问的细节。从案例中的销售员身上，可以总结出以下接转电话的规范做法。

（1）接听和转接电话过程中，一定多用礼貌用语，如“请问有什么可以帮您”“请您稍等”“让您久等了”等用语，确认对方姓名时要使用“请问您贵姓”等敬语。

（2）转接电话过程中，要注意隔音，以免对方听到你和同事的对话以及办公室内的嘈杂声。

（3）被转接者如果暂时不在座位上或外出，销售人员要及时告知打电话者并进行必要的电话记录。未经被转接者同意，不得擅自将其电话号码告知打电话者，也不得透露其任何隐私。

（4）把握好分寸，处理要得当。具体的应对措施如图18-2所示。

被接听者在附近	告知来电者稍等片刻，立即寻找，不要让对方久等；做好话筒隔音，不要大声喊，以免影响周围同事的工作
被接听者不在或外出	告知来电者被接听者不在，询问对方的身份、是否需要转达信息、是否愿意留下姓名和联系方式，并认真做记录；如果事关重大，不要再委托他人代劳
被接听者不方便接听	将实际情况告知来电者，询问是否要转达或者另约通话时间

图18-2　转接电话常见的三种情景及应对措施

一句话口才

☆ 转接电话，除了礼貌之外，销售人员还要把握好分寸，处理好打电话者、自己与被转接电话者之间的关系。

第 338 天　及时给客户回电，避免贻误战机

口才训练

由于有事不在单位或者手机没电等情况而没有接到客户打来的电话，销售人员发现后一定要及时回电，避免贻误战机或降低客户的好感。

销售员：您好，我是 × × 培训公司的卢斌，请问李总在吗？

客　户：是卢斌啊，我是李辉。

销售员：不好意思，李总，我刚才正在公交车上，没听到您的电话，一看到您的未接电话我就打过来了，不知道您找我有什么事情？

客　户：哈哈，就是想让你过来谈一谈，我的员工培训方案通过了，下个月实施，咱们聊聊具体的实施细节以及合作的事。

销售员：那当然可以，不知您何时方便，我过去拜访您？

客　户：我明天下午 3 点以后有空，你就直接过来吧。

销售员：好的，李总，那我明天下午 3 点准时到您的办公室。

客　户：好，明天见。

销售员：再见。

错过了客户的来电，销售员卢斌发现后第一时间致电对方并说明了原因，得到了对方的理解，并及时获得了有关交易的进展情况，应客户之邀第二天拜访客户。

无论什么原因错过了客户的电话，销售人员都应及时给客户回电，具体要做到以下两点。

（1）如果有电话记录，客户有具体的回电要求，销售人员应按照要求及时回电话；如果没有电话记录或者客户没有在留言中要求具体的回电时间，销售人员也要第一时间打电话给客户，以免错过关键的事情，贻误了与客户的交易机会。

（2）回电时，要先向客户表示歉意，同时说明未接电话的原因，征得对方的理解与谅解，赢得对方的信赖。

一句话口才

☆ 错过客户的来电，要在发现后第一时间给客户回电并说明未接电话的原因，以征得对方的理解。

第 339 天　第一次通话，不要表现得过于熟络

口才训练

对于接触不久、也不太熟悉的客户，或者是第一次接触的客户，销售人员都不应

在电话中表现得太过热情，这样会给客户一个“油嘴滑舌”的形象，让客户觉得你修养不够，因而也很难与你做生意。

场景一

销售员：您好，您是××公司的黎明，黎总吗？

客　户：是我啊，你是？

销售员：黎哥，您好，我是××公司的王小利，您叫我小王或者小利都可以。我们公司是专做质量认证的。

客　户：哦，我们不需要。

销售员：没关系，以后您有需要可直接联系我。相逢就是缘，今天咱们也算认识了，以后有事您直接打我电话：××××。

客　户：好好，没什么事就挂了，我这儿忙着呢！

初次打电话给客户，显然，销售人员称呼客户“黎哥”不妥，后面的“相逢就是缘，今天咱们也算认识了”江湖气过重，必然招致客户的反感。

场景二

销售员：您好，是钟经理吗？

客　户：是啊，你有什么事？

销售员：钟经理，您听出来了吗，我是昨天跟您联系的××广告公司的李强，这个月我的任务还差4000元就完成了，您能帮哥们这个忙吗？

客　户：对不起，帮不上，我还有事。（客户挂断了电话）

对于刚刚认识的客户，销售人员就以“哥们”自居，还请其帮助自己完成任务，客户既无这个义务也不欠你这个人“情”，他凭什么帮你呢？

即使对已经建立不错关系的客户也应保持一定的距离，更何况是初次联系或者认识不久的客户，一定不能表现得过于熟络。不要像对待老朋友、老熟人一样对待客户，这样会影响客户对你的专业能力、个人修养的判断，给你的形象减分，不利于良好关系的建立，更不利于销售工作的推进。

一句话口才

☆ 对于初次接触、接触不久也不很熟悉的客户，销售人员不应在电话中表现得太过热情，这会给你的形象减分。

第19课　客户不同，见什么人就要说什么话

第340天　理智冷静型

口才训练

理智而冷静的客户是最难说服的，因为他们的购买活动一般不会受个人的感情色彩和外界环境的影响，也不易被销售人员的说辞所干扰。这类客户的特征包括以下三个。

（1）凡事深思熟虑，确切了解自己的需求，注重实际，只认道理。

（2）做事慎重，购买前会搜集大量的有关产品的信息，还可能会向亲友、专业人士请教，而购买时会凭借自己所掌握的知识及以往的经验进行决策。

（3）善于控制自己的情绪，购买过程中不轻易暴露自己的喜好，喜欢自己思考、精挑细选，不喜欢销售人员过多的干扰，还会以挑剔的眼光审视销售人员的言辞、行为。

客　户：以前的人都没有保险，不是也过得很好嘛，也一样养老啊！

销售员：您说得对，以前是这样，可是以前没有保险也不怕，因为在那个年代即使一个人发生了意外，他的家族还能帮助照顾他的妻子和孩子，但是现在不同了，家族成员一是少，二是分散居住，即使是兄弟姐妹愿意施以援手，恐怕也会力不从心，更何况您也不忍心为家人增添麻烦和负担吧？

客　户：我的存款也不少，还有必要买保险吗？

销售员：能有多少呢？能让家人一辈子都衣食无忧吗？能保证孩子所需的一切教育费用吗？再说，如果能够“钱生钱”，岂不是更好？

客　户：我还真没仔细想过。

销售员：这个社会变化很快，为自己、为家人的将来筹划是很现实的，尤其是孩子未来的生活。这份保险建议书是我专门为您设计的，一份实实在在的保障，能让您做到有备无患……（停顿）您现在是否愿意听一下详细内容呢？

客　户：那好吧，你给我仔细讲讲。

案例中的客户就属于典型的理智冷静型，对于自己需不需要保险做了理性思考，在销售人员符合逻辑、有理有据的话语解开其心中疑惑之后，才勉强同意进一步交流。所以，在说服理智冷静型客户时，销售人员应该做到以下三点。

首先，围绕客户关心的主题，以逻辑性的语言说明产品的价值、解答客户的疑惑，让客户充分认识到产品的优势以及给他们带来的利益，用产品或服务的真实利益打动客户。

其次，语言上应多从产品、服务、信息等方面入手，多用真实的数据和案例进行

对比分析，打消他们的疑虑。不能信口开河，自己不知道要诚实告知，不能不懂装懂而失去客户的信任。

再次，说明时最好条理分明，给客户一个专业、干练、沉稳的形象，不被他们的气势压倒。

一句话口才

☆ 晓之以理、诱之以利，说服理智冷静型客户。

第341天　价格敏感型

口才训练

购物时讨价还价是正常的，然而有些人却爱在价格上纠缠，不是嫌价格高就是计较没有优惠活动，要不就是计较支付手段。对于这样的价格敏感型客户，销售人员该如何应对呢?

1. 总原则：根据购买力推荐价格适合的产品

在客户开发阶段或与客户的前期沟通中，销售人员应多收集客户的信息、探询客户的购买力，尽量向其推荐其支付能力范围内的产品。

2. 应对资金紧张型的客户

如果得知客户的确是资金紧张，销售人员可适当地给客户让利优惠，如打折、返点奖励、分期付款等，减轻客户的支付压力，以促成交易的达成。

客　户：这机器好是好，可比××牌的价格高出那么多，太贵了!

销售员：李厂长，看来您对这类机器还是很了解的，我相信您也肯定了解各个品牌机器的性能差异吧。我们的机器价格虽然比同行贵了10%，可是我们的设备却能为您提高25%的生产效率，减低20%的人力成本，这样算下来，您可是花小钱赚大钱呀，这交易难道不划算吗?

客　户：理是这个理，可一下子拿出这么一大笔钱，还真是紧张，你能不能再便宜点?

销售员：这个价格已经是最低了，而且我们还免费上门安装、调试，您得多省心啊?

客　户：呵呵，真是太贵了，买了它，我这资金一时周转不开就得要了厂子的命!

销售员：李厂长，您真会开玩笑。要不这样，我帮您向公司申请一下，这机器的钱，您分三期付……（具体付款方式），您看怎么样?

客　户：如果能这样的话，就太好了……

案例中，销售员通过向客户对比产品质量、价格、使用价值等因素，增强了客户对产品的认同感，在此基础上提出分期付款，减小客户的支付压力，交易也获得了客户的认可。

3. 应对习惯节约型的客户

有些客户平时习惯节俭，不舍得花钱，在价格上锱铢必较。对于这样的客户，销售人员应从以下三点攻破。

（1）激将法。通过刺激客户的好胜心、自尊心迫使客户下决心购买。比如："我相信郭总是位有超强商业嗅觉的人，不会为了区区 2 万元而放弃获利上百万元的机会，您再考虑一下？"

（2）向客户施加压力，通过优惠期限和限制性条件促使客户做出购买决定。比如："今天是活动的最后一天，您明天再来买就得多花 200 多元，您说什么时候买合适？"

（3）用省小钱与赚大钱的关系进行利益对比，让客户改变观念。比如："大姐，我给您算笔账，您就不觉得它贵了。这瓶药 98 元，可以吃 30 天，每天服用 2 次，一次 1 粒，吃一粒药还不到 2 元钱，可是却能给您带来健康，您觉得值不值？"

一句话口才

☆ 要想成功说服价格敏感型客户尽快达成交易，销售人员就要在"钱"上多动脑筋，让他们觉得你是在为他们省钱或赚钱，或者能减轻其支付压力。

第 342 天　沉默寡言型

口才训练

沉默寡言型客户的典型特征就是：不爱说话、面无表情，不轻易表露自己的想法。因此，销售人员难以掌握其真实想法与需求。那么，如何撬开沉默寡言型客户的金口呢？

某男客户大步走进售楼中心，对接待人员的问候不理不睬，避开售楼员，径直走向沙盘模型，仔细地端详起来。

售楼员：（微笑）先生，看来您非常的内行，我不打扰您看沙盘，这是我的名片，您有什么问题随时招呼我。（自助式，主动上前打招呼）

客　户：（接过名片）随便看看。

售楼员：先生，让我猜猜，您是不是要买"婚房"啊？

客　户：（点点头）

售楼员：您真是一个负责的人，您的女友一定很幸福！

客　户：（笑了笑）

售楼员：先生，您看的这个沙盘的房子，我们最近推出了几套优惠房型，每套至少可以节省 3 万元，不知您有没有兴趣了解一下？（利益吸引）

客　户：是吗？说来听听。

售楼员：……

客　户：能带我去看看房吗？

整个过程中，客户惜字如金，对销售员也是爱答不理，而销售员微笑以对，并根据客户的年龄、举止等推断其是购买“婚房”，又通过“优惠活动”的利益吸引，激发了客户的看房兴趣，让交易向前推进了一步。

沉默寡言型的客户，要么是性格使然、要么是担心被忽悠、要么是心情不佳等，原因很多，而销售人员要做的就是让他们开口、多开口，说出自己的心里话。

（1）察言观色。销售人员可通过客户的表情眼神、外貌特征、行为举止等判断其想法、揣摩其内心，找到其关注点，也就有了可交流的话题。

（2）微笑应对。不管客户多么冷淡，销售人员都要有耐心，用热情和真诚的微笑去化解客户的负面情绪，激发其沟通的积极性和主动性。

（3）营造良好沟通氛围。有时候，客户沉默寡言或许是不想让别人了解其内心、自己信心不足等，因而销售人员还应善于营造轻松的交流氛围，让客户放下心理压力，轻松畅谈。

常见话术示例：

“先生，你是准备给女朋友买情人节礼物吗？您的女朋友真幸福！”

一句话口才

☆ 察言观色，找到客户的真正关注点，并在轻松的氛围中展开话题，那么客户也是可以吐露心声的。

第343天　世故老练型

口才训练

用人情练达、洞若观火来形容世故老练型的客户再合适不过了，他们经验丰富、善于周旋、深谙各种销售招式、不轻易吐露自己的真实想法。那么，销售人员该如何与这类客户打交道呢？

销售员：徐总，这单生意咱们都谈了快一个月了，也不知道您是真要改变现状还是不想改变，每次都会出现小插曲，我都不知该怎么办了。

客　户：彭啊，我也不想为难你，可是我们确实经费有限，要付这么大一笔钱，您怎么也得让我考虑考虑吧，不能白花钱啊！

销售员：徐总，这个我理解，所以我一直都在满足您的要求，分期付款，我给您争取到了；免费上门安装调试并培训工人操作，我也答应了……能做到的我都答应您了，可您还是不满意，我真不知还能帮你做什么！

客　户：彭啊，你别泄气嘛，好歹我们也是优质客户，要买就是全套设备，200多万元，跟你提点要求也不过分吧？

销售员：徐总，正是考虑到这一点，我才向公司申请，给您这么优惠的条件。我也想促成这笔交易，您早一天购买早一天赚钱，趁机把同行甩开。现在时间就是金钱，不知您为什么不着急……

客　户：彭啊，你带合同了吗？咱们把合同签了吧。不过，你答应的条件可得兑现啊。

案例中，客户找出各种理由，迟迟不肯签约，而销售人员这一次也没跟客户客气，“责怪客户总提要求”“表达理解抚慰对方”“列举自己为成交所作的努力”“点明购买获得的利益以及不购买的大损失”，客户权衡利弊之后，终于决定当天签合同。

要想不被老练世故型的客户牵着鼻子走，销售人员在面谈中可以按照下列招数与其过招。

(1) 细心观察客户，洞悉客户的真实意图及购买动机，只要客户有需求，销售人员在答应他一定的要求后，尽量坚守住自己的价格及让步底限。

(2) 适时、适度地放大胆子，用恰当的语言和沟通策略，遏制住对方咄咄逼人的气势。比如“张总，您觉得我们的产品还有什么问题吗，很希望您能指出来，我们也好及时改正。”“……我就不明白了，您还犹豫什么呢？”

(3) 有时候也可避开客户提出的要求，或者避重就轻地回答问题，将谈话的重点放在产品的功能、优点以及能给客户创造的利益上。

(4) 根据具体情况制造一些危机感或者紧张气氛，如存货不多、价格上调、竞争者订购、代理权竞争激烈等，让客户感觉到威胁，从而当机立断做出购买决定。

常用话术示例：

“女士，您很内行，我们这款新产品与市场上的同类产品相比，有一个最大的优势就是：能智能调节室内温度，为您带来一个自然舒适恒温的环境，还能最大限度地做到节能环保。”

“徐总，正是因为这么多年的合作关系，我们才给您这么优惠的条件。那些新代理可是一点优惠都没有呢。如果您这儿还定不下来，我们只能联系其他代理商了，您再考虑考虑？”

一句话口才

☆ 别被世故老练型的客户的气势所吓倒，适时、适度地放开胆子，与之“针锋相对”，并制造危机感，让其在紧迫感的压力下做出购买决定。

第344天　爱慕虚荣型

口才训练

明明手头紧却选择价格较高的商品、明明不宽裕却非要与别人比着买、被销售员夸奖就喜上眉梢、被轻视就立即不高兴等，这些都是爱慕虚荣型的客户的典型特征。销售人员要做的就是迎合客户的这种心理，多夸夸他，给足他面子。

销售员：王姐，过来了？几天不见，您可是瘦了不少。

客　户：哦，真的吗？我最近每天下班都去健身房练一会儿，看来有效果了。

销售员：嗯，效果真的挺明显的，不仅身材好了，也显得年轻了不少，我得向您学习啊！

客　户：哪里哪里。

销售员：呵呵。今天想看点什么？这件是今春的新款，欧洲原版，我刚刚挂起来的，您要试试吗？

客　户：好啊。（试穿后）你觉得怎么样？

销售员：非常好，就跟为您专门定做的一样，把您的优雅气质都凸显出来了。您看，这做工，还有这款式，将复古经典和流行元素结合在一起，穿在您身上真是让人眼前一亮啊！

客　户：唔……你说我穿它能参加朋友的婚礼吗？（看看价签）

销售员：当然能。颜色上淡雅中透着明快，款式上端庄而不失活泼，既不会抢新娘的风头，但也绝对会成为一道亮丽的风景。况且又是限量版的，您不用担心会撞衫。

客　户：真的有那么好吗？

销售员：真的！我什么时候骗过您呀！您看是付现金还是刷卡消费？

客　户：刷卡吧。

“瘦了不少”、“显得年轻了不少”、“优雅气质”、“让人眼前一亮”等，这些赞美语言让客户非常受用，自然也就接受了销售员的建议，没砍价就购买了限量版新款春装。

面对爱慕虚荣型的客户，销售人员在语言上要注意以下三点。

（1）给足客户面子，多赞美客户，如称赞其眼光好、品位高、有情调等，让客户感到自己的身份和地位得到尊重，心理上得到莫大的满足。

（2）不妨通过“VIP”、“贵宾”等字眼抬高客户的身价，让其觉得自己很风光。

（3）要注意敏感问题的处理，比如价格，切忌使用“便宜”、“打折”等字眼，这会伤了客户的虚荣心，影响其心情就对销售不利了。

一句话口才

☆ 多赞美客户，满足客户的虚荣心；注意敏感问题的处理，避免伤害客户的自尊心。

第345天　先入为主型

口才训练

先入为主型的客户的典型特点就是：爱用“旧眼光、旧经验、旧标准”看待新事物，不愿意根据眼前的事实进行判断，不愿改变其旧有的观念、偏见等。要想让其接受新产品、新事物，销售人员首先就要改变其不准确的观念与看法，然后再想办法说服。

销售员：姜经理，我是××公司的张芳，不知道您收到我的邮件没有？

客　户：看过了，不过这类产品我们目前不感兴趣。两年前我们曾进过一批类似的产品，因为质量问题退货很严重，也给超市的声誉蒙上了阴影。

销售员：姜经理，你说的情况和产品我也知道，我们这个产品是经过生产技术革新后的升级产品，在质量、规格、包装等方面都有很大的改观。您也经销了我们许多其他产品，还没有消费者退货吧？所以我们的产品，质量上您就放心吧！

客　户：你们的产品质量我倒不怀疑，只是，最近市面上的同类产品也出现了问题，市场反馈效果并不好，所以我们超市还是算了吧，我可不想重蹈覆辙！

销售员：您的担心我理解。不过，我们的产品是经过专门技术检验的，生产过程更是层层把关，再说我们的研发人员自己也吃，他们总不会拿自己的健康开玩笑吧？

客　户：看你说的，这产品定价也不低，单价还能不能降点？

销售员：姜经理，这个我想到了，您是我们的老客户，一直都支持我们的产品，这个新产品您要是同意进店，我们可以考虑先销售后付款，您觉得呢？

客　户：那好吧，你明天过来一下，带上样品，咱们再谈谈。

销售员：好的，谢谢姜经理，明天见！

“一朝被蛇咬，三年怕井绳。”案例中，客户因为曾经发生的事情而对新产品心存偏见、排斥，即使是多年的合作关系，仍然拒绝经销此产品。而销售员耐心解释，介绍产品的生产背景及质量控制情况等，让客户的排斥心理降低，再抛出“先销售后付款”的优惠条件吸引的基础上，客户请销售人员面谈。从中，可以总结出以下应对先入为主型的客户的口才技巧。

（1）深入了解客户，找到客户固执己见的原因所在，然后再想办法说服客户改变印象。

（2）采用客户喜欢的交流方式，如用请教法、赞美法等降低客户的戒备心理，营造轻松的谈话氛围，让客户易于充分地表达自己的意见，销售人员也就容易把住客户的“脉”了。

（3）对于客户的先入为主的认识、观点等，即使不准确也不要直接驳斥，而应该先肯定客户，然后再婉转地提出自己的意见，最好借助权威人士、既有事实等向客户说明情况，引导客户全面看问题。

常用话术示例：

“我相信您会同意这样的观点，每个成功的企业家都会努力地寻找适合企业的、能给企业带来发展和收益的项目，您说呢？”

一句话口才

☆ 找出客户偏见或误解产生的原因，然后以婉转的方式表达自己的观点，改变客户的已有的根深蒂固的观点或想法。

第346天　犹豫不决型

口才训练

犹豫不决型的客户的典型特点有：喜欢用一些习惯性的理由提出拒绝；明明看中产品却还是左思右想；与销售人员交谈时目光躲闪；自己的事却总喜欢和别人商量等。那么，销售人员该如何应对呢？

客户对着一件宝石蓝颜色的上衣左看右看，拿起来又放下，经过销售员的介绍后仍然表现出一副犹豫不决的样子。

销售员：大姐，看得出来，您很喜欢这件衣服，您还犹豫什么呢？

客　户：是挺好的，不过我看还是算了，我回去跟我老公商量一下再来买吧。

销售员：其实这件上衣真的挺适合您的，看得出来，您也特别喜欢它。您要和老公商量，我也能理解，不是有句话叫做“女为悦己者容”嘛，哈哈，如果您老公觉得好看，您穿起来会更自信。（停顿）

客　户：是啊，所以我想回去问问他的意见。

销售员：不过，我想先向您请教一下，你担心您先生可能会对这件衣服的哪里不满意呢？

客　户：嗯，颜色太艳了，我以前从来没有穿过这么鲜艳的衣服，我怕我老公不喜欢。

销售员：我倒是觉得这种亮丽的颜色非常适合您，不如您现在试穿一下，看看效果如何，如果好的话您就买一件，回家也可以给您先生一个惊喜。

客　户：好吧！（试穿后站在镜子前）怎么样？

销售员：您觉得呢？是不是眼前一亮？这件衣服非常符合您的气质，如果不穿在您身上就太可惜了！看了您的这身与以往不同的打扮啊，您的先生肯定也会眼前一亮的！

客　户：嗯……还不错，那你现在就帮我包起来吧！

案例中，客户本来对衣服很满意，却要回家跟先生商量一下，而销售员及时了解了客户犹豫的原因——衣服颜色太艳，怕老公不喜欢，“对症下药”后，客户高兴地当场买下。

客户犹豫不决，或许是性格所致、或许是顾虑太多、或许是选择太多难以取舍，原因不一而足。销售人员的任务就是引爆客户的需求，帮助客户尽快做决定。

（1）尽量与客户多沟通，引导其说出犹豫的真正原因。比如，当客户说“我再考虑考虑”时，销售人员可以客气地问：“您能否说出您的疑虑，看看有什么我能帮您的吗？”这样，客户多少都会透露一些犹豫的原因。

（2）不一味地鼓动客户购买，而是给客户切实的帮助和刺激，比如缩小客户可选的范围、进行利益对比与汇总、营造机会难得的气氛、给予适当激励、利用其身边人的影响力改变其态度等，以增强客户的购买欲望，提升客户的购买信心，这样成单的机会就会增大。

（3）如果客户因为没有得到满意的答案而选择要离开，销售人员要想办法留住客户，以争取更多的销售机会。

常用话术示例：

“您先别想这么多，咱们再看看产品，然后你再做结论。这件产品的特殊之处就在于它的耐热和耐压……”（总结利益及与其他同类相比的特殊之处）

“这种产品只剩最后三件了，短期内我们也不准备再进货了，您今天不买就没有了。”（利用“怕买不到”的心理促成交易）

“请问您是要那部浅灰色的手机，还是要银白色的呢？”（“二选一”变相帮客户拿主意）

一句话口才

☆ 找到客户犹豫的原因，做客户购买的助手，帮助客户尽快下决心购买。

第 347 天　事事皆通型

口才训练

事事皆通型的客户的特点有：学识渊博、涉猎广泛，对各领域都有自己的见解；在销售员面前自恃清高，有一种优越感，往往对销售人员及其推荐的产品不屑一顾；爱表现、爱摆架子，有时候会故意为难销售人员。销售人员在与这类客户打交道时，该怎么说呢？

销售员：您好，女士，您想看看哪个牌子的护肤品，DJ 的？

客　户：（摇摇头、撇撇嘴）那个牌子的只能糊弄普通人，原材料净用残次品、下脚料！

销售员：（心想：遇到专业人士了）哈哈，看来您是位护肤品达人了，连这么隐秘的消息都知道，跟您相比，我们店员简直就是井底之蛙了。

客　户：我以前做过 × × 品牌的化妆品代理，这个行业的事儿，我摸得一清二楚。

销售员：原来是前辈啊！刚才我还跟您推荐产品，真是班门弄斧了。那您觉得用哪个品牌的化妆品更好呢？

客　户：告诉你，CY 品牌的化妆品就不错，都是真材实料，质量也过硬。我去过他们的工厂，现代化管理，里面真是一尘不染，产品真是让人放心！

销售员：我真是受益匪浅啊！那您今天想要CY品牌的什么产品吗？

客　户：嗯，给我拿两盒套装，我送给朋友。

销售员：哎，好的……以后您常来啊，也欢迎您来指导工作！

案例中，面对事事皆通型的专业客户，销售员没有与之争辩，也没有滔滔不绝地介绍产品，而是给予客户适当的恭维、虚心听取其见解、引导客户说出自己的需求并顺势提出成交请求。最终，买卖双方都皆大欢喜。

与事事皆通型的客户沟通时，销售人员要注意以下3点。

（1）客户已对产品了如指掌，销售人员就不要再介绍产品了，应转而去深入探知客户的需求，并从其需求出发，给客户的疑惑做出专业的解答，让客户对产品有一个更全面的认识。

（2）不与客户争辩，而应该诚恳请教、适时赞美，让客户内心产生优越感，然后再说出自己的观点与想法。语言应简洁有力、直中要害，从而赢得客户的信任。

（3）如果客户提出较犀利的问题，如有关产品的缺点、弊端等，销售人员如果不好直接回答，要及时、自然地转移话题以规避客户提出异议。同时，尽量扬长避短，多谈产品的优点，引导客户形成对产品的新认识。

常用话术示例：

“您真是位数码达人，对我们的产品这么了解，那这款相机，您还想了解哪些细节呢？”

“张先生，您懂得的真多，不过我们公司新推出来的产品在‘美白效果’上有了质的飞跃，您可以了解一下！”

一句话口才

☆ 用你专业的知识、虚心的态度、简洁有力的话语赢得事事皆通型的客户的认可。

第348天　性急暴躁型

口才训练

销售员：徐总，您好，我是××礼品公司的张芳，我把样品及资料给您带过来了。

客　户：哦，我已经看过电子版了，你就直接跟我说说为什么这产品适合我们送客户吧。

销售员：（适当加快了语速）徐总，一看您就是个雷厉风行的人，那我也不绕弯子，之所以这款礼品适合您送客户，原因有三点……您看我说的有没有道理？

客　户：嗯，你对我们挺了解啊！拿过来样品我看看。（仔细端详后询问）这一件作品多少钱？

销售员：每件368元。

客　户：太贵了，280元一件，怎么样？我多买点。

销售员：看您是个爽快人，我也实话实说，280元这个价我们得赔钱。咱们都让一步，您今天下单的话，300元一件。不过，你可得答应我，以后贵公司购买员工礼品、客户礼品时要优先考虑我们公司啊！

客　户：好，爽快，那就这样定了。

销售员：我也是喜欢您这样性格的人，想和您做长期的生意。哈哈！

案例中，客户属于典型的急性子，说话简单、直接，而销售员迎合了客户的这一说话习惯，加快了自己的语速、回答问题简单有条理、还价痛快直接等，这些表现赢得了客户的共鸣，很快，客户就同意了销售人员的请求。

性急暴躁型的客户一般说话语速快、声音高、语气强，习惯于主动提出问题、直言不讳地表达观点与想法，一旦看上了产品会迅速做决定。与这类客户打交道，销售人员要注意以下两点。

（1）及时调整自己的状态，尽量与客户的节奏“合拍”，他快你别慢、他直接你就别拐弯抹角；这类客户是没有耐心等你的，你让他着急他就会冲你发火。

（2）不管节奏如何快，销售人员都要保持清醒的头脑，说话条理分明、简明扼要，将重点表达清楚，千万别被客户的强势与急躁扰乱了心神。

常用话术示例：

“×先生/女士，一听您说话就知道您是个直爽人，干脆利落，我也不跟您兜圈子，我们这款产品的市场价是3680元，您要是订购50套以上，最低价是3160，不能再低了。”

“×先生/女士，您刚才的两个问题，我想用四句话回答：……”

一句话口才

☆ 在说话条理分明、简明扼要、简单直接的基础上，尽量与客户的沟通习惯“合拍”。

第349天　吹毛求疵型

口才训练

“吹毛求疵”，比喻故意挑剔别人的缺点，寻找差错。而现实中的确有这样一种人，总爱挑毛病、找问题，在他们眼里就没有“完美”二字。遇到这类客户，销售人员该如何应对呢？

客　户：小王啊，这款车不是太好，提速慢，开快一点就明显感觉动力不足了。

销售员：张先生，您真的相当内行。说实话，要论动力性、加速性，确实不是这款车的强项。可您不是想送太太一个惊喜吗，这款车是专为女士打造的，无论是外形还是空间，都非常迎合女性，尤其是安全配置……先生，您对汽车非常了解，您说是不是这样的呢？

客　户：话说得不错。不过，你们这是国产品牌，质量怎么保证啊？

销售员：您有这个担心很正常，可国产品牌也有优点啊！首先我们是……其次……我们为了赢得更多的客户，为了振兴国产车，在质量上一丝一毫都不敢马虎，在服务上更是想客户之所想，能让您买车放心、用车更安心。

客　户：可是……（客户又挑出车的几个毛病都被销售人员一一化解）

销售员：您就别“可是”了，世界上没有十全十美的产品。我敢说，您太太如果看到这样一款时髦的车子，一定会高兴得尖叫的……赶紧开回家吧！

客　户：好吧，就它了。

案例中，客户不断地指出汽车的不足之处，而销售员每一次化解之前不是赞美就是表示理解，让客户心理上获得满足后，他对销售员的解释就很容易地接受了。当客户还想再挑毛病时，销售员半开玩笑似地打断客户的话，强调“世界上没有十全十美的产品”，并引导客户的美好想象，最终客户欣然接受了这款车。

嫌货才是买货人，面对吹毛求疵型的客户，销售人员不可失去耐心。因为他们对产品挑剔得越厉害，说明其对产品的购买欲望越强烈。他们的挑三拣四或许只是为了将价格降低，或者是为自己讨价还价留下余地。所以，销售人员的应对技巧有以下三种。

（1）吹毛求疵型的客户往往是完美主义者，他们追求完美，自然对产品高标准严要求，所以销售人员要理解客户的这一特点，做好应对的心理准备。

（2）多发现客户的一些“完美”之处，及时送上赞美，让客户获得心理上的愉悦感。这样，你说的话就很容易被客户认可了。

（3）想办法让客户认识到“产品没有十全十美的，适合自己需求的就是最好的”。

常用话术示例：

“×先生/女士，一看您就是一位追求完美的人，我做销售三年了，第一次遇到您这么严谨的客户，这大概也是您的公司能够在业界获得赞誉的一个很重要的原因吧。”

“×先生/女士，还从来没有哪一位客户能为我们的产品提出这么多中肯的意见呢，您的每一条建议对我们的研发团队来说都是宝贵财富。这样，您不介意的话我做一下记录？”

一句话口才

☆ 用恰当的赞美软化客户的心、用同理心求得客户心理上的共鸣，客户会逐渐失去“挑毛病”的动力，取而代之的是接受产品、达成交易。

第350天　冲动感性型

口才训练

冲动感性型的客户多见于女性，她们容易受情绪干扰、容易被销售人员的说辞影响，如果看上某款产品会马上做出购买决定，而事后可能又会后悔等。应对这类客户，销售人员应该注意些什么呢、又该怎么说呢？

销售员：这位大姐，您好，我是××保险公司的彭帅。

客　户：我不需要买保险。

销售员：很多人都会这么说，这我能理解。可是，您知道吗，一家媒体的调查资料显示，目前有一件值得人们关注的事实：有90%以上的夫妇，都是丈夫先于妻子而逝。因此，您是否打算就这一事实早做适当安排呢？

客　户：哦，是吗？那该怎么安排呢？（有了兴趣）

销售员：最安全可靠的办法，当然是尽快为自己、为家人购买一份保险。

客　户：为什么啊？这和买保险有关系吗？

销售员：当然有！大姐，您想想，生老病死是自然规律，谁都无法回避。说句不好听的话，如果哪一天您的先生先走了，您和孩子该怎么办呢？即使有一定数量的存款及退休金，可能保证晚年衣食无忧吗？

客　户：嗯，是这么个理儿！看来保险还真是有用啊。

销售员：是啊，大姐，保险虽不能保证我们健康长寿，却能在意外发生的时候多一些保障，您说是吗？

客　户：没错！那你快给我介绍介绍，我该买什么样的保险呢？

案例中，销售员通过设置悬念引发客户的兴趣，再用至情至理的语言提升了客户的兴趣，最终主动提出要了解保险产品。如果销售人员能让客户的这一“情绪”持续下去，拿下订单应该不会有问题。这就是冲动感性型的客户，他们的热情一旦被点燃，就会十分热衷地了解产品信息，并可能在某种冲动下做出购买决定。所以，想说服他们购买，销售人员要做到以下三点。

（1）可巧用赞美、设置悬念等方法，有效地将这类客户的情绪调动起来，满足其爱表现的心理、激发其好奇心，销售也就成功了一半。

（2）在整个的沟通过程中，销售人员要巧妙设计，比如通过提问、感染情绪等，力争让客户的情绪始终保持一定的热度，不要让其有任何“冷却”下来的机会。因为一旦其情绪冷淡下来，就会回归理性，重新审视购买行为，这时销售人员就很难再有机会促成交易了。所以，销售人员要保持高度的警惕，每一步应对都应恰到好处，看到客户有情绪下降趋势时，要适时地、机敏地添一把火。

（3）为了防止客户因冲动购买而事后不满意、后悔，销售人员最好在客户准备购买之前再次阐述产品的优势及给客户带来的利益，坚定客户的购买信心。

常见话术示例：

“×先生/女士，看得出来您很喜欢这件礼服，而且穿着也非常适合您。这是限量版，一款只有一件，绝对不会出现撞衫的情况。我现在就给您包装起来吧？”

“×先生/女士，看得出来您非常喜欢这款产品，不过，我不仅希望您能买它，更希望您能高高兴兴地用它，所以我希望您的购买是出于喜爱而不是冲动。来，咱们再来分析一下这款产品好在哪里，对您是否有实际的用处，您看怎么样？”（事前铺垫，既能体现销售人员的负责态度，也能避免客户冲动购买后却不满意的状况发生）

一句话口才

☆ 点燃冲动感性型的客户的情绪并让这热度一直持续下去，客户就会在某种冲动下快速做出购买决定。

第351天　痛快豪爽型

口才训练

销售员：张总，您好，我是××管理咨询公司的销售员郑爽，是您的朋友牛驰先生让我给您联系的。

客　户：哦，是吗，什么事？（直截了当）

销售员：张总，牛先生说您打算给一线的销售人员做一次培训，是这样的吗？

客　户：嗯，有这方面的计划。

销售员：营销培训是我们公司的一项特色业务，已经服务了30多家企业，所以希望能够帮到您。

客　户：你们不就是收了钱后随便找个人给讲讲课就完了，能有什么效果？

销售员：张总，您说的情况我也听说过，请问您是不是也遇到过类似的情况？

客　户：那倒没有。

销售员：我明白您的意思了，您是担心培训公司不负责任，培训没有产生应有的效果，白浪费钱，对吗？（把客户的不满转化成问题）

客　户：对呀，如果没效果我干吗劳这个神呢？

销售员：我理解，张总，您真是位称职的“一家之主”，想得这么全面。不过，培训效果是由多方面因素决定的，比如培训师的选择、培训师的水平、培训内容等，只要我们将每个环节都做到位，效果自然也就出来了，您觉得呢？

客　户：没错儿。这样吧，如果我选你们公司做这次培训，你能给我保证效果吗？而且，这次要是做得好，我们还可以长期合作。

销售员：谢谢张总，我们公司有一套培训效果评估系统，如果培训完了达不到承诺的效果，可以退还给您全部的培训费。

客　户：是吗，那你们还是比较负责的，改天你过来咱们详细说说这事。

痛快豪爽型的客户为人直爽，有一说一，但往往缺乏耐心。所以，销售人员碰到这类客户，要注意以下三点说话技巧。

1. 与客户的风格保持一致

如果判断客户属于痛快豪爽型的，销售人员就要干练、直接一些，说话简单一点、做事麻利一些，与客户的风格相一致，这会大大提高你在客户心中的印象分。

2. 直截了当说明自己的意图

痛快豪爽型的客户注重效率，喜欢直来直去。所以，一见到客户，销售人员就要直接说明来意，别拐弯抹角说上一大堆，容易引起客户的反感。而在讲解产品时，语言尽量简单明了、条分缕析，只要针对客户的需求突出自己产品的优势和特点就可以了，切忌面面俱到。

3. 善于观察，抓住成交时机

痛快豪爽型的客户一般都是喜形于色的，对自己感兴趣的产品会表现出极大的热情。所以，销售人员要留心观察客户的言行，判断其不自觉流露出来的各类暗示，并抓住时机及时、直接地提出成交请求，以促成交易。

一句话口才

☆ 要想不在痛快豪爽型的客户面前折戟，销售人员说话就要直截了当、干脆利落。

第20课　产品各异，卖什么就应吆喝好什么

第352天　服　　装

口才训练

服装是一种更新快、季节性明显、人人都需要的商品。所以，服装销售人员要做好以下六项准备，才能发挥好口才，顺利说服客户购买。

（1）知悉所售服装的款式、面料、颜色、风格、号码尺寸、适合人群、洗涤保养等基本知识；还要掌握其特殊卖点，如新款（新颖性）、潮流单品、大牌、高级定制、品质特点等。

（2）培养审美观，了解颜色搭配、什么气质穿什么风格、什么样的身材穿多大尺码等；还要有时尚潮流的敏锐嗅觉，提前预测或了解每一年、每一季即将流行的颜色、款式等，能够给客户推介其适合的衣服。

（3）面对各种类型客户的心理准备，学会察言观色，对不同的人说不同的话，并随时变换自己的推销方式。尤其所售服装是面向年轻人的，更要把握年轻人求新、求奇的心理，推介产品时将款式风格、式样、颜色等与其青春、热情、活力等联系在一起。

（4）在推销语言上多花心思设计，多使用富有创意的语言，以此打动客户的爱美之心、虚荣之心等。尤其是面对女性客户时，说得客户心花怒放，她自然就对衣服爱不释手了。

（5）客户常在衣服的穿着效果、品质、价格、面料特点、适不适合、洗涤等方面提出异议，服装销售人员要注意把握客户的真实想法，巧妙化解其疑惑，让客户放心购买。

（6）售前了解需求，售中推介试穿，售后帮忙包好、引领付款、送上赞美等细节都要做好，以期获得回头客。

常见话术示例：

“您真有眼光，这个款式可是得过今年的服装设计大奖的，您穿上试试！”（赞美+试穿）

“呵呵，其实您一点儿也不胖，再加上您很会搭配衣服，根本显不出哪里胖了。这件衣服颜色较深，又有显身材的斜条纹图案，再配上腰带就更好看了。我拿稍大一号的您试试，肯定让您满意……”（化解客户的“嫌衣服显胖”的异议）

“阿姨，都说老来俏，您日子过得好，这可是福气，紫色就是富贵色，有福气的人才能穿出味道，一点都不艳，您穿它再合适不过了。”（对老客户就要多恭维）

“是吗？那真是太高兴了，这么多人喜欢我们的衣服。不过您也不用担心，这一款还有其他两种颜色，黑色和明黄色，我个人觉得以您的身材和气质，明黄色更适合您，您试试就会感觉得到。来，小姐，这边请……”（化解客户担心撞衫的疑虑）

一句话口才

☆ 佛靠金装，人靠衣装。用你恰当的赞美、专业的分析、热情的接待等引发客户的爱美之心，让其对衣服爱不释手。

第 353 天　保　　险

口才训练

保险是一种无形的消费品，因它不像其他有形产品那样很容易感受到其好处及给自己带来的利益，因而推销起来难度很大。销售人员要想让客户认同，需要付出更多的努力才行。

1. 自己先正确认识保险

除了掌握有关保险的专业知识外，销售人员更要明确保险的真谛。美国保险推销大师柏特·派罗曾说：“我们销售的是明天不是今天；我们销售的是一家之主的尊严以及免于恐惧，免于疾苦的自由；……销售的是天伦之乐和自尊，销售的是希望、梦想和祈祷。”的确，保险能为客户规划明天的幸福与健康，保险产品是“爱与责任”，而销售人员的工作就是将“保险这份珍贵礼物”送给客户。你有这样的想法和认识吗？

2. 向客户灌输正确的保险观念

要想让客户接受保险，销售人员还应适时地纠正客户的错误观念，并向其灌输正确的保险理念，客户真正从内心认可了保险也就会高高兴兴地购买保单了。

比如：“其实，保险就是储蓄的一种，不同的是它能给您提供保障。他日如果有需要，这笔钱可以拿给孩子和妻子。所以，您不妨今年先买，或者当做生日礼物送给妻子，再没有比赠送未来的幸福更让人开心的礼物了！”（灌输保险理念后顺势请求成交）

3. 挖掘客户的真实需求

保险的卖点在于：家庭保障、教育基金、医疗保障、养老保障、财产保全、储蓄计划、应急现金等，销售人员可根据客户的具体情况，引导其发现自己的真实需求，进而促成签单。

比如：“您每天辛苦工作，不就是为了家人的幸福生活吗？其实您就是家人的幸福源泉，您就是他们的保险。可您不是铁人，生活也有很多不可预知的风险，一旦有意外发生，家人的生活怎么办呢？您的小宝贝怎么办呢？所以您需要给家庭上‘双保

险’，当您停下来的时候，有另一台取款机能接替您，您说对不对？”（引导客户的“家庭保障”需求）

又如：“人不可能一辈子不生病吧，说句不中听的话，一旦哪天您躺在病床上了，有三样选择：鲜花、慰问品、一大笔治疗现金，您会选择哪一样呢？”（引导客户的“医疗保障”需求）

4. 推荐适合的保单最重要

保单无所谓好坏，只要适合自己就好。所以，销售人员在给客户设计保险计划时，应重点考虑客户的年龄、经济能力、家庭状况，为客户量身设计个性化方案，这才容易被客户所接受。另外，还应做好跟踪服务，应随着客户各方面的发展变化而适当地提出保单修改建议。

一句话口才

☆ 向客户灌输正确的保险观念，发掘客户的真正需求，量身打造适合客户的保险计划，这三项是赢得保单的关键。

第354天　汽　　车

口才训练

汽车作为昂贵消费品，它带给人们的除了生活上的便利，还有优质的生活质量以及身份地位的优越感。当然，安全、动力、部件、外观、售后等也是客户购买时关注的焦点。销售人员在推介汽车时，就要紧紧抓住这些卖点，结合客户的需求进行说明，以吸引客户购买。

销售员：先生您好，这是我们最新款的××牌×系列车中的一款，你可以体验一下。

客　户：好的。

销售员：先生，来，请进入驾驶室，亲身感受一下驾驶的快感！

客　户：感觉还不错。就是胎噪、风噪都不小啊！

销售员：车在行驶过程中肯定会有振动和摩擦，也就会有声音。刚才时速在90公里以下时，车内很安静；可超过100公里，就有了轻微的胎噪和风噪；现在的时速是120公里，我们可以听到发动机舒缓的低鸣声。您听车外的声音，是不是很平缓、很流畅呢？我们很多客户都喜欢跑高速，因为这种轻缓的声音能让他们体验到驾驶跑车一般的快乐。您说是不是这样呢？

客　户：嗯，有道理。

销售员：您想象一下，仲夏傍晚，您开着这辆车驰骋在海滨大道上，美景尽收眼底，车里都是你所喜欢的皮革的味道，同时伴随着优美的音乐，您看，这车里还有车载冰箱，里面可以装满美食美酒。您身边就坐着您最爱的家人、朋友，他们和您一起共享这美好时光，哈哈，这是多么惬意的事啊！

（客户在销售人员话语的影响下，扶握着方向盘，眯起眼睛想象着）

销售员：这样一辆性能卓越、精美绝伦的好车将见证您以后生命中每一个美好的时刻。现在正是阳春三月，春暖花开，何不趁现在就把这款爱车开回家，和您的亲朋好友一起去享受生命的旅程呢？

案例中，销售员充分利用客户试驾的机会，及时征询客户的驾驶感受、排除异议、适时引导想象，让客户眼前浮现“拥有汽车后的无穷乐趣与幸福图景”，客户不心动才怪呢！

汽车的销售除了需要销售员熟悉本行业务、精通汽车知识，还要善于与客户搞好关系、洞悉客户的需求并有耐心、积极热情地向客户阐述购买汽车的理由，站在客户的立场上解决他需要了解的问题。同时，利用试驾的机会化解客户的异议、引导客户的美好想象，激发其想拥有的欲望。

常见话术示例：

“这款车具有优越的越野性能，内部空间也很宽敞，您平时又经常有户外工作，它真的挺适合您的。我们来确定一下颜色吧，您喜欢黑色的还是银灰色的？”（假设+选择成交法）

“选车跟您做生意一样，只要您真的喜欢，而且承担得起，为什么不开回家呢？明天早上，您就可以载着孩子去学校、送爱人去上班，白天您还可以开着它出去谈生意……您辛苦打拼，为的不就是生活便利、家人开心吗？”（激将促成法）

“以您的情况，买车看重的肯定不是价格，而是品质与品位！是这样吗？（停顿）您需要的是一款能够体现品位与档次的车，而我们这款车的性能、知名度可让您在任何场合都不会失面子的。您说呢？”（利益汇总，强调客户的身份地位及优越性）

一句话口才

☆ 在对汽车产品进行推介时，销售人员一定要做到：紧扣需求，有主有次，有条有理，生动形象，通俗易懂，引导试驾。

第355天　房　　产

口才训练

销售员：您好，我是这里的销售员，有什么需要帮助您的吗？

客　户：哦，你好！我想看看××楼盘项目！

销售员：好的，冒昧地问一下，您买房是自住还是投资，最看重什么呢？

客　户：自住，主要是将来孩子上学方便、生活便利。

销售员：哦，这样啊，那您是选对了。您知道，这个楼盘位于××路，周边商业设施齐全，购物非常方便；楼盘不远处就是地铁口和公交站，从这里到本市的任何地方都很方便；距离楼盘100米就是××学校，这可是全市的重点小学哦。另外，这是精装修房子，房间的布置设计，简单实用，空间利用率高，在卧室中还特别设计了安放书桌或电脑桌的位置，这可是在其他楼盘所不具备的。

客　户：听起来确实不错啊！就没有什么缺点？

销售员：要说缺点啊，还真没有。凡是看过房子的人都非常喜欢，有的当场就签约了，哈哈，耳听为虚，眼见为实，我还是带您去看看房吧！

案例中，交通条件给客户带来出行便利、商业设施全给客户带来购物方便、附近有小学将来孩子上学方便、精装修及独特的房间设计让客户免去装修之苦，且空间利用率高等，这些产品的优势，销售员都转换成了能给客户带来的利益，客户能不产生兴趣吗？

房产因其涉及金额较大，所以客户在选择时都比较慎重，在购买前会进行详细的了解、仔细的对比、反复的考虑。销售人员要想成功说服客户，就要在以下三个方面下工夫。

（1）只有挖掘到客户的需求，才能据此有重点、有主次地介绍房子的特点。

（2）将房子的优势转换成能给客户带来的利益，如方便（上班、上学、购物）、居住品质（安静、空气新鲜、绿地面积大）、安全（设施、管理员配置、住户有素养）、投资（保值、增值）、提升身份地位（邻居有社会名流）等。

（3）带客看房，让客户亲自感受房子的好处。同时利用看房机会，深度了解客户的需求、疑虑并及时化解，以促成交易。

常见话术示例：

“李先生，这地段的房子，两年前才5000元/平方米，现在都涨到了9000元/平方米了，再过几年说不定就超过10000元/平方米了，这比信托投资、玩股票、储蓄之类还划算、可靠得多呢！”

“这里远离都市的喧闹，空气新鲜、房子通风也很好，对于健康可是大有裨益的！”

一句话口才

☆ 将房子的价值、利益、优势、卖点用通俗、形象的语言呈现给客户，将客户带入美好的想象，让其提前体验房子给自己生活带来的改变，这是房产销售人员应该用语言做到的。

第356天　珠　　宝

口才训练

珠宝首饰虽不是生活必需品，但也是女士们的最爱。人们购买珠宝，主要目的是送礼、自用、投资，关注的当然是其成色、式样、品牌、升值空间、价格等。因此，销售人员应抓住珠宝的这些特点，根据客户的购买目的推介适合的产品。

销售员：欢迎光临。先生，您有什么需要？

客　户：我随便看看。

销售员：让我猜猜，情人节快到了，您是不是准备给心爱的人买礼物？

客　户：（点点头）

销售员：先生真是一个既浪漫又细心的人，做您的女友一定很幸福。不知道您结婚了吗？

客　户：还没有呢。

销售员：那您可以看看这些戒指、项链、耳环，都是最新设计作品。

客　户：好，我看看。

（过了一会儿，在一款钻戒前驻足，并让销售员拿出来看看）

销售员：这个钻戒非常漂亮，尤其是上面的花纹设计，独具匠心啊，不是吗？而且这款式活泼、俏丽，非常适合小姑娘佩戴，您觉得呢？

客　户：是的，确实很炫。

销售员：在这样一个浪漫的日子，如果女生收到这样一枚钻戒，这是多么大的一份惊喜呀！

客　户：真的呀？嗯，希望是这样！

销售员：呵呵，先提前恭喜您了。（停顿 3 秒钟）那我给您开票了？

客　户：好的！

案例中，销售人员凭借自己的观察、分析，根据客户的举止，判断其可能是为心爱的人挑选情人节礼物，获知客户买戒指的用意后，重点推荐某款钻戒，成功激发了客户的购买欲。

在进行珠宝首饰销售时，销售人员要注意以下三点口才技巧。

（1）通过观察、提问等方式了解客户购买珠宝的用途，比如因结婚要购买情侣戒、求婚、结婚纪念日送妻子、买来送朋友、自己犒赏自己等。用途不同，品种、款式应有所不同，推荐措辞也应不同。

（2）珠宝是饰品，这就有搭配、适合、美观等问题，所以销售人员应了解各款式、各类别珠宝的特点，比如金饰品、镶钻饰品、铂金饰品等，这样就可有针对性地推介，因为不同人群适合的饰品类别、大小、款式还是有差异的。销售人员应该具备一定的审美眼光，以专业的视角为客户分析其应该购买的原因。

（3）掌握饰品的语言，尤其是戒指所代表的爱的语言，以此激发客户表达爱的欲望，从而促成交易。

一句话口才

☆ 了解珠宝的特点、掌握客户的需求与用途，以专业的视角为客户推介适合的珠宝。

第357天 玩 具

口才训练

一位中年男士走进玩具店，在一只声控玩具飞碟前停了下来。

销售员：先生，你好，想给小孩买玩具？请问您的小孩多大了？

客 户：6岁了。（说着，又将眼光转向其他玩具）

销售员：6岁！这样的年龄玩这种声控玩具正是时候。

说着，销售员便把玩具放在地上，将开关打开，客户的视线又被吸引回来。她拿着声控器，开始熟练地操纵着，前进、后退、旋转……边操作边说："小孩子从小玩这种用声音控制的玩具，可以培养出强烈的领导意识。"接着，她把另一个声控器递到客户手里，客户也开始玩起来了。两三分钟后，销售员把玩具关掉。

客 户：这一套多少钱？

销售员：380元。

客 户：太贵了！300元行不行？

销售员：先生，跟令郎将来的领导才华比起来，这实在是微不足道。（停顿2秒，接着拿出两个崭新的干电池）这样吧，这两个电池免费送你！（说着便把一个原封的声控玩具飞碟，连同两个电池，一起塞进包装用的塑胶袋递给客户）

客 户：不用试一下吗？不会有别的问题吧？

销售员：放心吧，品质绝对保证！

客 户：好吧，有问题我可来换啊！（说完后付了款，拿着玩具满意而去）

案例中，销售员根据玩具的特征及客户的需求，用语言刺激、试玩等方式激发了客户的兴趣点，并最终导向成交。

大多数玩具都是给儿童准备的，而买玩具的则是父母、长辈等，他们给孩子买玩具，自然是关注玩具的安全性、好玩、教育性、益智功能、是否环保等。基于此，销售人员在推销玩具时，要注意以下四个技巧。

（1）销售人员应经常阅读有关玩具的专业杂志、图书，收集玩具的制造与使用方法等知识，这样在介绍玩具时就更显专业，也更容易赢得客户的信任。

（2）注意不同年龄段的孩子，其自身能力所限、其需要发展的能力不同，所玩玩具自然应有差别，销售人员要了解每一种玩具的特点及其对孩子成长的影响等，尽量让客户多了解一点产品信息，暗示玩具在孩子成长过程中的重要性，以此激发客户的兴趣。

（3）事先了解客户的需求，比如给多大的孩子买、是送礼还是自家孩子玩、客户想实现什么等，根据需求推荐永远是真理。

（4）尽量让客户试玩，让其感觉这玩具确实好玩、确实对孩子有益，他才能产生购买欲望。如果孩子也在现场，销售人员可适当引导孩子喜欢上某款玩具，当然也少不了要赞美孩子几句，这也是顺利卖出产品的法宝。

常见话术示例：

“先生，您好！我店新到一批新式电子玩具，类型和样式很多，从低档到高档都有。您到这边看看，这类玩具在其他国家也非常流行，因其……受到大人和孩子们的青睐……”

一句话口才

☆ 让客户了解玩具的特点、对孩子成长的帮助，通过“试玩”让其真正体会玩具带来的乐趣与益处，客户就会产生购买欲望。

第 358 天　图　　书

口才训练

销售员：您好，××文化公司。

客　户：你们那里正在销售一套百科全书，对吗？

销售员：是的，我们销售的是一套 80 册精美图书的百科全书。

客　户：你能给我介绍一下这套书吗？

销售员：没问题。这套书的优点非常多，全部都是用铜版纸彩色印刷的，封面采用的是真皮材料，封面上的文字都是烫金的，而且都是以精装的工艺装订而成，具有很高的收藏价值，既可作为房间装饰品摆在书架上，也可当作礼物送给朋友。

客　户：哦，这个我已经想到了，你能给我讲讲里面的内容吗？

销售员：当然可以，本书内容是按照字母顺序编排的，您可以很快地查找到所需要的内容。本书的图片非常逼真，上面的每一幅动物图片看起来都栩栩如生。

客　户：这个我知道，不过我想知道的是……

销售员：我明白您的意思。您一定想问这套书的内容全不全了，这我可以很负责任地告诉您：本套书内容无所不包，不管是物理、化学，还是地理、历史，所有的疑问您都能从这套书里找到答案，我想这非常适合您。

客　户：不是，我是为我的孩子考虑的。

销售员：哦，这个我们也考虑到了。我们会送给您一个带锁的小书柜，这样您的孩子就无法拿到它，也就不会弄坏它们了。

客　户：我就是在为孩子买书，如果把它们锁起来我还买它们做什么？

案例中，这种让人“头痛”的产品介绍，谁还有心思考虑自己买不买书呢！这种糟糕的产品推介只能让客户望而却步！现实中的图书销售员可不能这样啊。

在销售图书时，销售人员要灵活应用如下口才技巧。

(1) 俗话说，开卷有益，这“益”在哪里，就是销售人员要重点告诉客户的，如果这“益”正好与客户的需求合拍，他自然会掏钱购买。

(2) 读书可以使人博闻、明智。销售人员要抓住图书的这一特点主线，根据不同类别、不同内容图书的特点，设计相应的推介语言。

(3) 销售人员可积极向客户推荐新近出版的图书，还可借助报纸、杂志、网络的力量渲染图书的畅销程度，激发客户的购买欲望。比如：“请您看看，这是××出版社最新出版的书，好评如潮，许多电台读书节目、报纸杂志专栏都对它做过评论，也请过作者谈过创作心得……”“这是××（明星姓名）的新书，里面记录了其一路走来的艰辛，有励志、有感悟、有情感，值得一读！在各大网店非常畅销！”

(4) 书店的销售人员，还应了解一些陈列知识，建议书店精心安排书籍的陈列和分类工作，让客户一踏进书店就产生一种感官上的愉悦、得到艺术的享受，同时减小找书的难度，这都会增加客流量及回头客。

一句话口才

☆ 告诉客户一本书的“益”在哪里，如果这“益”正好与客户的需求合拍，他自然会掏钱购买。

第359天　家　　具

口才训练

购买家具，人们关注的主要是家具的材质、款式风格、用料是否环保、价格、与自家的装修风格是否一致、尺寸是否合适等，并就此提出相关的异议。那么在实际的推销过程中，销售人员该如何应对呢？

客　户：我们要买的是实木家具，这质量能保证吗？

销售员：先生，您是知道的，我们是专门生产实木家具的。纯实木家具的判断方法有……您可以从……方面区分纯实木家具、实木家具和贴皮家具。您再仔细看看咱这家具，是不是符合您和夫人的要求？

客　户：（根据销售员的介绍仔细查看家具）倒是没看出什么！

销售员：您看不出假的来就对了，因为它确实是实木的，正宗的实木家具。我们的产品都是经过权威部门检测的。您请看，这是检验报告、这是获得的证书……况且，万一出现质量问题，我们厂家承诺三倍货款赔付。您还有什么不放心的呢？

客　户：用的是什么漆？

销售员：绝对是专用的环保木器漆，不含纯苯、甲苯、醛类等有毒物质，而且采用的是全新的“净味配方”技术，真正做到了低味、无毒、绿色环保，我们的宗旨就是给客户一个健康的家居。

客　户：那好吧，就选这套吧。

面对客户，销售员要做到热情接待、耐心解答，具体的口才技巧有以下四点。

（1）了解所售家具的各方面知识、客户需求及预算情况等，这是顺利推销的前提。

（2）家具是耐用消费品，一套家具要用很多年，客户自然要精心挑选、仔细对比、多方咨询，所以销售人员要有足够的耐心接待客户，同时尽量多地告诉客户有关家具的信息，以帮助客户尽快做出购买选择。

（3）在销售过程中，销售人员可利用图片、检验报告、专家证词、权威机构评价、生产许可证、获奖证书、质量鉴定书等工具消除客户的疑虑，促进交易的达成。

（4）如今，人们非常看重家具的环保、无毒、无味、健康等，如果你的家具具备这一优势，则要重点突出，以加强客户的购买信心。

一句话口才

☆ 热情接待、耐心解答、用心介绍，让客户了解你的家具越多，他购买的概率就越高，做决定的速度也越快。

第 360 天　化　妆　品

口才训练

销售员：这是××品牌专门针对亚洲女性皮肤特点研发生产的补水保湿系列，面霜的渗透性特别好，“补水、锁水”的作用非常明显。

客　户：多少钱？

销售员：这一套总共 788 元。

客　户：太贵了，能优惠点儿吗？

销售员：套装中包含洗面奶、爽肤水、日霜和晚霜，完全解决了您的日常所需；再者，这种产品容量大，一瓶至少能用 6 个月，算下来您每天仅用 4 元钱就能拥有美丽肌肤，这可比去美容院要省钱多了，你说是吗？请问您是刷卡，还是付现金？

客　户：刷卡。

销售员：哦，对了，小姐，您平时用面膜吗？这一款深层洁肤、润肤的面膜，正好配合您刚才的日霜使用，很多顾客反映都不错，一周用两次即可，您在家就可以享受 SPA，试试吗？

客　户：行，那就一并开票吧！

销售员：好嘞！

爱美之心人皆有之，而对绝大多数女性来说，美丽、魅力、年轻是其一生所求，购买护肤品更是舍得花钱，这对销售人员来说自然是好事。然而，要想让客户掏钱购买，销售人员还是要说得客户心动才行。从上述案例中，可以总结出五个化妆品销售的口才技巧。

（1）抓住女人爱美的心理，结合产品的特性、功能，说明产品能给客户皮肤带来的变化、改善，如“水润”、“白里透红”、“皱纹一扫而光，不留岁月痕迹”、“晒不黑”、“祛痘印，不留痕”等，激发客户的购买欲望。

（2）化妆品、护肤品是需要配套使用的，最基本的包括洁面、补水、护肤，因此当客户只买其中一种时，尽量向其推荐其他类别，以保证达到最佳效果。

（3）善于推荐关联产品，进行启发式销售。比如客户购买了基本套装，销售人员还可以根据客户的皮肤状况、是否化彩妆、经济实力等情况，向其推荐相关产品，如眼霜、彩妆产品、面膜等，以提高销售业绩。

（4）处理客户“嫌贵”的价格异议时，可用价格细分法，将价格平摊到每一天；另外还要和“拥有美丽”相比较，花多少钱都是值得的，因为美丽无价，以此消除客户的疑虑。

（5）很多人对护肤品都有品牌偏好，销售人员要了解各品牌产品的特点、差别、优劣势等，学会引导客户尝试、购买自己的品牌产品。

一句话口才

☆ 抓住女人爱美的心理，结合产品的特性、功能，说明产品能给客户皮肤带来的变化、为其美丽增添砝码，以此激发其购买欲望。

第361天 箱包鞋帽

口才训练

箱包鞋帽都属于大众消费品、生活必需品，也是构成一个人仪表的必备品。那么在推销的过程中，销售人员该如何说呢?

场景一

在一家鞋店，一位女士想买一双鞋，她看了一圈后对销售员说：“我想试试××款37码的皮鞋。”不一会儿，只见这位销售员给客户抱来5双皮鞋：她要的那一款37码的鞋、37.5码的鞋、36.5码的鞋，还有两款37码款式相近的皮鞋。这位女士从这5双鞋中很快就选中了一双自己满意的鞋买下来。

案例中，销售员根据客户提出的要求，有效地预测了客户的潜在需求，为其提供了5双皮鞋，基本上能满足客户的各方面需求。销售员的“多心”让客户很快做出了选择。

场景二

一位女士在箱包柜台前踌躇，一会儿拿起这款看看，一会儿又拿起那款看看，一会儿又把另一款背在肩上看效果，迟迟选不出满意的款式。销售员看在眼里，走了过来。

销售员：大姐，您真有眼光，您挑中的这几款都非常不错，这一款的性价比高些，那一款设计非常时尚，而这一款增加了目前流行的流苏元素，颜色也亮，与您的气质非常协调。您更倾向于哪一款呢？（选出客户关注较多的两到三款产品进行重点推荐，帮助顾客决策）

客　户：你说得有道理，我再试试这三款，看看哪个效果最好。

销售员帮助客户试背，并不时说出自己的感受，而客户最终将目标锁定在其中一款上。

销售员：大姐，我也觉得这款最适合您，能遇到自己特别喜欢的，又适合自己的包包并不是特别容易，我给您包起来吧？

客　户：好的。

案例中，销售员善于观察，发现客户难以抉择时，主动上前进行重点推介，将客户的目光锁定在3款箱包上面，经过试背，很快做出了购买决定。在实际的销售中，销售人员应掌握以下售卖箱包鞋帽的口才技巧，以成功说服客户购买。

（1）产品的介绍语言应重点突出此类产品的材质、款式、做工、搭配、颜色、保养等方面，你的专业性的介绍与分析会赢得客户的好感与信任。

（2）“想要知道鞋子合不合适，就要穿在脚上试试”只有亲自体验才能最直观最深刻地感受到其中的优缺点，才知道是否适合自己。所以，销售人员将产品推荐给客户后，在介绍产品过程中应适时引导客户试穿、试背。如果客户有顾虑（比如担心试穿就必须得买等）销售人员可事先安抚一下客户，缓解一下客户的购买压力（比如先向客户表明“买不买都没关系”）。

（3）箱包鞋帽摊位，往往很多款式的产品放在一起，容易让客户挑花眼。所以，销售人员应通过观察、询问等了解客户的需求，重点推介适合客户的产品，或者如场景二中的销售员，及时缩小客户的选择范围，将客户的目光锁定在其关注较多的两三款上面。

（4）可通过赞美客户的眼光、激起客户的爱美之心、制造热销气氛、限时特价等手段，加快客户的决策速度。

一句话口才

☆ 专业的产品推介、中肯的购买建议、适度的赞美、引导亲自体验，这些是销售箱包鞋帽类产品的制胜法宝。

第362天　办公用品

口才训练

办公用品的种类很多，整栋楼的中央空调、打印机、计算机、复印机和纸笔文具等都属于办公用品。客户购买此类产品，关注最多的是：能够改善办公条件、提高办公效率、增强办公质量。那么，销售人员在推介的过程中该如何说呢？

销售员彭帅为了推销一套可供一座30层办公大楼使用的空调设备，与某建筑公司周旋了几个月。可是，买方的董事会就是迟迟不做购买决定。

一天，彭帅接到客户通知，要他再一次把空调系统的情况介绍一下。可彭帅却犯了难，不知用什么办法说服对方尽快签约。在去往客户办公室的路上仍是一筹莫展，头上甚至冒出了汗。擦汗之际，他灵机一动，心生一计。

面谈一开始，他没有直接回答客户方董事们的问题，而是说起了题外话："今天天气很热，请允许我脱去外套，好吗？"说罢，还掏出面巾纸擦着前额上渗出的汗珠。他的这一举动，立刻引起了在场人的同样感受，他们似乎一下子也感到了闷热的天气，一个接一个脱下外衣，又一个接一个拿出手帕擦汗。彭帅看是时候了，于是说出了下面的话。

"各位董事，我想贵公司是不想看到来此洽谈业务的客户热成我这样，是吗？我们的空调噪声小，且采用了世界上最好的节能装置，它不仅可以为贵公司节省开支，更重要的是它可以为来公司洽谈业务的客户带来一个舒适愉快的感觉，以便成交更多的业务。假如贵公司所有的员工都因为没有空调而感觉天气闷热，穿着不整齐，影响公司形象和客户对公司的印象，这对咱们这样一家大企业来说不合适吧？"

接下来，彭帅又具体讲解了空调系统的构成特点、功能特性等。结果，这一次面谈取得了突破性进展，而成功的关键在于：彭帅利用现有的环境条件，让客户切身感受了不购买可能出现的不良状况以及安装空调系统带来的切实利益，从而化被动为主动，达到了预期目标。

由此，我们可以总结出以下四个销售办公用品的重点口才技巧。

(1) 多想一想自己的产品有哪些优势、能给客户带来什么好处，并用通俗、形象的语言传达给客户，让客户感同身受，他自然会产生购买愿望。

(2) 讲解产品时，注意将产品的特点、优势等转化为给客户带来的利益，如便捷、高效、高质量等，同时让客户发现现状的不足、甚至是给自己带来痛苦等，两相对比，让客户自己倾向于购买，做出明智的选择。

(3) 注意与客户企业中的相关利益者处好关系，赢得各方的支持。

(4) 面对客户企业的使用者、采购发起者、执行者、决策者等时，要注意产品介绍语言应有所侧重，从听者的立场出发，把话说到每一角色的心坎上。

一句话口才

☆ 产品推介时，要注意突出办公用品能够给客户带来的利益，如改善办公条件、提高办公效率、提供便利等，并让客户切实体会到其中的好处。

第363天　家 用 电 器

口才训练

销售员：小姐，您好，您是想买冰箱吗？

客　户：对，想给家里换一台冰箱。

销售员：请问您府上几口人呢？（询问客户现状）

客　户：五口人。

销售员：那您可以选择这种大容量对开门冰箱。（产品特点）

客　户：大容量？那会不会很费电啊？

销售员：这款冰箱最大的优点是省电，它工作 24 小时耗电 0.48 度，两天还不到 1 度电。

客　户：是吗？我们家里的旧冰箱每天的用电可要 1.5 度呢！

销售员：以前的冰箱每天耗电都在 1 度以上，质量差一点每天耗电可能达到 2 度。这款冰箱采用了目前国际上最先进的节能技术，一般每天用电不会超过 0.5 度。（稍微停顿）现在 1 度电的价格大约 5 毛钱，所以和您原来的冰箱相比，每年就能帮您节省 180 多元。（带给客户的利益）

客　户：是真的吗？不会是虚假宣传吧？

销售员：小姐，您请放心，质量绝对有保证。您看这是它的说明书和节能认证的证明书，上面清清楚楚地写着该冰箱采用了最先进的压缩机、最好的制冷剂、最优化的省电设计，因此输入功率较小，当然也就省电了。再说，您之前也听说过这个牌子吧，有没有听说过它的负面新闻呢？

客　户：还真没有。那你帮我选一台吧。

销售员：好的，您稍等！

案例中，销售员的成功之处在于：事先掌握客户的产品使用现状，推荐了适合的产品，及时排解了客户的重点异议，语气上较轻松，言语上让客户感觉很亲切，像个朋友似的在帮自己。

由此悟出，家用电器的销售人员可以运用以下口才实战技巧。

（1）家用电器是生活常用品，作为这类产品的销售人员，在与客户接触的过程中，应像贴心的生活顾问一样为客户介绍产品、提出购买建议等，要让客户感觉到你的亲切热情、你是在为他排忧解难。

（2）客户购买家电产品多关注于节能、方便、耐用、便宜、性能好等，因此销售人员要重点突出这些方面，以吸引客户的注意。

（3）与客户接触之初，最好先了解其现状、掌握其需求，然后组织好自己的推介语言，不可一上来就用千篇一律的语言和句式介绍产品，这样很难打动客户。

一句话口才

☆ 弱化推销意味，表现得像个贴心的生活顾问一样，为客户推介产品、提出购买建议。

第364天　数码产品

口才训练

我们知道，数码产品具有科技含量高、功能复杂、操作繁琐等特点。那么，销售人员该怎样说才能化解客户的疑虑、促成交易的达成呢？

场景一

客　户：哎呀，这款产品操作好复杂啊！

销售员：是啊，这款数码相机的功能非常强大，刚开始用都会觉得操作复杂。其实，只要熟悉了，就会发现它的操作设计得非常人性化。你看，这里有很多拍照模式，按这个按钮可以切换，有肖像、有风景、还有……还有这个按钮可以选择……怎么样？用起来非常不错吧？

通过操作示范及功能讲解，不仅教会了客户如何操作，还可趁机展示产品的各个优点。

场景二

客　户：这手机有你说得那么好吗？

销售员：先生，您说这话很正常，但这款手机质量的确不错，您操作一下，看看我说的话是不是真的？从功能上，它有……操作上……另外，其金属外壳，增添了时尚、质感。从市场反馈来说，这款手机目前的返修率仅为0.01%。

汇总、重述产品的特点，并用数据进一步阐明产品的质量确实优良。

上述案例只是众多数码产品销售场景中的两个，现实的销售中，客户会提出很多关于产品的疑问、顾虑。那么，销售人员应该掌握哪些口才技巧呢？

（1）熟悉产品的功能、结构、操作、优缺点等知识，别被客户问住。因为目前有很多数码达人，他们通过网络等媒体可能了解的比你还多。

（2）涉及产品功能、配件、结构等的专业名词，销售人员尽量用通俗易懂、生动形象的语言向客户阐释说明，别把客户说得如坠云里，一头雾水的客户很难对产品产生兴趣。

（3）有条件的话，尽量现场进行演示，并请客户亲自试用。这不仅能消除客户的疑虑，还能让客户感受产品的优点。

（4）因数码产品更新换代非常快，很多追赶新潮、时尚或者钟情于某一品牌的人士总是追踪新品，所以销售人员应有此意识，熟悉潮流新品，以备不时之需；或者在产品推介中以此为噱头吸引客户。

一句话口才

☆ 让客户知道你的数码产品功能强大、操作人性化、返修率低等，最好让他再亲自操作感受一下。

第 365 天　服务型产品

口才训练

服务型产品包括培训服务、网站建设服务、广告宣传服务、行销策划服务、法律咨询服务和管理咨询等，种类非常多，但其共同的特点是：以客户的需求为中心，提供完整的、优质的服务，提高客户的满意度和忠诚度。

销售员：陈总，您好，我是彭帅，××公司的。

客　户：你好，你好！请坐！最近在忙什么呢？

销售员：我正在给客户做“电话销售培训”的实施方案。陈总，上一次我们谈到贵公司内部员工培训的事情，您打算安排在什么时候呢？

客　户：这件事情我们还没有定下来，我再考虑考虑。

销售员：这样啊，我完全理解，作为公司的掌舵者，做任何决定的确要慎重考虑。不过，我还是有个问题想请教您。

客　户：什么问题呢？

销售员：您心中有什么顾虑吗？还是我的方案有什么需要改进的地方？说出来，看看我能否帮得上您。

客　户：说句心里话，我们交往了这么长时间，我知道你肯定不会骗我，况且我们确实也想做一期内训，但我对你们的讲师不熟悉，所以很担心培训后的效果。

销售员：陈总，您有这样的想法，我非常理解。做员工培训，效果好坏的确是每个企业最关心的问题。您看这样好不好，我刚好有一家客户这周末做员工内训，您可以安排时间和人员亲自去听一听，我相信您会得到满意的答案的。

客　户：那太谢谢你啦，那我就不客气了。

销售员：别客气，您先去听听再说，随后我将听课地点发到您邮箱。周末您有问题随时打我电话。咱们下周一再打电话碰一下，听听您最后的决定，好吗？

客　户：好的，没问题，非常感谢！

销售服务型产品，销售人员应站在专业的角度为客户提供专业的、全面的、适合客户的解决方案，以改善客户企业的经营状况等。如何说动客户，可向案例中的销售员学习。

（1）在销售前期与客户充分沟通，除了建立信任关系外，更重要的是了解客户企业的实际状况、真正需求等，这样设计出的方案才符合客户，也才能彰显你的专业。

（2）一切以客户为中心，围绕客户的要求展开工作，言语中要展现你的专业能力、职业素养，因为销售服务型产品，专业水平、服务质量是压倒一切的力量。

（3）因为接受服务后的效果难以评估、不能马上看到、有些是无形的影响在短期内不能明显显现，加之交易金额也不小，所以客户总会心有顾虑，担心白白花钱。所以，销售人员在说服的过程中要尽量列举一些成功的案例、提供以往项目的有关视频、列举一两个有影响力的大客户、提供项目参与人员的资质资历说明等，这些能增强客户的购买信心。

（4）在说服客户的过程中，销售人员应以讲述接受服务能够给客户企业带来改善为主，比如工作效率提高、员工能力提升、管理水平提高、团队凝聚力提高、提高品牌知名度及产品销量等，这些事关企业发展的利益必然会激发客户的购买热情。

（5）关于价格，在报价的基础上尽量不要让的太多、太快，要坚持你的报价，否则会引起客户对你方提供服务产品的专业能力、水平、质量的怀疑，对成交起到反作用。

一句话口才

☆ 专业水平、服务质量是销售服务型产品压倒一切的力量。所以，销售人员的一言一行都应以客户为中心，围绕客户的需求展开。

机工经管读者俱乐部反馈卡

完整填写本反馈卡将可以参加幸运抽奖

每月我们将会抽出 10 位幸运读者，免费赠送当月新书一本

加入俱乐部，将会收到我们定期发送的新书信息

获奖名单将公布在 http://www.Golden-book.com 及 http://www.cmpbook.com 上

个人资料

姓名：__________　性别：□男　□女　年龄：__________

E-mail：__________　联系电话：__________

传真：__________　手机：__________

就职单位及部门：__________　职务：__________

通讯地址：__________　邮政编码：__________

单位情况

单位类型：

□国有企业　□私营企业　□政府机构　□股份制企业

□外资企业（含合资）　□集体所有制企业

□其他（请写出）__________

单位所属行业：

□食品/饮料/酿酒　□批发/零售/餐饮　□旅游/娱乐/饭店

□政府机构　□制造业　□公用事业

□金融/证券/保险　□农业　□多元化企业

□信息/互联网服务　□房地产/建筑业　□咨询业

□电子/通讯/邮电　□其他（请写出）__________

单位规模：

□500 人以下　□500—1000 人　□1000—2000 人　□2000 人以上

关于书籍

1. 您购买的图书书名：______________________ ISBN：______________
2. 您是通过何种渠道了解到本书的？

   □报刊杂志　□电视台电台　□书店　□别人推荐　□其他__________
3. 您对本书的评价

内容	□好	□一般	□较差
编排	□易于阅读	□一般	□不好阅读
封面	□好	□一般	□较差

4. 您在何处购买的本书

   □书店　□网络　□机场　□超市　□其他____________
5. 您所关注的图书领域是：

   □投资理财　□人力资源　□销售/营销　□财务会计

   □管理学与实务　□其他_______
6. 您愿意以何种方式获得我们相关图书的信息？

   □电子邮件　□传真　□书目　□试读本
7. 如果您希望我们发送新书信息给您公司的负责人，请注明所推荐人的：

   姓名____________　职务____________　电话________________

   地址________________________________　邮件________________

感谢合作！请确认我们的联系方式

联系人：董琛
地址：北京市西城区百万庄大街22号机械工业出版社经管分社
邮编：100037
电话：010-88379081
传真：010-68311604
电子邮箱：cmpdong@163.com

登记表电子版下载请登录：

http://www.golden-book.com/clubcard.asp 或 http://www.golden-book.com

敬请惠赐名片，谢谢！